Pastoraltheologie

Paul M. Zulehner

Band 1 Fundamental-Pastoral

Kirche zwischen Auftrag und Erwartung

unter Mitarbeit von
Johannes Haas,
Andreas Heller,
Maria K. Widl und
Rupert Stadler

Patmos Verlag
Düsseldorf

CIP-Titelaufnahme der Deutschen Bibliothek

Zulehner, Paul M.:

Pastoraltheologie / Paul M. Zulehner. – Düsseldorf: Patmos Verl.
Bd. 1. Fundamentalpastoral: Kirche zwischen Auftrag und Erwartung / unter Mitarb. von Johannes Haas ... – 1. Aufl. – 1989
ISBN 3-491-77658-9

1. Auflage 1989
Umschlaggestaltung: Peter J. Kahrl, unter Verwendung einer Bildvorlage von Roland Peter Litzenburger, Markdorf-Leimbach:
„Die sanfte Gewalt des Lebendigen", Kugelschreiber 1980
Gesamtherstellung: Clausen & Bosse, Leck
3-491-77658-9

INHALTSVERZEICHNIS

I. TEIL: KRITERIOLOGIE

III. TEIL: PRAXEOLOGIE

VORWORT

Am 7. Dezember 1787 ordnete Joseph II. an, daß der moraltheologische Lehrstuhl im vorderösterreichischen Freiburg im Breisgau nur durch einen Lehrer besetzt werden dürfe, der nicht nur die Gewähr für einen gründlichen Unterricht, sondern auch für die Verfassung eines guten Lehrbuches biete.[1] Auf Grund dieser Verordnung wurde die Bewerbung des Pastoraltheologen von Olmütz, Joseph Lauber, der soeben ein fünfbändiges Werk über die christliche Sittenlehre verfaßt hatte, nicht angenommen mit der Antwort, daß sein Moralwerk „zu einem Lehrbuch in keiner Rücksicht geeignet“ sei.[2]
Der vorliegende erste Band einer mehrbändig geplanten Pastoraltheologie ist meiner mehrjährigen Lehrtätigkeit in dieser Universitätsdisziplin erwachsen. Jene, die mit mir nach meiner Berufung an den ältesten pastoraltheologischen Lehrstuhl der Welt in Wien in Lehre und Forschung zusammenzuarbeiten begonnen hatten, waren am Entstehen dieses Bandes beteiligt: Johannes Haas, Andreas Heller, Rupert Stadler, Maria K. Widl, Rosa Nowak, die zur Fertigstellung des Manuskripts beigetragen hat, und vom Sekretariat Annemarie Missich. Dank gebührt Karl Pichler, der als langjähriger Lektor beim Patmos Verlag die Schwangerschaft dieses Bandes betreut hat, inzwischen aber beim Verlag ausgeschieden ist und so die Geburt in einer anderen Rolle miterlebt.
In diesem ersten Band werden Grundlagen der Pastoraltheologie dargestellt. Für weitere Bände sind Teilaspekte der pastoraltheologischen Forschung vorgesehen: Gemeinde, Lebensübergänge, Zukunftsherausforderungen. Pastoraltheologie analysiert die Praxis der christlichen Kirche(n) inmitten der Gesellschaft, ja in der einen Menschheit, wie diese heute stattfindet und wie sich diese – aus der Vergangenheit kommend – in die Zukunft hinein weiterentwickelt. Nun hat aber die Entwicklung der Menschheit heute ein rasantes Tempo angenommen. Daher ist es nicht einfach, diese raschlebige Entwicklung denkerisch festzuhalten. Nimmt man die lange Entstehungszeit eines solches Bu-

[1] Kopecky, Moraltheologie, 238.
[2] Kopecky, Moraltheologie, 265.

ches hinzu, dann ist es unvermeidlich, daß jede Pastoraltheologie bei ihrem Erscheinen bereits anfängt, überholt zu sein.
Ziel der vorliegenden Fundamentalpastoral ist es daher nicht, kurzlebige Teilkenntnisse zu vermitteln, sondern die Einübung in verantwortliches pastoraltheologisches Denken zu lehren. Auf diese Weise kann nicht nur die pastorale Kompetenz von Theologiestudentinnen und -studenten, sondern auch die von vielen Frauen und Männern in den verschiedensten Handlungsbereichen der Kirche vermehrt werden. Wenn immer dies geschieht, hat das Buch seinen Zweck erfüllt.

Wien 1989 *Paul M. Zulehner*

0 ZUGÄNGE

Von Athanasius, dem Kirchenlehrer aus Alexandrien, wird das Wort überliefert: Wir dienen nicht dem Kairos, sondern dem Kyrios. Dieser Spruch sollte die Kirche vor einer Anpassung an die „Welt“ statt an ihren Herrn bewahren. Vor einer solchen Versuchung einer evangeliumswidrigen Anpassung an die Welt ist die Kirche zu keiner Zeit gefeit. Jede Christengeneration steht vor der Mahnung, dem Herrn, und nicht dem Zeitgeist zu dienen. Doch hat Athanasius dem Wort „Kairos“ eine Bedeutung gegeben, die es in der Bibel nicht hat. „Kairos“ heißt dort soviel wie „Heilszeit“, Zeit, in der Gott in der Geschichte handelt. Verwenden wir aber das Wort „Kairos“ so, dann muß der Spruch lauten: Dient dem Kyrios im Kairos! Damit sind wir schon mitten in der Fragestellung der Pastoraltheologie: Wie kann unsere Kirche dem Kyrios im Kairos (besser) dienen? Oder genauer gefaßt: Wie muß die „Praxis“ unserer christlichen Kirche(n) aussehen, damit wir im Kairos dem Kyrios dienen? Wie kann die Praxis der Kirche entwickelt werden, daß sie dem Kyrios im Kairos besser dient? Eben um diese „fundamentalen“ Fragen der Pastoral geht es in dieser Fundamentalpastoral.

Fundamentalpastoral: Wie das Wort schon andeutet, werden die Fundamente, die Grundlagen der Pastoral, bedacht. „Pastoral“ wird verstanden als Handeln der (christlichen) Kirche(n), wie dieses stattfindet. Fundamentalpastoral erkundet somit die Fundamente des Handelns unserer Kirche(n), so wie es sich heute ereignet. Diese Erkundung erfolgt wissenschaftlich, da diese Fundamentalpastoral ein zentraler Baustein der wissenschaftlichen Disziplin Pastoraltheologie ist. „Pastoraltheologie“ gebrauchen wir vorerst bedeutungsgleich mit „Praktischer Theologie“, auch wenn das Sprachfeld „Praktische Theologie“ traditionell weiter reicht als jenes der „Pastoraltheologie“: Zur „Praktischen Theologie“ (im weiteren Sinn) zählen sich heute die Religionspädagogik, die Homiletik, die Katechetik, die Liturgiewissenschaft. Sie alle sind gleichsam Kinder der älteren Mutter „Pastoraltheologie“.[3]

In diesem Eröffnungskapitel wird in die drei wichtigen Themenfelder

[3] Lexikon der Pastoraltheologie, 399. – Schwarz, Pastoraltheologie und Kerygmatik, 247–272; hier 257–261.

der Fundamentalpastoral eingeführt. Sie tragen die Namen „Kriteriologie“, „Kairologie“ und „Praxeologie“:

– *„Kriteriologie“* ist die Lehre von den Zielen kirchlichen Handelns bzw. von den Kriterien, mit denen die Ziele geprüft werden können. Kirchliches Handeln, genauer: Personen, die in der Kirche und in ihrem Namen handeln, verfolgen immer Ziele, und zwar vielfältige, wie sich zeigen wird: Hauptziele und Nebenziele, oder, wie die Organisationssoziologie sie nennt: Primär- und Sekundärziele. Die Frage, um die es im ersten Hauptteil der Fundamentalpastoral, in der Kriteriologie also, geht, kann so formuliert werden: Ist das Handeln unserer Kirche „zielsicher“? Und wie verhalten sich Nebenziele zum Hauptziel kirchlicher Praxis?

– *„Kairologie“* ist die Lehre von den Situationen, in denen das Handeln unserer Kirche stattfindet und welche die Kirche ihrerseits durch ihr Handeln mitformt. „Kairos“ verwenden wir im Sinn der Bibel als „Stunde“, als „Heilszeit“. Die Situation kirchlichen Handelns ist vielschichtig und zudem in einem andauernden Wandel begriffen. Um so dringlicher ist die Frage, um die es in der Kairologie geht: Ist das Handeln unserer Kirche „situationsgerecht“?

– *„Praxeologie“*, ein noch wenig geläufiges Wort, meint die Lehre von der Weiterentwicklung jener Praxis, die wir bei unserer Analyse zunächst (als stattfindende) vorfinden. Pastoraltheologie erklärt das Handeln der Kirche nicht nur, sondern hat – als Handlungswissenschaft – zu seiner Veränderung beizutragen: Sie hat zu verändern im Sinn von weiterentwickeln, optimieren, „meliorisieren“ (Hermann Stenger). Diesen Vorgang der Weiterentwicklung nennen wir in Anlehnung an die alte überlieferte Formel von der „Ecclesia semper reformanda“ (Kirchen-) Reform. Die Frage, um die es in der Praxeologie geht, lautet: Wie kann das Handeln unserer Kirche so weiterentwickelt (reformiert) werden, daß Zielsicherheit und Situationsgerechtigkeit gewahrt, wiedergefunden oder vermehrt werden?

In mehreren Anläufen verdeutlichen wir einführend, was uns näherhin in den drei Themenfeldern der Fundamentalpastoral beschäftigen wird. Dazu wählen wir eine biblische Begebenheit und fügen dieser Ursprungssituation aktuelle Situationen aus dem heutigen pastoralen Alltag bei.

1 EINE MITTELALTERLICHE BUCHMALEREI

Vor bald tausend Jahren fertigte auf der üppigen Insel Reichenau im Bodensee ein Mönch eine Bibelhandschrift an und versah sie mit reichen Buchmalereien.[4] Der Künstler stellte auch die Heilung eines Aussätzigen durch Jesus dar, wie sie bei Mt 8,1–4 geschildert wird, und legte sie im Vorgang der Darstellung zugleich aus. Die beteiligten Personen sind in eine große Bewegung eingebunden: Jesus, der vom Berg herabkommt, dahinter zwei Männer, die ihre Hand anschauen, und im Hintergrund dieses Zuges Menschen, die sich durch ihre Kleidung von den biblischen Figuren abheben. Vor ihnen der aussätzige Mann.

Der Künstler hat eine Handlung Jesu ins Bild gesetzt. „Handlung“: Dafür kann das für unsere Fundamentalpastoral zentrale Wort „Praxis“ gesetzt werden. Thema der Szene ist somit auf den ersten Blick die Praxis Jesu, sein Handeln, seine Be-Hand-lung des ausgesetzten Menschen. Wer jedoch näher hinsieht, wird entdecken, daß dieses Handeln Jesu nur das Nebenthema ist. Hauptthema ist, was die beiden Männer hinter Jesus machen und was noch weiter hinten die andersgekleidete Menge tut. Sie schauen ihre Hand an und fragen somit danach, was sie mit ihren Händen tun sollen. Um ihre Praxis geht es.

Diese beiden Männer sind ein altes Symbol für unsere Kirche. (Vermutlich sind es Petrus und Johannes, „Recht“ und „Liebe“ in der Kirche.) Sie stehen für jeden Christen. Denn das macht unsere christliche Kirche aus: daß wir hinter Jesus hergehen, ihm nachfolgen und ihm dabei auf die Hand, „auf die Finger schauen“. Kirche ist, wo Menschen bei Jesus, noch mehr, „in ihm“ sind und „leben wie er“ (1 Joh 2,6). Damit ist aber klar: Sein Handeln ist Maß-geblich für das Handeln von uns Christen, für das Handeln unserer Kirche. Seine Praxis ist Maßstab für unsere Praxis. Thema dieser Buchmalerei aus dem Jahre 1040 ist somit die Praxis der Christen, der Kirche Christi, wie sie Maß nimmt an der Praxis Jesu. Eben dies ist die erste Hauptfrage unserer Fundamentalpastoral:

[4] Weil diese Handschrift lange Zeit im Besitz des Benediktinerklosters Echternach (im heutigen Luxemburg) war, trägt sie bis auf den heutigen Tag die Bezeichnung „Codex Echternach“: Evangeliar aus Echternach. – Echternacher Sakramentar und Antiphonar. – Verheyen, Das goldene Evangelienbuch von Echternach.

Woran nimmt unsere Kirche heute „Maß“, welches sind die Ziele unserer „Praxis“, unserer „Pastoral“? Welche Vision von Kirche und ihrer Praxis haben wir?
Treten wir weiter ein in das biblische Ereignis, das der Evangelist Matthäus für uns festgehalten hat:

„Als Jesus vom Berg herabstieg,
folgten ihm viele Menschen.
Da kam ein Aussätziger,
fiel vor ihm nieder und sagte:
Herr, wenn du willst,
kannst du machen,
daß ich rein werde.
Jesus streckte die Hand aus,
berührte ihn und sagte:
Ich will es – werde rein!
Im gleichen Augenblick
wurde der Aussätzige rein.
Jesus aber sagte zu ihm:
Nimm dich in acht!
Erzähl niemand davon,
sondern geh,
zeig dich dem Priester
und bring das Opfer dar,
das Mose angeordnet hat.
Das soll für sie ein Beweis
(deiner Heilung) sein.“

(Mt 8,1–4)

(1) Der ausgesetzte Mensch

Da ist zunächst der Aussätzige. Wir finden ihn nicht nur am Rand des Bildes, sondern auch am Rand des Lebens. Er ist „aus-gesetzt“, hinaus aus der Gemeinschaft der Menschen. Er ist „ex-kommuniziert“. Für andere ist er „tot“. Die rabbinische Theologie unterstreicht das, indem sie die Aussätzigen zu den Toten zählt.[5] Wir begegnen hier einem Tod vor dem Tod, „sozialem Tod“. Dieser „Tod“ ist eine Gestalt des Lebens, von der wir sagen: „Das ist kein Leben mehr!“, es ist bestenfalls ein Dahinvegetieren, ein bloßes Überleben. Leben aber ist stets mehr als Überleben.
Der soziale Tod dieses Aussätzigen, das Ausgesetztsein aus der Volksgemeinschaft also, das mit dem körperlichen Gebrechen verbunden ist, zeigt sich in Entbehrungen. Erfahrungen fehlen dem Aussätzigen, die lebenswichtig sind. Drei[6] Entbehrungen machen die Lage des Aussätzigen lebensarm:

[5] “Vier werden einem Toten gleichgestellt: Der Arme, der Aussätzige, der Blinde und der Kinderlose.“ Billerbeck, Kommentar zum NT, IV.1, 751. – Vgl. Num 12,10–12. – Grelot, Aussatz, 142.

[6] Zu dieser Trias: Heinen, Liebe. – Schultz, Der gehemmte Mensch. – Bigo, L'Eglise. – Schmidtchen, Was den Deutschen heilig ist, 64–66. – Zulehner, Leibhaftig glauben, 15–30. – Ders., Leutereligion, 9–11.

– Er entbehrt der *Zuwendung*. Zuwendung zu anderen Menschen war dem Aussätzigen – wegen der Ansteckungsgefahr – ebenso wie den anderen Volksgenossen gesetzlich untersagt. Kam ein Gesunder in seine Nähe, mußte sich der Aussätzige schon von weitem als solcher zu erkennen geben. Zuwendung wurde so unterbunden. Ein Leben ohne Zuwendung aber ist kein Leben!
– Der Aussätzige besaß sodann nicht mehr die Möglichkeit, daß er in seinem Leben noch *wachsen* konnte. Er war eingezwängt (wir hören das heute bedeutsame Wort „Zwänge" heraus) in die unfreie Welt eines Kranken. Sein Schicksal war besiegelt, er war mit seinen Möglichkeiten am Ende. Wie sein Leben ausging, das war vorhersehbar. Da war nichts mehr zu machen. Der Sprachweg führt von hier weiter zu „ohnmächtig", „machtlos". Ein Leben ohne Freiheit und Selbstmächtigkeit ist aber kein Leben!
– Schließlich gehörte der Aussätzige auch nicht mehr dazu. Seine sozialen *Wurzeln* waren abgestorben. Er hatte keine Heimat. Dazugehören, bei anderen wurzeln, das ist für Menschen lebenswichtig. Ein Leben aber nur in der Fremde, „entfremdet", heimatlos, ist auf die Dauer kein Leben!
Viel von dem, was menschliches Leben ausmacht, war also dem Aussätzigen verlorengegangen: Zuwendung und Ansehen, Selbstmächtigkeit und Freiheit, Zugehörigkeit und Beheimatung. Der Aussätzige war in der Tat mehr tot als lebendig.
So tot der Mann aber sozial ist: Seine Hoffnung, sein Hunger nach Leben sind nicht abgestorben. Die Sehnsucht nach einem befriedeten Leben glost wie Feuer unter der Asche. Der Künstler drückt diese Hoffnung bildlich aus: Es sind die an Leben leeren ausgestreckten Hände; es sind die Füße, die er, der Niedergebeugte, in Bewegung setzt, als er hört, daß da einer ist, der aufatmen läßt.

(2) Jesu Praxis

Die Begegnung zwischen Jesus und dem Aussätzigen ist heilend, heilsam. Sie erweist Jesus als „Heiland". Tod vor dem Tod wird überwunden. Dem Aussätzigen wird verlorener Lebens(spiel)raum zurückgegeben.
Wie sich der Tod an verschiedenartigen Entbehrungen zeigt, so ist auch der Vorgang der Heilung vielschichtig:
– Heilsam ist die *Zuwendung*, die Jesus dem Aussätzigen gibt. Darin überwindet Jesus ein Moment des Todes vor dem Tod. Indem er ihn ansieht (was der Künstler ausdrucksstark darstellt), gibt er dem Unan-

sehnlichen Ansehen: und darin eine Spur menschenwürdigen Lebens. Dabei sind die Umstände dramatisch: Sowohl der Aussätzige wie Jesus durchbrechen herrschende Ordnungen. Jesus wird zum Gesetzesbrecher, was ihn ans Kreuz bringt. Daran wird ersichtlich, daß ihm der Mensch mehr wert ist als herrschende, von Menschen geschaffene Ordnungen. Den Aussätzigen aus seinem lebensarmen Zustand zu befreien zählt mehr als alle heiligen (Menschen-)Ordnungen. In dieser Übertretung menschlichen Gesetzes erfüllt Jesus das Gesetz Gottes, weshalb der Künstler Jesus die Gesetzesrolle in der Hand halten läßt. Vor Gott hat der Mensch absoluten Vorrang.

– Dann *„streckte Jesus seine Hand aus"*. Diese sprachliche Figur erinnert an den Schöpfungsbericht, an Gottes schöpferische und zugleich hegende Hand, die Leben schafft und erhält. „Und berührte ihn." Jesus hat keine Berührungsangst vor dem Tod. Er greift ein in den Herrschaftsbereich des Todes, in das tödliche Elend dieses Menschen. Der Berührung fügt Jesus das Wort hinzu, das nicht leer bleibt, sondern schafft, was es ankündigt: Heilung. Heil wird der Aussätzige aber keineswegs nur körperlich. Wie sich die Krankheit zwischenmenschlich zerstörerisch auswirkt, so bewirkt die Heilung ein Heilwerden der Beziehungen dieses Mannes zu den Mitmenschen. Jesus kann ihn, der körperlich rein geworden ist, heißen, sich bei der religiösen Behörde (damals den Priestern) zurückzumelden. Das Opfer, das Mose für solche Fälle angeordnet hat, wird ihm bescheinigen, daß er jetzt wieder ein freier Mann ist und dazugehört.

Die heilsame Begegnung zwischen Jesus und dem Aussätzigen überwindet die Situation der tödlichen Entbehrungen an Zuwendung, Freiheit und Beheimatung. Ein Übergang geschieht aus der Zone des Todes in den Raum des Lebens. Die Glaubenssprache setzt für solche Übergänge von Tod zu Leben seit altersher das Wort von der „Auferwekkung". Die Heilung des Aussätzigen ist eine Totenerweckung, die Erzählung davon eine Ostererzählung.

Die Mönche der Insel Reichenau haben die Heilung des Aussätzigen als österliche Totenerweckung verstanden. So zeigen die Fresken in der Reichenauer Kirche St.Georg zu Oberzell – gleichfalls um die Jahrtausendwende entstanden – die großen Wundertaten Jesu. Auf der einen Seite des Kirchenschiffes sind Jesu Totenerweckungen zusammengestellt, und unter ihnen auch die Heilung des Aussätzigen.

Jesu Praxis ist also mit Vorliebe Zuwendung zu Menschen, um deren Leben es schlecht steht. Seine „Primizpredigt" in Nazaret, in der Lukas das öffentliche Wirken Jesu im Überblick zusammenfaßt, kündigt dies eindrucksvoll an:

„So kam er auch nach Nazaret, wo er aufgewachsen war,
und ging, wie gewohnt, am Sabbat in die Synagoge.
Als er aufstand, um aus der Schrift vorzulesen,
reichte man ihm das Buch des Propheten Jesaja.
Er schlug das Buch auf
und fand die Stelle, wo es heißt:
‚Der Geist des Herrn ruht auf mir;
denn der Herr hat mich gesalbt.
Er hat mich gesandt,
damit ich den Gefangenen die Entlassung verkünde
und den Blinden das Augenlicht;
damit ich die Zerschlagenen in Freiheit setze
und ein Gnadenjahr des Herrn ausrufe.‘
(Jes 61,1f + 29,18 + 58,6)
Dann schloß er das Buch,
gab es dem Synagogendiener
und setzte sich.
Die Augen aller in der Synagoge
waren auf ihn gerichtet.
Dann begann er, ihnen darzulegen:
Heute hat sich das Schriftwort,
das ihr gehört habt,
erfüllt.“

(Lk 4,16–21)

Dieses Handeln am Menschen, die Zuwendung zu jenen, um deren Leben es schlecht bestellt ist, hat bei Jesus einen klar erkennbaren Ursprung. Matthäus leitet die Erzählung von der Aussätzigenheilung nicht zufällig mit der Formel ein: „Als Jesus vom Berg herabstieg“. *Berg:* Damit erinnert der Evangelist an den Berg Sinai, von dem her Jahwe die Weisungen für das Leben in seinem erwählten Volk Israel erlassen hat. Ebenso veröffentlicht nun Jesus, was Gottes Absicht für sein Volk und dadurch für die Menschheit ist. So kann der Berg auch als ein Glaubenssymbol für die Nähe zu Gott aufgefaßt werden. Was sich zwischen Jesus und dem Aussätzigen abspielt, das ist Gottes Heils-Handeln am Menschen selbst. Es ist Auslegung seines Handelns in der Geschichte, noch mehr, in Jesus handelt Gott selbst „leibhaftig“, ist doch Jesus uns verheißen als der Immanuel, das heißt: „Gott mit uns“ (Sach 8,23; Jes 7,14; Mt 1,23). Was also Jesus tut, legt uns Gottes Lebenswillen für diesen Aussätzigen aus. Offenbar gemacht wird ein Gott, den das Elend der Menschen zutiefst berührt und der sich in unsere vom Tod gezeichnete Geschichte einmischt, damit Leben aufkommen kann: jenes

Leben, für das er uns erschaffen hat und das die biblische Tradition „Leben in Frieden“ (1 Kor 7,15c) nennt.

(3) Kirchliche Praxis

Am Handeln Jesu, in dem Gottes Handeln offenbar wird, messen sich die beiden Männer hinter Jesus. Damit sind wir neuerlich beim ersten Hauptthema unserer Fundamentalpastoral angelangt. Es ist die Frage, ob unser Handeln am Handeln Gottes in der Geschichte Maß nimmt: an jenem Handeln Gottes, das in Jesus leibhaftige Gestalt gewonnen hat. Wir fragen somit nach den Kriterien: nach dem, was unsere Praxis bestimmen soll. Wir haben die Ziele, die dem Handeln unserer Kirche, wie es stattfindet, innewohnen, zu vergleichen mit den ererbten Kriterien, die in den Jesuserzählungen aufgehoben sind. Wird also auch am Tun von uns Christen, werden durch unsere Kirchen – so wie im Handeln Jesu – Gottes Aufstand gegen die vielen Tode und sein unbeugsamer Einsatz für menschenwürdiges Leben anschaulich und wirksam? Bringen wir durch unser Handeln Gott selbst in Kredit oder eher in Mißkredit?

Die Darstellung der Heilung des Aussätzigen in der Auslegung des Reichenauer Künstlers ist ein Musterbeispiel für eine kriteriologische Analyse. Die Frage, ob unsere Praxis „Jesus-gemäß“ und darin „Gottgemäß“ ist, ist die wichtigste kriteriologische Frage.

(4) Die Zeitgenossen

Nicht zufällig hat der Reichenauer Mönch noch viele Menschen ins Bild hineingebracht. An ihrer Kleidung sind sie als Zeitgenossen des Künstlers erkennbar. Indem er sie ins Bild bringt, will er zweierlei sagen:

(a) Er stellt eine Beziehung her zwischen dem biblischen „Text“ (Ereignis) und dem heutigen Lebens-„Kontext“. Damit stellt er an die Betrachter die Frage, ob sich auch unter ihnen ereignet, was das biblische Geschehen zeigt: daß der Tod eingedämmt wird und daher Menschen wieder aufatmen können (Apg 3,20), sich aufrichten und ihr Haupt erheben (Lk 21,28). Kirchenbefragung geschieht.

Dies ist die zweite Hauptthematik der Fundamentalpastoral. Im Mittelpunkt stehen jetzt die „Zeitgenossen“. Um die heutige Zeit also geht es, um den Kontext. Kontext ist, theologisch verstanden, die Zeit, in der Gott heute handelt und in der durch das Tun der Christen und ihrer

Kirche(n) Gottes Handeln in Erscheinung treten und vorankommen soll. Solche Zeit, solche Heilszeit nennt die Bibel „Kairos“[7]:

„Außerdem sagte Jesus zu den Leuten:
Sobald ihr im Westen Wolken aufsteigen seht,
sagt ihr: Es gibt Regen.
Und es kommt so.
Und wenn der Südwind weht,
dann sagt ihr: Es wird heiß.
Und es trifft ein.
Ihr Heuchler!
Das Aussehen der Erde und des Himmels
könnt ihr deuten.
Warum könnt ihr dann
die Zeichen dieser Zeit
nicht deuten?
Warum findet ihr nicht schon
von selbst das rechte Urteil?“
(Lk 12,54–57)

Hier erhebt sich für die Pastoraltheologie bei der Analyse der verschiedenen Handlungsfelder der Kirche(n) die Frage, auf wen heute Christen zugehen, wenn sie behaupten, hinter Jesus herzusein und an ihm Maß zu nehmen.
– Wer sind die Aussätzigen heute? Körperlicher Aussatz ist medizinisch heilbar. Doch gibt es viele Menschen, Gruppen, Klassen und Rassen, ganze Völker, denen das Schicksal widerfährt, ins Aus gesetzt, „ausgesetzt“ zu sein.
– Wer sind, so ist weiter zu fragen, die Blinden, die Lahmen, die Gefangenen?
– Mit wem sollen Christen heute bevorzugt zusammensein?
Im Rahmen der vorliegenden Fundamentalpastoral verallgemeinern wir diese Fragen:
– Wie steht es heute um die Lage des Lebens der Menschen in unseren Gesellschaften?
– Wo sind heute die vielfältigen Bedrohungen jenes Lebens, für das Gott uns geschaffen und für das er selbst sich stark gemacht hat, indem er einer von uns wurde?
Die Frage nach den „Aussätzigen heute“ ist die entscheidende kairologische Frage.

[7] Besondere Aufmerksamkeit schenkte diesem biblischen Begriff des „kairos“ in der Pastoraltheologie: Pfliegler, Die religiöse Situation.

(b) Die Zeitgenossen wurden noch aus einem anderen Grund vom Künstler ins Bild gesetzt. Er will damit den Betrachtern eine Aufforderung zukommen lassen. Er möchte vermeiden, daß sie nur Zuschauer sind. Das ist seine Botschaft: Haltet euch aus dem Ereignis nicht heraus! Wenn ihr wirklich Maß nehmt am Handeln Jesu, dann wird dieser eure Praxis ändern!

Lateinamerikanische Christen werfen den Christen im alten Europa vor, sie betrieben eine Art „Klassenzimmer-" (class-room-theology), eine „Zuschauertheologie".[8] Sie sezierten in ihren Schulräumen das Evangelium, ihre Praxis bliebe davon aber häufig unberührt. Der Vorwurf trifft tief, und dies nicht zuletzt deshalb, weil er nicht unberechtigt ist. Und damit sind wir beim dritten Hauptthema unserer Fundamentalpastoral: Analysieren genügt nicht. So wichtig es ist, zu fragen, ob unser Handeln zielsicher und situationsgerecht ist: Entscheidend ist die Weiterentwicklung jener kirchlichen Praxis, die heute stattfindet. Wie der Künstler von der Reichenau müht sich die Pastoraltheologie daher um gedeihliche Veränderung, um Fortentwicklung unserer Praxis, um Reform. Eben dieser Aspekt praktisch-theologischer Forschung wird hier mit dem Begriff der Praxeologie belegt. Auf welche Weise die kirchliche Praxis weiterentwickelt werden kann, das ist die praxeologische Frage.

So sind wir über das biblische Ereignis schon etwas mehr damit vertraut geworden, was diese Fundamentalpastoral soll: die Ziele klären, die Situation erkunden, das Handeln voranbringen. Kriteriologie, Kairologie und Praxeologie sind die entsprechenden Überschriften über die einzelnen Teilbereiche der Fundamentalpastoral.

[8] Casalis, Für Menschen – unmöglich!

2 ERFAHRUNGEN AUS DEM KIRCHENALLTAG

Wir machen einen zweiten einführenden Anlauf. Dabei nehmen wir als Ausgangspunkt Erfahrungen aus unserem Kirchen- und Seelsorgsalltag.
An zwei Beispielen verdeutlichen wir, daß die Praxis (von Personen in) unserer Kirche, wie sie alltäglich stattfindet, nicht nur ein einziges Ziel hat. Vielmehr wohnen dieser Praxis mehrere Ziele inne. Wir nennen sie Hauptziel und Nebenziele. Dabei ist das Verhältnis des Primärziels zu den Sekundärzielen vielschichtig.

(1) Die Praxis hat viele Ziele

Pfarrer Breid kommt in eine ländliche Pfarrgemeinde. Dort findet er ein reges traditionelles Pfarrleben vor. Die Leute legen Wert auf einen vom Pfarrer gut gestalteten Gottesdienst. Sie möchten, daß er ihre Kinder tauft und ihre Toten zum Grab geleitet. Die vielen Vereine laden ihn zu ihren Feierlichkeiten ein und wünschen, daß er dabei eine Festmesse hält und Segnungen vornimmt..
Freilich, Pfarrer Breid gewinnt alsbald den Eindruck, daß außerhalb dieser Anlässe die Religion nur wenig Bedeutung im Leben der Leute hat. Wenn diese die Kirche verlassen, lassen sie auch die Religion zurück. Im familiären und beruflichen Alltag scheint der Glaube kaum eine Rolle zu spielen.
Die Religion unserer Kirchenmitglieder und das, was vom Glauben in der Bibel berichtet wird, sind also nicht dasselbe. Das, was die Leute von unserer Seelsorge erwarten und darüber hinaus aus unseren seelsorglichen Handlungen machen, scheint etwas anderes zu sein als das, was theologisch geschulte Seelsorger tun möchten. Ist es nicht so, daß die Leute den christlichen Glauben zu einer Art „Lebenshilfe" umdeuten? Diese nehmen sie in Anspruch, wenn sie sie brauchen.
Auf den Begriff gebracht heißt dies: Die Leute verfolgen im Rahmen einer kirchlichen Handlung offenbar andere (Handlungs-)„Ziele" als etwa der amtshandelnde Pfarrer. Aufgabe kriteriologischen Arbeitens ist es, zu untersuchen, welche Ziele die Leute haben bzw. als Kirchen-

mitglieder haben sollen, und welche „Ziele" faktisch der Pfarrer verfolgt bzw. verfolgen sollte. Kriteriologisch ist weiterhin zu analysieren, wie sich diese verschiedenen „Ziele" der an kirchlichen Handlungen Beteiligten zueinander verhalten.

(2) Hauptziel und Nebenziele

Auf einer internationalen Tagung wird über die Bedeutung von Diakonen in der katholischen Kirche beraten. Zu diesem Zweck sind Diakone eingeladen, um über ihre Arbeit und ihr Leben zu berichten. Ein Diakon erzählt, daß er eine ökumenisch getragene Behindertenwerkstätte leitet. Dies sei die Mitte seines Diakonamtes. Die Bestellung des Diakons drücke die hohe Aufmerksamkeit der Kirche für die diakonale Verantwortung aus. In diesem Rahmen feiere er mit den Mitgliedern der Werkstätte auch Wortgottesdienste.
Dann steht ein anderer Diakon auf und sagt: Im Grund kann ich nichts Neues erzählen. Denn ich mache all das, was auch ein herkömmlicher Pfarrer macht, ausgenommen Messe und Beichte. Ein anwesender Bischof fügt die Frage an: Und was macht Ihre Frau? Der Diakon: Sie übernimmt all jene Aufgaben, für die wir keinen Laien finden.
Dieses Beispiel führt uns hin vor Nebenziele, die in unseren pastoralen Handlungen wirksam sind. Dem zweiten Diakon geht es nicht nur um das Hauptziel (daß z.B. die Kirche nicht aufhört, mit den Behinderten, den Armen, den Unterdrückten zusammenzusein). Vielmehr mißt sich dieser Diakon in seiner Arbeit auch an der bisher pastoral allein maßgeblichen Personengruppe der Pfarrer. Er fragt unausgesprochen: Bin ich nicht genauso wichtig wie ihr Pfarrer? Von kleinen Abstrichen gewiß abgesehen, wie Messe und Beichte! Und ist es nicht im Vergleich zu euch ehelosen Priestern gut, daß ich eine Frau habe, die auch noch Gemeindearbeit übernimmt? Ansehen, soziales Prestige, wichtig sein, etwas machen können: Das sind tiefe menschliche Anliegen. Sie fließen in unsere kirchlichen Handlungen ein. Wie aber, so haben wir kriteriologisch zu fragen, verhalten sich diese menschlichen Nebenziele im konkreten pastoralen Handeln zum überlieferten kirchlichen Hauptziel?

(3) Früher und heute

Zur Pastoralreferentin Regina kommt ein Arbeiter mit seiner Frau. Sie haben ein Kind bekommen. Jetzt möchten sie es taufen lassen. Die Arbeiterfamilie war vor geraumer Zeit zugezogen. Die Pastoralreferentin, schon einige Zeit Mitglied in dieser Gemeinde, kennt die beiden nicht. Obwohl sie sich am Sonntag morgen regelmäßig unter die Kirchgänger mischt, sind ihr die Gesichter dieser Leute fremd. Also erkundigt sie sich jetzt im Gespräch nach deren Lebenssituation. Sie erfährt dabei auch, wie sie zur Kirche stehen und was sie von der Religion halten. Der Mann ist schon vor Jahren aus der Kirche ausgetreten. Die Frau hingegen ist Kirchenmitglied und geht manchmal, wenn sie einkauft, verstohlen in eine Kirche, um zu beten. Lange hat sich der Mann gegen die Taufe des Kindes gewehrt, schon aus Rücksicht auf seine Arbeitskollegen, die ihn deshalb gehänselt haben. Die Frau hatte aber nicht locker gelassen: Das Kind sollte den „Segen Gottes" erhalten.

Der Pastoralreferentin Regina fahren viele Fragen durch den Kopf. Sie ahnt, daß der Arbeiter wohl seiner Frau zuliebe mitgekommen ist. Sie merkt es ihm auch an, wie schwer es ihm fällt, jetzt bei der Taufanmeldung dabeizusein. Sie fragt sich aber auch, wie denn die Pfarrgemeinde dieses neue Kirchenmitglied den Eltern anvertrauen kann, damit sie es im christlichen Glauben großziehen.

Pflichtgemäß und aus innerer Überzeugung drängt Regina daher auf eine ausgedehnte Taufvorbereitung mit den Eltern. Aber da stellt sich heraus, daß der Tauftermin schon festliegt. Das Gasthaus ist reserviert, in dem sich die Verwandten treffen sollen. Die Vorbereitungen für das Familienfest laufen schon. Und schließlich, so faßt der bislang wortkarge Vater die Widerstände des Paares zusammen, hat es ja früher das auch nicht gegeben, und er fügt ärgerlich hinzu: Tauft doch das Kind, aber mich laßt in Ruh!

Unsere heutigen pastoralen Gewohnheiten sind nicht sehr alt. Der Arbeiter hat ja recht: „Früher", beispielsweise in nachreformatorischen Zeiten, hat es keine lange Taufvorbereitung gegeben. „Heute" ist das anders. Mit guten Gründen, wie wir sagen. Was sich aber geändert hat, das ist nicht die Taufe, ihre Theologie. Anders ist die Situation, in der getauft wird. Die Leute haben heute ein anderes Verhältnis zur Kirche. Die Kirche ihrerseits hat einen anderen Ort in der Gesellschaft. Getauft wird unter den neuen, „heutigen" pastoralen Verhältnissen. Als Kirche handeln wir im „Heute", in der heutigen „Situation", im heutigen „Kontext".

Eben dies ist die Fragestellung der „Kairologie". Wird unser kirchliches Handeln der Situation gerecht? Handeln wir „situationsgerecht"? Es gibt für unser Handeln ein „Früher" und ein „Heute", in dem die Entscheidungen für das „Morgen" fallen. Dabei bleibt die Situation für unser kirchliches Handeln nicht nur ein äußerliches Umfeld, sondern geht in dieses mit ein, formt die Praxis mit, wie auch umgekehrt unsere Praxis die Situation mitgestaltet, erhaltend oder verändernd. Das pastorale

Problem der Pastoralreferentin Regina ist also nicht die Tauftheologie oder das Taufritual: Es ist die religiöse Situation, in der sich das Arbeiterehepaar befindet. Wie kann ein aus der Kirche ausgetretener Vater „Subjekt“ der religiösen Entwicklung seines Kindes sein? Wie kann also an einem unkirchlichen Lebensort jener Glaube aufkommen, auf den hin dieses Kind getauft werden soll und für dessen religiöse Entwicklung die Pfarrgemeinde bei der Taufe Verantwortung übernimmt: eine Verantwortung, die sie dann an die dem Kind nächsten Christen weitergibt, also die Eltern – was eben bei diesem Ehepaar fragwürdig ist? Fördert denn, so ist kairologisch zu fragen, unsere Kirche durch unbedachtes Taufen nicht eine Gestalt von Kirche, die unglaubwürdig wird, weil es in ihr zwar viele Katholiken (oder Protestanten), aber wenige Christen gibt? Kairologisch ist somit zu klären, wie in dieser Situation verantwortlich getauft werden kann.

(4) Heute und morgen

Unsere christlichen Kirchen haben im Lauf der Jahrhunderte eine Lehre vom „gerechten Krieg“ entwickelt.[9] *Diese Doktrin ist keine Befürwortung des Krieges; sie diente vielmehr dazu, ihn zu humanisieren, ja zu verhindern. Und für den schlimmen Fall, daß doch ein Krieg ausbrach, sollte sie mitwirken, den Schaden möglichst niedrig zu halten.*
Heute ist diese Lehre vom „gerechten Krieg“ fragwürdig geworden. Sie ist in einem entscheidenden Fall nicht mehr hilfreich: nämlich beim fälschlich immer noch so genannten „Atomkrieg“. Hier nützt eine Lehre von der Schadensbegrenzung nichts mehr, weil der Schaden, den eine Atomkatastrophe verursacht, stets größer sein wird als das Unrecht, das dadurch behoben werden kann. Jene haben Recht, die sagen, der Atomkrieg ist kein Krieg mehr, sondern nur noch ein Verbrechen gegen die Menschheit. Das Wort Krieg ist daher unangemessen.
Darf man aber, so fragen heute zunehmend viele weiter, sich überhaupt auf ein Verbrechen vorbereiten? Darf man mit einem Verbrechen abschreckend drohen? Ist damit eine Politik der atomaren Abschreckung nicht in sich schon unmoralisch? Immer größer wird in den christlichen Kirchen die Zahl derer, die für ein Friedenskonzil bzw. eine Friedensversammlung (es wird schon um das Wort gefeilscht!), eine Convocatio der Religionen eintreten, auf der auch die Herstellung aller ABC-Waffen geächtet werden soll.
Was unsere kirchliche Praxis bewegt, das ist nicht nur das „Heute“. In

[9] Einen knappen Überblick bietet: Gerechtigkeit schafft Frieden, 20–37.

einer Menschheit, deren Zukunft auf dem Spiel steht, muß die Zukunft der Menschheit zu einem zentralen Thema der Praxis der christlichen Kirchen und damit der Pastoraltheologie werden. „Kirche auf dem Weg ins gesellschaftliche Morgen“ wird so zwingend zu einem Zentralstichwort der gegenwärtigen Praktischen Theologie. Die pastoraltheologische Kairologie fragt daher nicht nur nach dem Früher und nach dem Heute. Auch die Frage nach dem Morgen gehört wesentlich zu den kairologischen Themen. Diesen Aspekt der Kairologie nennen wir „Pastorale Futurologie“.[10]

(5) „...sollen werden“

1975 hat die Gemeinsame Synode der Bistümer in der Bundesrepublik Deutschland in ihrem Text über „Die pastoralen Dienste in der Gemeinde“ folgenden Beschluß veröffentlicht: „Aus einer Gemeinde, die sich pastoral versorgen läßt, muß eine Gemeinde werden, die ihr Leben im gemeinsamen Dienst aller und in unübertragbarer Eigenverantwortung jedes einzelnen gestaltet. Sie muß selbst mitsorgen, junge Menschen für das Priestertum und für alle Formen des pastoralen Dienstes zu gewinnen.“[11]

Dieser Beschluß hat sowohl kriteriologische wie kairologische Voraussetzungen. Kriteriologisch wird angenommen, daß alle Kirchenmitglieder Subjekte der kirchlichen Praxis sind. Kairologisch wiederum geht der Beschluß davon aus, daß es im gemeindlichen Alltag auf Grund einer langen Pastoralgeschichte heute anders aussieht als früher. „Früher“ war es so: Der Pfarrer und mit ihm einige haupt- und ehrenamtliche „Mitarbeiter“ (des Pfarrers, versteht sich) sind und gelten als verantwortliche Subjekte, während die Leute das Objekt der Seelsorge (Zielgruppen, Kategorien, für die Seelsorge konzipiert wird) sind. Fachlich wird heute diese Gestalt der Kirche „Kirche für das Volk“ genannt. Die Synode hat nun für das „Heute“ die Vision, daß alle Kirchenmitglieder Subjekte der pastoralen Praxis werden sollen. Die ererbte Spaltung zwischen Betreuern und Betreuten soll überwunden werden. Aus einer „Kirche für das Volk“ soll eine „Kirche des Volkes“ werden.

Die Frage ist aber, wie das im kirchengemeindlichen Alltag ermöglicht werden kann. Wer immer sich dieses Anliegen in der letzten Zeit zu

[10] Wir widmen dieser Frage einen eigenen Band: Zulehner u.a., Pastorale Futurologie. Kirche auf dem Weg ins gesellschaftliche Morgen – in Vorbereitung.

[11] Die pastoralen Dienste in der Gemeinde, 581–636, hier: 602.

eigen gemacht hat, wird nämlich schnell einsehen, daß es viele Widerstände gibt: bei vielen Leuten, bei Pfarrern, aber auch bei einigen der neuen Seelsorgsexperten. Nach jahrhundertelanger Praxis der Betreuung und Versorgung des Volkes durch die Priester ist es in der Tat schwer, und zwar für Volk und Priester gleichermaßen, zu einer neuen Praxis zu finden.

Ängste werden wach: die Angst um die Einheit, wenn alle etwas zu sagen haben; die Angst um die Rolle des Priesters, wenn alle „priesterlich" sind, die zum „priesterlichen Volk Gottes" gehören; die Angst um die sozialen Vorzüge einer Expertenexistenz, wenn die ungebildeten Leute ohne Schulung plötzlich auch das tun dürfen, was doch Domäne der lange ausgebildeten Experten ist.

Dazu kommt, daß sich die einzelnen mit Veränderungen in einem derartigen Ausmaß unterschiedlich schwertun. Von hier aus wird verständlich, daß sich die Kirchenmitglieder in unterschiedlichen (Bewußtseins-) Lagern gesammelt haben, also konservativ-traditionalistische, reformistisch-progressive, und schließlich andere, die der Kirche in ihrer gewachsenen Gestalt überhaupt keine Erneuerungschancen einräumen und deshalb anfangen, eine Nebenkirche zu gründen: eine neue Sekte, eine „Kirche von unten", eine Parakirche.

Was beeinflußt aber die Fähigkeit von Menschen und Gemeinschaften, sich zu verändern? Spielen dabei nur theologische Anliegen eine Rolle? Geht es also um die Treue zur Überlieferung? Und sind nur jene der Überlieferung treu, die sich nicht ändern, oder schützen jene anderen die Lebendigkeit der Überlieferung besser, die sich wandeln? Ist der Exodus, der Aufbruch, typisch für kirchliche Praxis, oder das „Bleiben", das Beharren, oder beides zugleich? Fachlich wird zu fragen sein: Erhält die Kirche ihre Identität trotz des Wandels oder durch den Wandel? Weiterhin wird zu prüfen sein, ob nicht neben den theologischen Momenten auch lebensgeschichtliche eine Rolle spielen. Die Fähigkeit, biographisches Neuland zu betreten und alte Lebensweisen zurückzulassen, scheint nicht bei allen Menschen gleich ausgebildet zu sein. Tun sich manche mit Veränderungen in ihrem Leben und damit auch in der Kirche vielleicht deshalb schwer, weil jede Veränderung ihr verletzbares Ich bedroht?

All das sind Fragen, die in die Praxeologie gehören. Insgesamt kreist das praxeologische Forschen um die eine Frage, wie sich Menschen und soziale Einheiten weiterentwickeln und in diesem Sinn Reformen geschehen können und welche Faktoren dabei eine Rolle spielen.

(6) Der Veränderung nachhelfen

Die Gemeindereferentin Anna ist in einer kleinen Pfarrei tätig, die keinen Pfarrer mehr am Ort hat, sondern raumpflegerisch in einen Pfarrverband eingefügt wurde. Sie ist für die Firmvorbereitung verantwortlich. Das Wissen um die unvertretbare Eigenverantwortung aller Kirchenmitglieder ist in ihr lebendig vorhanden. Sie handelt auch jetzt danach. So sucht sie beim ersten Abend, an dem sie mit den Eltern der 12–14jährigen Firmkandidaten beisammen ist, nach Firmhelferinnen und Firmhelfern. Sie findet aber keine. Die Leute sagen ihr, daß dies doch die Aufgabe des Pfarrers oder notfalls der Gemeindereferentin selbst sei. Auch seien sie dazu nicht in der Lage. Kurzum, niemand ist bereit, die Firmlinge „gemeindekatechetisch" auf die Firmung vorzubereiten. Daraufhin läßt die Gemeindereferentin Anna die Leute wissen, daß es unter diesen Umständen in diesem Jahr eben keine Firmvorbereitung gebe und die Kinder nicht gefirmt werden könnten.
Erregt gehen die Leute auseinander. Sogar am Wirtshaustisch wird die außergewöhnliche Lage besprochen. Der Gemeindereferentin wird unterstellt, sie sei faul, obwohl sie eigens darauf hinwies, daß sie mehr Arbeit bekommt, wenn Erwachsene aus der Gemeinde die Hinführung zur Firmung verantworten. Der nächste Elternabend bringt dann die Überraschung. Es melden sich mehr Eltern, als Firmhelfer in diesem Jahr benötigt werden.
Auch dieses Beispiel hat „praxeologische Anteile". Wie kann eine pastorale Situation verändert werden? Welche Rolle spielt die „Verweigerungstaktik" der Gemeindereferentin? Braucht es nicht zu jeder Veränderung einen „Leidensdruck"? Könnte es nicht sein, daß die Leute durch die neuartigen Erwartungen der pastoral Verantwortlichen überfordert werden, die Qualität der Firmvorbereitung leidet, das Niveau der pastoralen Arbeit sinkt? Droht nicht der Abschied von der Luxuspastoral, wenn jetzt die einfachen Leute ohne langes Theologiestudium die katechetische Arbeit der Kirchengemeinde übernehmen?

3 WISSENSCHAFTLICHE PASTORALTHEOLOGIE

In allen unseren Beispielen sind wir Personen begegnet, die nicht nur handeln, sondern über ihr Handeln auch nachdenken: dem aus der Kirche ausgetretenen Arbeiter und seiner Frau, der Pastoralreferentin, dem Landpfarrer, den Eltern der Firmlinge und der Gemeindereferentin. Indem sie ihre Praxis reflektieren, betreiben sie schon eine Art „alltägliche Pastoraltheologie". Von ihr läßt sich die „wissenschaftliche Pastoraltheologie" unterscheiden, wie wir sie hier entwickeln und wie sie seit mehr als 200 Jahren zu den theologischen Universitätsdisziplinen gehört.[12]

Fassen wir, nach den verschiedenen Zuwegen, knapp zusammen, worum es der Pastoraltheologie zumal in diesem grundlegenden Teil der Fundamentalpastoral geht:[13]

(1) „Praxis der Kirche(n)"

Thema ist die *„Praxis der Kirche(n)"*, das also, was die Kirche „tut", wie sie handelt, arbeitet und ihre Arbeit organisiert. Dabei darf dieser Begriff „Praxis" nicht so eng gefaßt werden, wie ihn die Alltagssprache versteht. Natürlich verweist der Begriff Praxis zunächst auf Taten einzelner Personen: eines Pfarrers, eines Arbeiters, eines Bischofs, von Eltern.

Aus einzelnen Handlungen werden aber Institutionen mit festgefügten Strukturen. Der einzelne Mensch wiederholt ja jene Handlungen, die sich bewährt haben, wodurch Handlungsmuster entstehen. Diese gebraucht nach und nach nicht nur ihr „Erfinder", sondern sie werden auch anderen Menschen zugänglich, ihnen sogar zugewiesen, wenn soziale Macht eine solche Durchsetzung von Handlungsmustern erlaubt.

[12] Von der Pastoraltheologie zur Praktischen Theologie 1774–1974. – Mette, Theorie der Praxis. – Jüngel, Rahner, Seitz, Die Praktische Theologie zwischen Wissenschaft und Praxis. – Daiber, Grundriß der Praktischen Theologie als Handlungswissenschaft. – Praktische Theologie heute. – Fuchs, Praktische Theologie, 209–244. – Zulehner, Inhaltliche und methodische Horizonte. – Otto, Grundlegung der Praktischen Theologie.

[13] Zulehner, Praktische Theologie, 400–410.

Auf diesem Weg werden die Handlungsmuster, von einzelnen erfunden, verbindlich für viele. Sie können von einer Generation zur anderen weitergegeben werden. Dies geschieht im Vorgang der „Sozialisation". Die Weitergabe bewährter pastoraler Handlungsmuster kann entsprechend „pastorale Sozialisation" heißen. Werden solche Handlungsmuster „sozialisiert", dann gerät die Person, die sozialisiert wird, unter eine soziale Erwartung. Es wird ihr zugemutet, daß sie im Sinn der Gemeinschaft handelt. Eben diese Zumutung ist die *„Rolle"*, die einer zu spielen hat. Im Lauf der Zeit hat auf diesem Weg das Zusammenleben der Menschen feste „Regeln", Handlungsnormen bekommen. Das Zusammenleben wurde strukturiert. Handlungsmuster für einen wichtigen Lebensbereich sind eine Institution. Davon ist noch einmal zu unterscheiden, wie diese Institution „organisiert" ist. Wir werden den Vorgang des Entstehens von Institutionen noch genauer untersuchen. Zunächst reicht es, zu sehen, daß wir in unserer praktisch-theologischen Arbeit nicht nur die Praxis einzelner Personen zu analysieren haben, sondern auch die Praxis der kirchlichen Institutionen bzw. die institutionalisierte Praxis unserer Kirche.

(2) Primärziel und Sekundärziele

Solche Praxis hat stets immanente Ziele. Diese sind vielfältig und haben unterschiedlichen Rang. Brauchbar für die Analyse der Ziele ist die Unterscheidung von Primär- und Sekundärzielen.
(a) Das *Primärziel* kirchlicher Praxis ist der von Jesus her überlieferte Auftrag. Da es unserer Praktischen Theologie um die Praxis geht, wie sie stattfindet, ist das Hauptziel der Praxis, wie sie gegenwärtig stattfindet, am ererbten Auftrag zu messen. „Zielvergewisserung" ist zu leisten. Und zu fragen ist, ob unser Handeln zielsicher ist.
Bei solcher Zielvergewisserung ist zu berücksichtigen, daß die nähere Ausgestaltung dieses Primärzieles stets „situativ" ist. Denn der Auftrag Jesu ist uns nicht in der Gestalt eines scharf formulierten Grundsatzprogramms erhalten, sondern in offenen und unsystematischen Erzählsammlungen. Schon der Vergleich der einzelnen biblischen Bücher läßt deutlich erkennen, daß die jeweiligen Christengenerationen das Primärziel in eigenwilliger Weise konkretisiert haben. Die jeweiligen kulturellen und gesellschaftlichen Umstände sind in die Zieldefinition eingeflossen, sei es als kontrastierender Hintergrund, sei es als Kulturgut, das aufgenommen und eingeschmolzen wurde. Insofern sich aber der kulturelle Kontext kirchlicher Praxis wandelt, erhebt sich die ständige Notwendigkeit einer „Re-Definition" des kirchlichen Primärziels. Das

Ergebnis der Auseinandersetzung zwischen der Tradition und der jeweiligen Situation sind handlungsleitende „Schlüsselwörter", die mit der „Zeit" kommen und gehen.
(b) *Sekundärziele* gibt es viele. Ein Teil der Sekundärziele dient der Sicherung des Primärziels. So wird das von Jesus her kommende Ereignis durch Institutionalisierung vor Vergeßlichkeit und Deformation geschützt. Zugleich erweist sich aber diese Institutionalisierung dem zu schützenden und zu tradierenden Ereignis gegenüber als ambivalent. Andere Sekundärziele gelangen in die pastorale Kirchenpraxis von Personen dadurch, daß Subjekte dieser Praxis konkrete Personen sind, die im Rahmen der Kirchenpraxis auch ihre religiösen und andere menschliche Grundbedürfnisse zu befrieden versuchen. So gehen allgemeinreligiöse Erwartungen von Menschen in konkrete pastorale Handlungsabläufe ebenso ein wie die Grundwünsche nach Ansehen, nach Macht und nach Besitz. Aufgabe praktisch-theologischer Analyse ist es, diese vielfältigen der Praxis in unserer Kirche innewohnenden Nebenziele aufzuspüren, und dies nicht mit der Absicht, diese Nebenziele auszumerzen (was ja nicht gelingen wird), sondern um nach jener Kultivierung dieser Nebenziele zu suchen, durch die eine (zu starke) Beeinträchtigung des Hauptziels durch Nebenziele verhindert wird.

(3) Situationen

Das Handeln des Menschen folgt nicht einem immer schon fertigen Entwurf, der lediglich ausgeführt werden müßte. Handeln ist vielmehr ein Vorgang, ein Weg, der begangen wird. Oft wird erst beim Gehen erkennbar, welche Schritte zum erahnten und gesteckten Ziel führen. Wie der Mensch, so ist auch die Kirche nie fertig, sondern „wird", indem sie sich handelnd in die Zukunft hinein „realisiert". Auch Kirche ist daher immer im Werden, bildet sich „handelnd" neu in jeder Generation, in jeder neuen Kultur, in jeder neuartigen Situation. Thema unserer Praktischen Theologie ist somit nicht eine zeitlose „Ekklesiologie", eine Lehre von der Kirche, wie sie ist oder sein soll, sondern situative, kontextuelle Lehre von der „Ekklesiogenese", der „Kirchengeburt", wobei diese Geburt identisch ist mit ihrer „Praxis", ihrem Handeln. Situativ handelnd wird also die Kirche, wird sie jeweils in jeder Generation neu geboren.[14]
Die Umstände, unter denen heute Ekklesiogenese geschieht, zu klären, ist ein wichtiger Teil praktisch-theologischer Forschungsarbeit. Der

[14] Boff, Die Neuentdeckung der Kirche.

Wiener Pastoraltheologe Michael Pfliegler hat diese Aufgabe in die Frage gekleidet: „Custos, quid de nocte?“[15] – Wächter, wie weit ist die Nacht vorangeschritten? Praktische Theologen sind berufen, fachkundige Wächter zu sein, die aufmerksam erkunden, wie es um das Voranschreiten der Zeit bestellt ist, wohin sie treibt und wohin sie von uns geleitet wird. Dabei üben wir dieses Wächteramt keineswegs nur aus innerkirchlichen Gründen allein aus. Vielmehr zählen die Praktischen Theologen zu den aufmerksamen Wächtern der einen Menschheit. Sie tun dies mit vielen anderen Wächtern zusammen, die sich um die „Stunde“ kümmern, in der wir stehen. Zu diesen weltlichen Wächtern gehören etwa Sozialwissenschaftler, Anthropologen, Philosophen, Psychologen und jüngstens auch Futurologen, also Zukunftsforscher. Auf die Zusammenarbeit mit ihnen sind die Praktischen Theologen angewiesen, wobei diese Zusammenarbeit keineswegs einbahnig verläuft. Theologen hören zu und lernen, sie erfahren Kritik, sie regen aber auch an und üben Kritik an den Aussagen der Human- und Sozialwissenschaften.

Vor allem aber gehört es zu den Aufgaben der Praktischen Theologen, die Erkenntnisse der Human- und Sozialwissenschaften ein zweites Mal zu durchdenken. Diese zweite Reflexion ist eine theologische. Sie unterstellt, daß Gott der Herr der Geschichte ist und daß es keine Situation gibt, in der Gott nicht handelnd gegenwärtig ist. Eben und erst dies macht aber die vermeintlich weltliche Situation zu einem theologischen Ort, zu einem „Kairos“. Die Situation wird zu einem Erfahrungsort des Handelns Gottes in der Geschichte (und natürlich der Antwort des Menschen auf Gottes Handeln). Wer erfahren will, was Gott von seiner heutigen Kirche an Praxis erwartet, muß die „Zeichen der Zeit“ lesen und fragen, was Gott seiner Kirche durch diese Zeichen der Zeit an Handlungsmöglichkeiten und damit Handlungsaufforderungen eröffnet.

Mit den Human- und Sozialwissenschaften zusammen hat also Praktische Theologie in einer „ersten Reflexion“ auf die Wirklichkeit jene Situation zu erkunden, in der Ekklesiogenese heute geschehen kann. Über diese gemeinsame Arbeit mit den Human- und Sozialwissenschaften hinaus fragen wir aber in einer „zweiten Reflexion“, welche Handlungszumutungen sich von Gott her für seine Kirche aus dieser Gegenwartssituation erkennen lassen.[16]

[15] Custos, quid de nocte.

[16] Entfällt diese „zweite Reflexion“ und übernimmt die Pastoraltheologie unkritisch human- und sozialwissenschaftliche Erkenntnisse – was allzu oft unbemerkt geschieht – , dann ist eine solche pastoraltheologische Arbeitsweise zu kritisieren.

(4) Praxisreflexion

Als markante Bausteine unserer Fundamentalpastoral haben wir bisher die Analyse der vielfältigen der Praxis innewohnenden Ziele und die der Praxis eingewobenen Situation erkannt. Praktische Theologie fragt somit danach, ob unser Handeln zielsicher und situationsgerecht ist. Die zugeordneten Forschungsbereiche nennen wir Kriteriologie und Kairologie, also Lehre von den Zielen und Lehre von den Situationen.

Eine solche wissenschaftliche Praxisreflexion kann grundsätzlich zwei Ergebnisse zeitigen:

(a) Es kann sich ergeben, daß die Praxis, wie sie stattfindet, mehr oder weniger zielsicher und situationsgerecht ist. Dieses Ergebnis wird die Handelnden ermutigen, den eingeschlagenen Weg weiterzugehen. In Zeiten raschen Wandels, der von Haus aus verunsichernd wirkt, ist solche fachkundige Ermutigung von Bedeutung. Sie setzt brachliegende Handlungsressourcen frei. Ermutigung ist somit eine erste wichtige praxeologische Aufgabe der Praktischen Theologie.

(b) Die wissenschaftliche Praxisprüfung kann aber auch zeigen, daß die stattfindende Praxis nicht im erwünschten Maße zielsicher und situationsgerecht ist. Dies ist aus mehreren Gründen denkbar:

– weil das Handeln der Kirche nicht zielsicher ist, indem (störende, mit dem Hauptziel unvereinbare Anteile der) Nebenziele dieses (unbemerkt) prägen und die Wirkmächtigkeit des Hauptziels schwächen;

– weil der vorfindbare Handlungsstil der Situation nicht mehr gerecht wird: ein Handlungsstil etwa, der aus früheren Zeiten überkommen ist, damals durchaus angemessen und daher gut war, jetzt aber zwar immer noch in sich gut sein mag, aber nicht mehr angemessen ist.

In solchen Fällen wird die Praktische Theologie zur kritischen Instanz gegenüber der Praxis, wie sie stattfindet. Die Praktische Theologie übt dann einen „prophetischen Dienst" in der Kirche aus. Das ist ein wesentliches Moment an der Berufung der Praktischen Theologen.[17] Dieser prophetisch-kritische Auftrag ist nicht bequem. Praktischen Theologen ergeht es wie allen Kritikern und Propheten: Sie sind nicht nur beliebt; man hält sie sich vom Leib; man wirft ihnen vor, destruktiv zu sein. Nun kann ja zugestanden werden, daß nicht alle Kritik, die Pastoraltheologen üben, kreativ ist: Manche Kritik verletzt, wirkt ätzend, reißt nieder, statt aufzubauen. Kein Praktischer Theologe ist vor einer solchen Versuchung von vornherein gefeit. Dennoch: Daß Kritik mißrät, darf nicht als Argument gegen jegliche Kritik verwendet werden.

[17] Prophetische Diakonie.

Auch ist es nicht allein Aufgabe der Kritisierten, festzustellen, ob Kritik aufbaut oder niederreißt. Denn der Kritisierte ist seinerseits in Versuchung, sein Handeln vor sich für gut zu halten und Einsprüche dagegen abzuwehren.
Was Praktische Theologie benötigt, das ist eine fundierte Kultur der Kritik. Ein wichtiges Moment solcher kulturvollen Kritik ist der Christenmut. Entscheidend ist in der Tat, daß die Praxis, wie sie stattfindet, durch die Kritik vor neue Möglichkeiten gerät und zudem Wege erschlossen werden, auf denen diese neuen Handlungsmöglichkeiten auch genutzt werden können. Das ist Aufgabe praxeologischer Arbeit. Ihr Ziel ist es, zu einer Weiterentwicklung, Erneuerung, Reform der stattfindenden Praxis beizutragen. Dazu ist es hilfreich, sich vor Augen zu halten, daß in jeder Kritik Visionen enthalten sind. Denn Schatten ist nur dann als solcher wahrnehmbar, wenn es auch Licht gibt. Diese Lichtseiten in der vorgetragenen Kritik gilt es ausdrücklich zu machen. Praktisch kann das dadurch geschehen, daß sich die Kritik im modellhaften Entwerfen möglicher künftiger Praxis verdichtet.[18] Solche Handlungsentwürfe kann man auch „scenarios" nennen. Dadurch wird über die Kritik der gegenwärtigen Praxis hinaus anschaulich, wie optimierte Praxis (morgen) aussehen könnte. Dabei ist es zumeist nicht möglich und auch nicht nötig, dergestalt zukunftsträchtige Handlungsmodelle am grünen Tisch zu entwerfen. Aufgabe der Praktischen Theologie ist es, solche zukunftsweisenden Praxismodelle auf dem weiten Handlungsfeld der Kirchen aufzustöbern, fachlich durchzuarbeiten und für viele zugänglich zu machen. Diesem Anliegen hat sich die vergleichende Pastoraltheologie verschrieben. Sie sucht nach pastoralen Aufbrüchen in aller Welt, mit dem Ziel, gute Erfahrungen anderer Kirchengebiete für unsere eigene Praxis fruchtbar zu machen. Ein Beispiel sind die Erfahrungen der jungen Südkirchen mit ihren Basisgemeinden. Die alten Kirchen des nordatlantischen Bereichs können heute von den jungen Kirchen, die Westkirche kann von der Südkirche lernen.

(5) Praxisoptimierung

Fügen wir die einzelnen Bausteine zusammen, läßt sich erkennen, wie Praktische Theologie arbeitet. Grundsätzlich geht es immer um die *Optimierung der stattfindenden kirchlichen Praxis*, damit um den Übergang von der ererbten Praxis hin zu einer der Zukunft angemessenen, möglicherweise verbesserten Praxis.

[18] Greinacher, Das Theorie-Praxis-Problem in der Praktischen Theologie, 103–118.

Schematisch: Thema ist der Übergang von einer vorfindbaren Praxis A zu einer künftigen Praxis B. Schritte, Phasen auf diesem Entwicklungsweg sind:

– Analyse der Handlungsziele (das in Schlüsselwörtern kontextuell entfaltete Hauptziel, meist vielfältige Nebenziele); diese Aufgabe praktisch-theologischer Forschung definieren wir als Kriteriologie.

– Erforschung der Situation, die in die vorfindbare Praxis Eingang findet und die durch diese Praxis ihrerseits mitverändert (bzw. stabilisiert) wird, wobei die sozialwissenschaftlichen Erkenntnisse über die Situation einer „zweiten theologischen Reflexion" unterworfen werden müssen; diese Aufgabe definieren wir als Kairologie.

– Mit den kriteriologischen und kairologischen Ergebnissen ist eine praktisch-theologische Handlungstheorie zu entwerfen. Diese ist kritische Auseinandersetzung mit der stattfindenden Praxis, enthält aber bereits erste modellhafte Aussichten auf eine weiterentwickelte, künftige Praxis. Zudem ist darüber nachzudenken, wie der Übergang von der stattfindenden hin zur künftigen Praxis verlaufen kann, was ihn hindert und fördert; diese Aufgabe definieren wir als Praxeologie.

Schematisch läßt sich dieser praktisch-theologische Arbeitsgang so skizzieren:[19]

[19] Nach: Zerfaß, Praktische Theologie als Handlungswissenschaft, 166–169. – Zu diesem kybernetischen Handlungsmodell auch: Zulehner, Einführung in den pastoralen Beruf, 107–185.

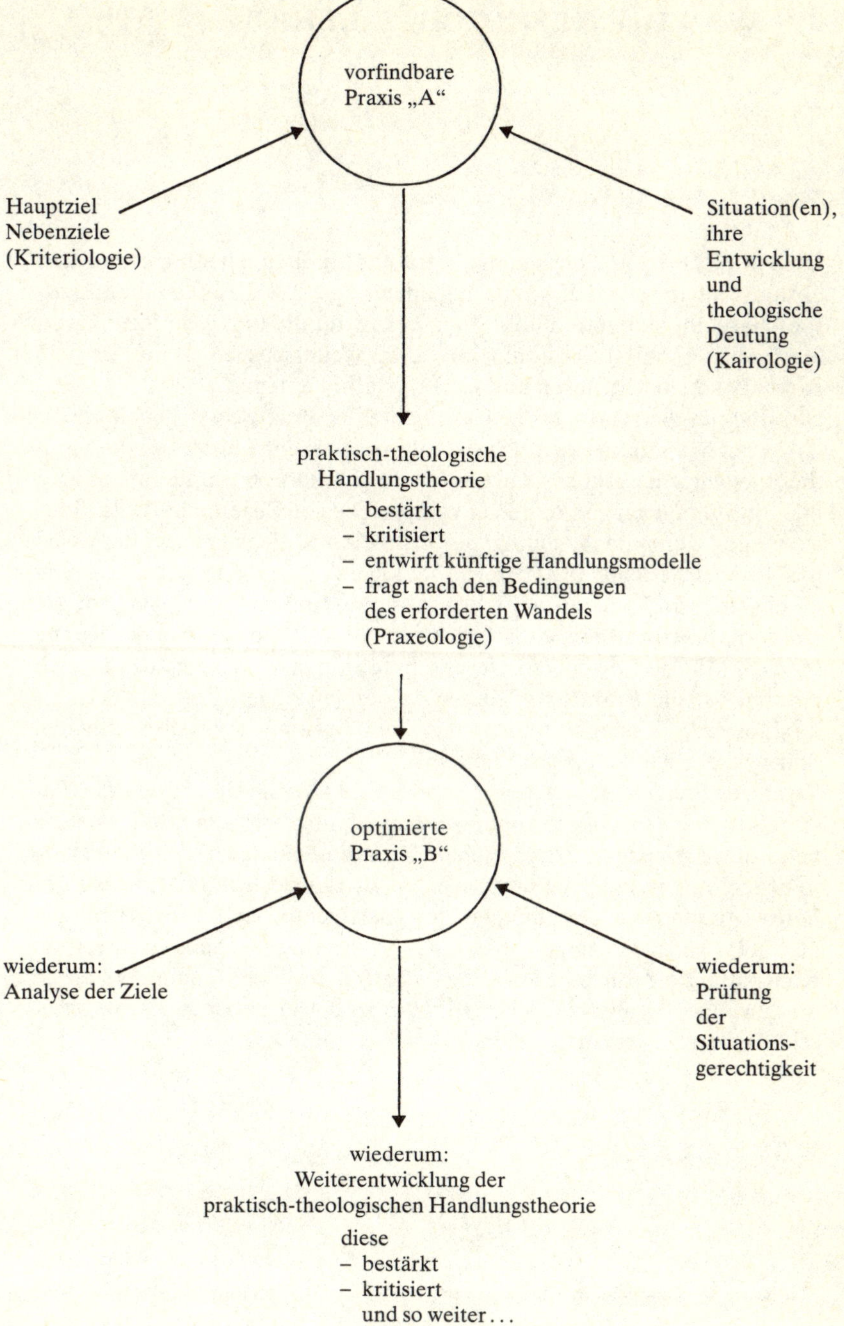
vorfindbare
Praxis „A“
Hauptziel
Nebenziele
(Kriteriologie)
Situation(en),
ihre
Entwicklung
und
theologische
Deutung
(Kairologie)
praktisch-theologische
Handlungstheorie
– bestärkt
– kritisiert
– entwirft künftige Handlungsmodelle
– fragt nach den Bedingungen
des erforderten Wandels
(Praxeologie)
optimierte
Praxis „B“
wiederum:
Analyse der Ziele
wiederum:
Prüfung
der
Situations-
gerechtigkeit
wiederum:
Weiterentwicklung der
praktisch-theologischen Handlungstheorie
diese
– bestärkt
– kritisiert
und so weiter …

4 WAS DIE GESCHICHTE LEHRT

Unsere bisherigen Überlegungen zur Praktischen Theologie und den Grundlagen ihrer Arbeitsweise haben gezeigt, daß diese Handlungswissenschaft eine doppelte Funktion in bezug auf die Praxis besitzen kann: Sie kann sowohl stabilisieren und zum Weitermachen ermutigen, sie kann aber auch kritisieren und zur Innovation anregen.
Ein Blick in die relativ kurze Geschichte der Praktischen Theologie als Universitätsdisziplin oder, wie sie anfangs genannt wurde, der Pastoraltheologie macht deutlich, daß diese beiden Funktionen im Lauf der Zeit nicht immer gleich gut zum Zug kamen. Die stabilisierende Rolle überwog, auch wenn die Ausübung der kritischen Rolle nie ganz unterlassen wurde. Welche Rolle die Pastoraltheologie vorwiegend spielte, das hing nun nicht nur vom guten Willen der Praktischen Theologen ab; sie wurde in hohem Maße mitgeformt durch die Rolle, welche die Kirche insgesamt in der jeweiligen Gesellschaft einnahm. Wissenssoziologisch besehen ist die Praktische Theologie der jeweiligen Zeit ein Teil des kirchlichen „Wissenssystems", das vom jeweiligen gesellschaftlichen Standort der Kirche mitbestimmt wird.
Wenn im Folgenden wichtige Etappen der kurzen Geschichte der Pastoraltheologie nachgezeichnet werden, dann verfolgen wir vornehmlich solche „wissenssoziologischen Zusammenhänge"; diesen bislang unbeachteten Aspekt herauszuschälen ist uns deshalb erlaubt, weil es bereits fundierte Darstellungen der Geschichte der Pastoraltheologie gibt.[20] Es wird sich zeigen, wie sehr die Praktische Theologie stets ein Kind ihrer Zeit war und wie sie es schaffte, trotz der Gebundenheit an die jeweilige gesellschaftliche Situation zu dieser dennoch in eine kritische Distanz zu treten.

[20] Schuster, Die Geschichte der Pastoraltheologie, 40–92. – Wege der Pastoraltheologie.

(1) Pragmatischer Ansatz

Als im Jahre 1774 der Abt Rautenstrauch einen Entwurf zur Errichtung von theologischen Schulen vorlegte[21], schlug er auch das Fach Pastoraltheologie vor. Es sollte die staatlichen Religionsdiener für die ihnen vornehmlich vom Staat in Zusammenarbeit mit der Kirche vorgezeichnete Aufgabe erziehen. Die ersten Lehrbücher[22], von denen manche Jahrzehnte lang benützt wurden, folgten diesem „untheologisch-pragmatischen Ansatz".

Ungebrochen spiegelt er die damals der Kirche zugewiesene Rolle in der Gesellschaft wider. Der absolutistische Staat, von seiner Tradition her „christentümlich", verstand sich als verantwortlich für das Wohl seiner Bürger. Religion sollte dazu ihren Beitrag leisten. Damit diese Aufgabe erfüllt werden könne, sollten die Religionsdiener, die der josephinische Staat in Dienst genommen hatte, darauf gut vorbereitet werden. Die Pastoraltheologie sollte diese Erziehung gewährleisten. Sie war in der Tat sehr praktisch: eine gute Praxisanleitung, ein Leitfaden für „staatliche Religionsdiener". Theologie war in dieser Pastoraltheologie rar, sie wurde vorausgesetzt.

(2) Bibeltheologischer Ansatz

Gegen eine solche aufklärerische Indienstnahme der Religion für das innerweltliche Glück der Bürger durch den absolutistischen Staat protestierte Johann Michael Sailer (1751–1832), zuletzt Bischof in Regensburg.[23] Ihm widerstrebte (trotz großer Offenheit für die Errungenschaften der Aufklärung) die Umdeutung der Kirche und ihrer Praxis durch die staatliche Religionsbehörde. Er betrieb in klassischer Weise eine Kritik des innewohnenden Ziels vorfindbarer Praxis, indem er diese Praxis an den gläubigen Überlieferungen der Bibel maß. So erinnerte er alle, welche die Arbeit der Kirche trugen, an die ursprünglichen biblischen Ziele. Die Bibeltheologie wurde zur Grundlage Sailer'scher Pastoraltheologie.

Aber auch Sailer blieb Gefangener des „obrigkeitlichen Konzepts"[24]

[21] Rautenstrauch, Entwurf zur Entwicklung. – Müller, Der pastoraltheologisch-didaktische Ansatz in Franz Stephan Rautenstrauchs „Entwurf zur Errichtung der theologischen Schulen".

[22] Vgl. Lehrbücher, die den Auftrag von Rautenstrauch ausführten: Giftschütz, Leitfaden. – Reichenberger, Pastoralanweisung. – Fingerlos, Versuch einer Pastorallehre. – Amberger, Pastoraltheologie. – Schüch, Handbuch der Pastoraltheologie.

[23] Sailer, Vorlesungen aus der Pastoraltheologie.

[24] Zeeden, Die Entstehung der Konfessionen, 32. – Rutz, Obrigkeitliche Seelsorge.

der Seelsorge, damit verhaftet den kulturellen Annahmen seiner obrigkeitlich organisierten Zeit. Bei aller Bibelkenntnis gelang es ihm nicht, die gesellschaftlich wie theologiegeschichtlich abgestützte Kleruszentrierung der Seelsorgspraxis zu überwinden.

(3) Ekklesiologischer Ansatz

Dies versuchte Anton Graf aus Tübingen im Jahre 1841;[25] durchsetzen konnte er sich damit nicht, weil er den weltlichen Behörden zu fortschrittlich war. Er untersuchte kritisch die gängige Pastoraltheologie und kam zum Ergebnis, daß ihr keine ausreichende Theorie der Kirche zugrunde lag. Er plädierte für eine am „Werden der Kirche" ausgerichtete Pastoraltheologie und bedachte daher wissenschaftlich eine Kirche, die durch ihr Handeln selbst erst wird.

Graf arbeitete in einer Zeit, in der die überkommene enge Verflechtung von Kirche – Staat – Gesellschaft, von Thron und Altar sowohl von der politischen Bewegung der Liberalen wie von zukunftsorientierten kirchlichen Kreisen in Frage gestellt wurde. 1848 versammelte sich erstmals die Deutsche Bischofskonferenz: Dies war eine unübersehbare Demonstration der Kirchenführung gegen die Umklammerung durch den absolutistischen Staat und damit gegen die Entfremdung der Kirche von ihren eigenen Zielen. Die Idee einer sich selbst auferbauenden Kirche lag damit nahe, bewußtseinspolitisch war sie aber noch nicht durchzusetzen. Auch die Praktische Theologie integrierte die Arbeit von Graf zunächst noch nicht. Der kurzfristig aufgeflackerte Freiheitselan verebbte auch in der Kirche wieder und wich neuerlich obrigkeitlich-restaurativen Konzepten, die durch die gesellschaftliche und kulturelle Restauration der Jahre nach 1848 gut abgestützt waren.

In dieser Zeit fiel die Pastoraltheologie selbst hinter Sailer zurück. Das Handbuch von Ignaz Schüch, 1865 erstmals veröffentlicht, ist mit seinen zwanzig Auflagen bis 1924 ein Beleg dafür.

Eine bis heute viel zu wenig bedachte Nebenwirkung dieses neuerwachten Pragmatismus ist die Auflösung der Pastoraltheologie in mehrere unverbundene Teilfächer wie Religionspädagogik, Homiletik, Liturgik, Katechetik. Die Pastoraltheologie selbst degnerierte als Rumpfdisziplin zu einer Art „erweiterte Kanonistik", wobei die Verwaltung der Sakramente und die kasuistische Führung sündiger Seelen im Vordergrund standen.

[25] Graf, Kritische Darstellung des gegenwärtigen Zustandes der praktischen Theologie.

(4) Aufbrüche

Die dabei verschütteten Ansätze wurden erst in unserem Jahrhundert wieder ausgegraben. Wieder spielten gesellschaftliche und innerkirchliche Entwicklungen eine entscheidende Rolle. In den für die Kirche gesellschaftlich widrigen Zeiten zwischen den beiden Weltkriegen und noch mehr in der nationalsozialistischen Unzeit sammelten sich Christen um die Altäre. Dabei griffen sie auf die biblischen Gründungsurkunden zurück. Das Leben der Kirche wurde geprägt durch Aufbruchbewegungen, die liturgische Bewegung, die Bibelbewegung, die Jugendbewegung. In diesem Klima des Aufbruchs kam es begreiflicherweise zu einer theologischen Vertiefung der vorwiegend untheologisch-pragmatischen Pastoraltheologie.[26]
In den Nachkriegsjahren setzte sich die theologische Erneuerungsarbeit ungebrochen fort. Sie fand ihren Höhepunkt im II. Vatikanischen Konzil, das sich selbst als Pastoralkonzil verstand. Auch die Pastoraltheologie nahm an dieser Entwicklung teil. Sie blieb theologisch, gewann aber mit dem Konzil eine erhöhte Aufmerksamkeit für die sich immer rascher wandelnde Menschheitssituation hinzu. Die kairologischen Anteile der Pastoraltheologie wurden ausgeweitet. Für diese Entwicklung stehen Namen wie Franz Xaver Arnold, Karl Rahner und Ferdinand Klostermann und das von ihnen herausgegebene mehrbändige Handbuch der Pastoraltheologie (1964–1972).[27]

(5) Theoriedebatte

Trotz dieses großen Entwurfs eines mehrbändigen Handbuches ist die Entwicklung der gegenwärtigen Pastoraltheologie in den christlichen Kirchen nicht zum Stillstand gekommen. Viele wissenschaftstheoretische Fragen sind ungeklärt, so die Frage, was Pastoraltheologie als eine Handlungswissenschaft denn näherhin sei oder wie sich Theorie und Praxis zueinander verhielten.[28] Als für die Entwicklung der Pastoraltheologie außerordentlich anregend erweist sich der kritische Dialog mit verschiedenen human- und sozialwissenschaftlichen Schulen wie der Wissenssoziologie oder der kritischen Theorie (der Frankfurter Schule). Von weitreichender Bedeutung ist auch die Frage, ob sich die

26 Noppel, Aedificatio Corporis Christi.
27 Handbuch der Pastoraltheologie.
28 Ein wichtiger Beitrag zur Methodologie der Praktischen Theologie: Peukert, Wissenschaftstheorie, Handlungstheorie, Fundamentale Theologie. – Ders., Was ist eine praktische Wissenschaft?

Pastoraltheologie nur als Theorie der kirchlichen Praxis verstehen soll oder ob nicht – angesichts der tiefgreifenden Veränderungen der Religion in unserer Gesellschaft – die Pastoraltheologie eine „kritische Theorie religiös vermittelter Praxis in der Gesellschaft"[29] werden muß.
Zudem stehen der kirchlichen Praxis und damit der Pastoraltheologie angesichts der rasanten Menschheitsentwicklung eine Reihe neuer Herausforderungen ins Haus: Wie handelt – sowohl kriteriologisch wie kairologisch verantwortlich – eine christliche Kirche angesichts der Überlebensprobleme der Menschheit wie Arbeit, Medien, Mitwelt, Frieden, Jugend, Verhältnis der Geschlechter, Unterdrückung? Zu fragen ist dabei nicht nur nach dem angemessenen Handeln unserer Kirchen, sondern auch nach der dem erforderten Handeln angemessenen Gestalt der Kirche. Eine hierher gehörende Frage ist die nach dem Subjekt, dem Träger kirchlicher Praxis, damit nach der Umgestaltung der Kirche aus einer Sozialform, die sie aus kulturell-gestützten „christentümlichen" Zeiten geerbt hat, in eine Sozialgestalt im Kontext einer weltweiten Minderheitssituation. Viel zu wenig Aufmerksamkeit hat bislang in der deutschsprachigen Pastoraltheologie auch die Praxis der Kirche im Kontext anderer Erdteile gefunden, im Kontext der Südhälfte der Erde ebenso wie im Kontext des „realen Sozialismus". Wir werden zu solchen offenen Themen einen Beitrag leisten. Auch der ökumenische Dialog zwischen den katholischen und evangelischen Vertretern der Praktischen Theologie ist entwicklungsfähig.

(6) Erkenntnisse aus der Geschichte

Der knappe Überblick über die Geschichte der Pastoraltheologie bringt erste Erkenntnisse:
(a) Pastoraltheologie war immer ein „Kind ihrer Zeit". Das ist notwendig so, da ja die stattfindende Praxis der Kirche das „Materialobjekt" dieser theologischen Disziplin ist. Doch macht diese Beschäftigung mit dem Vorfindbaren auch unbemerkt vom Faktischen abhängig. Die Versuchung, bestehende Praxis unbedacht wissenschaftlich zu rechtfertigen, ist groß und auch heute gegeben.
So behandelt Rautenstrauch die Ausbildung von Religionsdienern und beschäftigt sich nicht mit gesellschaftlich unerwünschtem, aber biblisch geforderten Handeln der Kirche; der kirchenzentrierte Ansatz Grafs wiederum analysiert den erwünschten Aufbruch der Kirche aus der er-

[29] Vgl. Praktisch theologisches Handbuch.

drückenden Umarmung durch den staatlichen Absolutismus und übersieht dabei die in der Gesellschaft frei flottierende Religiosität. Die Pastoraltheologie der Gegenwart wiederum hat sich allzu viel mit dem gemeindlichen Innenleben der Kirche beschäftigt und dabei die bedrohlichen Gefahren der einen Menschheit zu lange nicht wahrgenommen.
Es ist und bleibt eine hohe Kunst in der pastoraltheologischen Forschung, den Rahmen des Vorfindbaren zu überschreiten hin auf künftige, auf erwünschte Praxis. Gelingt dieser Aufbruch aus dem Faktischen nicht, wird Pastoraltheologie allzuschnell zur ideologischen Rechtfertigung des Status quo von Kirche und Gesellschaft: was angenehm ist für jene, welche die Praxis verantworten, weil es ihnen schmeichelt und Recht gibt, schädlich aber für die Kirche als ganze, weil die Pastoraltheologie aufhörte zu sein, was sie zu sein hat: ein fundierter theoretischer Beitrag zur Weiterentwicklung der kirchlichen Praxis ins gesellschaftliche Morgen hinein.
(b) Die Geschichte der noch relativ jungen wissenschaftlich betriebenen Pastoraltheologie zeigt ferner, daß der Aspekt einer „Kritik der Praxis" sehr aufmerksam gepflegt werden muß, auch wenn die Momente der Bestärkung und Ermutigung nicht fehlen werden.
Solche Kritik geht in zwei Richtungen: Einerseits ist zu prüfen, inwieweit die vorfindbare Praxis dem ererbten Auftrag von Jesus her entspricht, also zielsicher ist. Beispiel dafür ist Johann Michael Sailers bibeltheologische Pastorallehre. Andererseits muß zu jeder Zeit, also auch dann, wenn man über die Zielsicherheit zufrieden sein kann, die Frage nach der Situationsgerechtigkeit gestellt werden. Diese Kernfrage wird nie endgültig beantwortet sein, solange die Geschichte der Menschheit in Gang ist, weil dieser Gang der Geschichte selbst unablässig neue Fragen aufwirft. Heute befindet sich die Menschheit in einer derart rasanten Entwicklung, daß die besten Kräfte der praktisch-theologischen Forschung von der Aufgabe gebunden sein müßten, welchen Beitrag die Kirchen zur Bewältigung der Überlebensprobleme der Menschheit leisten können. In einer solchen Situation kann es auch nicht genügen, auf die Entwicklungen mit allzu großer Verspätung nur noch zu reagieren. Aktive Mitgestaltung des Schicksals der einen Menschheit ist gefordert, und mit ihr auch eine historisch einmalige Fähigkeit in der Praktischen Theologie, ihr Wächteramt in der Nacht der Geschichte wahrzunehmen und jenen Weg auszukundschaften, der in eine menschengerechte Zukunft führt.

I. TEIL: KRITERIOLOGIE

In Ropschitz, Rabbi Naftalis Stadt, pflegten die Reichen, deren Häuser einsam oder am Ende des Ortes lagen, Leute zu dingen, die nachts über ihren Besitz wachen sollten. Als Rabbi Naftali sich eines abends spät am Rande des Waldes erging, der die Stadt säumte, begegnete er solch einem auf und nieder wandelnden Wächter. „Für wen gehst du?" fragte er ihn. Der gab Bescheid, fügte aber die Gegenfrage daran: „Und für wen geht Ihr, Rabbi?" Das Wort traf den Zaddik wie ein Pfeil. „Noch gehe ich für niemand", brachte er mühsam hervor, dann schritt er lange schweigend neben dem Mann auf und nieder. „Willst du mein Diener werden?" fragte er endlich. „Das will ich gern", antwortete jener, „aber was habe ich zu tun?" – „Mich zu erinnern", sagte Rabbi Naftali.[30]

[30] Buber, Die Erzählungen der Chassidim, 671.

1 ZIELLOSIGKEIT UND IHRE FOLGEN

Ende der Sechzigerjahre besang Wiens Starkabarettist Helmut Qualtinger einen Jugendlichen. Ziellos fährt dieser mit seinem Motorrad durch die Gegend. Seine Ziellosigkeit ist Ausdruck seiner Langeweile:

„I hab zwar ka Ahnung, wo i hinfahr,
aber dafür bin i g'schwinder dort."

(1) Orientierungskrisen

Eine solche Lebensart von Jugendlichen hat die Jugendkunde als Orientierungskrise beschrieben. Desorientiert sind diese Jugendlichen, weil ihnen Lebensziele fehlen oder weil sie sich in der Überfülle an möglichen Zielen nicht zurechtfinden. Ziellosigkeit lähmt langfristig das Handeln.

Was bei einzelnen Personen vorkommt, ist in abgewandelter Form auch bei Institutionen möglich. Auch sie brauchen Ziele, damit in ihnen viele Personen zusammenleben und kooperieren können. Fehlen oder verblassen die Ziele der Institution, lähmt dies die Handlungsfähigkeit ihrer Mitglieder. Dann wird zwar rund um die Uhr hektisch gearbeitet, und viele Mitarbeiter stöhnen unter unerträglichem Streß. Doch breitet sich latent das Gefühl aus, daß solches Handeln sich nicht lohnt, daß es „keinen Sinn hat". Mit Qualtinger ausgedrückt: „I hab zwar ka Ahnung, wo i hinfahr..."

Ziel- und Orientierungskrisen sind Identitätskrisen. Wenn es für uns Menschen typisch ist, daß wir uns handelnd realisieren, dann erfaßt eine Krise im Handlungsbereich auch das Selbst(gefühl), die Identität des Betroffenen. Wer nicht mehr weiß, was er zu tun hat, der weiß am Ende auch nicht mehr, wer er ist.

(a) Ursachen von Orientierungskrisen

Orientierungskrisen von Rollenträgern können mehrere Ursachen haben:[31]
1. Die Institution, in der jemand arbeitet, steckt selbst in einer Orientierungskrise. Dann färbt diese *Zielkrise der Institution* auf ihre Mitarbeiter/innen ab. Dies ist zwingend der Fall, weil ja eine „Rolle" als eine „Handlungszuweisung" zu verstehen ist. Rollen werden nicht von einzelnen Personen erfunden, sondern ihnen zugewiesen. Die Gemeinschaft „erwartet" ein bestimmtes Handeln und sorgt mit vielen Instrumenten dafür, daß dieses Handeln auch geschieht. Sind nun aber die Ziele der „Bezugsgruppe" selbst unklar, so überträgt sich ihre Identitätskrise auf die Rollenträger.[32]
2. Orientierungskrisen können nicht nur durch „Unter-Orientierung", sondern auch durch eine Art *„Über-Orientierung"* entstehen. Wir meinen damit eine für den einzelnen nicht mehr verarbeitbare Fülle von alternativen Orientierungen, also einen Orientierungspluralismus. Hier ist zu beachten, daß Pluralismus zunächst freiheitsmehrend und daher nicht orientierungsgefährdend ist. Wenn aber Personen aus lebensgeschichtlichen Gründen die für einen Pluralismus erforderliche Freiheitskunst nicht beherrschen, kann für sie die Vielzahl von Orientierungen handlungshemmend sein.
3. Der einzelne Mitarbeiter in einer Institution kann auch dann in eine Orientierungskrise geraten, wenn er mit den Zielen der Institution nicht ausreichend vertraut ist bzw. vertraut bleibt. Ursache der individuellen Orientierungskrise ist dann nicht eine zugrunde liegende Zielkrise der Institution, auch nicht ein unverarbeitbares Überangebot von Orientierungen, sondern eine *Kontaktstörung* zwischen Person und Institution. Die handelnde Person verliert dabei ihre Zielsicherheit, damit den Sinn ihres Handelns, Freude an der Arbeit in der Institution. Lust vergeht, Last entsteht.

(b) Kontaktstörungen

Eine solche Kontaktstörung kann auf mehrere Weisen entstehen:
1. Die Übermittlung der Institutionsziele an die Rollenträger funktioniert nicht gut genug. Dies fällt meist auf die Ausbildungsinstitutionen

[31] Zur sozialwissenschaftlichen Analyse von Rollen: Dreitzel, Das gesellschaftliche Leiden. – Dahrendorf, Homo sociologicus. – Claessens, Rolle und Macht. – Combe, Kritik der Lehrerrolle. – Zur Priesterrolle u.a.: Kirche und Priester. – Glatzel, Soziologische Aspekte.
[32] Zerfaß, Was sind letztlich unsere Ziele?

zurück, deren Aufgabe ja gerade die Übermittlung der Institutionsziele ist.
So stellt sich heute in der Kirche die Frage: Kann die Vorbereitung kirchlicher Berufsträger auf ihre Arbeit in einer „Kirche des Volkes" weiterhin in Ausbildungseinrichtungen geschehen, die – wie Priesterseminare – in Zeiten entstanden sind, in denen die Kirche Gestalt und Praxis einer „Kirche für das Volk" hatte? Anders: Wie können Priester und andere Pastoralexperten „kirchenerfahrene Leute" werden, „viri probati" und „feminae probatae" im Sinn einer Kirche von morgen, wenn sie in „kirchengemeindefernen" Ausbildungshäusern geformt werden? In Lateinamerika wird in ähnlicher Weise darüber diskutiert, wie Priester in den herkömmlichen Priesterseminaren „basisgemeindefähig" werden können: Sollte die Priesterausbildung bzw. die Ausbildung anderer kirchlicher Berufsträger nicht zu einem Großteil der Zeit in Basisgemeinden und nicht nur an theologischen Fakultäten geschehen?
2. Eine Kontaktstörung zwischen Person und Institution kann auch so entstehen: Ein Rollenträger hat zwar einmal die Ziele gut genug kennengelernt, um handlungsfähig zu sein. Aber im Lauf der Jahre hat sich die Situation, in der seine Institution arbeitet, und mit ihr die Institution selbst gewandelt. Die ererbten Ziele wurden für die veränderte gesellschaftliche Situation umformuliert, um sie wirksam zu erhalten. Der Rollenträger hat diesen Prozeß nicht mitgemacht, nicht mitmachen können oder wollen. Kirchliche Dienstnehmer arbeiten dann nicht mehr in der gegenwärtigen, sondern in einer vergangenen, nicht in einer zeitgerechten, vielmehr in einer musealen Kirche.
Auf diese Art der Orientierungskrise stößt man bei vielen Mitgliedern der katholischen Kirche. Die Kirche hat auf dem II. Vatikanischen Konzil (1962–1965) eine tiefgreifende Neuorientierung für ihr Handeln in der Welt und das innerkirchliche Zusammenleben beschlossen und durch nachkonziliare Synoden in die Praxis umgesetzt. Gerade in dieser reformbewegten Zeit behaupten Kirchenmitglieder und auch Nichtmitglieder, man kenne sich heute in und mit dieser Kirche nicht mehr aus. Man sei verunsichert.
Nun berührt die konziliare Reform die Identität der Kirche. Manche herkömmlichen Denk- und Handlungsmuster wurden verändert, neue Perspektiven hingegen in die Praxis der Kirche „eingeführt". Reform bedeutet immer Weiterentwicklung, ja (teilweise) Auflösung bisheriger und Aufbau neuer Identität. Dabei geht die Sicherheit alter Identität unweigerlich verloren. Die Übergangszeit zu neuer Identität ist von kräftebindender Identitätsarbeit begleitet. Reform bringt unvermeidbar „Entsicherung" alter Sicherheiten. Solche objektive Entsicherung führt zu

subjektiver Verunsicherung, ist allerdings nicht mit ihr deckungsgleich. Verunsicherung muß nicht notwendig Folge eines gekonnt inszenierten Reformprozesses sein.
Dennoch wird in der Kirche viel von Verunsicherung geredet. Verunsicherung wird beklagt, Verunsicherer werden angeklagt, gegen sie wird vorgegangen. Allerdings verwenden manche ihre Verunsicherung als Feigenblatt für ihre nackte Ablehnung jeglicher Reform, als Alibi für verweigerte Erneuerung.
3. Es kann auch sein, daß ein Rollenträger beim Eintauchen in die jeweiligen Handlungskontexte so sehr von der ihn umgebenden Situation und den ihr innewohnenden Handlungserwartungen geformt wird, daß er anders handelt, als seine Institution es von ihm erwartet. In diesem „pastoralen Grundkonflikt"[33] verliert er die Beziehung zu den Zielen seiner Institution.

(2) Umgang mit Orientierungskrisen

Menschen gehen mit Orientierungskrisen unterschiedlich um. Diese verschiedenen Umgangsweisen lassen sich ordnen, wenn man nach den jeweiligen Auswirkungen auf die Handlungsfähigkeit innerhalb der Bezugsgruppe fragt. Da sind auf der einen Seite jene, die ihre Handlungsfähigkeit (zumindest als Mitglied ihrer Bezugsgruppe) verlieren. Andere hingegen versuchen, ihre Handlungsfähigkeit innerhalb ihrer Gruppe wiederzugewinnen, und leisten Orientierungsarbeit.

(a) Verlust der Handlungsfähigkeit

1. Die einen verlieren also ihre Handlungsfähigkeit. Ihre Orientierungskrise führt zum Des-Engagement: Kirchenmitglieder treten aus, Priester verlassen ihr Amt. Manche nehmen Zuflucht zu Alkohol, Drogen, Fernsehen oder werden krank.[34] Ohne sicheres Ziel ergibt sich auch kein zielstrebiges Engagement, kein „Vorwärtsdrang".
2. Eine Variation dieses Des-Engagements ist negativ-aggressiver Zynismus. Ein Ziel, das ich nicht mehr einsehe, kann ich auch nicht mehr bejahen. Ich stehe nicht mehr hinter dem, was ich tue. Ich ziehe mich auf die berufliche Routine zurück. Berufung wird zum Beruf, Arbeit zum Job. Berufliche Nebenziele werden dominant; sie ersetzen das

[33] Kirche und Priester, 153. – Mehr dazu im dritten Teil dieses Buches.
[34] Unter den Priestern und Ordensfrauen in der Bundesrepublik Deutschland sollen mehr als 10% drogen- oder alkoholabhängig sein.

zwar äußerlich beibehaltene, innerlich aber nicht mehr akzeptierte Hauptziel der Institution.
So kann an die Stelle des Reiches Gottes die Bereicherung treten. Der einst Berufene wird zum Kirchenangestellten, der Funktionsträger zum Funktionär. Der Eros verglüht, der Elan vergeht, die Berufung verkommt.
3. Eine weitere Variation des Des-Engagements besteht darin, daß kirchliche Mitarbeiter eine andere Aufgabe ins Zentrum ihrer Tätigkeit schieben. Sie stecken von ihnen geforderte Aufgaben zurück, derer sie sich nicht mehr sicher sind. Ins Zentrum rücken Hobbies oder pastorale Steckenpferde. Auch Zuflucht zu übermäßiger Verwaltungs- und Bautätigkeit kann an die Stelle verlorener Ziele treten. Kirchenbau ersetzt Gemeinde-Bauen, Kirchenverwaltung den Aufbau von Beziehungen, Buchung des Erreichten die Weiterbildung der Persönlichkeit. Manche verlagern ihr Lebensinteresse vom Beruflichen auf Privates. Sinn, der im Beruf abgeht, geht in andere sinnvollere Aufgaben ein.

(b) Orientierungsarbeit

1. Nicht ins Des-Engagement, sondern zu neuer Handlungsfähigkeit führt – obwohl in dieser Zielsetzung oft unverstanden – provokant abweichendes Verhalten von Kirchenmitgliedern. Vor allem jene Rollenträger, die in hohem Maße an die dienstgebende Institution gebunden sind, bearbeiten auf diese Weise ihre Zielunsicherheiten. Durch ihre provokant inszenierte Abweichung versuchen sie ihre Institution zu zwingen, Orientierungsarbeit zu leisten: Die Institution wird aufgefordert, ihre unklaren Ziele zu klären oder aber die Übermittlungsdefizite zu beheben. Bedauerlicherweise nehmen die Verantwortlichen zumeist nur die verletzende Provokation wahr, nicht aber den Wunsch nach klareren Zielen und zielstrebigerem Handeln. Auf diese Weise verliert die Kirche viele Jugendliche, zahlreiche Erwachsene, zunehmend Frauen und auch unentbehrliche Hauptamtliche.
2. Die kreativste Form der Bearbeitung von Orientierungskrisen ist der offene Dialog mit solidarischen Personen, um mit ihnen zusammen Orientierungsarbeit zu leisten. In diesem kommunikativen Prozeß können die verlorengegangenen oder noch nie übernommenen Ziele geklärt werden. Der erste Teil der vorliegenden Fundamentalpastoral, die Kriteriologie, ist ein fachlicher Beitrag zu solcher für die Handlungskompetenz unerläßlichen Orientierungsfähigkeit in einer sich rasch wandelnden Kirche. Orientierungsarbeit geschieht, und damit Zielvergewisserung.

2 DAS UNVERRÜCKBARE HAUPTZIEL

Über das ererbte Hauptziel, den unverrückbaren Auftrag der christlichen Kirche, kann in unterschiedlicher Weise wissenschaftlich reflektiert werden. Dies zeigt sich schon daran, daß es eine Vielzahl theologischer Disziplinen gibt, denen gemeinsam das eine Erbe der Kirche zur geistlich-vernünftigen Vertiefung anvertraut ist. Die Pastoraltheologie befaßt sich nun mit diesem Erbe in der ihrer Methodik eigenen Weise. Sie fragt nicht nach dem Erbe in sich, sondern nach der Inkarnation, der Inkulturation dieses Erbes ins geschichtliche und gesellschaftliche Heute. Natürlich kommen um diesen Aspekt auch andere Disziplinen nicht herum. Aber für die Pastoraltheologie ist die situative Plazierung des Erbes konstitutiv. Im Folgenden wird zunächst ein verdichteter Überblick über das Erbe, den Auftrag der Kirche, gegeben, wobei dem dogmatischen Sprachspiel der Vorzug gegeben wird, der heutige Kontext also eher im Hintergrund bleibt und sich auf die Ausformulierung des Tradierten nur mäßig auswirkt. In einem zweiten Schritt widmen wir uns sodann ganz dem Anliegen der Kontextualisierung des Erbes in das Heute.

(1) Der vorfindbare Auftrag

Der Praxis der Kirche geht es nicht um den Selbsterhalt der Kirche. Kirche ist nicht Selbstzweck, sondern weiß sich von Gott selbst in Dienst genommen, von jenem Gott, von dem wir Christen glauben, daß er in Jesus einer von uns geworden und als der Auferstandene mit seinem Heiligen Geist mitten unter uns lebt. Der Dienst, den Kirche zu erfüllen hat, ist ein Moment am Drama der Liebes-Geschichte Gottes mit der Schöpfung, ist also ein Moment an der Heils- und Unheilsgeschichte, die mit der Weltgeschichte identisch ist. Kirche leistet also Heils-Dienst[35], Dienst am Heil der Welt. Sie ist Sakrament des universellen Heils.[36]

[35] Kasper, Lehmann, Die Heilssendung der Kirche in der Gegenwart.
[36] II. Vatikanisches Konzil, Lumen gentium, 1.

Theologisch verdichtet[37], also katechismusartig geordnet, gelten folgende Glaubenspositionen als unverzichtbare Bausteine des unverrückbaren Hauptziels der im Grunde einen[38] christlichen Kirche:[39]

1. Die Kirche trägt mit sich das Wissen um einen Gott, der in sich überreiche Liebe, Beziehung, ist. Dies drücken wir theologisch dadurch aus, daß der eine Gott dreifaltig existiert.

– Dieser liebende Gott ist „ausufernde" Liebe. Was nicht aufklärbar ist, was die Bibel den unerforschlichen Ratschluß Gottes nennt, ist, daß er „beschlossen" hat, sich an jemand zu verschenken, der er nicht ist. Gott schafft aus der Sehnsucht nach der Schöpfung die Welt und darin den Menschen, nicht nur „ex nihilo", sondern vorab „ex amore" (vgl. Weish 11,24–26).

– Spiegelbild dieser Sehnsucht Gottes nach der Schöpfung ist die Sehnsucht der Schöpfung nach Gott. Und so, wie Gott nicht ruht, bis er am Herzen des Menschen ruht, kommt auch das Herz des Menschen nicht zur Ruhe, bis es Ruhe findet in Gott selbst. Ausdruck dieser Sehnsucht des Menschen nach dem maßlosen Gott ist die maßlose, durch keine Erfahrung ganz und auf Dauer erfüllbare Sehnsucht des Menschen. In solch maßloser Sehnsucht hält sich Gott in „charmant"-gnadenhafter Art selbst bei „Atheisten" als wahre Erfüllung in Erinnerung.[40]

2. In Jesus, einem von uns, hat Gott angefangen, seine Sehnsucht ans Ziel zu bringen: In Jesus ruht Gott am Herzen des Menschen, was wir in der Sprache der Tradition ausdrücken in der Formel der Menschwerdung, in der Gott und Mensch ungetrennt und unvermischt beieinander sind. Gott hat damit angefangen, mit seiner Schöpfungsabsicht ans Ziel zu gelangen. Die Endzeit hat begonnen (vgl. 1 Kor 10,11; Lumen gentium 48). Aufgrund der Nähe Gottes zu uns in Jesus ist die Welt umgewandelt zu einem Lebensraum, der durchformt ist vom Lebenswillen Gottes. Jesus nennt diesen Lebensbereich „Reich Gottes". Der Mensch kommt in diesem Lebenskreis zur Entfaltung seiner Menschlichkeit, findet Frieden, Freude, Gerechtigkeit („denn das Reich Gottes ist nicht Essen und Trinken, es ist Gerechtigkeit, Friede und Freude im Heiligen Geist": Röm 14,17). Der Mensch beginnt, erlöster, heiler zu werden. Spuren eines Lebens im schalom können vorkommen.

[37] Wir geben dabei eine überknappe Zusammenfassung der theologischen Haupt-Traktate „De Deo uno et trino", „De Deo creante et elevante", die Christologie, und in diesem Umkreis die Ekklesiologie. Dazu: Rahner, Grundkurs.

[38] Der Grund, der in der ökumenischen Debatte heute dafür angegeben wird, ist die Anerkennung der einen Taufe: also des einen Eingliederungsvorgangs in die Kirche Jesu Christi.

[39] Rahner, Grundkurs.

[40] Zu dieser theologischen Deutung menschlicher Grunderfahrungen: Zulehner, Das Gottesgerücht, 35–42.

3. Was in Jesus geschehen ist, ist Gottes Absicht für die ganze Schöpfung. Wer ihm folgt, wer mit ihm, seinem Tod und seiner Auferstehung mystisch verwächst, gelangt in den Lebenskreis Gottes. Er wird umgewandelt, erlebt schon jetzt einen Übergang von Tod zu Leben, vom Bannkreis der Angst in den Umkreis des Vertrauens[41], erfährt also Auferweckung, die sich in der Liebe zu den Brüdern und Schwestern zeigt (1 Joh 3,14). Ein Stück Welt wird dadurch umgewandelt.
4. Eben dies ist die Berufung der Kirche, ein ausdrücklicher und dynamischer Ort der Umwandlung der Welt durch Gottes Macht und Gnade selbst zu sein, sein „Anwesen". Gewiß, die Kirche ist nicht das „Reich Gottes" in Vollgestalt, aber sie ist auch nicht mehr Kirche, wenn es in ihr nicht zumindest Spuren der Wandlung der Schöpfung ins Reich Gottes hinein gibt. Kirche ist daher zunächst nicht eine Institution mit Lehren, Normen, religiösen Riten, sondern primär ein Stück verwandelte Welt, ein Ort, an dem Menschen wissen und daraus leben, daß Gott unter ihnen wohnt und sich dies im Umgang der Menschen miteinander und füreinander, also in Koinonia und Diakonia auswirkt. Gerade durch diese lebensmäßige Umwandlung, die dann in der worthaften Verkündigung (der Predigt, der Katechese, im Religionsunterricht) zur Sprache kommt, bezeugt die Kirche die Anwesenheit Gottes, hält sie das „Gerücht von Gott wach"[42], der das Heil der Welt ist. Kirche ist Aufstand gegen die Gottvergessenheit zumal des modernen Menschen. Und Kirche hat dazu in erster Linie nicht eine Tradition, von der sie redet, sondern ist zuerst selbst eine Tradition, die lebt. Sie hat daher nicht nur ein Evangelium, das sie verkündet, sondern ist selbst das lebendige Evangelium. Sie gibt daher auch nicht vorrangig einen satzhaften Glauben weiter, sondern Glaube geht weiter, wo dieser – wie auch irdisches Leben – be-„zeugt" wird.

(2) Das Leitwort Evangelisierung

Mit Vorliebe wird dieses (Be-)Zeugen des Glaubens in der heutigen Welt „Evangelisierung" genannt: „Evangelisierung" ist damit ein Versuch, das Erbe zu kontextualisieren, für das Heute aufzuschließen. Zudem spielt diese Zielformulierung kirchenintern eine wichtige Rolle: Sie ist geeignet, verschiedene, ja gegensätzliche Gruppen um das zen-

[41] Dies ist das Herzstück der Erlösungsauffassung bei Eugen Drewermann: Drewermann, Markusevangelium, I, 11–107.
[42] Zulehner, Das Gottesgerücht.

trale Anliegen der Kirche zu sammeln. Das Leitwort der „Evangelisierung“ hat sich als konsensfähig erwiesen. Es wird in Lateinamerika ebenso verwendet wie in Rom.

Die folgenden Analysen dieses Leitwortes werden zeigen, welche Bedeutung ihm für die Zielvergewisserung der Kirchenpraxis zugemessen werden kann und wo seine empfindlichen Grenzen und Nachteile sind, die uns berechtigen festzustellen, daß Evangelisierung lediglich ein erster, wenngleich brauchbarer Schritt ist auf dem Weg der Kontextualisierung des überkommenen Erbes der Kirche.

Evangelisierung ist charakteristisch für viele neuere kirchenamtliche Texte der Weltkirche.[43] Es taucht in den Texten des II. Vatikanischen Konzils auf, hat aber in den jeweiligen Dekreten eine andersartige Bedeutung. Im Missionsdekret meint Evangelisierung die „Einpflanzung der Kirche bei Völkern und Gemeinschaften, bei denen sie noch nicht Wurzeln gefaßt hat“[44]; Evangelisierung also als Erstverkündigung. Im Blick auf die Laien hingegen spricht das Konzil vom „Bemühen um die Evangelisierung und Heiligung der Menschen und um die Durchdringung und Vervollkommnung der zeitlichen Ordnung mit dem Geist des Evangeliums“[45]. Dabei wird betont, daß die Laien durch das Zeugnis des Lebens und durch geistvolle Werke evangelisieren.[46]

Dem Wort zum Durchbruch verhalf Paul VI. mit dem Apostolischen Schreiben Evangelii Nuntiandi aus dem Jahr 1975, in dem er sich auf die Beratungen der vorangegangenen Bischofssynode zum selben Thema stützte. Paul VI. sieht in der Evangelisierung einen geeigneten Weg, den dramatischen Bruch zwischen Evangelium und Kultur zu beheben.[47] Evangelisierung zielt auf Inkulturation des Evangeliums, und diese nicht allein und auch nicht in erster Linie durch Wortverkündigung – diese ist nur einer ihrer Aspekte[48] –, sondern voran durch das „Zeugnis ohne Worte“, ein Zeugnis, das allen Christen möglich und aufgetragen ist.[49] Zu diesem Grundthema der Einheit von Praxis und Wort kommen noch weitere hinzu, so die „Zustimmung des Herzens“[50], der Eintritt in eine Gemeinschaft von Gläubigen, die Wechselwirkung

[43] Die deutschsprachige Pastoraltheologie hat das Wort erst in den letzten Jahren aufgegriffen: Einen Überblick über die semantische Karriere des Begriffs Evangelisierung gibt Hartmut Heidenreich, Evangelisierung in Europa, in: PTI 1/1988, 25–39.
[44] Ad gentes, 6.
[45] Apostolicam actuositatem, 2.
[46] Apostolicam actuositatem, 6.
[47] Evangelii nuntiandi (EN), 20.
[48] EN, 22.
[49] EN, 21.
[50] EN, 23.

zwischen Wort und Sakrament sowie der ausdrückliche apostolische Einsatz.[51]

Eine zentrale Rolle spielte der Begriff der Evangelisierung auf der lateinamerikanischen Kirchenversammlung in Puebla 1979. Ihr Abschlußdokument trägt den Titel „Die Evangelisierung in Gegenwart und Zukunft". Wie dem Konzil geht es der Kirchenversammlung von Puebla um die Durchdringung der Kultur – das ist die besondere Art, wie die Menschen in einem bestimmten Volk ihre Beziehungen zur Natur, untereinander und zu Gott pflegen – mit dem Evangelium.[52] Im Rahmen dieser beabsichtigten Inkulturation wurde die Option zugunsten der Armen und der Jugend getroffen. Evangelisierung wurde konkretisiert in der mystisch-politischen Praxis der ganzheitlichen Befreiung des Menschen auf dem lateinamerikanischen Kontinent.[53]

(a) Grenzen dieses Leitwortes

Nicht das Leitwort, wie es in den kirchenamtlichen Texten verstanden wird, sondern die Verwendung des Wortes Evangelisierung zur Bestimmung des Hauptzieles der Kirche zumal im europäischen Kirchenalltag ist nicht problemfrei. Folgende Nachteile sind zu nennen:

1. Das Wort wird im deutschsprachigen Raum zumeist formal, abstrakt und inhaltsleer verwendet. Dies macht es einerseits möglich, daß sich unterschiedlichste Gruppen darauf einigen können. Andererseits ist die Einigkeit trügerisch: Gemeinsames Handeln entspringt ihr nicht. Allein die Tatsache, daß es kirchliche Gruppen mit verschiedenartigen pastoralen Optionen gern verwenden, macht skeptisch. Bei näherem Zusehen zeigt sich, daß sich hinter dem gemeinsamen Wort sehr unterschiedliche Praxisentwürfe verbergen. Das gemeinsame Wort führt somit keinesfalls geradlinig auch zu gemeinsamer Praxis. Auf dem Weg vom Begriff Evangelisierung bis zur konkreten Praxis liegt daher in unseren Kirchengebieten ein langer Weg der mühsamen Klärung und des kräfteraubenden Streits, was mit dem Wort eigentlich gemeint ist. Spirituali-

[51] EN, 23f. – Zu diesen Momenten des Begriffs der Evangelisierung in Evangelii nuntiandi: Zimmermann, Kirchliche Jugendarbeit als Evangelisierung. – Schmitt, Evangelisierung. – Neben dieser Auffassung von Evangelisierung, in der eine dialektische Einheit von Tat und Wort, von Handeln und Verkündigen, von Orthopraxie und Orthodoxie gefordert wird, gibt es in Evangelii nuntiandi ein anderes Evangelisierungsmodell, etwa in der Gestalt der massenmedialen Verkündigung. Dazu Fuchs, Ist der Begriff der Evangelisierung eine Stopfgans?

[52] Die Evangelisierung, 386.

[53] Der ökumenische Rat der Kirchen stützte sich 1982 auf Puebla, wenn er erklärte: „Durch die Armen der Erde lernen die Kirchen erneut, den alten Gegensatz zwischen Verkündigung des Evangeliums und sozialem Handeln zu überwinden. Das ‚geistliche Evangelium', und das ‚materielle Evangelium', waren bei Jesus ein Evangelium": Ökumenischer Rat der Kirchen – Zentralausschuß, Mission und Evangelisation. Eine ökumenische Erklärung, Hamburg [6]1982, 33.

sierende Missionierungs- und Bekehrungsmodelle auf der einen und mystisch-politische Dialogmodelle auf der anderen Seite konkurrieren miteinander. Verschieden ist auch, was Evangelium inhaltlich meint, welche Rolle vor allem die Option für die Armgemachten spielt. Umstritten ist zudem, ob das Evangelium primär durch vielfältige Formen der Wort-Verkündigung oder doch vorrangig durch eine, wenngleich vom Wort gedeutete, Praxis vermittelt wird. Der Streit um Orthodoxie und Orthopraxie gehört zu den Auslegungsschwierigkeiten des Wortes Evangelisierung. Die Folge des Streits um die Inhalte des Leitwortes ist, daß er von der erwünschten Praxis eher abhält, als sie in Gang setzt. Evangelisierung hört dann auf, Leitwort zu sein; es wird zu einem Streitwort.[54] Der formale Konsens um das Wort der Evangelisierung trügt also. Das Wort täuscht Einigkeit vor, wo verschiedene Modelle der Kirchenpraxis einander widerstreiten. Dabei versucht jeder in angestrengter Definitionsarbeit, den Begriff zu okkupieren und seine Anliegen in ihn hineinzustopfen. Der Streit um das, was Evangelisierung ist, verhindert schließlich die Evangelisierung.

2. Zu den Nachteilen zählt auch, daß das Wort in der deutschen Sprache aggressiv ist. Es konnotiert einbahnige Beeinflussung, Missionierung in einem heute theologisch nicht erwünschten Sinn. Ihm verwandt ist, wenn man das Wort nicht eigens anders definiert und so von Mißverständnissen abgrenzt, der Begriff „Verchristlichung". Unbemerkt setzt zudem das deutsche Wort Evangelisierung voraus, daß die Welt vor der Evangelisierung heillos ist; „Welt" wird also im johanneischen Sinn gedeutet. Daß aber die Geschichte der konkreten Welt von allem Anfang immer zugleich Heils- und Unheilsgeschichte ist, kann bei einer unbedachten Verwendung des Leitwortes Evangelisierung leicht übersehen werden. Konservative Kreise in der Kirche scheinen das Leitwort „Evangelisierung" wegen der ihm unterstellten negativen Einschätzung der modernen Welt und wegen der traditionell konzipierten missionarischen Tendenz zu schätzen. Wer solche Konnotationen nicht will, muß lange theologische Abgrenzungsarbeit leisten, um „Evangelisierung" in einem anderen Sinn zu definieren.

3. Zu den Nachteilen des Begriffs Evangelisierung zählt schließlich, daß er in seinem Sprachfeld keine „kairologischen Anteile" mit sich trägt. Erst im Dialog mit dem Kontext heutigen Lebens entfaltet aber der überlieferte „Text" des Evangeliums seine handlungsleitende Kraft.

[54] Auf der Synode Rottenburg-Stuttgart, die sich mit der Weitergabe des Glaubens an die nächste Generation befaßte, spielte das Leitwort „Evangelisierung" kaum eine Rolle, obgleich den Synodalen zur theologischen Vorbesinnung Evangelii nuntiandi von Paul VI. zugestellt worden war.

Das allgemeine Ur- oder Leitwort der Evangelisierung bedarf daher einer inhaltlichen Auffüllung, die nur in Auseinandersetzung mit dem jeweiligen Kontext sich ereignen kann, in dem Evangelisierung geschieht. Das Leitwort Evangelisierung muß, wie wir uns im Folgenden begrifflich festlegen wollen, zu einem Schlüsselwort konkretisiert, verdichtet werden. Die anschließend diskutierten Schlüsselworte Hoffnung, Gemeinschaft, Befreiung drücken tiefe Aspirationen der heutigen Menschen aus. Greift die Kirche solche Hoffnungsworte der Menschheit auf und formt darauf im Umkreis ihrer eigenen Tradition ein Schlüsselwort für ihre Praxis, dann tritt sie schon in der Wortwahl in einen Dialog mit der Welt ein. Das Schlüsselwort selbst entsteht in einem dialogischen Vorgang. Das Wort Evangelisierung hingegen wird von den einen monologisch, von anderen dialogisch interpretiert. Dabei wird nicht geleugnet, daß sich die Menschen nach einer „guten Nachricht", einem Evangelium sehnen. Doch drückt sich dies heute außerhalb der Kirche nicht in einem innerkirchlichen Sprachspiel aus. Als Schlüsselworte für die situationsgerechte Zielvergewisserung der kirchlichen Praxis eignen sich daher Worte wie Befreiung, Hoffnung oder auch Heilen besser als Evangelisierung. (Damit wird nicht geleugnet, daß das Wort Evangelisierung zur Zeit für die innerkirchliche Debatte ein anregender Begriff ist, der die Diskussion gerade um brauchbare Zieldefinitionen kirchlicher Praxis in der Form von Schlüsselworten in Gang setzt und hält.)
Anhand praktischer Erfahrungen aus dem Kirchenalltag zeigen wir zunächst, was wir unter einem „Schlüsselwort" verstehen. Im Anschluß daran analysieren wir einige herausragende Schlüsselworte der heutigen Kirche.

(b) Schlüsselworte

Seit einigen Jahren gibt es in der Diözese Passau einen kirchenbildenden (ekklesiogenen) Vorgang: den „Grundkurs gemeindlichen Glaubens".[55] Dieser Grundkurs setzt voraus, daß nicht die „Pastoralexperten" die Kirche „machen", sondern daß Gott selbst sein Volk bildet, indem er unter Menschen heimisch wird.[56] Gott selbst ist es, der sich aus der großen Menschheitsfamilie Leute – mit Vorliebe jene, die in den Augen der Welt die Kleinen und Einfältigen sind – auswählt, um mit ihnen seine Kirche zu bilden. Die (bestehende) Kirche kann dazu beitragen, indem sie so mit den Leuten zusammen ist, daß diese ihre

[55] Zulehner, Fischer, Huber, „Sie werden mein Volk sein".
[56] Zulehner, Das Gottesgerücht.

„geistliche Berufung“ zur Kirche entdecken und sich gemeinsam auf den Weg machen. Der Weg zu einer solchen geistlichen Kirchenberufung ist der „Grundkurs gemeindlichen Glaubens“. In ihm sollen die Leute vor jenes Geheimnis ihres Lebens hingelangen, das der erwählende Gott selbst ist, damit sie – vor ihn geraten – Fragen nach ihrer Berufung stellen lernen: Was will Gott (von) mir? Welchen Weg hat er mit mir vor? Wohin führen mich seine Spuren in Kirche und Gesellschaft? Menschen kommen so ihrer Berufung auf die Spur und nehmen sie in ihr Leben und Handeln auf. Menschen gelangen zum Glauben; dabei wird Kirche. Mensch-Werdung, Christ-Werdung und Kirch-Werdung ereignen sich miteinander.

Auf dem Weg dieser Kirchengeburt (Ekklesiogenese) gibt es einige abgrenzbare Etappen. Die Leute werden ihrer Lebensgeschichte „inne“, sie „kommen zu sich“, besuchen ihr Lebenshaus. Sie lernen ihre Lebensgeschichte als Glaubens- und Unglaubensgeschichte lesen. Sie erzählen anderen aus ihren Erinnerungen. Die Teilnehmer an diesen Glaubenswegen geben sodann ihrer langen und bewegten Lebensgeschichte einen „biblischen Ausdruck“. Dazu verwenden sie ein biblisches Bild oder eine Erzählung aus der Bibel, in dem oder in der sie sich mit ihrem Leben wiederfinden. Dabei machen die Teilnehmer die oft überraschende Erfahrung, daß jede/r von ihnen ein solches Bild, eine (biblische) Erzählung mit sich trägt und von ihr zu erzählen weiß. So findet sich ein einfacher Holzarbeiter in der Geschichte vom Seesturm wieder. Eine Bäuerin im Schrifttext von der selbstwachsenden Saat, eine Hausfrau in dem Gleichnis vom verlorenen Geldstück. Jemand zitiert einen Psalmvers. In biblischen Geschichten entdecken die Leute ihre Lebensgeschichten, ihre Verletzungs-, Liebes- und Umkehrgeschichten: Gottes Geschichte mit ihnen. Sie beginnen, mit biblischen Wörtern und Bildern verborgene und verdrängte Tiefen ihres Lebens zu „entschlüsseln“.

Im „Grundkurs“ bringen die Leute also den Text der Bibel und den Kontext ihres Lebens zusammen. Dabei zeigt sich, daß aus den reichen Texten der Bibel für den Kontext ihres Lebens immer nur Ausschnitte hängenbleiben. Solche kurze Bibeltexte fangen aber, obwohl sie nur ein winziger Bruchteil der biblischen Erfahrungen sind, das ganze Leben ein, bringen es auf einen Nenner. Auch deuten sie nicht nur das Leben, sie tragen es auch, geben ihm Grund und Richtung. So hat sich vermutlich jeder Christ Lieblingstexte aus dem reichen Erzählgut der Bibel angeeignet und mit seinem Leben verschmolzen. Es sind Texte, Bilder und Worte, welche die Tiefen des Lebens entschlüsseln: *„persönliche Schlüsselworte“*.

Die Leute setzen sich in kleinen Gruppen zusammen; sie entdecken, wie jede/r von ihnen sein/ihr persönliches Schlüsselwort mit sich trägt. So einmalig wie diese Menschen sind auch ihre Glaubensgeschichten. Zugleich lernen sie sich gegenseitig in einer Weise kennen, die nicht alltäglich ist. Wer weiß heute schon von einem Mitmenschen, was ihn in seinen Tiefen bewegt und hoffen läßt? Wer kennt Mitmenschen in seiner Gemeinde von den Innenansichten ihres Glaubens? Der gemeinsame Glaube in Kirchengemeinden besteht ja lediglich darin, daß wir zu wissen glauben, was andere glauben. Schlüsselworte hingegen zeigen etwas von der Tiefe und Einmaligkeit des Glaubens anderer Menschen; sie bringen fremde Menschen in der Tiefe ihrer Existenz zusammen. Auffällig ist schließlich, wie sehr sich Texte der Bibel und Texte des Lebens zueinander fügen. Der letzte Grund dafür ist, daß beide Texte von der Geschichte Gottes mit Menschen erzählen. So schreibt jeder einzelne Mensch „die große Geschichte Gottes mit seinem Volk in seinen eigenen Kapiteln fort". Jeder trägt also eine (kleine) heilige Schrift „in sich, da er längst sein Leben als mit Gottes Hand geschrieben, als Heilsgeschichte angenommen hat".[57] Was hier vom einzelnen gesagt wird, gilt auch für Gruppen von Christen[58], für Kirchengemeinden und ihre Ortskirchengeschichte[59], für Regionen und Diözesen, für die Weltkirche als ganze.[60] Biblische Geschichten können die gegenwärtige Geschichte einer Gruppe, einer Pfarrei, einer Diözese, der Weltkirche entschlüsseln. Es gibt also nicht nur bei einzelnen Personen, sondern auch in christlichen Gemeinschaften, in großen Kirchengebieten und in der Gesamtkirche „Schlüsselworte". Wir nennen sie *„kirchliche Schlüsselworte"*.

(c) Funktion der Schlüsselworte

Fassen wir zusammen, welche Funktionen persönliche wie kirchliche Schlüsselworte erfüllen:
1. Sie erschließen das vorfindbare Leben und Handeln eines Menschen, einer Gemeinschaft, der ganzen Kirche, aus ihrer gläubigen Tiefe heraus. Sie zeigen etwas von der Einmaligkeit eines Menschen, einer Gruppe, einer Kirchengemeinde, einer Ortskirche, der Gesamtkirche.

57 Zulehner, Fischer, Huber, „Sie werden mein Volk sein", 94.

58 Ähnliche Ansätze finden sich in Gruppen kirchlicher Erneuerungsbewegungen wie Cursillo, Aktion 365, Gemeinschaften christlichen Lebens (GCL,früher MK), Fokolare-Bewegung, Kreis junger Missionare (KIM), in Schriftgesprächskreisen und Familienrunden.

59 Ein Beispiel, wie eine Gemeinde ihre Geschichte und Weiterentwicklung vom Evangelium her zu verstehen sucht, beschreibt Schulz, Eine Gemeinde spricht über ihren Glauben.

60 Gemeinde- und Gebietsmission ist eine pastorale Möglichkeit, Gottes Geschichte mit Menschen eines Kirchengebietes zu thematisieren. Dazu Knobloch, Missionarische Gemeindebildung. – Als theologischer Hintergrund: Lohfink, Gottes Taten gehen weiter.

Schlüsselworte haben somit zuallererst eine „expressive Funktion". Zudem führen sie Menschen in existentieller Tiefe zusammen, bringen damit neue Erfahrungen in die Kirche ein.
2. Schlüsselworte geben dem Handeln einer kirchlichen Gemeinschaft in der heutigen Zeit Begründung und Ausrichtung: Sie dienen also der kontextuellen Zielvergewisserung. Dies ist die „orientierende Funktion" von Schlüsselworten. Sie spielen in der heutigen Kirch-Werdung (Ekklesiogenese) und Kirchenpraxis eine zentrale Rolle. Schlüsselworte sind ekklesiogene Worte, kirchenbildend und kirchenfördernd, Kirchenbausteine. Schlüsselworte sind somit „generative Worte".[61] Sie werden schöpferisch und erzeugen unter den heutigen Lebensbedingungen eine bestimmte Weise kirchlichen Lebens, Denkens und Handelns. Schlüsselworte ermutigen, Schritte in diese Zukunft zu gehen, damit etwas von dem Wirklichkeit wird, was das Schlüsselwort ankündigt.
3. Schlüsselworte haben schließlich eine „kritische Funktion". Erwünschte und unerwünschte Anteile können durch sie in der gegenwärtigen Kirchenpraxis unterschieden werden. Schlüsselworte dienen damit der für die heutige Kirche so wichtigen „Unterscheidung der Geister". Praxis wird „gerichtet", damit auf Zukunft hin ausgerichtet.
4. Schlüsselworte bedürfen auch selbst der (theologischen) Kritik. Weil sie von der Situation abhängig sind, von dieser mitgeprägt werden, besteht die Gefahr, daß traditionswidrige Momente aus der Situation in das Schlüsselwort eingehen. Zudem wird in den Schlüsselworten nur ein, wenn auch in der jeweiligen Situation maßgeblicher Aspekt des Evangeliums betont, andere Aspekte treten in den Hintergrund und können über längere Zeit ganz vergessen werden. Daraus kann eine Verarmung der Kirchenpraxis resultieren.
5. Weil Schlüsselworte kontextuell sind, also im Hinblick auf die heutige Zeit entstehen, haben sie unweigerlich „ihre Zeit": Sie kommen und verkommen, gehen auf und vergehen, finden ihren „Kairos" und verlieren ihn. Das ist ein natürlicher Vorgang, Ausdruck der Geschichtlichkeit der Kirche. Vergehen kann aber leicht zum Vergessen werden. Mit dem Vergessen von Schlüsselworten kann eine wichtige Perspektive kirchlicher Praxis verlorengehen.[62] Die „vergessenen" Schlüsselworte behalten eine wichtige Aufgabe: Als „antiquierte" Schlüsselworte heben sie eine Orientierung auf, die zur Zeit nicht eingesehen wird; sie bergen versunkenes und vergessenes Lebenswissen zur heute notwendi-

[61] Freire, Pädagogik der Unterdrückten, 84f.
[62] Karl Rahner hat dies am Beispiel des Bußsakraments gezeigt: Rahner, Vergessene Wahrheiten.

gen Erneuerung der Kirche. Vergangene, scheinbar längst überholte Schlüsselworte können zukunftsträchtig sein: Überholspur auf dem Weg in die Zukunft.

6. Es gibt in der gegenwärtigen Kirche mehrere Arten von Schlüsselworten: Schlüsselworte, die in der Kirche schon *eingewurzelt* sind und sich im Sprachgebrauch eingebürgert haben; Schlüsselworte, die gerade *dabei sind, sich Gehör zu verschaffen*, ins Gespräch zu kommen, Boden zu gewinnen, sich einzunisten und einzuwurzeln; *antiquierte* Worte, die in Vergessenheit geraten sind, die sich aber als Schlüsselworte der Zukunft erweisen könnten; *neue* Schlüsselworte, die schon jetzt in der Menschheit wirksam sind und durchaus die Kraft haben, allmählich zu Schlüsselworten der Kirche zu werden.

(3) Analyse kirchlicher Schlüsselworte

1. In kirchlichen Schlüsselworten wird das Hauptziel kirchlicher Praxis erkennbar. Indem wir im Folgenden Schlüsselworte, die wir in offiziellen oder offiziösen Texten aus dem Raum der Kirche finden, analysieren, erfahren wir etwas darüber, wie die heutige Kirche bzw. Gruppen und Gemeinschaften in ihr das Hauptziel ihrer Praxis verstehen. In der Analyse von Schlüsselworten geschieht somit eine kriteriologische Analyse jener Kirchenpraxis, die heute stattfindet. Für diese Analyse ziehen wir Selbstdefinitionen der Kirchenpraxis heran, die freilich gegenüber der stattfindenden Praxis bereits eine sekundäre Ebene darstellen: Ein ursprünglicherer Weg der Erforschung wäre etwa die teilnehmende Beobachtung.

2. Im Zuge dieser kriteriologischen Praxisanalyse sind mehrere Aspekte zu untersuchen. Zunächst ist der Kontext zu eruieren, dem das jeweilige Schlüsselwort entspricht. Schlüsselworte entstehen ja in einem bestimmten geschichtlich-gesellschaftlichen Kontext, sind also situationsgebunden. Im Zuge der Analyse des jeweiligen kirchlichen Schlüsselwortes untersuchen wir die situativen Annahmen, die in Texten zum Schlüsselwort über dessen Kontext gemacht werden.

3. Texte, die ein Schlüsselwort verwenden, begründen zumeist, warum durch dieses in der gegenwärtigen Zeit das Hauptziel der Kirche ausgedrückt werden kann und sich daher die Kirchenpraxis an diesem Schlüsselwort orientieren soll. Solche Begründungen (Rechtfertigungen, Legitimationen) entstammen entweder der Bibel oder der kirchlichen Tradition.

4. Die im Text verwendeten Begründungen sind kritisch zu untersuchen. Es kommt vor, daß biblische Texte oder Bilder zwar zitiert, aber

auf Grund von (Gruppen-)Interessen auf eine bedenkliche Weise umgedeutet werden. Schlüsselworte, die im Zuge einer solchen Umdeutung entstehen, verleihen der Praxis der Kirche eine unerwünschte Orientierung. Deshalb spielt sich der Streit um Orientierungen oft als ein Streit um Schlüsselworte ab.

5. Wir werden folgende Schlüsselworte analysieren: Frieden, Befreiung, Hoffnung, Leben, Heilen, Volk Gottes. Eine Zusammenfassung wird schließlich im ererbten biblischen Schlüsselwort von der Auferweckung versucht: dem Hoffnungswort vom Übergang von Tod(en) zu (mehr) Leben.

3.1 Frieden

Im Schlüsselwort Frieden[63] treffen sich sowohl die Friedenssehnsucht der Gegenwart als auch die biblischen Friedenserfahrungen. Es taucht in vielen programmatischen kirchenamtlichen Texten der Gegenwart auf.[64]

(a) Suche nach dem Weltfrieden

„Die Frage nach einer gerechten und freiheitlichen Ordnung des Friedens unter den Menschen gehört zu den drängendsten Fragen, die die Menschheit heute bewegen."[65] Zwar seien die Menschen der Gegenwart empfindsam für die einmalige Geschichte und Freiheit der Person, bestrebt, menschliche Grundsituationen wie Krankheit, Leid, Tod, aber auch Freundschaft, Vertrauen, Treue und Liebe sinnvoll zu meistern. All diese individuell bedeutsamen Lebensanliegen lassen sich aber nur

[63] Tödt, Frieden. – Mettner, Frieden. – Missalla, Gerechtigkeit und Frieden. – Nagel, Friedensethik. – Feneberg, Gerechtigkeit schafft Frieden. – Langendörfer, Pazifismus. – Girard, Das Ende der Gewalt. – Schwager, Für Gerechtigkeit und Frieden.

[64] Das II. Vatikanische Konzil betont wiederholt die Notwendigkeit der Förderung des Friedens (Gaudium et spes, 8, 42, 77–93; Gravissimum educationis, 1. – Nostra aetate, 5. – Ad gentes, 12; Dignitatis humanae, 7; Unitatis redintegratio, 12; Vgl. Deretz, Nocent, Konkordanz, 186–191): Gegenüber menschlicher Machbarkeit des Friedens betont das Konzil, daß Christus der Urheber wahren Friedens ist (Lumen gentium, 9). Mehrere nachkonziliare Synoden (Gemeinsame Synode, 459–510. Diözesansynode Rottenburg-Stuttgart 1986: Beschlüsse, 20–220) und zahlreiche Hirtenbriefe (Bischöfe zum Frieden. – Gerechtigkeit schafft Frieden. – Hirtenworte zu Krieg und Frieden) haben Aussagen zum Frieden gemacht. Frieden wurde zum Thema von Kirchen- und Katholikentagen (vgl. Evangelische Kirchentage Hamburg 1981 ["Frieden schaffen"] und Hannover 1983 ["Frieden stiften"]). – Vgl. Friedensveranstaltung auf den Katholikentagen Berlin 1982, München 1984 und Aachen 1986. Zu Aachen: Dein Reich komme. – Der Österreichische Katholikentag 1983 hat die Forderung aufgestellt, die Regierungen aller Länder sollen Friedensbewegungen zulassen.

[65] Kasper, Lehmann, Die Heilssendung der Kirche in der Gegenwart, 27.

dann gedeihlich kultivieren, wenn das Leben der einzelnen von einer umfassenden Ordnung der Freiheit und der Gerechtigkeit, damit des Friedens geschützt und umfangen ist.
Der damit gemeinte Frieden wird mehrdimensional begriffen. Ihn zu schaffen ist jedenfalls mehr als nur ein organisatorisches und ein militärpolitisches Problem. Eine wahre Friedensordnung wird dann aufkommen, wenn der Mensch sein ungerecht-friedloses Herz verliert, wenn er ein „neuer Mensch", eine „neue Schöpfung" wird. Ohne eine tiefgreifende Umwandlung des Menschen als verläßliches Subjekt des Friedens wird eine Ordnung des Friedens nicht möglich sein. Es ist *„keine Ordnung denkbar, welche von sich aus die Erneuerung des Menschen und die persönliche Tat der Liebe überflüssig machen könnte"*.[66]

(b) Biblisch verheißener „Schalom"

Die Friedenssehnsucht der Menschheit konvergiert mit der Friedensbotschaft der Bibel.
Schrift und Tradition kennen zwar für das ererbte Grundziel kirchlicher Praxis (das „Heil") eine große Fülle von Bildern, Symbolen und Begriffen: Leben, Licht, Wahrheit, Herrlichkeit, Gnade, Liebe, Huld, Erbarmen, Erlösung, Vergebung, Freiheit, Freude, Gerechtigkeit, Versöhnung, Freundschaft, Bund, Reich. Frieden ist damit nur ein Bild unter vielen biblischen Bildern, die zur Verfügung stehen. Keines dieser Worte kann das Ganze der christlichen Heilswirklichkeit ausschöpfen. Und doch fällt die Entscheidung zugunsten des Schlüsselwortes Frieden. Walter Kasper und Karl Lehmann begründen dies in einer Abhandlung über die Heilssendung der Kirche, in der sie für das Schlüsselwort Frieden eintreten, so: *„Wir versuchen im Folgenden, das Wesen der kirchlichen Heilssendung von dem zentralen biblischen Begriff (Frieden) her zu entfalten, dem angesichts der gegenwärtigen Situation eine Schlüsselstellung zukommen könnte und der sich als fähig erweisen muß, viele einzelne Aspekte zu integrieren. Wir gehen aus von dem alttestamentlichen und neutestamentlichen Verkündigungswort ‚schalom', (Friede)."*[67]
Die biblischen Schlüsselbegriffe „schalom"[68] und „eirene"[69] beinhalten zwei Aspekte:

[66] Kasper, Lehmann, Die Heilssendung der Kirche in der Gegenwart, 28.
[67] AaO.
[68] Schmidt, schalom. – Braulik, Zur deuteronomistischen Konzeption. – Westermann, Der Frieden. – Albertz, Schalom und Versöhnung. – Gewalt und Gewaltlosigkeit.
[69] Zur neutestamentlichen Begründung des Friedens vgl. u.a.: Lohfink, Wie hat Jesus Gemeinde gewollt?, 63ff., 134ff. – Stuhlmacher, „Er ist unser Friede". – Klappert, Biblisch-theologische Standortbestimmung. – Frankemölle, Friede und Schwert.

1. Das Wort Frieden drückt einen Zustand des Lebens aus, der mit Ganzsein zu tun hat. „Es geht ums Ganze." Darauf verweist schon die Sprachwurzel von schalom, nämlich schalamu, was so viel heißt wie: heil, ganz, unzerstückelt, unversehrt, wohlauf, sozial geordnet, im Glück lebend. Schalom ist damit weit mehr als die Abwesenheit von Krieg: Wobei es sogar einen Krieg gibt, der in schalom geführt werden kann (2 Sam 11,7).[70] Vielmehr ist schalom eine Lebensgestalt von „Glück rundherum". „Es stimmt auf der ganzen Linie." Wer im Schalom ist, ist „stimmig". „Friede ist also nichts anderes als die heile Ordnung des menschlichen Lebens und der Welt; er schließt deshalb Gerechtigkeit, Wahrheit, Leben usw. ein; er ist der Inbegriff dessen, was wir konkret meinen, wenn wir von Heil sprechen."[71]
Wenn Israeliten der biblischen Zeit einander trafen, fragten sie: Wie geht es deinem Schalom? Oder wenn man sich nach einem Dritten erkundigte: Wie geht es seinem Schalom? (Gen 29,6; 43,27) Die Menschen hofften, in Frieden schlafen zu können, ja begraben zu werden. Ebenso wünschten sich die Leute schalom für das Volk und für das Land (Lev 26,6).
Frieden gehört zu den zentralen Worten der Bibel; es ist eines jener großen Worte, welche die Heilssehnsucht der Menschheit aufheben und zum Ausdruck bringen. Die Sehnsucht nach diesem Frieden steckt tief in der Menschheit, sie ist der letzte Grund, warum die Gegenwart, wie sie stattfindet, als unbe-fried-igend wahrgenommen werden kann. Aber gerade in der unbefriedeten Situation bricht diese Sehnsucht durch und gewinnt dabei eine facettenreiche Gestalt. Die Friedenssehnsucht begegnet dann als Erinnerung an eine entschwundene selige Urzeit, als Paradies; sie ist aber auch als Erwartung eines umfassenden Endfriedens, als messianisches Friedensfest gegenwärtig.[72]
2. Die Bibel sagt auch, woher dieser Frieden kommt. Ursprung des Friedens ist der um den Menschen besorgte Jahwe-Gott. Frieden ist sogar ein Name für diesen biblischen Gott (Ri 6,24), er ist der „Gott des Friedens" (1 Kor 14,33). Wo Gott unter Menschen „heimisch" ist, kann Frieden aufkommen. Wo er nicht zu Hause ist, wo Gottlosigkeit herrscht, wo Gott fern und fremd ist, ist der Bannkreis des Mißtrauens, der Rivalität, der Friedlosigkeit (Jes 48,22). Gott ist es, der über seinem Volk „schalom" schafft, singen die Wallfahrtspsalmen (Ps 125,5; 128,6). Gott hat in seiner Menschheit vor allem dadurch Frieden gestiftet, daß er sich in unsere friedlose Geschichte eingemischt hat. Er ist in seinem

[70] Groß, Friede, 436–440.
[71] Kasper, Lehmann, Die Heilssendung der Kirche in der Gegenwart, 29.
[72] Zu Frieden als Fest des Messias: Groß, Friede.

Sohn einer von uns geworden, um aufzuheben, was dem schalom entgegensteht. Daher ist die entscheidende Gabe, die Gott durch die Menschwerdung in die Geschichte bringt, der Frieden. Frieden ist *die* Gabe des Auferstandenen (Lk 24,36; Joh 20,19ff.).[73] Das Evangelium Jesu Christi ist – auf einen Nenner gebracht – „das Evangelium vom Frieden" (Eph 6,15).[74]

(c) Kirchliche Friedenspraxis

Die Frage stellt sich, ob es in der Kirche nur Friedens-Worte gibt oder ob die Kirche selbst ein Friedens-Ort ist: ob das Schlüsselwort Frieden in der Kirche also auch handlungsrelevant wird. Walter Kasper verweist in seiner bibeltheologischen Analyse darauf, daß Gott seiner Kirche als „Zeichen, aufgerichtet unter den Völkern", eine friedensstiftende Rolle in der Menschheit zugewiesen hat. Um diese Aufgabe wahrzunehmen, ist es zu wenig, den Frieden in der Welt nur zu bereden und zu fordern. Vorrangig ist, daß die Kirche ein Ort gelebten Friedens ist, jenes Friedens, der aufkommt, wenn Gott unter Menschen heimisch geworden ist. Die frühen Christengenerationen waren davon überzeugt, daß in der Kirche die messianischen Friedensverheißungen in Erfüllung gegangen sind (Jes 2; Mich 4). Für die Kirchenväter war dies ein Beweis für die Messianität Jesu, daß mit ihm und in dem von ihm gesammelten Volk die messianischen Verheißungen erfüllt sind. So kann Tertullian mit Stolz behaupten: Wir Christen brauchen keine Schwerter und Lanzen mehr. Denn der Gottesfriede ist unter uns gegenwärtig und bestimmt unser innerkirchliches Zusammenleben.[75] Wenigstens die Kirche ist damit ein Ort in der Menschheit, an dem Gottes Schalom Wirklichkeit geworden ist. Gottes Kirche wird zu Gottes Friedensbewegung auf Erden.[76]

Das Schlüsselwort Frieden hat seine Sprengkraft in der Kirche längst nicht voll erreicht. Kirche ist noch lange nicht Gottes anschauliche Friedensbewegung auf Erden. Der lange Weg zu einer ökumenischen Weltversammlung der Christen für Gerechtigkeit, Frieden und die Bewahrung der Schöpfung geht aber zur Zeit (zu) langsam auf dieses Ziel zu.[77]

[73] Frieden ist Gabe und Auf-Gabe, dies bezeugen sowohl Schrift als auch Tradition. – Die „Ordensleute für den Frieden" engagieren sich aus ihrer spirituellen Friedenstradition heraus für Gerechtigkeit und Frieden heute. – Zur franziskanischen Friedenstradition: Rotzetter, Impulse für eine Friedensstrategie. – Neufeld, Auf dem Weg zu Friede und Gerechtigkeit. – Zur salesianischen Friedensspiritualität: Haas, Friede aus Liebe.

[74] Eicher, „Er ist unser Friede".

[75] Lohfink, Wie hat Jesus Gemeinde gewollt?, 194–208.

[76] Zulehner, Kirche – Gottes Friedensbewegung. – Rahner, Der Friede Gottes.

[77] Das II. Vatikanum beschreibt Friedensförderung durch wachsende Einheit des Gottesvolkes

3.2 Befreiung

„Freiheit, Gleichheit, Brüderlichkeit": Diese drei Parolen der französischen Revolution prägen die neuzeitliche Geschichte bis auf den heutigen Tag. Die in der heutigen Menschheit verbreiteten brutalen, versteckten und ausdrücklichen Formen der Unfreiheit fördern den Anspruch des Menschen auf Freiheit: *„Niemals hatten die Menschen einen so wachen Sinn für Freiheit wie heute, und gleichzeitig entstehen neue Formen von gesellschaftlicher und psychischer Knechtung.*"[78] Im selben Dekret über die pastorale Beziehung von „Kirche und Welt" nimmt das Konzil auch bereits jene Variation des Themas Freiheit vorweg, welche uns heute, im dritten Jahrzehnt nach dem Konzil, in seinen Bann schlägt, das Thema der Befreiung:

„Die aufsteigenden Völker, wie jene, die erst jüngst unabhängig geworden sind, verlangen ihren Anteil an den heutigen Kulturgütern nicht nur auf politischem, sondern auch auf wirtschaftlichem Gebiet und wollen frei ihre Rolle in der Welt spielen, während andererseits zugleich ihr Abstand und häufig auch ihre wirtschaftliche Abhängigkeit von den reicheren Völkern wächst, die sich schneller weiterentwickeln. Die vom Hunger heimgesuchten Völker fordern Rechenschaft von den reicheren Völkern. Die Frauen verlangen für sich die rechtliche und faktische Gleichstellung mit den Männern, wo sie diese noch nicht erlangt haben. Die Arbeiter und Bauern wollen nicht bloß das zum Lebensunterhalt Notwendige erwerben können, sondern durch ihre Arbeit auch ihre Persönlichkeitswerte entfalten und überdies an der Gestaltung des wirtschaftlichen, gesellschaftlichen, politischen und kulturellen Lebens ihren Anteil haben. Zum erstenmal in der Geschichte der Menschheit haben alle Völker die Überzeugung, daß die Vorteile der Zivilisation auch wirklich allen zugute kommen können und müssen.

Hinter allen diesen Ansprüchen steht ein tieferes und umfassenderes Verlangen: Die Einzelpersonen und die Gruppen begehren ein erfülltes und freies Leben, das des Menschen würdig ist, indem sie sich selber alles, was die heutige Welt ihnen so reich darzubieten vermag, dienstbar machen. Die Völker streben darüber hinaus immer stärker nach einer gewissen alle umfassenden Gemeinschaft.

Unter diesen Umständen zeigt sich die moderne Welt zugleich stark und

und durch gemeinsames Bemühen aller Christen: Lumen gentium, 13. – Unitatis redintegratio, 12. – In dieser konziliaren Linie steht auch die Einladung von Papst Johannes Paul II. zum Friedensgebet der Weltreligionen 1986 in Assisi. – Vgl. Die Friedensgebete von Assisi. – Zur angestrebten Convocatio der großen Eingott-Religionen zu den Überlebensthemen Bewahrung der Schöpfung, Frieden und Gerechtigkeit: Weizsäcker, Die Zeit drängt.

[78] Gaudium et spes, 4.

schwach, in der Lage, das Beste oder das Schlimmste zu tun; für sie ist der Weg offen zu Freiheit oder Knechtschaft, Fortschritt oder Rückschritt, Brüderlichkeit oder Haß."[79]

(a) Von der Freiheit zur Befreiung

Obwohl das Konzil von Freiheit und noch nicht von Befreiung spricht[80], bereitete es doch das rasche Aufkommen des Schlüsselwortes „Befreiung" vor. Die Praxis der Befreiung und die ihr zu-, ja untergeordnete „Theologie der Befreiung"[81] sind die bruchlose Fortführung des II. Vatikanischen Konzils. Die Bischofssynoden von 1971 und 1974 zu den Themen der Gerechtigkeit in der Welt und der Beziehung zwischen der Befreiung der Unterdrückten und umfassender Befreiung sind maßgebliche Zwischenschritte. Im Apostolischen Lehrschreiben „Evangelii nuntiandi" (1975) betont Paul VI., daß Evangelium und Befreiung unlösbar ineinander verwoben sind. Auch Johannes Paul II. verknüpft in seinen Enzykliken, Apostolischen Schreiben und Ansprachen[82] Erlösung und Befreiung. Teils entsprechen seine Aussagen den Aussagen der Befreiungstheologie, teils kritisieren sie diese, teils regen sie eine konstruktive Weiterentwicklung an.[83]
Was aber erklärt den Sprachweg von „Freiheit" zu „Befreiung"? Signalisiert er eine geistesgeschichtliche Ablösung kirchlicher Praxis vom liberalen Bürgertum zu den Unterdrückten, den Armen? Dann hätten wir es bei den Dokumenten, die sich des Schlüsselwortes „Befreiung" bedienen, mit einer doch erheblichen Weiterentwicklung des Konzils zu tun. Sprachlich ist auch Rom diesen Weg – gedrängt durch die Entwicklung in einzelnen Ortskirchen – mitgegangen. Die Instruktion über einige Aspekte der „Theologie der Befreiung"[84] greift auf den Konzils-

[79] Gaudium et spes, 9.
[80] Konzilsaussagen über (christliche) Freiheit finden sich v. a. in Gaudium et spes, 4, 9, 13, 17, 20, 21, 41, 42, 76. – Lumen gentium, 9, 36, 37. – Dei Verbum,5. – Dignitatis humanae, 1, 2, 4, 8, 9, 11, 13. – Nostra aetate, 4. – Apostolicam actuositatem, 17. – Optatam totius, 11. – Deretz, Nocent, Konkordanz, 177–185. – Synodenaussagen der deutschen Kirche finden sich u.a. in den Texten „Unsere Hoffnung" sowie „Entwicklung und Frieden".
[81] Theologie der Befreiung – im Überblick: Gutiérrez, Theologie der Befreiung. – Füssel, Theologie der Befreiung. – Sievernich, Frohe Botschaft. – Goldstein, Befreiungstheologie. – Die Theologie der Befreiung. – Theologie der Befreiung. – Was ist die Theologie der Befreiung?
[82] Johannes Paul II., „Aperite portas redemptori". – Ders., Redemptionis donum. – Vgl. die Predigten und Ansprachen von Papst Johannes Paul II. bei seinen Pastoralreisen nach Lateinamerika, in: Verlautbarungen des Apostolischen Stuhls, 5, 22, 39, 46, 61.
[83] Brief des Papstes an die brasilianischen Bischöfe: Johannes Paul II., „Die Herausforderung annehmen". – Ahrens, „Gott ist Brasilianer, doch der Papst ist Pole". – Hallwirth, Die lateinamerikanische Theologie der Befreiung und der Papst aus Europa.
[84] Libertatis nuntius. – Aus der Diskussion zur Instruktion: Scheffczyk, Christlicher Glaube und Befreiung. – Kontroverse um Befreiungstheologie.

text Gaudium et spes (Nr.4) zurück. Dabei ersetzt sie das Wort Freiheit durch Befreiung: *„Die mächtige und gleichsam unwiderstehliche Sehnsucht der Völker nach Befreiung stellt eines der wichtigsten Zeichen der Zeit dar, die die Kirche ergründen und im Licht des Evangeliums auslegen soll."*[85]

Von der weltweiten Freiheitssehnsucht ausgehend, beschreibt die zweite Instruktion der Glaubenskongregation „Libertatis conscientia"[86] die Aufgabe der Kirche so: *„Die Kirche Christi macht sich diese Sehnsucht zu eigen, wobei sie jedoch stets ihr Urteilsvermögen im Licht des Evangeliums anwendet, das aus sich selbst bereits eine Botschaft der Freiheit und der Befreiung ist."* (Nr.1) Gott selbst hat sich in der Heilsgeschichte „als ‚goel', als Befreier, Erlöser und Retter seines Volkes" geoffenbart (43) und ist in Christus zum Erlöser der Menschheit geworden (50ff.). Christliche Freiheit ist zutiefst Befreiung aus Sünde und Tod, Gabe des Geistes (54f.), christliche Befreiungspraxis das neue Gebot der Liebe (55ff.), Aufgabe des neuen Gottesvolkes, befreiende Mission der Kirche Gottes (61ff.). *„Die Kirche hat den festen Willen, auf die Sorgen des Menschen von heute zu antworten, der harten Unterdrückungen ausgesetzt ist und nach Freiheit verlangt."* (61) Sie stellt ihre Soziallehre (71–96) in den Dienst christlicher Befreiungspraxis und -theologie. Dabei empfängt die Kirche Erneuerung von unten: *„Die neuen kirchlichen Basisgemeinschaften oder andere Gruppen von Christen"* werden *„für die Kirche ein Motiv großer Hoffnung"*, *„ihre Erfahrung, die im Einsatz für Befreiung wurzelt, ein Reichtum für die ganze Kirche."* (69)

Das Schlüsselwort „Befreiung" ist aus dem kirchlichen Bewußtsein nicht mehr wegzudenken und auch nicht mehr wegzuschaffen. Jede Anstrengung, dies zu versuchen, wird es nur noch weiter verbreiten.[87]

[85] Libertatis nuntius, 5 (I.1).

[86] Libertatis conscientia. – Christliche Freiheit und Befreiung. – Aus der Diskussion zur neuen Instruktion: Ratzinger, Freiheit und Befreiung. – Mitterhöfer, Die römischen Instruktionen. – Gott will von freien Menschen angebetet werden. – Das Lehramt der Kirche und der Schrei der Armen.

[87] Befreiungspraxis führt zu Verfolgung, Folter, in letzter Konsequenz in den Tod. Die Kirche in Lateinamerika lebt deutlich aus dem Blut-Zeugnis ihrer Märtyrer: bekannter Blutzeugen wie Bischof Oscar Arnulfo Romero und zahlloser unbekannter. – Romero, Blutzeuge. – Romero, Die notwendige Revolution. – Sie leben im Herzen des Volkes. – Boff, Kreuzweg der Auferstehung. – Bermúdez, Goldstein, Kirche in den Katakomben.

(b) Vorrang der Befreiungspraxis

In der gegenwärtigen Diskussion zum Schlüsselwort „Befreiung"[88] wird oftmals übersehen, daß es vorrangig um eine Praxis, und erst in zweiter Linie um eine Theorie (Theologie) geht.[89] „Befreiung" ist ein Handlungsziel, das stattfindender Praxis innewohnt. Die wissenschaftliche theologische Reflexion über diese Praxis ist zweitrangig, wenn auch nicht unwichtig.[90] Die Kirche in Lateinamerika[91] (und in ihrem Gefolge andere Südkirchen[92]) hat sich in ihren zwei großen Kirchenversammlungen von Medellin (1968)[93] und Puebla (1979)[94] zu dieser Praxis der „befreienden Evangelisierung" bekannt. Zentrale Momente solcher „befreienden Evangelisierung" sind die Optionen, also die „Schlüsselentscheidungen"[95] für die Armen[96] und die Jugend[97] sowie – als Orte konkreter befreiender Praxis – für die Basisgemeinden.[98]

[88] Zur Diskussion über die Theologie der Befreiung: Befreiungstheologie als Herausforderung. – Zur Theologie der Befreiung. – Ratzinger, Zur Theologie der Befreiung. – Garcia-Mateo, Die Befreiungstheologie. – Theologie der Befreiung. – Daß Gott den Schrei seines Volkes hört. – Gutiérrez, Theologie der Befreiung.

[89] Literaturbeispiele zur Praxis der Befreiung in Lateinamerika: Geschenk der Armen. – Boff, Aus dem Tal der Tränen. – Kerstiens, Praxis der Befreiung. – Kriele, Befreiung. – Grundsätzliche Aussagen zur Befreiung: Befreiung und christliche Freiheit. Die befreiende Mission der Kirche, Kap. III. und IV. in Libertatis conscientia. – Zur Praxis gewaltloser Befreiung: Goss-Mayr, Der Mensch vor dem Unrecht.

[90] Zum Praxis-Theorie-Verhältnis in der Befreiungstheologie: Theologie des Volkes. – Boff, Theologie und Praxis. – Boff, Boff, Wie treibt man Theologie der Befreiung? – Garcia-Mateo, Die Methode. – Wird diese Unterscheidung von Befreiungspraxis und Befreiungtheorie übergangen, dann kann die Ablehnung der Theorie (Theologie) auch zur Ablehnung der Praxis führen: Kirche und Befreiung. – Utopie und Befreiung. – Kloppenburg, Die neue Volkskirche. – Beyerhaus, Die Rolle der neuen „Volkstheologien". – Ders., Theologie als Instrument der Befreiung.

[91] Zum (Selbst-)Verständnis der Kirche in Befreiungstheologie: Boff, Kirche: Charisma und Macht.

[92] Zum Begriff „Südkirche": Bühlmann, Weltkirche.

[93] Das Dokument von Medellin (1968): Medellin-Deutsch. – Zur Wirkungsgeschichte: Schlegelberger, Sayer, Weber, Von Medellin nach Puebla.

[94] Das Dokument von Puebla (1979): Die Evangelisierung. – Zur Wirkungsgeschichte: Kontinent der Hoffnung. – Boff, Pueblas Herausforderung.

[95] Pastorale Optionen werden in einem Prozeß der Analyse und der Auswahl getroffen: Die geschichtlich-gesellschaftlichen Gegebenheiten werden analysiert und im Licht des Evangeliums gedeutet, aus möglichen pastoralen Antworten werden die in dieser Situation vorrangigen Antworten gegeben: Die Evangelisierung, Nr. 1299.

[96] Die „Option für die Armen" ist ein zentrales Schlüssel- und Erschließungswort der Kirche geworden. Vgl. Die Evangelisierung, Nr. 1134–1165. – Vgl. „Option für die Armen". – Erfahrungsbeispiele: Adams, Haas, Kirche unter den Armen. – Gustavo Gutiérrez verweist darauf, daß die Option für die Armen nicht allein aus den Umständen komme, sondern in Gott selbst wurzelt. Deshalb ist sie nicht von bestimmten Orten großer Armut abhängig. Die Armen-Option ist nicht eine lateinamerikanische, sondern eine weltweite Aufgabe der Kirche.

[97] Zur „Option für die Jugend": Die Evangelisierung, Nr. 1166–1205. – Jugend, Kirche und Veränderung. – Steinkamp, Subjekte oder Sorgenkinder?

[98] Zur befreienden Praxis in Basisgemeinden: Medellin-Deutsch, 15. – Die Evangelisierung, 617–657. – Hartmann, Christliche Basisgruppen. – Freire, Betto, Schule, die Leben heißt. – Nientiedt, Basisgemeinden. – Rohner, Erneuerung von unten. – Azevedo, Communautés ecclésiales de base.

Der Option der Kirche in Lateinamerika zugunsten der Armgemachten folgten inzwischen zunehmend auch viele Kirchengebiete in Afrika, Asien, auf den Philippinen. Am Beispiel eines Pastoraltextes[99] der Prälatur Infanta zeigen wir die Bedeutung des Schlüsselwortes Befreiung für eine Ortskirche.

(c) Befreiung konkret

„Befreien" ist das Schlüsselwort für die geforderte Praxis dieser Ortskirche. Die Entscheidung dafür wird theologisch begründet: *„Der Auftrag, der uns vom Herrn erteilt wurde, ist, die Menschheit von der Sünde und allen ihren Folgen zu befreien, mit anderen Worten, das Angesicht der Erde zu erneuern, das heißt, für den Übergang von Ungerechtigkeit zu Gerechtigkeit zu arbeiten, von Haß und Neid zu Kameradschaft, von der Sklaverei zur Freiheit für die Kinder Gottes, von Täuschung zu Aufrichtigkeit. Dieser Auftrag schließt die Strukturierung und Konsolidierung der menschlichen Gemeinschaft nach göttlichem Recht ein (GS 42)."* (Nr.15)

1. *Unterdrückungssituation:* Das pastorale Statement, im Dialog vieler an der Praxis dieses Kirchengebietes Beteiligter entstanden, reflektiert ausführlich die Situation, in der die Kirche handelt: *„Unsere Situation in der Prälatur spiegelt die Situation der Philippinen im Weltkontext wider. Unsere sozialen Analysen machen klar, daß etwa 87% der Leute in der Prälatur arm und unterdrückt sind. Unterbeschäftigung ist weit verbreitet. Furcht und Verhaftungen herrschen vor auf Grund der Militarisierung und der sie begleitenden Unterdrückung."* (Nr.12)

2. *Strukturelle Sünde:* Diese Unterdrückung wird theologisch reflektiert. Dazu dient der Begriff der „strukturellen Sünde".[100] Dieser besagt nicht, daß freiheits- und subjektlose Strukturen (etwa die Unterdrückungsordnung einer Militärdiktatur, die Ausbeutungsordnung eines multinationalen Agrobusiness, der verschleierte Kolonialismus einer Entwicklungspolitik) „sündigen" können. Wer aber die

[99] Die Prälatur Infanta liegt 160 km nordwestlich von Manila. Ihr derzeitiger Bischof ist Julio Labayen: Macht und Ohnmacht auf den Philippinen. – Pastorale Konferenz Prälatur Infanta. – Dieses pastorale Statement wurde nicht am Schreibtisch von einer Kommission erfunden, um danach die Frage zu stellen, wie es „durchgeführt" werden kann. Vielmehr ging der Formulierung des Dokuments die befreiende Praxis voraus. Umgekehrt ist es aber der Sinn dieses pastoralen Statements, die Christen zu ermutigen, noch entschlossener und zielsicherer ihren eingeschlagenen Weg weiterzugehen.

[100] Papst Johannes Paul II., Reconciliatio et paenitentia, 27–31, unterscheidet „personale" und „soziale Sünde". – Vgl. auch „Die Berufung des Menschen zur Freiheit und das Drama der Sünde", Kap. II. in: Libertatis conscientia, 15–23.

Eigenheit menschlichen Handelns kennt und nicht vergißt, daß die Taten bleibende Folgen hervorbringen, die persönliche Sünde sich also „externalisiert“[101], gleichsam „inkarniert“, und so festgefügte Handlungsmuster für die Gestaltung des menschlichen Zusammenlebens werden, der konzediert zwar den Kritikern des Begriffs der „strukturellen Sünde“, daß hier das Wort „Sünde“ nur analog gebraucht wird. Doch wird er die erkannten Zusammenhänge nicht zurücknehmen:

– daß nämlich die bestehende Ordnung aus ungerechten Taten von Personen entstanden ist und dieses Unrecht immer noch an der Ordnung haftet; daher sagt das pastorale Statement folgerichtig: *„Hier entdecken wir, daß die Sünde, die im Herzen des Menschen ist, bereits strukturiert ist und weiterhin auf weltweiter Ebene strukturiert wird“* (Nr. 11);

– daß die Auswirkung der „sündhaften“ Ordnung für viele Unterdrückte todbringend ist;

– und daß vor allem jene in einer akuten Weise sündigen, welche die herrschende „sündhafte Ordnung“ erhalten bzw. nichts tun, um sie zu verändern. Eine Kirche, die angesichts der bestehenden Unrechtsverhältnisse schweigt und untätig bleibt, die keine Option trifft, wird Mittäterin am herrschenden Unrecht. Dabei bleibt unbestritten, daß die Änderung von Unrechtsordnungen, also die dauerhafte Überwindung der strukturierten Sünde, abhängt von der Änderung des ungerechten Herzens des Menschen. Schon immer hat daher die Katholische Soziallehre sowohl eine Gesinnungsreform wie auch eine Strukturreform verlangt. Da aber im Zuge der Verinnerlichung der Religion, ihrer Erklärung zur Privatsache im Lauf der letzten Jahrhunderte, die Aufmerksamkeit für die soziale Sünde zurückgetreten, teilweise gar verlorengegangen ist, muß unsere Kirche den jungen Ortskirchen dafür danken, daß diese heute wieder die soziale Dimension der Sünde sehen und bekämpfen.

3. *Kirche der Armen werden:* Die Lage der Unterdrückung, die als „sündig“ erkannt wird, ist der gesellschaftliche Kontext, in dem die Prälatur Infanta eine „Schlüsselentscheidung“, also eine Handlungsoption trifft: *„Angesichts dieser Situation fühlen wir uns – eins mit der Kirche und mit den Bischöfen Asiens und Lateinamerikas*[102] *– gedrängt, eine Kirche der Armen zu werden: eine Kirche, die eine besondere Aufmerk-*

[101] Berger, Luckmann, Die gesellschaftliche Konstruktion, 53–56.

[102] Europa, das alte Zentrum der römisch-katholischen Kirche, bleibt unerwähnt. Zum Verhältnis Europa und junge (Dritte-Welt-)Kirchen: Boff, Die „Institutionen“ Lateinamerikas. – Bühlmann, Weltkirche. – Ders., Von der Kirche träumen.

samkeit und Liebe zu den armen Volksmassen hat, für die Opfer der Ungerechtigkeit und für jene, deren Würde und Recht mit Füßen getreten werden. Auf der anderen Seite erkennen wir die tiefere Bedeutung der Armut darin, offen zu bleiben, auf den Herrn der Geschichte zu vertrauen und zu hoffen." (Nr. 13)[103]

4. *Mystik und daher Politik:* Die theologische Begründung für diese Option ist zutiefst mystisch. Ihr Kern ist eine „heart-to-heart-relationship" dieser Ortskirche mit Jesus Christus als ihrer Mitte und ihrem Leben. Diese Mystik ist aber nicht weltflüchtig. Sie ist nüchtern und realistisch: *„Jesus Christus ist unser Leben und unsere Mitte. Ob wir ihn immer mehr erkennen und mit ihm eins werden, hängt von unserem innigen Verhältnis zu ihm ab; dies aber hat zugleich damit zu tun, daß wir die Zeichen der Zeit erforschen und analysieren."* (Nr. 5) Ein wichtiges Moment an der Praxis der Befreiung wird hier offenbar. Sie ist mystisch, und deshalb voll von Leidenschaft für Gerechtigkeit, voll von Vorliebe für die Armen. Der letzte Grund besteht darin, daß der wahre Mystiker mit dem lebendigen Gott in Berührung kommt, der als erster diese Option für die Armen getroffen hat.[104]

5. *Der Traum des Vaters:* In bildhafter Weise wird der Zusammenhang von Mystik und Politik verdeutlicht. Die alte biblische Erfahrung[105] wird in Erinnerung gerufen, daß der lebendige Gott einer ist, der mit uns in der Geschichte unterwegs ist. *„Denn wir glauben, daß er lebendig ist, unter uns lebt und mit uns geht. Er ist der Herr des Himmels und der Erde und der Geschichte."* (Nr. 6) Mit uns ist Gott aber, weil er im Menschensohn seinen Traum von uns Menschen einzulösen begann.

6. *Fußspuren Gottes:* Daß Gott mit den Menschen geht, ist an seinen „Fußspuren" zu erkennen. „Yapak ng panginoon", so sagt es das einheimische Tagalok. *„Es ist unsere Pflicht, die ‚Fußspuren des Herrn', zu suchen und zu entdecken, indem wir unsere Geschichte und Umwelt (Situation) im Lichte der Frohbotschaft prüfen."* (Nr. 7) Wer wirklich dem lebendigen Gott, wie er in Jesus uns nahe ist, anhängt, kann nicht anders, als nach Gottes Fußspuren zu suchen. Diese gläubige Spurensuche ist identisch mit dem Prüfen der Welt und ihrer Geschichte im Licht der

[103] Die „Armen mitten unter uns" als (praktisch-)theologische Kategorie: Gutiérrez, Die historische Macht der Armen. – Camara, Gott lebt in den Armen. – Boff, Die Befreiung der Armen. – Durch die Armen herausgefordert. – Greinacher, Frohbotschaft für die Armen. – Steinkamp, Zum Beispiel: Wahrnehmung von Not.

[104] Zulehner, Das Gottesgerücht. – Lohfink, „Option für die Armen". – Ders., Befreiung. – Alfaro, Gott schützt. – Casalis, Für Menschen – unmöglich!

[105] Zur biblischen Sicht von Freiheit und Befreiung: ThWAT, 1, 884–890. – Mesters, Abraham und Sarah. – Braulik, Sage, was du glaubst. – Mussner, Theologie der Freiheit. – Libertatis conscientia, 24–32. – Exodus, ein Paradigma. – Dussel, Das Exodus-Paradigma.

Frohbotschaft.[106] Die Fragen sind elementar: Was ist Gottes Traum von den Menschen? Wie steht es um die Verwirklichung dieses Traumes in der Gegenwart? Was tut die Kirche, um den Traum des Vaters zu fördern und zu verwirklichen? Wie verkündigt sie Jesu Frohbotschaft des Reiches Gottes? Wie macht die Kirche Gott in der Welt heimisch?

7. *Option für die Armen:* Solche Spurensuche führt die Ortskirche direkt zu den Armen und Geplagten. In ihre Welt hat sich Kirche zu versetzen, weil sie dort Gott begegnet, wie er mit den Menschen durch die Geschichte geht. Die Kirche muß daher die Bestrebungen und Erwartungen der Menschen verstehen, weil diese *„mit dem Traum des Vaters für alle zu tun haben“ (Nr. 10). „Deshalb erkennen und akzeptieren wir, daß die christliche Gemeinde nicht allein für sich selbst lebt, sondern für die Welt – für ihr Leben, ihre Vollkommenheit und Einheit, entsprechend dem Traum des Vaters.“* (Nr. 16)

8. *Praxis der Befreiung:* In der Prälatur Infanta sieht befreiende Praxis konkret so aus:

– Christen versammeln sich und bemühen sich um eine gesündere Ernährung ihres Volkes.

– Andere tun sich zusammen, um ausreichendes, womöglich besseres Saatgut für die verarmten Bauern zu entwickeln.

– Schwestern aus dem Karmel leben zuerst in den Hütten der Fischer und Bauern, um selbst zu erfahren, wie das Volk lebt. Sie bauen daraufhin ihr Kloster so, daß es den Behausungen der Leute ähnlich ist und den Leuten zeigt, wie sie ihre Hütten gesünder und menschlicher einrichten könnten.

– Ein Bischof fährt selbst am Sonntag auf einem kleinen Motorfahrzeug zur Sparkasse und zahlt dort einen geringen Geldbetrag ein, um die Leute zu ermutigen, auch ihrerseits etwas Geld zurückzulegen, damit sie für die Schule und für das Saatgut rechtzeitig zahlen können.

– Der Bischof und seine Priester sitzen mit einfachen Leuten am Boden zusammen; sie hören den Leuten zu, reden also wenig, um so die Leute zu ermuntern, für sich selbst zu reden. „Denn“, so der Bischof, „wenn wir als erste reden, nehmen wir den Leuten den Mut, für sich zu sprechen.“

– Qualifizierte Christen arbeiten in einem Sozialinstitut, sie studieren die Lage der Bauern, der Fischer und der Eingeborenen, sie stärken deren Fähigkeit, für sich zu denken und zu handeln.

[106] Zum Umgang mit dem Evangelium in Basisgemeinden mit Befreiungspraxis: Cardenal, Das Evangelium der Bauern. – Mesters, Die Botschaft des leidenden Volkes. – Boff, Mensch geworden. – Ders., Die befreiende Botschaft. – Ders., Eine Kirche in Bewegung. – Dussel, Die Gezeiten des Evangeliums. – Bibel und Befreiung.

– Schwester Theresina, eine Filippina, hat sich von ihrem Orden freistellen lassen, um für die bedrohten Eingeborenenstämme dazusein. Sie bringt ihnen Lesen und Schreiben bei und befähigt sie dadurch, bei der Regierung, die ihr Reservat dem Bau eines großen Kraftwerks opfern will, selbst für ihre Überlebensinteressen einzutreten.

– Hildegard war im Gefängnis und wurde dort gefoltert. Marianne, eine Ordensschwester, leitet ein von den Orden gegründetes Büro; sie dokumentiert das Schicksal politischer Gefangener und verschafft ihnen damit mehr Öffentlichkeit und Schutz. Der Rechtsanwalt Diokno und seine Tochter organisieren eine Vereinigung von Rechtsanwälten, die sich der Verteidigung politischer Gefangener widmet und dabei selbst Verfolgung durch die inzwischen gestürzte Militärdiktatur in Kauf nimmt.

– Katechistinnen in Manila feiern unter dem dunklen Abendhimmel Eucharistie. Nach dem Evangelium über die Feindesliebe halten sie ein „Bibel-sharing“. Während sie gerade über die biblisch geforderte Liebe zum Feind, zum Unterdrücker und Ausbeuter sprechen, fallen in der Umgebung Schüsse. Irma, eine Katechistin, legt Jesu Wort in die Situation hinein aus. Sie möchte verhindern, daß einige ihrer Mitchristen künftig durch Unterdrückung schuldig werden. Sie wünscht, daß auch die Reichen und Mächtigen anfangen, die Option der Kirche für die Armen zu teilen, daß sie also, von Gottes Gnade dazu befreit, einen Stellungswechsel vornehmen.

– Menschen versammeln sich am Freitagabend in ihren Basisgemeinden. Aus einem Volkslautsprecher hören sie eine Stunde lang das vom diözesaneigenen Rundfunk ausgestrahlte Bibelprogramm. Dann führen sie mit ihrem „lay-leader“ (dem Laien-Führer) ein schlichtes und doch lebensveränderndes Bibelgespräch.

– Auf einer Insel lebt eine BCC, eine Basic Christian Community. Nur selten kommt ein Priester zu ihr. Selbstbewußt und gastfreundlich empfangen diese Christen ihre Gäste aus Europa. In einer jahrhundertealten, mit Pfarrer und Seelsorgsexperten ausgestatteten europäischen Pfarrei wäre solche selbstverständliche Gastfreundschaft eine Rarität.[107]

[107] Vielen Besuchern, die Christen in Basisgemeinden erleben, geht es wie jener Studentin, die nach einem mehrwöchigen Aufenthalt in Lateinamerika zurückgekehrt, von sich sagt: „Es ist mir schwergefallen, aus dieser lebendigen Kirche in unsere müde europäische Kirche heimzukehren.“ Die Begegnung mit den jungen Kirchen und ihrer befreienden Praxis verschärft zunächst das Leiden an der eigenen Ortskirche. Doch gibt es Anhaltspunkte dafür, daß dieses „Leiden“ fruchtbar wird für eine Erneuerung der Gestalt und der Praxis auch der europäischen Kirche. Das Schlüsselwort von der „Befreiung“ übt auch bei uns seine befreiende Wirkung. – Vgl. Hasenhüttl, Freiheit in Fesseln. – Sievernich, Frohe Botschaft. – Päschke, Befreiung von unten lernen.

3.3 Hoffnung

Eine der wichtigen nachkonziliaren Synoden fand in den Siebzigerjahren in der Bundesrepublik Deutschland statt. Diese Gemeinsame Synode der Bistümer in der Bundesrepublik Deutschland einschließlich Westberlin konnte sich bei der Wahl des Schlüsselwortes „Hoffnung" nicht nur auf das Konzil berufen[108], sondern auf die gerade im deutschen Sprachraum bedeutende „Theologie der Hoffnung".[109] Von den vielen Synodendokumenten zählt jenes über „Unsere Hoffnung" (1975)[110] zu den anregendsten. Sein Hauptautor, der Münsteraner Fundamentaltheologe Johann Baptist Metz, hat es 1982 auf dem Düsseldorfer Katholikentag einen „Aufruf zur messianischen Erneuerung der Kirche" genannt.[111]

Schon einleitend geht das Dokument auf dieses Anliegen ein. Das biblisch bedeutsame Wort „Hoffnung"[112] wird als Schlüsselwort erneuerter Praxis der Kirche verwendet: *„Eine Kirche, die sich erneuern will, muß wissen, wer sie ist und wohin sie zielt. Nichts fordert so viel Treue wie lebendiger Wandel. Darum muß auch eine Synode, die der Reform dienen will, davon sprechen, wer wir als Christen und Glieder dieser Kirche sind und was allen Bemühungen um eine lebendige Kirche in unserer Zeit zugrunde liegt. Wir müssen versuchen, uns und den Menschen, mit denen wir leben, ‚Rechenschaft zu geben über die Hoffnung, die in uns ist' (vgl. 1 Petr 3,15)."*[113]

[108] Die Synode konnte sich bei der Wahl dieses Schlüsselwortes auf das Konzil berufen: Lumen gentium, 8–10, 31–32, 35, 41, 48. – Apostolicam actuositatem 4. – Gaudium et spes 1, 21, 38, 56, 93. – Ad gentes 5. – Unitatis redintegratio 12. – Gravissimum educationis 2. – Vgl. auch Deretz, Nocent, Konkordanz, 259–261.

[109] Zum theologischen Hintergrund vgl. u.a.: Moltmann, Theologie der Hoffnung. – Diskussion über die „Theologie der Hoffnung". – Pieper, Über die Hoffnung. – Hoffmann, Pieper, Hoffnung. – Kerstiens, Hoffnung. – Ders., Die Hoffnungsstruktur. – Engelhardt, Hoffnung. – Woschitz, Elpis, Hoffnung. – Fries, Theologische Überlegungen. – Neuenzeit, hoffen.

[110] Unsere Hoffnung. – Vgl. dazu: Metz, Unsere Hoffnung. – Zur Synode: Plate, Das deutsche Konzil. – Nees, Die erste Gemeinsame Synode. – Koehldorfner, Praxiswandel durch Mehrheitsbeschlüsse?

[111] Metz, „Aufstand der Hoffnung".

[112] Zur biblischen Grundlegung christlicher Hoffnung:
(a) Im Alten Testament: Zimmerli, Der Mensch und seine Hoffnung. – Westermann, „qwh". – Barth, „jahal". – Lohfink, Der Geschmack der Hoffnung. – Ders., Zukunft. – Preuß, Jahweglaube und Zukunftserwartung. – Eschatologie im Alten Testament.
(b) Im Neuen Testament: Bultmann, „elpis". – Hoffmann, Hoffnung. – Bauer, Hoffnung. – Baarlink, Die Eschatologie.

[113] Unsere Hoffnung, 85.

(a) Hoffnungslosigkeiten

Begründet wird die Wahl des Schlüsselwortes Hoffnung zunächst in der resignativen Lage der Kirche selbst. Krisenphänomene der gegenwärtigen kirchlichen Entwicklung werden benannt: Indifferenz und lautloser Abfall, wachsende innere Distanz vieler zur Kirche, der rein feierliche, aber immer weniger ernste, lebensprägende Umgang mit den Geheimnissen der Kirche werden beklagt. Die Rede ist vom Verdacht, *„daß das Christentum nur noch mit verbrauchten Worten und Formen den Fragen und Ängsten, den Konflikten und Hoffnungen in unserer Lebenswelt, der mühsam verdeckten Sinnlosigkeit unseres sterblichen Lebens und unserer öffentlichen und individuellen Leidensgeschichten antworte"*.[114]

Das Dokument verbleibt jedoch nicht bei diesen Hoffnungslosigkeiten der pastoralen Situation stehen. Durch die der Synode vorgelagerte Großumfrage zur Lage der Kirche in der Bundesrepublik Deutschland[115] schälte sich die Notwendigkeit heraus, zur Glaubenssituation in unserer Zeit Stellung zu beziehen. Für die Glaubensverkündigung heute sollten praktische Orientierungshilfen erarbeitet werden. Dieses Anliegen verdichtete sich im Lauf der Kommissionsarbeit im Arbeitstitel „Die geistige und gesellschaftliche Situation von heute im Hinblick auf die Verkündigung der Kirche in der Bundesrepublik, ihre theologische Deutung und ihre grundlegenden Konsequenzen". Schließlich entschied man sich für den Titel „Unsere Hoffnung. Vom Versuch, heute Kirche zu sein". Die Fragen nach dem Glauben und nach dem Glaubensort der Kirche sollten verbunden sein. Die Kraft der christlichen Hoffnung galt es in der gegenwärtigen Lebenssituation zur Sprache zu bringen. Ein „Bekenntnis zum Glauben in dieser Zeit" wurde formuliert, hineinverwoben in die gegenwärtige kirchliche und gesellschaftliche Situation.[116] Als zentrale Momente der gegenwärtigen kulturellen Lage werden „kollektive Gegenstimmungen zu unserer Hoffnung" aufgespürt und aufgedeckt:[117]

– *Das Menschenbild:* ein schlechthin geheimnisleeres Bild vom Menschen, das nur einen reinen Bedürfnismenschen zeigt, einen Menschen ohne Sehnsucht, auch ohne Fähigkeit zu trauern, darum ohne Fähigkeit, sich wirklich trösten zu lassen und Trost anders denn als Vertröstung zu verstehen.

– *Die Sinn-Verdrängung:* Sinn-volle Fragen wie die nach dem Leben

[114] Unsere Hoffnung, 85.

[115] Schmidtchen, Zwischen Kirche und Gesellschaft. – Befragte Katholiken. – Vgl. auch aus dieser Zeit: Priester zwischen Anpassung und Unterscheidung.

[116] Zur Entstehungsgeschichte des Synodendokuments: Unsere Hoffnung, 71ff.

[117] Unsere Hoffnung, 86–110. – Zitate: 91, 93, 96, 98.

der Toten werden als „unrealistisch“ verdrängt und vergessen. Todesverdrängung und Totenvergessenheit hinterlassen „für die Lebenden nur noch banale Versprechen“. Sinn-Verdrängung führt zu Sinn-Verfall: *„Das Potential an Sinn scheint begrenzt, und es ist, als gingen die Reserven zur Neige und als bestünde die Gefahr, daß den großen Worten, unter denen wir unsere eigene Geschichte betreiben – Freiheit, Emanzipation, Gerechtigkeit, Glück – am Ende nur noch ein ausgelaugter, ausgetrockneter Sinn entspricht.“* (91)

– *Das Leidensverbot:* das anonym verhängte Leidensverbot in unserer „fortschrittlichen“ Gesellschaft, das Verschweigen der vielen Qualen, die ungezählten namenlosen Untergänge, das sprachlos erstickte Leiden, die Verfolgung zahlloser Menschen, die vergessene anonyme Leidensgeschichte der Welt. (89)

– *Der Unschuldswahn:* ein heimlicher Unschuldswahn, *„mit dem wir Schuld und Versagen, wenn überhaupt, immer nur bei ‚den anderen‘, suchen, bei den Feinden und Gegnern, bei der Vergangenheit, bei der Natur, bei Veranlagung und Milieu. Die Geschichte unserer Freiheit scheint zwiespältig, sie wirkt wie halbiert. Ein unheimlicher Entschuldigungsmechanismus ist in ihr wirksam: Die Erfolge, das Gelingen und die Siege unseres Tuns schlagen wir uns selbst zu; im übrigen aber kultivieren wir die Kunst der Verdrängung, der Verleugnung unserer Zuständigkeit, und wir sind auf der Suche nach immer neuen Alibis angesichts der Nachtseite, der Katastrophenseite, angesichts der Unglücksseite der von uns selbst betriebenen und geschriebenen Geschichte.“* (93)

– *Die Anpassungsgesellschaft:* Die naiv-fortschrittsoptimistische Gesellschaft rechnet mit ihr völlig angepaßten Menschen. *„Zugleich spüren wir deutlicher die Fragwürdigkeit und geheime Verheißungslosigkeit, die in einer rein technokratisch geplanten und gesteuerten Zukunft der Menschheit steckt. Schafft sie wirklich einen ‚neuen Menschen‘? Oder nur den völlig angepaßten Menschen? Den Menschen mit vorfabrizierten Lebensmustern, mit nivellierten Träumen, eingemauert in eine überraschungsfreie Computergesellschaft, erfolgreich eingefügt in die anonymen Zwänge und Mechanismen einer von fühlloser Rationalität konstruierten Welt, rückgezüchtet schließlich auf ein anpassungsschlaues Tier?“* (96)

– *Die Spieler und Verspieler: „Zustimmung und Dankbarkeit, Lob des Schöpfers und Freude an der Schöpfung sind kaum gefragte Tugenden in einer Gesellschaft, deren öffentliches Bewußtsein zutiefst verstrickt ist in das universale Spiel der Interessen und Konflikte, das seinerseits die Starken und Mächtigen begünstigt, die Dankbaren und Freundlichen aber leicht überspielt und an den Rand drängt.“* In einer solchen Gesellschaft voll Naturbeherrschung und Bedürfnisbefriedigung *„schwindet die Fähigkeit zu feiern ebenso wie die Fähigkeit zu trauern“*. (98)

(b) Kirche als Hoffnungsgemeinschaft

Inmitten eines derart zerstörerischen Potentials an Hoffnungslosigkeit darf die Kirche nicht die Hoffnungslosigkeit auf ihrem eigenen Boden verdoppeln. Ihre Aufgabe ist es vielmehr, ein „Weg gelebter Hoffnung" zu sein. Dies ist aber Kirche nur dann, wenn sie der Versuchung widersteht, sich unbemerkt den Strukturen der Hoffnungslosigkeit anzupassen. *„,Die Welt' braucht keine Verdoppelung ihrer Hoffnungslosigkeit durch die Religion; sie braucht und sucht (wenn überhaupt) das Gegengewicht, die Sprengkraft gelebter Hoffnung. Und was wir ihr schulden, ist dies: das Defizit an anschaulich gelebter Hoffnung auszugleichen."*
Damit Kirche eine solche Hoffnungsgemeinschaft in unserer Welt werden kann, braucht sie Erneuerung. Momente an dieser Reform sind:

– Anpassung an Jesus Christus und seine Botschaft vom „Reich Gottes". Das Dokument fragt eindringlich, ob wir uns in unserer Praxis nicht allzusehr angepaßt haben und Jesu Geist wie abgedecktes Feuer hüten, daß es nicht zu sehr überspringe. *„Haben wir nicht unter allzuviel Ängstlichkeit und Routine den Enthusiasmus der Herzen eingeschläfert und zu gefährlichen Alternativen provoziert: Jesus, ja – Kirche, nein? Warum wirkt er ,moderner', ,heutiger' als wir, seine Kirche?"* Das Dokument „Unsere Hoffnung" beklagt Anpassung an hoffnungsmindernde Strukturen gegenwärtiger Lebenswelt, vermißt dagegen Anpassung an die hoffnungsmehrende Kraft der messianischen Reich-Gottes-Praxis Jesu. Grundgesetz kirchlicher Erneuerung ist, *„daß wir vor allem die Angleichungsschwierigkeit gegenüber dem, auf den wir uns berufen und aus dem wir leben, überwinden und daß wir konsequenter in seine Nachfolge eintreten".*

– Hoffnungsgemeinschaft ist unsere Kirche aber nur dann, wenn die eine Nachfolge „viele Nachfolgende, das eine Zeugnis viele Zeugen, die eine Hoffnung viele Träger" findet. Soll Kirche eine Hoffnungsgemeinschaft[118] werden, müssen sich alle Christen daran beteiligen. Das ganze Volk Gottes ist Träger der gemeinsamen Hoffnung. Nur so kann aus einem Erneuerungsversuch für die Kirche eine Erneuerung der Kirche selbst werden. *„Nur so kann uns in unserer offensichtlichen Übergangssituation der Schritt gelingen von einer protektionistisch anmutenden Kirche für das Volk zu einer lebendigen Kirche des Volkes, in der alle auf ihre Art sich verantwortlich beteiligt wissen am Schicksal dieser Kirche und an ihrem öffentlichen Zeugnis der Hoffnung."*[119]

[118] Unsere Hoffnung, 99f.
[119] Unsere Hoffnung, 102f.

(c) Hoffnungsorte, nicht nur Hoffnungsworte

Die Wirkungsgeschichte des Hoffnungspapiers 1982 zeigt, daß dieses Programm der Synode und sein Versprechen immer noch uneingelöst sind. Der erhoffte Neubeginn erstickt oft in der kirchlichen Administration. So spricht die Kirche zwar viele Hoffnungsworte, besitzt aber zu wenige Hoffnungsorte.[120] Von Hoffnung kann aber nicht nur geredet werden, es bedarf der anschaulich gelebten Hoffnung.[121]
Zur Gründung solcher kirchlicher Hoffnungsorte (Gemeinden, Gruppen, Bewegungen) ist das Schlüsselwort „Hoffnung" heute von hoher Bedeutung.[122] „Hoffnung" ist vor allem die Antwort der christlichen Tradition auf die Sorge der Menschheit um eine zunehmend bedrohte Zukunft.[123]

3.4 Leben

Gott,
du sagtest „Leben" laut
und „Sterben" leise
und wiederholtest immer wieder „Sein".
(Rainer Maria Rilke)

Während der gesellschaftspolitischen Debatten um den Schutz ungeborenen Lebens (in der Bundesrepublik Deutschland der § 218, in Österreich der § 144)[124], über lebensunwertes Leben und Euthanasie[125] organisierte die katholische Kirche in der Bundesrepublik Deutschland die

[120] Metz, Aufstand der Hoffnung, 314, erinnert an Paulus im Gerichtssaal, der wegen seiner Hoffnung angeklagt wurde (Apg 23,6). Heute werde bei uns niemand wegen seiner Hoffnung angeklagt.

[121] Langer, Hoffnung erfahren lassen. – Müller, Sakramente. – Koch, Aufstand der Hoffnung.

[122] Beispiele dafür bieten Katholikentage zu diesem Schlüsselwort:
(a) Der Deutsche Katholikentag 1978 in Freiburg: Koch, „Ich will euch Zukunft und Hoffnung geben".
(b) Der Österreichische Katholikentag 1983 in Wien: Dazu: Rambosek, „Hoffnung leben – Hoffnung geben". – Dies., „Zur Hoffnung befreit". – Weinzierl, Meine Wünsche '61. – Hoffnung. Illustrierte. – Österreichischer Katholikentag 1983. – Perspektiven unserer Hoffnung. – Csoklich, Neue Zeichen der Zeit.

[123] Mathieu, Nova Spes.

[124] Das Schlüsselwort „Leben" begegnet vor allem auch im Kontext der Abtreibungsfrage. Vgl. dazu die kirchenamtlichen Positionen in der BRD: Die deutschen Bischöfe, Dem Leben dienen. – Frühere Stellungnahmen: dies., Zur Novellierung des § 218. – Dies., Zur Novellierung des § 218. – Zum Schutz des ungeborenen Lebens.

[125] Die deutschen Bischöfe, Das Lebensrecht des Menschen. – Dies., Zur Seelsorge an Behinderten. – Dies., Menschenwürdig sterben.

Aktion „Wähle das Leben".[126] Die Anlehnung an den Text aus Dtn 30,19 ist offenkundig:

„Leben und Tod lege ich dir vor,
Segen und Fluch.
Wähle also das Leben,
damit du lebst,
du und deine Nachkommen."

Ein Hirtenwort der Deutschen Bischöfe aus dem Jahr 1982 kann als programmatischer Text gelten.[127]
Höhepunkt dieser Langzeitaktion war der 88. Deutsche Katholikentag im Juli 1984 in München. Man erwartete sich davon eine „Zeitansage".[128] Leben wurde zum „Grundwort" der Katholikentagsthematik: „Dem Leben trauen, weil Gott es mit uns lebt". Dieses Motto ist die gekürzte Fassung eines Satzes von Alfred Delp, den er in seinen Meditationen im Gefängnis während der Vigil von Weihnachten, wenige Wochen vor seiner Hinrichtung am 2.Februar 1945, niedergeschrieben hat: *„Laßt uns dem Leben trauen, weil wir es nicht allein zu leben haben, sondern weil Gott es mit uns lebt."* Ein Jahr vor dem Katholikentag 1984 hatte der evangelische Kirchentag in Hannover die Losung „Umkehr zum Leben" gewählt.[129] „Leben" zählt zu den Schlüsselworten der deutschen Kirchen.[130]

(a) Lebens- und Todeszeichen

Aber nicht nur bei uns im deutschen Sprachraum ist „Leben" ein Schlüsselwort. Der Lateinamerikanische Bischofsrat veröffentlichte 1984 einen Text zum Thema Jugend, Kirche und Veränderung mit dem Ziel, eine Zivilisation der Liebe aufzubauen.[131] Bei der gesellschaftlichen Analyse der Situation junger Menschen in Lateinamerika spielen zwei Begriffe eine zentrale Rolle: Lebenszeichen und Todeszeichen.
Diese Suchworte erschließen den Kontext, in dem das Schlüsselwort „Leben" vor- und verkommt. Offenbar gibt es in gegenwärtigen Gesellschaften sehr viele Todeserfahrungen: „sozialen Tod", also „Tod vor

126 Dies., Wähle das Leben. – Das Leben des ungeborenen Kindes.
127 Die deutschen Bischöfe, Wähle das Leben, 1.
128 Dem Leben trauen, 19.
129 Ruh, „Umkehr zum Leben".
130 Zum Thema Leben gibt es auch theologische Literatur, die weite Verbreitung gefunden hat, was für die hohe Akzeptanz des Schlüsselwortes „Leben" spricht: 1980 publiziert Dorothee Sölle „Wählt das Leben". Ein Jahr später erscheint „Lebe! Das Anliegen Gottes als Schwerpunkt der Pastoral seiner Kirche" (Brandner, Zulehner, Lebe!).
131 Jugend, Kirche und Veränderung.

dem Tod", gewaltsam verordneten Tod. Wer nach der Lage des Lebens vieler Menschen fragt, stößt auf vielfältige „Tode" solcher Art: Lebensverhältnisse, die Leben verarmen lassen, es abwürgen und töten.
Wie der Lateinamerikanische Bischofsrat kennen auch die Deutschen Bischöfe dieses Stichwort der „Bedrohung" (des Lebens). Doch reden die Bischöfe in Europa und in Lateinamerika bei ihrer Analyse der Bedrohung eine andere Sprache. Die deutschen Bischöfe beklagen die „Bedrohtheit des Guten"; konkret benennen sie in ihrem Hirtenwort von 1982 aber lediglich die Bedrohung des ungeborenen Lebens im Mutterleib.[132]
Weitaus anschaulicher ist die Analyse des Lateinamerikanischen Bischofsrates. Viele „Todeszeichen" werden bei jungen Menschen entdeckt:
„– *Auf persönlicher Ebene und nach Sektoren zeigt die Jugend folgende negative Aspekte: passive Haltung, Frustration, Entfremdung, Individualismus, religiöse Gleichgültigkeit, fehlende Ideale, mangelnde Liebe in der Familie, an den Rand gedrängt wegen des Geschlechts, der Arbeit, durch die Politik.*
– *Die Jugendlichen leiden unter einer Orientierungslosigkeit angesichts der Flut von Angeboten des Konsumismus und des Materialismus, der sie zudem noch als billige Arbeitskraft gebrauchen will.*
– *Die Drogen untergraben die jugendlichen Kräfte in weiten Kreisen der Gesellschaft, und das Reich des Rauschgifthandels mißbraucht viele Jugendliche als Glieder in seiner Kette von Laster und Tod.*
– *Die Vermassung entfremdet die Jugendlichen, so daß sie das Bewußtsein verlieren, eine Person zu sein, die sich in einem Volk und in einer Geschichte zu verwirklichen hat.*
– *Die marxistische Politisierung ist eine andere Form der Manipulation besonders der Universitätsjugend, die sie im Sinne der Gewalttätigkeit (Klassenkampf) orientiert.*
– *Häufig wird auch der Militärdienst zu einem die jugendliche Mentalität entstellenden Element.*
– *Es gibt keine Gelegenheit zur politischen, sozio-ökonomischen und kulturellen Mitbeteiligung, die es der großen Mehrheit der Jugendlichen erlauben würde, aktiv bei der Schaffung von Lebens- und Entwicklungsmodellen, die dem Menschen entsprechen, mitzuwirken.*
– *Nicht berücksichtigt wird die ländliche Jugend, die dem entkulturisierenden Schock der Kommunikationsmittel ausgeliefert und gleichzeitig am meisten von der Entwicklung und der Erziehung ausgeschlossen ist.*

[132] Die deutschen Bischöfe, Wähle das Leben, 4, 6.

– Sehr oft fördert die schulische Entwicklung nicht die wirkliche Entwicklung der Jugendlichen, da sie im Dienst des herrschenden Systems steht, das von Ideologen gehandhabt wird, die unserer lateinamerikanischen Kultur fremd gegenüberstehen. Es gibt keine Erziehung zum Dienst am Menschen, sondern nur zur Ausnutzung des Menschen.
– Sehr oft sind die Vergnügungen, die den Jugendlichen zugänglich sind, nur Ausfluchtmöglichkeiten, die das System ihnen anbietet.
– Die Jugendlichen sind billige Arbeitskräfte; sie müssen schon sehr früh mitarbeiten und haben keine Gelegenheit, ihre eigene Jugend zu leben.
– ‚Todeszeichen' sind Arbeitslosigkeit und Prostitution der Jugendlichen."
Diesen „Todeszeichen" stehen „Lebenszeichen" gegenüber:
„– Der bedeutende Anteil der Jugendlichen in Lateinamerika ist in sich schon ein Zeichen von Leben und Hoffnung.
– Es macht sich der stärker werdende Wunsch nach Mitbeteiligung auf allen Ebenen und in den verschiedensten Gebieten der Gesellschaft bemerkbar. Eine Mitbeteiligung im Hinblick auf die Umwandlung der Gesellschaft. Der Jugendliche beteiligt sich mehr, wenn er spürt, daß er nicht manipuliert wird, sondern eigenverantwortlich teilnehmen kann.
– Der Reichtum der Jugend Lateinamerikas drückt sich auch durch die vielen Sektoren aus, in denen sie lebt; Sektoren, die, obwohl sie auch negative Situationen darstellen, die vielfältigen Möglichkeiten der Jugend aufzeigen, an der Umwandlung der Gesellschaft mitzuwirken. Ohne vollständig sein zu wollen, können wir folgende Sektoren nennen: ‚Marginale'; Schüler und Studenten; Arbeiter; Angestellte; freiberuflich Tätige; Arbeitslose; Eingewanderte; Landarbeiter; Eingeborene; Afroamerikaner . . .
– Die jugendliche Rebellion kann sich in das Lebenszeichen verwandeln, das uns die Gegenwart der Zivilisation der Liebe anzeigt.
– Die große Sehnsucht nach Freiheit, die sich im Kampf gegen die totalitären und unterdrückenden Regime unseres Kontinents zeigt.
– Der Jugendliche ist eine Umwandlungskraft. Er ist offen für das Neue. Er besitzt viel Enthusiasmus und eine große Sensibilität für Gerechtigkeit und Solidarität, so daß sein Bewußtsein wächst und er sich sozial und politisch engagiert in Volksbewegungen, wirklichen Gewerkschaften, Nachbarschaftsvereinigungen, Bewegungen der Indios, der Landarbeiter etc.
– Die lateinamerikanische Jugend ist offen für die Suche nach neuen Lebensmodellen und Lebensstilen, die auch ihren Durst nach Gott, ihren Familiensinn, ihren Gemeinschaftssinn, der sie zum Teilen und zur Solidarität befähigt, einschließen.
– Die Pastoral, die auch im Weltlichen aktiv wird, zeigt eine wachsende

Mitbeteiligung der Laien, sowohl im kirchlichen als auch im gesellschaftlichen Bereich; wie z.B. die kirchlichen Basisgemeinschaften, die eine der lateinamerikanischen Kirche eigene Ausdrucksform hierfür sind.
– Die Entscheidung für die Jugendlichen der unteren Schicht, die ihnen innerhalb der Jugendpastoral einen Raum schafft zu wachsender Mitbeteiligung an der Gestaltung ihrer eigenen Geschichte.
– Die Wiedererstehung einer Pastoral für die Landjugend mit den ihr eigenen Ausdrucksformen und Methoden.
– Die sich verstärkende Teilnahme der Jugendlichen an den Bemühungen der bürgerlichen Gesellschaft, die sozialen Organisationsformen so zu ändern, daß sie den Interessen und Bedürfnissen der Mehrheit besser entsprechen."[133]

(b) Leben vor dem Tod

Die lateinamerikanische Kirche hat in Puebla nicht nur eine Option zugunsten der Armen, sondern auch eine gleichrangige Option zugunsten der Jugend getroffen[134]: „*Den jungen Menschen ist der lebendige Christus als der einzige Erlöser nahezubringen, damit sie, selbst evangelisiert, evangelisieren und mit einer Antwort der Liebe zu Christus beitragen zur umfassenden Befreiung des Menschen und der Gesellschaft, indem sie ein Leben der Gemeinschaft und Mitbeteiligung führen.*"[135] Befreiung kann in Kontext der Analyse der Todeszeichen im Namen des lebendigen Gottes nur Befreiung zum Leben bedeuten. Dieser Gott wird als Herr des Daseins und Lebens angerufen. Weil Gott dies ist, „*deshalb darf niemand über fremdes Leben verfügen oder es in irgendeiner Weise böswillig behandeln, denn die Würde der Kinder Gottes muß in ihm geachtet werden. Wir verteidigen das menschliche Leben eines jeden und aller Menschen in jedem Augenblick seiner Existenz; wir werden unermüdlich für die Menschenrechte kämpfen. Unser Gott ist der Gott des Lebens, der einer von uns geworden ist, damit wir das Leben haben und es in Fülle haben.*"[136] Der Glaube an den lebendigen Gott der Geschichte, von dem die Bibel Kunde gibt und der in Jesus einer von uns geworden ist, wird so zum Kampf seiner Kirche gegen jeglichen Tod. Dabei fällt auf, daß im lateinamerikanischen Kirchentext der Kampf gegen den „Tod vor dem Tod" eindeutig im Vordergrund steht. Im programmatischen Hirtenwort „Wähle das Leben" (1982) geht es hingegen

[133] Jugend, Kirche und Veränderung, 18–21. – Steinkamp, Subjekte oder Sorgenkinder?, entnimmt aus diesem lateinamerikanischen Dokument Impulse für Jugendarbeit bei uns.
[134] Vorrangige Option für die Jugendlichen, in: Die Evangelisierung, 198–203 (Nr. 1166–1205).
[135] Die Evangelisierung, 198 (Nr. 1166).
[136] Jugend, Kirche und Veränderung, 66.

vorrangig um Sterben, Abtreibung und Euthanasie. Die vielfältigen Formen des „sozialen Todes", des „Todes vor dem Tod", werden hingegen in diesem Hirtenwort nicht behandelt.
Das Schlüsselwort „Leben" hat also heute in unterschiedlichen Kirchengebieten eine andere Färbung. Es kommen jeweils andere Aspekte des Lebens in den Blick.

(c) Gott, ein Liebhaber des Lebens (Weish 11,26)

In der Bibel liegt der Akzent auf dem Leben vor dem Tod.[137] Gott ist daran gelegen, daß sein Volk lebt. Eindrucksvoll zeigt dies die prophetische Rede des Propheten Ezechiel während der schlimmen „tödlichen" Erfahrungen in der babylonischen Gefangenschaft. Das Volk ist keines Menschen „Anliegen" mehr, ausgestoßen, vom Untergang bedroht. In diese Lebenslage, genauer in diese Todeslage des Volkes hinein redet der Prophet vom Ursprung des Volkes. Er erinnert an Gottes Anfang mit seinem Volk:

„So hat mein Herr, Er, zu Jerusalem gesprochen:
Dein Ursprung, deine Geburt,
sind vom Kanaaniterland her,
dein Vater war der Amoriter,
deine Mutter eine Chetiterin.
Und das war deine Geburt:
am Tag, da du geboren wurdest,
ward deine Nabelschnur nicht abgeschnitten,
wardst nicht in Wasser gebadet zur Säuberung,
mit Salz wurdest du nicht besalzt,
in Windeln wurdest du nicht gewindelt,
nicht ein Auge hat dein gedauert,
dir eins von diesen zu tun,
Schonung dir zu gewähren –,
wardst aufs flache Feld hingeworfen,
da mißfällig war deine Seele
am Tag, da du geboren wurdest.
Ich aber trat zu dir, und ich sah dich,

[137] Zu Leben in biblischer Sicht: Dürr, Die Wertung des Lebens. – Rad, „Gerechtigkeit" und „Leben". – Lohfink, Der Mensch vor dem Tod. – Ders., Kohelet. – Welten, Die Vernichtung des Todes. – Jacobs, An examination. – Baltz, in: EWNT I, 1980, 525–527. EWNT II, 1981, 251–271. EWNT III, 1983, 1197–1204. – Pesch, „Praxis des Himmels". – Ders., Zwischen Karfreitag und Ostern. – Knoch, Wirst du. – Sellin, „Auferstehung ist schon geschehen". – Nellis, Leben.

wie du zappeltest in deinem Blut,
und ich sprach zu dir in deinem Blut:
Lebe!
In deinem Blut lebe!"
(Ez 16,3–6 in der Übersetzung von Martin Buber)

Das also ist Gottes Absicht für den Menschen: Lebe![138] Daraus kann das Volk in seiner tödlichen Lage Hoffnung schöpfen. Daher kann auch der Psalm 33, ein Text über die innersten Absichten Gottes, sagen:

„Doch das Auge des Herrn ruht auf allen,
die ihn fürchten und ehren,
die nach seiner Güte ausschaun;
denn er will sie dem Tod entreißen
und in der Hungersnot ihr Leben erhalten."
(Ps 33,18f.)

Das Thema „Leben" (hajjim) durchzieht das ganze Alte Testament. Für die Frommen des Alten Bundes gilt Leben als die Gabe Gottes schlechthin. Gott gibt das Leben, er erhält und schützt es auch. „Leben im Schalom" (vgl. 1 Kor 7,15c), unversehrtes, gesundes, geordnetes, glückliches Leben, erwächst aus der lebendigen Beziehung des Menschen zu Jahwe, den zum Leben rettenden Gott (Ex 3,12.14). Gott gilt als Freund, ja geradezu als Liebhaber des Lebens (Weish 11,24ff.). Er gibt ein Land, das randvoll ist von Lebensgütern, in dem „Milch und Honig" fließen. Er schenkt Gesundheit, Kindersegen, Fruchtbarkeit auf dem Acker und beim Vieh, Glück und Frieden und eine hohe Zahl von Jahren (Pred 8,15; 9,8ff.). In all diesen Lebensgütern wird das wichtigste Gut konkret erlebt, das Wohlwollen Gottes, der Leben gönnt (Pred 2,24ff.; 3,12f.; 5,18f.).[139]

138 Brandner, Zulehner, Lebe! – Sölle, Wählt das Leben.

139 In diesem Zusammenhang sind auch die von Christen eher ordnungsängstlich aufgefaßten zehn Gebote Gottes zu sehen. Ihr Kontext ist, daß Gott nun sein erwähltes Volk in ein Land, randvoll von Lebenschancen, führen will. Für das Leben in diesem Land erhält das Volk Lebensweisungen: Weisungen, die sicherstellen sollen, daß der von Gott aufgetane Lebensspielraum nicht wieder zerstört wird. Das ist die innere Logik der zehn Lebensworte: Weil Gott dich (sein Volk) herausgeführt hat und dir ein lebensstrotzendes Land übereignet hat, hast du es nicht mehr nötig, anderen Volksgenossen dieses Leben zu verkürzen und zu bedrohen. Du hast es also nicht mehr nötig, die Lebenschancen der alten Eltern zu beschneiden, den für Leben so wichtigen Raum der Ehe eines anderen zu zerstören, all das, was ein Nachbar zum Leben braucht, Haus und Hof, zu begehren, seinen öffentlichen Ruf zu beschädigen, sogar jemanden zu töten. Was für uns Gebote sind, sind für die Bibel Lebensworte. Sie wollen nicht Leben einengen, sondern Lebensraum, den Gott eröffnet hat, erschließen. Gottes Gebote sind Lebensweisungen, „aus Liebe zum Leben" gegeben: Limbeck, Aus Liebe zum Leben. – Schüngel-Straumann, Der Dekalog. – Zu Gottes Geboten als Wegweisung zum Leben vgl. auch: Brandl, Nächstenliebe. – Pesch, Die Zehn Gebote. – Die 10 Gebote. – Wenn wir hören:

(d) Kirche als Lebensort

Für die Praxis der Europäischen Kirchen ergeben sich wiederum Fragen: Ist das Schlüsselwort „Leben" in unserer Kirche lediglich ein schönes, aber leeres Wort, oder Hinweis auf einen vorhandenen Lebensort, auf kirchliche Gemeinschaft, die aus Gottes Lebensliebe lebt? Denken wir bei „Leben", immer noch ganz gefangen von einer aufklärerischen Privatisierung aller großen Worte der Bibel, an das, was der einsame einzelne vom Leben hat? Oder konnotiert das Wort „Leben" ein Volk, welches in einem von Gott geschenkten Land des Lebens wohnt? Anders gefragt: Ist es – im Umkreis des Schlüsselwortes „Leben" – Aufgabe kirchlicher Praxis, den einzelnen Menschen in unseren Gesellschaften „leben zu helfen"[140]? Oder ist es vorrangige Berufung der Kirche, selbst zu einem „Lebensort" zu werden, an dem wahres menschliches Leben inmitten kranker Gesellschaften und tödlicher Strukturen mehr (Über-)Lebenschancen hat?

(e) Glaube, der zum Leben befreit

Kirche ist ein Ort wahren Lebens, wenn sie ein Ort jenes Glaubens ist, der zum Leben befreit. Je mehr jemand von der selbstbezogenen Sorge um sein eigenes Leben frei ist, um so freier wird er, sich für das Leben anderer starkzumachen. Wer mit dem lebendigen Gott in Berührung kommt, wer gläubig in ihm einwurzelt, wer auf ihn seine Hoffnung setzt, seine enttäuschten Hoffnungen in ihm begräbt, wer – neutestamentlich formuliert – mit Jesus gestorben, begraben und auferstanden ist, dessen Daseinsangst[141] wird gezähmt. Er wird von einem Lebensstil krampfhafter Selbstbehauptung befreit[142], damit frei zum Einsatz seines vergänglichen Lebens für jene, die wenig, zu wenig vom Leben haben.[143] Die Hoffnung auf das ewige Leben ist daher, wo sie wirklich lebt, kein Opium, das den innerweltlichen Einsatz gegen die vielen Tode behindert. Wahre Hoffnung auf ein Leben, das nicht mehr genommen werden kann, macht vielmehr frei zum unerschrockenen Wider-

Ich bin dein Gott. – Exeler, In Gottes Freiheit leben. – Du sollst in Freiheit leben. – Zur Verkündigung: Arens u. a., Die Predigt vom menschenfreundlichen Gott.

140 Vgl. Zulehner, Helft den Menschen leben.

141 Das Verhältnis von Daseinsangst und christlichem Glauben ist ein zentrales Thema in den Arbeiten von Eugen Drewermann: Drewermann, Strukturen des Bösen. – Ders., Wege und Umwege der Liebe.

142 Unsere Hoffnung, 90ff. – Zur Zähmung von Daseinsangst durch Lebensbejahung: Frankl, ... trotzdem Ja zum Leben sagen. – Drewermann, An den Grenzen des Lebens. – Zur gegenwärtigen „Wortkarriere" von „Leben" vgl. Seeber, Leben als Transzendenzersatz.

143 Zulehner, Kirche – Anwalt.

stand gegen alle, die mit Reichtum und Gewalt die Kleinen unterdrükken und deren Lebenschancen nicht aufkommen lassen. Wer wirklich auf ewiges Leben hofft und sich in diesem längst eingewurzelt weiß, vermag auch Lebenschancen zu teilen, wenn diese bei anderen knapp geworden sind – eine Fähigkeit, ohne welche die an Menschen so reiche Welt nicht überleben wird. Er kann Lebenschancen, über die er verfügt, freigeben, weil er weiß, daß sie im Vergleich zu den Chancen des von Gott gewährten Lebens klein sind. Gott ist und gibt Leben: vor, in und nach dem Tod. Wer sich mit seinem vergänglichen Leben in die Hände des lebendigen Gottes fallen läßt, erlebt Übergänge zum Leben.[144]

3.5 Heilen

(a) Ein vergessenes Schlüsselwort

Ein lange Zeit vergessenes Schlüsselwort ist „Heilen". Es steht in Verbindung mit dem ebenfalls in den Hintergrund getretenen Begriff „Heil".[145] Das Zurücktreten dieses Schlüsselwortes hängt damit zusammen, daß in unserem Alltagsbewußtsein Kirche mit Heilen nicht mehr verbunden ist. Das körperliche Heilen ist den Gesundheitsinstitutionen zugeordnet, den dafür kompetenten Ärzten und Apothekern, den dafür modernst ausgerüsteten Krankenhäusern und Kliniken.[146] Seelische Heilung erwartet man sich von Psychologie und Gruppendynamik, von Psychopathologie und Psychotherapie. Vom Psychotherapeuten erwarten sich viele mehr als vom Seelsorger, seine Couch erscheint ihnen heilsamer als ein Beichtstuhl.[147] Der Kirche sind Rest- und Randphänomene geblieben: „Letzte Ölung" und „Wunderheilungen", die immer noch Voraussetzung für eine Heiligsprechung sind. Während aufgeklärte Christen Wunder immer noch belächeln, wenden sich im Zuge gegenwärtiger Postaufklärung zunehmend viele den außerchristlichen

[144] Zulehner, Übergänge zum Leben.
[145] Praktische Theologen haben zwar vor einiger Zeit versucht, für das gleichfalls verdrängte Wort „Seelsorge" das ungewöhnliche Wortgebilde „Heilssorge" zu setzen (Kasper, Lehmann, Die Heilssendung der Kirche in der Gegenwart. – Handbuch der Pastoraltheologie). Durchgesetzt hat sich dieses Fachwort im kirchlichen Sprachgebrauch allerdings nicht; wie ein Modewort ist es gekommen und gegangen. Auch der Jesus schmückende Titel „Heiland" wird in Verkündigung und Theologie wenig verwendet.
[146] Vgl. Schipperges, Gesundheit – Krankheit – Heilung. – McGilvray, Die verlorene Gesundheit.
[147] Besier, Seelsorge und Klinische Psychologie. – Goldbrunner, Sprechzimmer und Beichtstuhl. – Drewermann, Heil und Heilung.

„Wunderheilern" zu.[148] Daß aber die Kirche Jesu jener Ort ist, an dem Menschen an Leib und Seele heil werden können, ist im kirchlichen Alltagsbewußtsein wenig verbreitet.

(b) Seine Wiederentdeckung

Allerdings taucht „Heilen" heute im Raum der Kirchen wieder neu auf. „Heilen" begegnet in der Theologie[149] und in kirchlichen Bildungsveranstaltungen.[150] Vor allem die charismatische Bewegung, auch die katholische Gemeinde-Erneuerung[151], entdeckt und entwickelt geistliche Formen heilenden Handelns: Heilungsgebet und -gottesdienste, Heilung durch Handauflegung und Gebet.[152] Die Neuerfahrung heilender Kraft des gemeinsamen Gebets und des geistlichen Gesprächs, persönlicher Glaubenszeugnisse und lebensnaher Neuzugänge zur Heiligen Schrift und sakramentaler und caritativer Christusbegegnung erschließt biblische Heil-Erfahrung heute neu. Geisterfahrung eröffnet neue Selbsterfahrungshorizonte: „Heilen" wird zum Schlüsselwort persönlicher und gemeinschaftlicher Glaubensneuerfahrung.[153] Auch in Integrierten und anderen Intensiv-Gemeinden ist dieses Schlüsselwort wirksam.[154]

In der Praktischen Theologie[155] gibt es neuerdings den Vorschlag, „Heilen" neben Verkündigung, Liturgie und Diakonie zu den Grundgesten

[148] Lanczkowski, Heilung in außerchristlichen Religionen. – Kakar, Schamanen, Heilige und Ärzte.

[149] Vgl. Praktisches Wörterbuch der Pastoral-Anthropologie. – Innerhalb der Pastoraltheologie ist Heilen vor allem ein Thema der Pastoralmedizin. – Vgl. die Zeitschriften: Arzt und Christ. – heilen. – Wege zum Menschen. – The Journal of Pastoral Care. – Journal of Religion and Health. – Biser, Das Heil als Heilung, schlägt eine „therapeutische Theologie" als dritten Weg zwischen Moraltheologie und Dogmatik vor.

[150] Vgl. die Tagungen der Stuttgarter Gemeinschaft „Arzt und Seelsorger" und die Tagungsberichte, hg. v. Bitter, Stuttgart. Ähnlich veranstaltet die österreichische Arbeitsgemeinschaft „Arzt und Seelsorger" Jahrestagungen und publiziert deren Ergebnisse, Wien.

[151] Böhringer, Innere Heilung. – Gagern, Heilung. – Scanlan, Die Augen. – McNutt, Die Kraft zu heilen.- Ders., Beauftragt zu heilen. – Linn, Beschädigtes Leben heilen. – Vanier, Heilende Gemeinschaft. – McAll, Familienschuld und Heilung.

[152] McNutt, Shlemon, Heilendes Gebet. – Margies, Heilung durch sein Wort. – McManus, Die heilende Kraft. – Zur Kritik vgl. Rey, Gotteserlebnisse im Schnellverfahren. – Suenens, Ich-Kult.

[153] Zeugnisse persönlicher Heilung finden sich in Büchern und Zeitschriften kirchlicher Erneuerungsbewegungen, beispielsweise in: Erneuerung in Kirche und Gesellschaft, vgl. u.a. H. 30 (Heilung). – Beispiele von Heilungsgeschichten: Saint-Dizier, Ich bin geheilt.

[154] Vanier, Heilende Gemeinschaft. – Ders., Gemeinschaft. – Zu einem Modell therapeutischer Seelsorge: Frielingsdorf, Stöcklin, Befreiende Erfahrungen. – Frielingsdorf, Zehn Jahre Positano.

[155] Drewermann, Psychoanalyse und Moraltheologie, 1–3. – Bach, Heilung und Heil.

der Kirche zu zählen.[156] Heilung wäre dann nicht etwas, das neben dem Kirchenalltag stattfindet, sondern wäre gleich dem kirchlichen Selbstvollzug. Die Kirche selbst wäre der Ort, an dem sich ständig das Wunder des Heilwerdens an Seele und Leib ereignet.[157] Geschieht im Raum der Kirche Heilung nicht, geht der Kirchen-Institution etwas vom Ereignis Kirche ab, kommt das heilsame Jesus-Ereignis zu wenig zum Vorschein.

(c) Jahwe, der Arzt (Ex 15,26)

So wie Jesus heilte, soll auch seine Kirche heilen.[158] Seine Heilungen waren Ausweis dafür, daß jetzt jene messianische Zeit angebrochen ist, in der Gott selbst die Misere der Welt aufheben, die Wunden der sündigen Menschheit ausheilen will. Solche heilende Nähe des Herrn ist in der frühen Kirche lebendig geblieben, als Hinweis darauf, daß der Gekreuzigte und Auferweckte die innerste Mitte seiner Kirche ist. Indem die Kirche an der heilenden Wirkmächtigkeit ihres Herrn und „Heilands" teilhat und in Jesu Geist zum heilsamen Lebensort wird, verweist sie auf den in ihr anwesenden Gott, der ihnen in Jesus (Mt 9,12) Arzt sein will: *„Wenn du auf die Stimme des Herrn, deines Gottes, hörst und tust, was in seinen Augen gut ist, wenn du seinen Geboten gehorchst und auf alle seine Gesetze achtest, werde ich dir keine der Krankheiten schicken, die ich den Ägyptern geschickt habe. Denn ich bin der Herr, dein Arzt."* (Ex 15,26)

Hier wird auch offenbar, woher Jesus seine heilende Kraft bezieht: Er setzt Gottes heilende Kraft gegenwärtig. Aufgenommen wiederum wird die heilende Kraft Gottes durch den, der glaubt. Jesus selbst hat bei vielen seiner Heilungen darauf ausdrücklich hingewiesen: „Dein Glaube hat dich geheilt/gerettet!" (Mk 5,34 parr; 10,52 parr; Lk 17,19) Wo solche Heilung geschieht, ist die erste Antwort des Menschen der Lobpreis Gottes (Mk 2,12; Lk 17,11–19).

[156] Berichte aus Gemeindepraxis: Ecker, Heilungsdienst. – Heilung durch Diakonie: Marsch, Was ihr dem Geringsten getan habt.

[157] Arnold, Der Glaube, der dich heilt. – Häring, Vom Glauben, der gesund macht. – Beinert, Heil und Heilung. – Schaefer, Der natürliche Zusammenhang. – Ders., Dein Glaube.

[158] Lohfink, „Ich bin Jahwe, dein Arzt". – Deselaers, Jahwe – der Arzt. – Feneberg, „Ich bin der Herr, dein Arzt". – Drewermann, Neuhaus, Gott heilt. – Dies., Voller Erbarmen. – Wolff, Jesus als Psychotherapeut. – Heller, „Berühre mich!".

(d) Der „verwundete Arzt"

In Jesu Nachfolge werden Menschen (in ihren alltäglichen zwischenmenschlichen Beziehungen und in pastoralen und therapeutischen Berufen[159]) zum „verwundeten Arzt",[160] der gerade in seiner Schwäche stark,[161] in seiner Hilflosigkeit hilfreich ist. *„Eben deshalb ist die Leidenserfahrung des Seelsorgers unverzichtbar. Er muß nicht alle Probleme selbst durchlitten haben, die an ihn herangetragen werden, aber an einer Stelle seines Lebens muß er selber mit den Grenzen menschlicher Existenz konfrontiert worden sein, und nur wenn er dort nicht geflüchtet ist, sondern standgehalten hat, wird ihn auch die Not des anderen nicht in Panik versetzen... Darum ist die eigene Schwäche des Seelsorgers kein Manko, sondern eine Qualifikation für die Seelsorge... Darum ist eine christliche Gemeinde ein heilendes Milieu – nicht weil die Wunden alle versorgt und die Schmerzen abgeschafft wären, sondern weil in ihr alle Verletzungen und Schwächen zu Chancen eines neuen Wachstums und zu Türen werden, die neue Perspektiven auftun."*[162]

(e) Ganzheitliches Heil

Kranken-Seelsorge sucht von Jesus her ganzheitliche Heilung des Menschen. Sie bringt damit in den medizinischen Bereich andere therapeutische Kriterien ein, als sie dort heute gelten. Entgegen einseitiger Segmentierung von Menschen auf Körperfunktionen und Seelenreaktionen meint biblisch-christliches Heilen eine ganzheitliche Zuwendung zum Menschen.[163] Der kranke Mensch, der sich voll und ganz von Gott neu angenommen weiß, erfährt sich „ganz", „heil", in Gottes Schalom, im Frieden mit sich, mit Menschen und mit Gott. Wer sich von Gott voll akzeptiert weiß, der kann auch sich und andere stärker akzeptieren. Wer sich im Beziehungsreichtum Gottes erlebt, der kann auch mit eigener und fremder Beziehungsarmut gelassener umgehen; Beziehungen glücken wieder, Beziehungslosigkeit füllt sich neu mit Leben. Wer sich in seinen Lebensängsten vor Krankheit und Krise, vor Sterben und Tod vertrauen traut, wer sich damit Menschen und Gott anvertraut, der lebt darin neu auf. Im Absterben keimt das Weizenkorn, im Tod wächst Leben (Joh 12,24). Immer noch geschehen – wie zu Jesu Zeiten – manchmal sichtbare, meist unsichtbare Wunder-Heilungen „unter den Augen Gottes".

[159] Genewein, Sporken, Menschlich pflegen.
[160] Nouwen, The wounded healer. – Zerfaß, Menschliche Seelsorge, 98–111.
[161] Heller, Stärke.
[162] Zerfaß, Menschliche Seelsorge, 104f.
[163] Hempel, Heilung. – Marsch, Heilen. – Schrage, Heil und Heilung.

Im Horizont dieser biblischen Hoffnung wird kirchliches Heilshandeln zum heilsamen Handeln. Kirchliche Kranken-Seelsorge wird zur Sorge um die einzelnen Kranken, und um dieser Kranken willen auch zur Sorge um die Kranken-Häuser. Krankenhaus-Seelsorge wird auch Kritik und Kontrast zu vorherrschendem Bewußtsein und Handeln darstellen.[164] Im Kontext naturwissenschaftlich-technischer Dominanz im Krankenhaus- und Gesundheits-Betrieb wird Krankenhaus-Seelsorge selbst vor-leben, was sie einfordert: einen Standortwechsel von kranken Objekten zu Kranken als Subjekten gemeinsamer Sorge um ihr Heil[165], einen Wahrnehmungswechsel vom „Behandeln" zum „Heilen"[166], einen Paradigmenwechsel von Heiltechnik zu Heilkunde.[167]

3.6 Volk Gottes

„Volk Gottes" ist ein Schlüsselwort des II. Vatikanischen Konzils und nachkonziliarer Synoden[168]. Dennoch unterscheidet sich dieses Schlüsselwort von den bisher bedachten. Im Vergleich zu Frieden, Befreiung, Hoffnung oder Heilen ist der Bezug des Schlüsselwortes „Volk Gottes" zu den Zeichen der Zeit weniger deutlich: Das innerkirchliche Verständnis der Kirche, damit die Erneuerung der Kirche aus den biblischen Quellen, steht im Vordergrund. Dennoch wird mit diesem Schlüsselwort auch das Verhältnis der Kirche zur Welt mitdefiniert.

[164] Mayer-Scheu, Seelsorge im Krankenhaus. – Ders., Krankenhausseelsorge. – Der Dienst der Kirche im Krankenhaus.

[165] Nohl, Nachdenken über mich. – Wanner, Willst du gesund werden? – Cousins, Der Arzt in uns selbst. – Beck, Krankheit als Selbstheilung. – Heim, Krankheit als Krise und Chance.

[166] Schipperges, Der Arzt von morgen. – Mayer-Scheu, Vom „Behandeln" zum „Heilen". – Ärztliches Handeln. – Ott, Barmherzigkeit am Krankenbett. – Eisenberg, Naturwissenschaft. – Vgl. auch Foucault, Die Geburt der Klinik. – Freidson, Dominanz der Experten.

[167] Schipperges, Die Vernunft des Leibes, 111, fordert: *„Was wir letztlich brauchen, ist eine neue Wissenschaft von der Gesundheit, nicht nur als eine neue Dimension der Medizin, sondern als die Alternative zur Medizin; es werden in Zukunft ganz verschiedenartige Wissensbereiche sein, die wir in Forschung wie Lehre heranzuziehen haben, die Pädagogik und die Familienforschung ebenso wie die Philosophie und die Theologie, um das viel zu enge Konzept einer kurativen Medizin wieder auszuweiten auf die Kategorien einer umfassenden Sorge-Struktur, auf eine mehr kosmologisch als anthropologisch orientierte Medizin. Aus der Heiltechnik würde dann wieder auch Heilkunde!"*

[168] „Volk Gottes" als Schlüsselwort der Deutschen Synode: Gemeinsame Synode, 100ff., 243f., 654f. Als Schlüsselwort der Diözesansynode in Hildesheim: Die Kirche – Volk Gottes auf dem Weg.

(a) Ein erneuertes Kirchenbild

Das Konzil hat dieses Schlüsselwort aus einem gesellschaftlichen und aus einem innerkirchlichen Grund gewählt:[169]

– Es wollte sich von einem triumphalistischen Kirchenbild absetzen und der Menschheit signalisieren, daß Kirche ihr nicht erhaben übergeordnet ist, sondern mitten in ihr lebt und in der einen Geschichte mit allen Menschen unterwegs ist. Die Kirche versteht sich also nicht mehr als „perfekte Gesellschaft" gegenüber der Welt, sondern als „pilgerndes Gottesvolk" inmitten der Menschheit. Dabei lebt die Kirche aus ihrer biblischen Grundbotschaft: Gott, der mit ihr durch die Geschichte unterwegs bleibt, ist mit seinen geschichtlichen Absichten in der Auferstehung Jesu grundsätzlich schon ans Ziel der Geschichte gelangt: *„Das Ende der Zeiten (1 Kor 10,11) ist also bereits zu uns gekommen. Die Erneuerung der Welt ist unwiderruflich schon begründet und wird in dieser Weltzeit in gewisser Weise wirklich vorausgenommen. Die Kirche ist schon auf Erden durch eine wahre, wenn auch unvollkommene Heiligkeit ausgezeichnet. Bis es aber einen neuen Himmel und eine neue Erde gibt, in denen die Gerechtigkeit wohnt (2 Petr 3,13), trägt die pilgernde Kirche in ihren Sakramenten und Einrichtungen, die noch zu dieser Weltzeit gehören, die Gestalt dieser Welt, die vergeht, und zählt selbst zu der Schöpfung, die bis jetzt noch seufzt und in Wehen liegt und die Offenbarung der Kinder Gottes erwartet (Röm 8,19–22).*"[170]

– Die Rede vom „Volk Gottes" hat auch einen Sitz im innerkirchlichen Leben. Die pastoralgeschichtliche Überordnung des „hierarchischen Amtes" über das „heilige priesterliche Volk" (1 Petr 2,5.9), das sogenannte „pastorale Grundschisma"[171], sollte durch sie behoben werden. Die heftigen Auseinandersetzungen während der Entstehung der dogmatischen Konstitution über die Kirche machen dies deutlich. Handelte der Entwurf noch zuerst von der Hierarchie und dann von den Laien, so beginnt der verabschiedete Konzilstext mit dem (nunmehr begrifflich weiter gefaßten) Volk, in dem es vielfältige Berufungen gibt.

[169] Ratzinger, Das neue Volk Gottes. – Eine homiletische, bibel- und pastoraltheologische Initiative, Grundgedanken des Konzils in Verkündigung heute einzubringen, ist die neue Zeitschrift „Gottes Volk" aus dem Katholischen Bibelwerk Stuttgart.

[170] Lumen gentium, 48.

[171] Vgl. Audet, Priester und Laie.

(b) Gottes Verhältnis zu seinem Volk

Das Konzil prägte das der Bibel entnommene Schlüsselwort vom „Volk Gottes" also primär aus kontextuellen Gründen. Die kritische pastoraltheologische Analyse zeigt, daß der ursprüngliche biblische Sinn dieses Schlüsselwortes anders akzentuiert ist.[172] In der Bibel gibt „Volk Gottes" nicht eine Beziehung dieses Volkes zu den umliegenden Völkern an, sagt auch nicht direkt etwas aus über die innere Organisation des Lebens im Volk, sondern drückt in erster Linie das Grundverhältnis Gottes zu seinem Volk aus. „Haam Jahwe", „Volk Gottes" ist in erster Linie eine Aussage über Gott, der Verwandter seines Volkes ist und ihm in aller Not zur Seite steht. Bibeltheologisch ist daher dieses Wort nicht im Umkreis der Lehre von der Kirche, sondern der Lehre von der Errettung, der Erlösung zu suchen. „Volk Gottes" ist ein soteriologisches, nicht ein ekklesiologisches Schlüsselwort.[173]

(c) Bleibende Bedeutung

Zwanzig Jahre nach dem Konzil ist dessen Schlüsselwort vom Volk Gottes in den Streit geraten.[174] Es wird kritisiert, daß die Orientierung der kirchlichen Entwicklung am Leitwort „Volk Gottes" zu einer „Demokratisierung" und „Soziologisierung" der Kirche geführt habe. Dadurch sei es auch zu einer „Verweltlichung" des „Mysteriums Kirche" gekommen. Das Kirchenvolk sei praktisch nicht als Volk Gottes gefördert worden, sondern eben nur als Volk. In der Tat: Hört die Kirche auf, Volk Gottes zu sein, dann nimmt sie auch nicht mehr teil am Mysterium Gottes, dann ist sie bestenfalls nur noch „mysteriös". Eine solche unerwünschte Entwicklung spricht aber nicht gegen das Schlüsselwort „Volk Gottes", sondern eher dafür, dieses Schlüsselwort in seiner wahren Bedeutung ernst zu nehmen. Dabei wäre es gut, die soteriologische biblische Dimension dem Schlüsselwort des Konzils einzufügen und damit seine Kraft zu bewahren.

[172] Lohfink, Gottesvolk. – Mussner, „Volk Gottes" im NT. – Congar, Die Kirche als Volk Gottes. – Schnackenburg, Die Kirche als Volk Gottes. – Lohfink, Wie hat Jesus Gemeinde gewollt?, 89–96. – Dahl, Das Volk Gottes.

[173] Als ekklesiologisches Schlüsselwort wird „Volk Gottes" verstanden in: Keller, „Volk Gottes" als Kirchenbegriff.- Ratzinger, Das neue Volk Gottes. – Frankemölle u. a., Kirche/Ekklesiologie. – Fries, Kirche. – Pissarek-Hudelist, Volk Gottes/Kirche.

[174] Ratzinger, Zur Lage des Glaubens. – Ders., Der Weltdienst der Kirche. – Dazu kritisch: König, Der Weg der Kirche, 134ff. – Lubac, Zwanzig Jahre danach. – Im Horizont lateinamerikanischer Theologie erlebt „Volk Gottes" hingegen neue Relevanz. – Vgl. das Dokument von Puebla (1979): Die Evangelisierung, 233.238.242.263 u.a.- Dussel, Populus Dei.

(4) Auferweckung

Wir haben in den letzten Abschnitten einige wichtige Schlüsselworte der heutigen Kirche untersucht. Neben diesen gibt es noch weitere, die in kirchlichen Bewegungen und Kirchengebieten bereits angenommen sind: so das dem II. Vatikanischen Konzil bedeutsame Wort der „Brüderlichkeit", das inzwischen unter Berücksichtigung der Frauen in unserer Kirche zum Schlüsselwort der „Geschwisterlichkeit" weiterentwickelt wurde.[175] In nachkonziliaren Synoden spielte das Wort der communio, der „Koinonia", der Einheit, eine Rolle.[176] Die Bischofssynode des Jahres 1985 versuchte, dieses Schlüsselwort an die Stelle des anderen vatikanischen Schlüsselwortes vom „Volk Gottes" zu setzen: *„Die Communio-Ekklesiologie ist die zentrale Idee der Konzilsdokumente."*[177]

Von den eher in den Hintergrund getretenen Schlüsselworten gewinnt „Segen" an Bedeutung. Segen ist in der Bibel ein zentrales Wort.[178] Abraham wird eine große Segensverheißung gegeben (Gen 12,1–3). Jesus ist Gottes „Segen in Person". Seiner Kirche hat er den Auftrag anvertraut, für die Welt ein „Segen zu sein". In diesem Segen soll zum Ausdruck kommen, daß Gott die Welt nicht nur aus dem Unheil rettet, sondern die Schöpfung von allem Anfang an segnend bewahrt.[179]

Neben den genannten Schlüsselworten gäbe es in der christlichen Tradition noch andere (wie Rechtfertigung, Seelsorge, Mission). Daß diese heute nicht Schlüsselworte sind, liegt daran, daß andere große Worte der Tradition der Lage der Menschheit eher entsprechen: Trennung, Hoffnungslosigkeit, Unfrieden, Tod, Unfreiheit werden als die akuten Bedrohungen der heutigen Menschheit erkannt, wobei nicht erst die Kirche durch ihre Praxis Einheit, Hoffnung, Frieden etc. in die Geschichte einbringt. Die Kirche verdeutlicht vielmehr, daß das Heil als Sehnsucht nach Einheit, Hoffnung, geschwisterlicher Gemeinschaft etc. in der Menschheit schon ansatzhaft da ist und von Gott verborgen in der Geschichte schon längst bewirkt wird: daß Kirche also die Menschheit in jenes Geheimnis einführt und damit auch bewußt der Freiheit zugänglich und wirkmächtiger macht, welches die Geschichte der Menschheit immer schon ist. Insofern ist Kirche an Gottes menschheitsalter Mühe beteiligt, dessen Absicht darin besteht, uns dem Tod zu entreißen und in der Hungersnot unser Leben zu erhalten (Ps 33,19). Gottes

[175] Zulehner, Das Gottesgerücht, 66–77.
[176] Kirche als Communio.
[177] Schlußdokument der Außerordentlichen Bischofssynode 1985, 13.
[178] Scharbert, Segen.
[179] Westermann, Der Segen.

Grundabsicht kann somit als Überführung des Menschen aus dem Tod (in seinen vielfältigen Formen) zu Leben (vor und nach dem Tod) gefaßt werden. Insofern aber Übergang von Tod zu Leben biblisch Auferweckung heißt, zielt Gottes Praxis auf Auferweckung. Dies wurde nicht nur in den zeichenhaften Wunderhandlungen Jesu offenkundig; zugespitzt finden wir das Ziel göttlicher Praxis in der Auferweckung Jesu, in der endgültig und unwiderruflich öffentlich wird, was Gott bei allen Menschen mit allen Mitteln vorhat: (ewiges, schlechthin sinnvolles) Leben durch Auferweckung. Aus der inneren Bindung der christlich-kirchlichen Praxis an die in Jesus „unfehlbar" veröffentlichte Praxis Gottes in der einen Menschheitsgeschichte läßt sich somit das Hauptziel kirchlicher Praxis – alle Schlüsselworte zusammenfassend – Auferweckung (vor und nach dem Tod) nennen.

In faszinierender Weise hat der Künstler dieses Gemäldes das Schlüsselwort von der Auferweckung „kontextualisiert". Auf der linken Seite ist die Kreuzigung Jesu zu sehen. Jesus ist bereits am Kreuzbalken festgebunden. Auf diesem ist banco zu lesen. Der Strick, mit dem er angebunden ist, hat die Form eines US-Dollars. Unter dem Kreuz werden durch Militärs Campesinos hingerichtet. Die vielen Tode, hervorgerufen durch wirtschaftliche Ausbeutung und militärische Unterdrückung, werden mit dem Tod Jesu in Beziehung gesetzt. Das Leiden des Volkes setzt Jesu Todesleiden fort. In der Mitte des Bildes findet sich, in gleißendes Licht getaucht, der Auferstandene. Er hat den Tod besiegt: nicht nur den Tod im Tod, sondern auch die vielen kleinen Tode vor dem Tod (vgl. 1 Joh 3,14). Im Schutz des Auferstandenen stehen Menschen, die Erniedrigte aufheben und mit ihnen zur neuen Stadt gehen, in der das Leben als Leben nach der Auferweckung, im Umkreis Gottes also, menschlicher ist.

3 ZWIESPÄLTIGE NEBENZIELE

Die kirchliche Praxis, wie sie konkret stattfindet, wird nicht nur vom ererbten Hauptziel (in seinen vielfältigen kontextuellen Ausgestaltungen) geformt. Andere Ziele sind mit im Spiel. Teils dienen diese der Verfolgung des Hauptziels (wie die Institutionalisierung des Ursprungsereignisses der Kirche), teils verdanken sie ihre Wirkmächtigkeit der Tatsache, daß an den Handlungen der Kirche immer konkrete Menschen beteiligt sind: So fließen allgemein-religiöse Erwartungen ebenso in die kirchliche Praxis ein wie berufsspezifische Ziele bei Trägern kirchlicher Berufe. Solche zusätzliche Ziele nennen wir Nebenziele. Drei von ihnen werden wir analysieren: die Institutionalisierung, die Befriedung religiöser Erwartungen sowie berufsspezifische Ziele insbesondere bei Trägern kirchlicher Berufe.

1. Die Kirche lebt von dem, was sich von Gott her in und um Jesus, den Christus, ereignet hat. Dieses Ereignis durch Evangelisierung für die Zeitgenossen so gegenwärtig zu halten, daß es lebens- und handlungsrelevant werden kann, ist Hauptziel kirchlicher Praxis. Um dieses Ziel zu verwirklichen, sind im Lauf der Geschichte des Christentums vielfältige „(religiöse) Institutionen" ausgebildet worden. Eben solche konkreten Institutionen, zum Schutz der Überlieferung geschaffen, erweisen sich – in ihrer geschichtlichen Gestalt und mit ihren organisatorischen Eigengesetzlichkeiten – auch als Barrieren zwischen den Menschen und der Botschaft. Die Institution Kirche, unentbehrlich für die Tradierung des Evangeliums, kann somit in ihrer konkreten Gestalt die Evangelisierung behindern. Das Nebenziel der Ausbildung von (religiösen) Institutionen zur verläßlichen Überlieferung wird somit ambivalent.

2. Evangelisierung steht unlösbar in Beziehung zu jener Religiosität der Menschen, die auch ohne Christentum im Lauf der Menschheitsgeschichte gewachsen ist. Diese Religiosität ist in den Kirchenmitgliedern anwesend und so auch in der kirchlichen Gemeinschaft gegenwärtig. Sie prägt das Handeln der Kirchenmitglieder und formt so ihre Erwartungen an das Handeln ihrer Kirche nachhaltig mit. Die religiösen Erwartungen stehen aber zum Hauptziel der Evangelisierung in einer beträchtlichen Spannung. Einerseits enthalten sie jene tiefen mensch-

lichen Anliegen, auf die auch die Botschaft des Evangeliums bezogen ist. Andererseits entspringen aus der Religiosität der Leute auch Erwartungen nach einer Kirchenpraxis, die mit dem Evangelium nicht einfachhin vereinbar sind. Die Befried(ig)ung der Leutereligion erweist sich somit angesichts des Hauptziels der Evangelisierung als ambivalentes Nebenziel.
3. Religion wird zum Beruf. In der Praxis kirchlicher Berufsträger wird zumeist das Hauptziel der Kirche dominieren; zumindest unternimmt die kirchliche Gemeinschaft große Anstrengungen, um im Vorgang der Berufseinweisung ihr Hauptziel auch zum Hauptziel der Praxis ihrer pastoralen Berufe zu machen. Nun wird aber ein Beruf aus wichtigen lebenspraktischen Motiven ergriffen: um Ansehen zu gewinnen, um die materielle Lebensgrundlage zu sichern, um Einfluß ausüben zu können. Es ist zu erwarten, daß diese in allen Berufen vorhandenen Ziele auch zu Handlungszielen kirchlicher Berufsträger werden. Solche profanen Berufsziele werden zu Nebenzielen in der Praxis kirchlicher Dienstnehmer. Denn angestellt werden sie, um an der Realisierung des Hauptziels der Kirche mitzuwirken. Von hier aus stellt sich die Frage, wie sich die profanen Berufsziele zu jenem kirchlichen Hauptziel der Evangelisierung verhalten. Es wird sich zeigen, daß auch das Nebenziel „Religion als Beruf" zum Hauptziel der Evangelisierung zwiespältig ist.

(1) Institutionalisierung

Ereignisse sind an Zeit gebunden. Zeit aber vergeht. Ereignisse sind somit flüchtig. Sie sind sterblich wie der Mensch selbst; ihre Vergänglichkeit ist ein Teil unserer eigenen Vergänglichkeit. Was würden wir geben, könnten wir zumal jene Momente in unserem Leben festhalten, die wir Feste nennen? Aber auch diese festlichen Momente vergehen, sie „scheitern".[180]
Das Leiden an der Endlichkeit ist ein tiefes Leid des Menschen. Der sterbliche Mensch nimmt aber seine Vergänglichkeit nicht bloß leidend hin. Er wehrt sich gegen die Flüchtigkeit zumal jener Ereignisse, die ihm wichtig sind. Sein Anliegen ist es, zu bewahren, was vergeht, festzuhalten, was sich ihm entflüchtigt. Eine Weise des Aufhebens flüchtiger Ereignisse ist die „Erinnerung". Ein geliebter Mensch, den der Tod hinwegrafft, bleibt in der Erinnerung des Liebenden in einer typisch menschlichen Weise gegenwärtig. Doch auch das Erinnerungsvermögen des einzelnen Menschen ist begrenzt; es geht spätestens mit seinem Tod

[180] Lefebvre, Das Alltagsleben. – Ders., Critique.

für die jetzige Geschichte zu Ende. Vonnöten ist daher eine Erinnerung, die die Lebensgeschichte des einzelnen Menschen überdauert. Es braucht eine „kollektive Erinnerung", die vor Vergänglichkeit mehr geschützt ist. Solche Erinnerung ist die wichtigste Funktion einer „Institution".[181] Institutionen sind ein Teil des Aufstandes des Menschen gegen die Flüchtigkeit seines Daseins; sie sind das kollektive Gedächtnis einer Gesellschaft.

Was von den bedeutsamen Ereignissen der Menschheit ganz allgemein gilt, trifft auch auf jenes Ereignis zu, das an die Person und das Leben Jesu von Nazarets gebunden ist. Dieses geschichtliche Ereignis, das vom übergeschichtlichen Vorgang der Auferweckung Jesu umfangen wird, ist – weil gebunden an Zeit, die vergeht – darauf angewiesen, „aufgehoben", erinnert zu werden. Eben das ist der Grund, warum auch das Jesusereignis „institutionalisiert" wurde.[182]

(a) Das Ereignis Jesu

Jesus ist Jude. Er wächst in der jüdischen Religionsgemeinschaft auf, weiß sich in eine lange Geschichte seines Gottes mit diesem Volk eingebunden. Als er mit dreißig Jahren an die Öffentlichkeit geht, erhebt er den Anspruch, daß Gott jetzt seinem Volk Entscheidendes zu sagen hat: „Die Zeit ist erfüllt. Gottes Reich ist nahegekommen." (Mk 1,15a) Jesus predigt aber nicht nur landauf, landab. Er setzt auch nicht nur unübersehbare Zeichen, die sehen machen, daß jetzt Gott handelt. Er sammelt vor allem das zerstreute Gottesvolk um sich. Zwar gelingt es ihm nicht, das ganze Volk und seine Führer für sein Anliegen zu gewinnen. Deshalb macht er mit einer Art „Ersatzvolk", mit einem „heiligen Rest", einer „kleinen Herde" weiter. Zwölf von ihnen erwählt er zu einem Symbol dafür, daß jetzt wenigstens anfanghaft die zwölf verstreuten Stämme Israels wieder beisammen sind: ein Zeichen für das anbrechende Ende. Er feiert mit den Jüngern ein Mahl, das er nicht mehr einnehmen will, bis das Reich Gottes in Vollendung dasein wird. Doch statt dieser Vollendung kommt für ihn – aus menschlicher Perspektive gesehen – das Ende. Er wird gefoltert und liquidiert. Sein Scheitern scheint besiegelt zu sein.

[181] Berger, Der Zwang zur Häresie, 62f. – Berger, Luckmann, Die gesellschaftliche Konstruktion, 49–98.

[182] Klostermann, Kirche – Ereignis und Institution. – Leuba, Institution und Ereignis. – Rahner, Strukturwandel der Kirche. – Erneuerung der Kirche. – Kehl, Kirche als Institution.

(b) Der religiöse Protest

Aus religionssoziologischer Sicht ist Jesu Auftreten in Israel ein „religiöser Protest". Jesus redet und handelt prophetisch gegen jene, die religiöse Verantwortung im Volk wahrnehmen. Typologisch lassen sich mehrere Arten abgrenzen, wie mit „religiösem Protest" umgegangen werden kann: Der Protest wird angenommen, ein- oder ausgegrenzt.[183]

– Der Protest wird angenommen. So bekehrt sich Ninive in der Jonaerzählung, vom einfachen Volk angefangen über das Vieh hin bis zum König. Der Protest bewirkt also „Umkehr", Erneuerung. Der Prophet kommt an das gesteckte Ziel.

– Der Protest wird eingegrenzt. Die aufkommende Protestbewegung erhält ihren Platz in einem eingezäunten Bereich der Gemeinschaft, die sich auf diese Weise davon freimacht, sich erneuern zu müssen. So wurden manche Orden, die als Protestbewegungen anfingen, nach und nach „domestiziert", im Haus der Kirche „eingezähmt". Dabei haben sie viel von ihrer Erneuerungskraft verloren.[184] Aus der dynamischen franziskanischen Armutsbewegung wurden zeitweise ein- und angepaßte Orden.[185] In ähnlicher Weise fühlen sich heute Integrierte Gemeinden behandelt. Sie beklagen, daß man sie aus neuartigen Gemeinden zu einer Art „Orden" umdefiniert, um damit ihren Protest gegen den Zustand der durchschnittlichen Kirchengemeinden durch Eingrenzung zu brechen.[186]

– Der Protest wird ausgegrenzt. Dafür gibt es verschiedene Wege: Redeverbot, Suspendierung, Exkommunikation. Die schärfste Weise ist die Vernichtung des Propheten, notfalls auch seiner Anhänger. Moderne Systeme haben gelernt, die Propheten (Kritiker, Dissidenten) durch Entstellung der Persönlichkeit auszuschalten. An die Stelle physischer tritt psychische Vernichtung.

Jesus sollte durch seinen schändlichen Verbrecher-Tod am Kreuz sowohl physisch als auch moralisch vernichtet werden. In der Tat: Nach seinem Tod sah alles nach Scheitern aus.

183 Wach, Religionssoziologie, 176–232.

184 Metz, Zeit der Orden? – Die Gründung der Heimsuchungsschwestern durch Franz von Sales und Johanna Franziska von Chantal (1610) ist ein Beispiel dafür, wie eine neue Gründungsidee (nur ein Gelübde: Liebe; Orden ohne Klausur) in alte Formen des Ordenslebens (drei Gelübde: mit Klausur) kirchenamtlich eingeordnet wird. Dazu: Schwendenwein, Franz von Sales.

185 Holl, Der letzte Christ.

186 Lohfink, Charisma. Von der Last der Propheten.

(c) Das Ereignis der Auferweckung

Daß es nicht dabei blieb, führen die Christen von Anfang an auf eine unerwartete „religiöse Erfahrung" zurück, die sie „Jesu Auferweckung" nennen.[187] Einige von ihnen – als erste Frauen – machen in verschiedenen Situationen die Erfahrung, daß der gekreuzigte Herr Jesus in einer neuartigen Weise (vgl.1 Kor 15,44) unter ihnen da ist. Diese Erfahrung verbinden sie mit Zeugen, deren Namen sie überliefern. Nach und nach lernen sie diese Erfahrung mit Hilfe des Geistes Gottes dahingehend zu deuten: Jesus ist zwar in seinem Volk gescheitert. Das von ihm angekündigte Reich Gottes konnte also im ganzen Volk noch nicht anbrechen. In Jesus, dem Auferweckten, ist es aber schon endgültig und unwiderruflich in der Menschheit da. Er ist der Erste, mit dem Gott selbst an jenes Ziel gelangt ist, das er seit Anbeginn der Menschheit verfolgt hat.

Spätestens damit aber fängt es mit der Kirche an. Jene, die in die Erfahrung der Auferweckung Jesu einbezogen sind, wissen sich berufen, dieses (im Glauben erkannte) Ereignis von der Auferweckung des Ersten, des neuen Adam (1 Kor 15,20–22), in der Menschheit gegenwärtigzuhalten. Noch mehr: Indem sich jetzt Menschen auf den auferstandenen Herrn einlassen, in mystischer Weise mit ihm eins und dadurch in der Tiefe ihres Lebens umgewandelt werden, halten sie das Auferweckungsereignis nicht nur erzählend (in der Martyria der Verkündigung) in Erinnerung, sondern im Zusammenleben (in der Koinonia) und Wirken (in der Diakonia) ihrer Gemeinschaft anschaulich gegenwärtig. Das (weil schon in die Ewigkeit hineinragende) ungeschichtlich-ortlose Auferstehungsereignis erhält somit in der Erinnerung der Gemeinschaft der Christen einen geschichtlichen Ort. Kirche wird zum „Sakrament der Auferstehung", die schon jetzt, inmitten der Geschichte, sich ereignet.[188]

(d) Kirche in der Naherwartung

In der Frühzeit war das Leben der Kirche noch sehr einfach. Es war von der Annahme geprägt, daß in Jesu Auferstehung die Vollendung der Geschichte begonnen hat und ihr Ende nahe bevorsteht. Dementsprechend gingen die Christen mit ihren vergänglichen Lebensgütern um. *„Die Zeit ist kurz"*, schreibt Paulus an die Christen in Korinth. *„Daher soll, wer eine Frau hat, sich in Zukunft so verhalten, als habe er keine,*

[187] Kremer, Die Osterevangelien. – Ders., anastasis, 210–221.
[188] Zulehner, Auferweckung schon jetzt.

wer weint, als weine er nicht, wer sich freut, als freue er sich nicht, wer kauft, als würde er nicht Eigentümer, wer sich die Welt zunutze macht, als nutze er sich nicht; denn die Gestalt dieser Welt vergeht." (1 Kor 7,29–31)

Angesichts dieser Erwartung, daß der Herr schon bald, noch zu Lebzeiten, wiederkommen wird, richtete sich die Kirche nicht auf lange Zeiten eines kirchlichen Lebens ein. Das Leben der Kirche war sehr einfach. Wenn Christen zusammenkamen, erzählten sie ihre Ursprungserfahrungen, ihre Geschichten von Jesus, was er tat und lehrte, vor allem, wie er starb und wie ihn Gott zu neuem Leben auferweckte. Sie trafen sich zu jenem Mahl, das der Herr ihnen knapp vor seinem grausamen Ende anvertraut hatte und das sie an seine Liebe erinnerte. Erste Lebensregeln bildeten sich heraus; sie waren getragen von den kraftvollen Weisungen, die Jesus selbst in seinen Predigten formuliert hatte. Vor allem geschwisterliche Liebe wurde zu ihrem gesellschaftlichen Erkennungszeichen. Hohes Ansehen besaßen in ihrer Gemeinschaft begreiflicherweise jene, die noch mit Jesus zusammenwaren, unter ihnen die „Zeugen der Auferweckung"; ihr Wort hatte nachhaltiges und unbestrittenes Gewicht.

(e) Eintritt in die Dauer

So sehr die Christen auf die Wiederkunft ihres Herrn ausgerichtet und auf eine nur mehr kurze Lebenszeit eingerichtet waren, so sehr sie sein Kommen sehnsüchtig herbeigebetet hatten: Die Wiederkunft des Herrn blieb in der erwarteten Form aus. Dies zwang die kirchliche Gemeinschaft umzulernen. Eine neuartige Aufgabe stellte sich. Es galt, sich auf längere Zeiten, auf Dauer einzurichten. Das immer weiter zurückliegende Ereignis mußte vor Vergeßlichkeit bewahrt werden.

Dazu kam, daß nach und nach auch jene Augenzeugen starben, welche in der jungen Gemeinschaft der Christen eine hohe Autorität besaßen. Wer konnte jetzt nach ihnen diese Aufgabe übernehmen? Wer konnte glaubwürdig bezeugen, was sich in Jesus ereignet hatte? Wer verläßlich überliefern, was einst geschah?

Die Frage nach der Verläßlichkeit der Überlieferung wurde dadurch noch brennender, daß die junge Kirche immer weniger im relativ geschützten jüdischen Raum lebte, sondern – auch wegen der Verfolgungen durch die Juden – zu den Heiden ging. Dies löste eine intensive Auseinandersetzung mit heidnischen Kulturen aus. Die alte Überlieferung mußte in einen neuen Kontext hinein ausgelegt werden. Solche Aufgabe der Enkulturation gelang (schon damals) nicht reibungslos. Konkurrierende Deutungen der Überlieferung tauchten auf. Wer hatte nun recht? Wer konnte darüber entscheiden?

(f) Institutionalisierung

Auf diese neuartigen Fragen antwortete die junge Kirche wie jede andere menschliche Gruppe, die Ursprungs-Ereignisse und -Erfahrungen zu schützen hat. Die Kirche fing an, das Ursprungsereignis durch „Institutionalisierung" zu bewahren. Dabei lassen sich mehrere Vorgänge beobachten:

1. Die mündlichen Erzählungen von den Ereignissen um Jesus, die schon im Zuge ständiger Wiederholungen sich zu kurzgefaßten Glaubensbekenntnissen oder Hymnen (z.B. Phil 2, 5–11) verdichteten, wurden nieder- und damit auch „fest"-geschrieben, um so für die nachkommenden Generationen unverfälscht aufbewahrt zu werden. Auf diese Weise gewann man auch einen Maßstab, auf den man in Zweifelsfällen zurückgreifen konnte:

„Denn vor allem habe ich euch überliefert,
was auch ich empfangen habe:
Christus ist für unsere Sünden gestorben,
gemäß der Schrift,
und ist begraben worden.
Er ist am dritten Tag auferweckt worden,
gemäß der Schrift,
und erschien dem Kephas,
dann den Zwölf."
(1 Kor 15,3–5)

Ähnliches geschah mit den liturgischen Feiern. Das „Herrenmahl" hatte seine Grundgestalt von Jesus selbst bekommen. Als Vermächtnis Jesu wurde diese Feier in den Gemeinden sorgsam gepflegt. Dazu Paulus:

„Denn ich habe vom Herrn empfangen,
was ich euch dann überliefert habe:
Jesus, der Herr,
nahm in der Nacht,
in der er ausgeliefert wurde,
Brot,
sprach das Dankgebet,
brach das Brot und sagte:
Das ist mein Leib für euch.
Tut dies zu meinem Gedächtnis!
Ebenso nahm er nach dem Mahl den Kelch und sprach:
Dieser Kelch ist der Neue Bund in meinem Blut.

Tut dies,
sooft ihr daraus trinkt,
zu meinem Gedächtnis."
(1 Kor 11, 23–25)

Diese Kerngestalt des Herrenmahles wurde in unterschiedlichen Kirchengebieten weitergestaltet. Dabei bildeten sich feste liturgische Ordnungen aus.[189]

Ähnliches gilt für die Lebensregeln. Auch hier konnte man sich in vielen Fragen auf Jesus-Weisungen stützen, so im Umgang mit den Armen und mit dem Besitz. Sie hatten alles gemeinsam, wird stolz in der Apostelgeschichte berichtet, und sie waren ein Herz und eine Seele (Apg 4,32–37):

„Und alle, die gläubig geworden waren,
bildeten eine Gemeinschaft
und hatten alles gemeinsam.
Sie verkauften Hab und Gut
und gaben davon allen,
jedem so viel,
wie er nötig hatte.
Tag für Tag verharrten sie einmütig im Tempel,
brachen in ihren Häusern das Brot
und hielten miteinander Mahl
in Freude und Einfalt des Herzens.
Sie lobten Gott
und waren beim ganzen Volk beliebt.
Und der Herr fügte täglich ihrer Gemeinschaft die hinzu,
die gerettet werden sollten."
(Apg 2,43–46)

Der Prozeß zunehmender Institutionalisierung bewegte sich also in drei Richtungen. Es entstanden geschützte Erzähltraditionen, liturgische Handlungsmuster und verbindliche Lebensregeln. Die Religionssoziologie sieht in diesen drei Ergebnissen des frühen Institutionalisierungsvorgangs die ersten drei von vier Hauptelementen einer „religiösen Institution": Lehren, Riten und Normen.[190] Auch das vierte Element wird in den frühen Gemeindeberichten schon erkennbar: Organisatorische Anteile wie die Organisation der von Anfang an gegebenen Autorität, die Verteilung von Aufgaben: Verkündigung durch die Apostel (die

[189] Jungmann, Missarum sollemnia.
[190] Wach, Religionssoziologie, 19–37. – Le Bras, Etudes de la Sociologie religieuse.

„Zwölf“) und Tischdienst durch die Diakone (die „Sieben“, Apg 6,1–7). Diese vier Hauptelemente wurden in der Folgezeit weiter ausgebaut. Alle institutionellen Bausteine zusammen dienten einem gemeinsamen Zweck: das ursprüngliche Ereignis verläßlich und unversehrt von einer Generation auf die andere zu überliefern.

2. Allmählich reichten die Institutionen der Frühzeit nicht mehr aus. Im Zuge der Niederschrift der Anfangserfahrungen entstanden auch Texte, die den apostolischen Autoren zugeschrieben wurden, um an deren Autorität teilzunehmen, man nannte sie später „apokryphe Schriften“. Angesichts solcher Entwicklungen war die kirchliche Gemeinschaft gezwungen, zu entscheiden, welche Schriften verbindlich sein sollten und welche nicht. Der „Kanon“ der biblischen Schriften des Neuen Testaments bildete sich heraus.

3. Aber auch durch die Kanonbildung waren die Probleme nicht beseitigt, sie wurden lediglich verschoben: Wie sollten die nunmehr verbindlichen Texte interpretiert werden? Die Erzähltexte waren, weil sie ja die mündliche Überlieferung an unterschiedlichen Orten festschrieben, in einzelnen Fragen keineswegs deckungsgleich. Sie boten selbst Anlaß zu unterschiedlicher Auslegung. So mußten sich die Christen zusammenfinden, um über eine verbindliche Auslegung der heiligen Schriften zu beraten und zu befinden. Konzilien und Synoden wurden abgehalten. Den Amtsträgern wurde die bedeutsame Aufgabe zugewiesen, dafür zu sorgen, daß kein anderes als das überlieferte Evangelium verkündet wird. Das kirchliche Amt wurde zum Anwalt verläßlicher Glaubensüberlieferung.[191]

4. Was für die gläubige Überlieferung galt, traf ähnlich auch auf die liturgischen Ordnungen und die sittlichen Lebensregeln von Christen zu. Wo immer Christen neuartige Formen der Liturgie und des Lebens versuchten, wurde von der Gemeinschaft geprüft, ob sie mit der Überlieferung vereinbar waren oder nicht.

5. Der Prozeß wachsender Institutionalisierung des Ursprungsereignisses durchzieht die Kirchengeschichte bis heute:

– Aus den gläubigen Erzählungen der ersten Christen wurde ein komplexes Lehrgebäude mit Dogmen und Katechismen, mit einem Lehramt zum Schutz und zur Sicherung des Glaubens, mit aufwendigen Bildungsvorgängen zur Weitergabe des Glaubens an die nächste Generation. Dabei gilt es, die Überlieferung vor Verstellungen zu bewahren und immer tiefer in sie einzudringen.

– Aus der schlichten Feier des Herrenmahles wurden die streng geregelten Liturgien der Messe, der Sakramente, Segnungen, Weihen und

[191] Schillebeeckx, Das kirchliche Amt.

Gebete. Eigene Institute wachen über die liturgische Praxis, die Verantwortlichen werden dafür ausgebildet. Bis auf den heutigen Tag gibt es Streit um die gültige Form der Liturgien.

– Aus den überschaubaren gemeindlichen Lebensregeln, die mehr oder weniger situativ entstanden sind, wurde ein nahezu lückenloses System christlicher Moral für das private und gesellschaftliche Handeln von Christen. Die einzelnen christlichen Kirchen, die sich im Lauf der Geschichte getrennt und weithin unabhängig voneinander entwickelt haben, brachten verschiedenartige Moralsysteme hervor.

– Aus den kleinen geschwisterlichen Ortsgemeinden mit einer beweglichen Struktur und einfacher Arbeitsteilung wurde eine hochdifferenzierte Kirchenorganisation. Diese hat im Lauf der Zeit immer wieder organisatorische Elemente der gesellschaftlichen Umwelt aufgenommen und eingebaut[192], manchmal zum eigenen Nutzen, manchmal auch zu ihrem Schaden. Ein Moment dieser organisatorischen Entwicklung ist die Entfaltung innerkirchlicher Rollen, Ämter und Dienste. Verteilt wurde damit innerkirchliche Verantwortung und Zuständigkeit, damit auch „soziale Macht" im Sinn der Möglichkeit, maßgeblich die Gestaltung des innerkirchlichen Lebens zu beeinflussen. Zum organisatorischen Entwicklungsvorgang gehört auch die Tatsache, daß sich die Christenheit im Osten und Westen andersartig entwickelt hat: Die Ostkirche trennte sich von der Westkirche, die westliche Christenheit zerfiel in mehrere Konfessionen. Nach Jahrhunderten der Spaltung versucht die ökumenische Bewegung heute eine neue organisatorische Kircheneinheit wiederzufinden. Dies ist eine neue Variante in der Institutionalisierung des Ursprungsereignisses.

(g) Zwiespältigkeit des Institutionalisierungsprozesses

Das kirchengründende Ursprungsereignis hat also – schon aus Gründen seiner inneren Dynamik; andere, gesellschaftliche Gründe werden im nächsten Hauptteil, der Kairologie, abgehandelt – im Lauf der Zeit einen komplizierten Institutionalisierungsvorgang durchgemacht. Sein Ergebnis ist die heutige Gestalt der „Institution Kirche".[193] Dabei ist auch heute diese Institution nicht fertig, der Institutionalisierungsvorgang ist immer noch im Gang. *Denn eine Institution bleibt nicht lebendig, obwohl sie sich wandelt, sondern weil sie sich weiterentwickelt.*

Für das, worum es in der Kirche geht (ihr Hauptziel also), ist dieser In-

[192] Venetz, So fing es mit der Kirche an.

[193] Goddijn, Kirche als Institution. – Ders., Sichtbare Kirche. – Matthes, Kirche und Gesellschaft, 92–101.

stitutionalisierungsvorgang ein zwiespältiger Prozeß mit Vor- und Nachteilen.

1. Als *Vorteile* der Institutionalisierung können gelten:

(a) Ein flüchtiges Ereignis wird der Vergeßlichkeit entzogen. Erinnerungshilfen entstehen: Texte, fixierte Regeln, Normen, Formen des Zusammenlebens, organisierte Strukturen der Zusammenarbeit. Die Erinnerung an eine einmal erlebte religiöse Schlüsselerfahrung wird gemeinschaftlich unterstützt.

(b) Nicht nur die „Eingeweihten", die „Erfahrenen der ersten Stunde", denen die religiöse Ursprungserfahrung zuteil geworden war, sondern auch Leute, die diese Erfahrung selbst nicht gemacht haben, sowie später Lebende, die keinen unmittelbaren Zugang zu den Anfängen mehr haben, können mithilfe der Erinnerungshilfen (Institutionen) mit dem Ursprungsereignis in Berührung kommen. Die Institution kann zum „Erfahrungs- oder Induktionsfeld" für sonst unzugängliche Erfahrungen werden; sie kann vielen Zugänge zu einem Ereignis erschließen, das nur wenigen erlebbar war.

(c) Institutionalisierung entlastet.[194] Die religiöse Gemeinschaft muß nicht bei jedem Zusammenkommen die Spielregeln neu aushandeln und bestimmen, was sie miteinander glauben und wie sie zusammen leben. „So macht man es eben bei uns!" Dieses unausgesprochene gemeinsame Wissen füllt den Hintergrund des alltäglichen Zusammenkommens aus.[195] Damit werden die Mitglieder der Gemeinschaft frei, noch unerledigte Aufgaben ungestört in Angriff zu nehmen. Wie wichtig solche „Selbstverständlichkeiten" sind, erkennt man schnell in Zeiten, in denen sie schwach werden und nicht mehr tragen. In solchen Krisenzeiten ist die Gemeinschaft nahezu ausschließlich mit sich selbst beschäftigt. Viele „Außenaufgaben" bleiben unerledigt liegen. Am Beispiel eines Kranken: Auch er braucht in der kritischen Zeit seiner Krankheit die meisten Lebensenergien dazu, sein Leben umzugestalten, um die Voraussetzungen für ein Leben nach der Krise zu schaffen.

(d) Diese Vorteile machen die im Lauf der Geschichte gewachsenen institutionellen Aspekte des christlichen Lebens für die Verfolgung des Hauptzieles der Kirche so unentbehrlich, daß man die „Institution Kirche" schaffen müßte, gäbe es sie nicht. Daraus folgt auch, daß der verbreitete Slogan „Jesus, ja – Kirche, nein"[196] kein Kampfruf gegen die Kirche als Institution ist, sondern ein Aufruf zur Reform der Institu-

[194] Gehlen, Urmensch und Spätkultur.
[195] Berger, Luckmann, Die gesellschaftliche Konstruktion, 57.
[196] Schick, Christus ja, Kirche nein?

tion. Diese Parole ist – wenn sie begrifflich sauber verwendet wird – nicht institutionsleugnend, sondern institutionskritisch. Wer sie verwendet, drückt damit aus: So wie die kirchliche Institution heute aussieht, gefällt sie mir ganz oder in manchen Teilen nicht. Ich wünsche mir eine Kirche, die eine andere Gestalt und Praxis annimmt und dadurch im Sinn ihres Auftrags von Jesus her lebendiger und handlungsfähiger wird.

Daß Kirche als Institution unentbehrlich ist, zeigt auch die Geschichte christlicher Sekten. Versuche, ein institutionsfreies Christentum zu schaffen, haben ergeben, daß genau diese Absicht, „institutionsfrei" sein zu wollen, schließlich „institutionalisiert" werden mußte. Sobald Menschen zusammenleben, zusammenarbeiten und das Ereignis an kommende Generationen weitergeben wollen, benötigen sie dazu Formen von Institutionalisierung.

2. Der Prozeß der Institutionalisierung des Christentums hat für dieses auch empfindliche *Nachteile*. Entstanden ist die kirchliche Institution, um das Ereignis Jesu zu bewahren: Aus einem flüchtigen Ereignis soll ein institutionalisiertes Ereignis werden. Im Zuge des Vorgangs der Institutionalisierung des Ereignisses kann es aber geschehen, daß das Ereignis nicht weiterentwickelt, sondern erstickt wird. Aus einem institutionalisierten Ereignis wird eine ereignislose Institution. Wir zeigen dies an einigen Beispielen aus der Geschichte des Christentums:

(a) In der Frühzeit der Kirche gab es eine Fülle von Begabungen, Charismen; sie waren Gaben Gottes an seine Gemeinden. In manchen Gemeinden kippte dieser Charismen-Reichtum sogar in ein Charismen-Chaos um (vgl. 1 Kor 12–14). In den Gottesdiensten redeten die Leute unverständlich und durcheinander. Der Sinn der Gaben wurde so verdunkelt. Dem Aufbau der Kirchengemeinde und ihrem Gottesdienst waren sie nicht mehr dienlich. Also entstanden gottesdienstliche Ordnungen, um den Begabungen einen schöpferischen Raum zu sichern.

Wer heute (nördlich der Alpen) in einen katholischen Großgottesdienst geht, gewinnt den Eindruck einer festgefügten Ordnung. Kreativität und Spontaneität, damit Lebendigkeit, sind die Ausnahme. Die erforderliche Institutionalisierung des lebendigen Gottesdienstes hat somit vielfach zu einer leblosen Gottesdienstinstitution geführt. Vor allem junge Menschen, die im Gottesdienst nach den angemessenen Ausdrucksformen für ihr christliches Leben suchen, reiben sich an diesen festen gottesdienstlichen Formen: *„Der sonntägliche Gottesdienst ist eine allwöchentliche Leier, die vom Anfang bis zum Segen sich mit Dingen beschäftigt, die den Jugendlichen nicht interessieren. Viele gläubige Jugendliche wollen einen abwechslungsreicheren Gottesdienst, in dem nicht nur ein 45-minütiges Loblied auf Jesus und seine Jünger gesungen* *wird. Meiner Ansicht nach fehlt dem Gottesdienst das Aktuelle: Kein Ton von Aufrüstung; kein Ton von 35-Stunden-Woche. Die Probleme der Jugendlichen werden ganz vergessen. Jugendgottesdienste sind sehr selten. Da braucht sich niemand zu wundern, wenn unsere Generation in der Kirche fehlt.*"[197] Überschaubare Gruppen versuchen, etwas von dieser verlorenen Lebendigkeit wiederzugewinnen.

(b) Im mittelalterlichen Europa ist die Kirche eine enge Verflechtung mit allen gesellschaftlichen Bereichen eingegangen. Dabei übernahm sie für ihr eigenes kirchliches Leben auch die räumlichen Ordnungen der Gesellschaft. Kirche wurde „bodenfest". Das pfarrliche Prinzip bildete sich aus. Die einzelnen Christen wurden durch das Institut des „Pfarrbanns" angehalten, in ihrer eigenen Pfarrei mitzuleben. Inzwischen ist unsere Gesellschaft in einem hohen Grad mobil geworden. Die kirchengemeindlichen Strukturen sind aber vergleichsweise unbeweglich geblieben, zu wenig dem modernen mobilen Leben angemessen.

(c) Die alten Kirchen Mitteleuropas leben heute in reichen und hochdifferenzierten Gesellschaften. Sie verfügen über gut abgesicherte Rechte und reichlich über materielle Güter. Um mit diesen Gesellschaften angemessen kommunizieren zu können, haben die Kirchen eine den weltlichen Bereichen abgeschaute Verwaltung übernommen. Die Kirche kann sich in bürokratischer Gesellschaft gut sehen lassen. Allerdings beklagen viele, daß dabei – wie eben in allen Bürokratien – der Mensch aus den Augen verloren wird und sein Glaube verdunstet. Das Ursprungsereignis läßt sich nicht nur verwalten. Es kann im Dickicht des Verwaltungsdschungels hoffnungslos untergehen. Ein nur verwaltetes Christentum erleidet einen katastrophalen Mangel an Folgen. Könnte es nicht geschehen, daß es in absehbarer Zukunft zwar noch eine perfekte Kirchenverwaltung gibt, aber kaum noch glaubende Christen? Viele, die an der auswuchernden kirchlichen Verwaltung verzweifeln, sind dabei, neben der verwalteten eine neue Kirche zu bauen, Gemeinden an der Basis mit einem Minimum an Bürokratie. Ihr Grundanliegen ist es, eine ursprünglichere, daher einfachere Gestalt des christlichen und kirchlichen Lebens wiederzugewinnen.

Die Beispiele zeigen, wie ein Ereignis, das in der Institution aufgehoben werden soll, in einem anderen Sinn dieses Wortes „aufgehoben" wird. Am Ende gibt es nur noch eine Institution, die sich selbst verwaltet. Diese organisiert sich am Ereignis vorbei und wird womöglich zur Ursache, daß das Ereignis überhaupt abstirbt oder, weil es ausreichend Lebenskraft in sich hat, sich anderswo wieder rührt.

[197] Ein Jugendlicher in der Diözese Rottenburg-Stuttgart, in: BDKJ-Aktion zur Diözesansynode, 84.

Ein solches Absterben des Ereignisses innerhalb einer Institution hat mit der inneren Logik des Institutionalisierungsvorgangs zu tun, denn die Gestalt der Institution muß der jeweiligen historischen Situation angemessen sein. Die geschichtlich-gesellschaftlichen Situationen wandeln sich, fordern auch den Wandel der Institutionen. Unterbleibt der erforderliche kreative Wandel, erstarrt die Institution zum historischen Denkmal. Denkmäler bergen und zeugen nicht Leben, sondern nur noch tote Erinnerungen. Die Kirche ist dann nicht mehr lebendig, sondern wird zum Museum, das auch ihre Feinde noch pflegen, weil sie keine Neubelebung der musealen Institution befürchten. Die Gesellschaften des realen Sozialismus im Osten Europas sind dafür ein bedrückendes Beispiel.

So unentbehrlich also die Institutionalisierung eines religiösen Ursprungsereignisses ist, sie kann gegen das Ereignis umschlagen. Es ist daher zu fragen: Dient die Institution, wie sie heute aussieht, dem Ereignis, oder behindert sie dieses? Die Kirche als Institution kann niemals Selbstzweck sein.[198] Von allem Anfang an dient sie dem Heraufkommen des Reiches Gottes. Allein daran müssen sich alle institutionellen Hauptelemente der Kirche messen lassen: die Institutionen der Lehre, die liturgischen Einrichtungen, die sittlichen Lebensregeln, die organisatorischen Momente, einschließlich Macht und Geld. Fördern diese institutionellen Hauptelemente der Kirche das Jesus-Ereignis, oder verwalten sie es nur noch? Geht es den Verantwortlichen in der Kirche um die verläßliche Tradierung des Ursprungsereignisses, und zwar so, daß dabei das Ereignis selbst neu lebendig wird? Oder investieren sie die meisten Kräfte für die Aufrechterhaltung des Kirchenbetriebs? Sind Christen verläßliche Anwälte des apostolischen Ereignisses oder ängstliche Wächter über die geschichtlich gewachsenen institutionellen Ausformungen? Dienen sie dem lebendigen Ereignis oder der krampfhaften Selbsterhaltung der Institution?

Daß das Ursprungsereignis Kirche im Lauf ihrer geschichtlichen Entwicklung zu einer ereignisarmen Institution absinken kann, erkannte schon im 5. Jahrhundert Salvianus von Marseille:

„Verschwunden und längst vorüber ist jene herrliche, alles überragende, beseligende Kraft der Frühzeit deines Volkes, Kirche, da alle, die sich zu Christen bekannten, den vergänglichen Besitz an irdischem Vermögen in die ewigen Werte himmlischer Güter verwandelten... Denn als sich die Masse der Gläubigen vervielfachte, ward der Glaube selbst verringert,

[198] *„Die Kirche, die Gemeinde Christi, darf nie Selbstzweck sein. Sie ist vielmehr ihrem ganzen Wesen nach Zeichen des Heiles, des Friedens, der Versöhnung für die ganze Menschheit“:* Klostermann, Gemeinde – Kirche der Zukunft, I, 179.

und mit dem Wachstum ihrer Kinder wird die Mutter krank. Und so bist du, Kirche, durch deine gesteigerte Fruchtbarkeit schwächer geworden, bist durch die Mehrung zurückgesunken und hast an Kräften abgenommen. Gewiß: Du hast über die ganze Welt hin die Glieder ausgesandt, die zwar dem Namen nach den Glauben haben, aber keine Glaubenskraft, und so begannst du reich zu werden an Scharen, aber arm an Glauben; du wurdest weiter dem Leibe nach, aber verkümmertest an Geist. Du bist, möchte ich sagen, zu gleicher Zeit in dir größer und in dir kleiner geworden – eine fast nie dagewesene, unerhörte Art von Fortschritt und Rückschritt in einem, indem du zugleich zunahmst und abnahmst.
Denn wo ist jetzt deine ehemalige wundervolle Gestalt, die Schönheit deines ganzen Leibes? Wo gilt noch jenes Zeugnis der Heiligen Schrift, das da von deinen lebendigen Tugenden rühmt: ‚Die große Zahl der Gläubigen war ein Herz und eine Seele, und nicht einer bezeichnete etwas von dem, was er besaß, als sein Eigentum' (Apg 4,32)? Von diesem Zeugnis – Gott sei es laut geklagt! – besitzest du nur mehr die geschriebenen Worte, nicht mehr die innere Kraft; nur mehr durch dein Wissen stehst du ihm nahe, im Gewissen stehst du ihm fern.“[199]

(2) Befriedung religiöser Erwartungen

Die (pastorale) Praxis der Kirche wird nicht nur vom überlieferten („reinen“) Evangelium geformt, sondern auch von den Erwartungen der Menschen in, aber auch außerhalb der Kirche(n). Erwartung der Menschen und Auftrag Jesu stehen freilich zueinander in einer erheblichen unaufhebbaren Spannung.[200] Diese Spannung nehmen insbesondere jene wahr, die von Amts wegen für eine evangeliumsgemäße Praxis der Kirche verantwortlich sind.
So sagen Pfarrer, daß viele Leute heute von ihnen bei der Geburt eines Kindes ein Taufritual wünschen, das mit dem Sakrament der Kirche ihrer Ansicht nach nur wenig gemein hat. Die Trauung wiederum werde von den Leuten als kirchliche Verschönerung der weltlichen Hochzeit angesehen, was auch nicht den überlieferten Auffassungen in der Kirche entspreche. Manche Priester fühlen sich bei diesen Amtshandlungen (Kasualien) mehr als Zeremonienmeister bei allgemein religiösen Feiern denn als Anwälte des Evangeliums. Das, was die Leute von ihnen erwarten, sei etwas (ganz) anderes als das, was sie zu tun beauftragt sind.

[199] Zitiert nach Pesch, Zwischen Karfreitag und Ostern, 90f.
[200] Kirche und Priester.

Ein solcher Handlungskonflikt kirchlicher Amtsträger wird in der Forschung „pastoraler Grundkonflikt" genannt. Was hier zusammenstößt, das ist auf der einen Seite das Hauptziel der Kirche, die Evangelisierung, und das sind auf der anderen Seite die (menschheitsgeschichtlich gewachsenen und biographisch ererbten) religiösen Erwartungen der Leute. Die „Befriedung ihrer religiösen Erwartungen" geht unweigerlich in die Praxis der Kirche ein und wird zu einem wichtigen Nebenziel: Viele Kirchenmitglieder sind mehr über ihre „religiösen Erwartungen" denn über das Evangelium an ihre Kirche gebunden.

Die Frage dieses Abschnittes ist, wie sich das Hauptziel der Evangelisierung zum Nebenziel der Befriedung religiöser Erwartungen verhält. Um darauf eine begründete Antwort geben zu können, ist zunächst darzustellen, was die „Leutereligion" ist. Sodann untersuchen wir den Zusammenhang zwischen der „Leutereligion" und dem Evangelium. Sollten jene Recht behalten, die, um die Erreichung des Hauptziels der Evangelisierung zu sichern, für ein „religionsloses Christentum"[201] plädieren? Steht die menschliche Religiosität zum christlichen Glauben in einem unaufhebbaren Widerspruch? Wir werden sehen, daß die Beziehung zwischen der Leutereligion und dem christlichen Glauben ambivalent ist.

(a) Leutereligion

Bei der Analyse der „Leutereligion"[202] stützen wir uns auf reiches religionssoziologisches Datenmaterial. Zu dessen Systematisierung bedienen wir uns wissenssoziologischer Erkenntnisse.

1. Die Leutereligion ist ein Teil des menschlichen Unterfangens, zu einem einigermaßen guten und befriedigenden Leben zu finden. Der Stoff, aus dem sich Leutereligion bildet, der Boden, auf dem sie wächst, ist das Leben der Leute. Die wichtigen Lebenserfahrungen (wie Geburt, Tod, Sterben, Liebe, Sexualität, Gewalt) sind entweder hoffnungsvoll oder angstgeladen. Sie sind ambivalent, zwiespältig. Mit dieser Zwiespältigkeit des Lebens hat die Religiosität der Leute zu tun.

Den meisten Menschen kommt die Zwiespältigkeit ihres Lebens heute in den alltäglichen Lebenssituationen kaum ins Bewußtsein. Aber „außeralltägliche" Lebenserfahrungen sind nach wie vor religiös „trächtig", religionsproduktiv: so die Phasen verdichteten Lebens, jene Mo-

[201] Thils, Christentum ohne Religion?

[202] Zulehner, Leutereligion. – Ders., Religion. – Schmidtchen, Was den Deutschen heilig ist. – Ders., Gottesdienst in einer rationalen Welt. – Vgl. auch: Wie stabil ist die Kirche? – Was wird aus der Kirche?

mente also, die wir Feste nennen sollten, und die Krisen, in denen es Wachstum wie Absterben des Lebens gibt. Bevorzugter Wahrnehmungsort der Religion sind also die wichtigen Übergänge des privaten oder kollektiven Lebens. Die nachweislich stärkste religiöse Erwartung entwickeln die Menschen rund um die Lebensknotenpunkte Geburt und Tod.[203] Religiös werden viele Leute auch anläßlich der Heirat, in Krankheit und anderen persönlichen Lebenskrisen, in Alter und Sterben. Religiös werden Leute zum Jahreswechsel, in Kriegs- und Krisenzeiten, zur Jahrhundert- oder Jahrtausendwende.

Zu solchen Lebensübergängen wird die Zwiespältigkeit menschlicher Existenz stärker als sonst bewußt. Hoffnungen sind ebenso gegenwärtig wie deren Bedrohungen. Eltern haben viele Wünsche und Hoffnungen, wenn ein gewolltes Kind geboren wird. Doch lagern neben diesen Hoffnungen auch dunkle und unzähmbare Ängste um die Zukunft des Kindes. Der Tod eines nahestehenden und geliebten Menschen erschüttert die Lebenswelt des Hinterbliebenen besonders dann, wenn der Tote und der Hinterbliebene diese Welt gemeinsam geschaffen und bewohnt haben. Mit dem Toten geht ein Teil der gemeinsamen Lebenswelt zugrunde. Der Tod des Verstorbenen bedroht somit den Bestand der Welt des Hinterbliebenen. Wenn Menschen anfangen, ihre Lebensgeschichten zu verknüpfen und eine gemeinsame Lebenswelt einzurichten, dann sind nachweislich hohe Erwartungen, bei jungen Menschen zumeist zu hohe, vorhanden. Der alte Traum, mit einem Menschen anderen Geschlechts in Frieden alt zu werden, im Zusammensein mit ihm „ganz" (schalom) zu werden, wird mit dem Einzug in eine gemeinsame Wohnwelt verbunden. Der Eintritt in die gemeinsame Wir-Welt war menschheitsgeschichtlich identisch mit der Heirat. Heute ängstigt dieser Schritt viele, obwohl sie den Traum, mit einem anderen Menschen in Frieden alt zu werden, nicht begraben haben. Sie fragen: Wird es gutgehen? Wird der andere, werde ich selbst treu sein? Werden wir uns nicht eines Tages so sehr auseinanderentwickeln und einander fremd werden, daß wir nicht mehr in Frieden zusammenbleiben können? Wiederum zeigt sich, wie wichtige Lebenssituationen aufgeladen sind mit Träumen und Hoffnungen ebenso wie mit Befürchtungen und Ängsten. Dies ist gemeint, wenn das Leben des Menschen, eingespannt zwischen Leben und Tod, als ambivalent erlebt und erlitten wird.

Eine Variation der Ambivalenz unseres Daseins sind die Maßlosigkeit unserer Sehnsucht und die zugleich gemachte Erfahrung, daß nichts in unserem Leben unsere Sehnsucht ganz und auf Dauer stillen kann. So

[203] Zulehner, Heirat, Geburt, Tod. – Ders., Übergänge zum Leben. – Kleinheyer, Riten um Ehe und Familie.

bleibt dem Menschen, der stets über das hinauswünscht, was er erlebt, ein leidvoller Überschuß an Sehnsucht. Auch mit diesem Leiden an der Endlichkeit und Begrenztheit unserer Lebenserfahrungen hat die Leutereligion zu tun. Zurecht sehen daher neuere Religionstheorien Religion in Verbindung mit der Vergänglichkeit, mit der Kontingenz des menschlichen Daseins.[204] Religiöses Handeln dient dann der „Kontingenzbewältigung", religiöse Praxis wird zur „Kontingenzbewältigungspraxis".[205]

(b) Die Leutereligion ist ein Teil der Auseinandersetzung des Menschen mit der tiefen Ambivalenz seines Lebens, mit seinem Eingespanntsein zwischen Hoffnungen und Ängsten. Das religiöse Tun soll den Menschen auf die Seite des Lebens, der Hoffnung und des Lachens bringen und den Tod, die Bedrohung und die Tränen zurückdrängen. Peter L.Berger hat für diese fundamentalen Erwartungen der Menschen an Religion zwei alte religiöse Bilder aufgegriffen: das vom „heiligen Baldachin" und das vom „heiligen Schild":[206]

– Unter einem „heiligen Baldachin" wird geschützt, was uns Menschen wichtig ist. Die jüdische Hochzeit findet unter einem Baldachin statt. Katholiken tragen am Fronleichnamsfest unter einem solchen „Himmel" das Allerheiligste durch die freie Natur. Lange Zeit befanden sich über den bischöflichen Stühlen in den Kathedralen Baldachine.

– Der „Schild" wiederum diente früher zur Abwehr von Speeren, Lanzen und Pfeilen. In Psalmen wird Gott als Schild gepriesen, der die Gerechten in seinem Volk vor Unheil schützt.

Die Leute erwarten also von der Religion, daß sie wie ein heiliger Baldachin birgt und schützt, was ihnen heilig ist, und daß sie abwehrt, was sie bedroht. Religion wird erwünscht als Baldachin für Hoffnungen und als Schild gegen die bedrohlichen dunklen Mächte, die menschliches Leben zu verschlingen drohen.

Diese „Funktion" der Leutereligion als „Schutz und Schirm" wird in einzelnen Umfragedaten erkennbar. Hohe Zustimmung finden Sätze wie:

– *Man kann zu Gott beten und neue Kraft schöpfen (65 %).*[207]

– *Ohne Religion verliert man die Hoffnung (51 %).*

[204] Luckmann, Das Problem der Religion. – Schütz, Luckmann, Strukturen der Lebenswelt. – Schütz, Religion in den Gegenwartsströmungen. – Vgl. die Diskussion im 13. Salzburger Humanismusgespräch 1986 „Mythos, Religion und Wissenschaft in der Postmoderne": Seeber, Schwellenerfahrungen.

[205] Lübbe, Säkularisierung. – Ders., Zeit-Verhältnisse. – Ders., Religion. – Luhmann, Funktion der Religion. – Ruh, Säkularisierung.

[206] Berger, Zur Dialektik.

[207] Die Zahlen beziehen sich auf alle befragten Österreicher.

– *Wenn der Glaube in der Ehe fehlt, fehlt auch das gegenseitige Vertrauen (54%).*
– *Der Glaube hilft mir über viele Ehekrisen hinweg (51%).*
– *Die Religion ist für mich ein Trost in den Nöten des Lebens (50%).*[208]

(c) „Religion" erfüllt die „Funktion", „heiliger Baldachin und heiliger Schild" zu sein, indem sie das „Wissen" um eine andere, bergende, heilende, „heilige" Welt eröffnet. Bewohnt wird diese andere „Welt" von einem höheren Wesen, das in der christlichen Sprachtradition Gott genannt wird. Daß es einen Gott gibt, wird von den Leuten so begründet:
– *Ich glaube, daß es einen Gott gibt, denn irgend jemand muß die Welt erschaffen haben (77%).*
– *Es muß Gott geben, weil es ein Gewissen gibt (62%).*
– *Gott leitet das Leben eines jeden Menschen (56%).*[209]

Wesentliches Merkmal der „Welt Gottes" ist, daß es in ihr keinen Tod mehr gibt; sie ist daher eine Welt jenseits des Todes, eine „jenseitige" Welt. Sinn dieser Jenseitigkeit ist es, die nagende Sinnlosigkeit des Todes als unerbittliches Ende, nach dem nichts mehr erhofft werden kann, zu überwinden. Indem die Leute sich mit Hilfe der Religion in eine Welt hineindefinieren, die umfassend, also grenzenlos ist, wird das Leiden an der Begrenzung dieses Lebens durch den Tod besiegt. Aus dem sinnlosen Ende des Todes wird ein Durchgang, eine Geburt zu einem Leben, das bleibt.[210]

(d) Leute versuchen, ihr mit Hoffnungen besetztes und von Ängsten bedrohtes Leben mit der bergenden „heiligen Welt Gottes" in Berührung zu bringen. Damit verbindet sich der Wunsch, daß die Merkmale der Welt Gottes auf ihre jetzige Lebenswelt übergreifen, daß ihr Leben „heil" wird.

Ein Vergleich der Merkmale menschlichen Lebens mit den Eigenschaften der „heiligen Welt Gottes" macht verständlich, was die Leute von dieser religiösen Berührung mit der heiligheilen Welt Gottes erhoffen:

Menschliches Leben	„Welt Gottes"
begrenzt	unbegrenzt
zerbrechlich	fest
alltäglich	außeralltäglich
unheil	heil
„weltlich"	„heilig"

208 Zulehner, Religion, 37.
209 Zulehner, Religion, 39.
210 Zulehner, Religion, 40.–58% bejahen den Satz: „Ich hoffe, daß es ein Weiterleben nach dem Tode gibt."

Gelingt es, Leben in die bergende Welt Gottes einzuordnen, dann kommt dieses Leben in „Ordnung“. Die Wissenssoziologie nennt den Vorgang der Plazierung des Lebens in eine geordnete Welt „Nomisierung“; „nomos“ bedeutet dabei eine sicher, vorhersehbare und daher bewohnbare und angstarme Lebenswelt, die vor dem bedrängenden Chaos und der stets waltenden Unsicherheit gefeit ist.[211] Gemeint ist jene Ordnung, welche eine Mutter beschwört, wenn sie ihrem Kind, das im Dunkel schreit, zuruft: „Sei still, es ist alles in Ordnung!“ Die Wirklichkeit, wie sie ist, gibt für diesen Trost keine Grundlage ab. Begründet wird solch mütterlicher Trost durch die Ahnung von einer bergenden Ordnung, die unser Chaos umgreift.[212]

(e) Die Leute wollen nicht nur für ihr Kind, für ihre Ehe, für ihre Toten, sondern auch für Haus und Felder, Brot und Beruf den „Segen Gottes“ bekommen. Sie wünschen dies auch sinnenhaft zu erfahren. Dazu werden die „Welt Gottes“ und die Einordnung in sie sinnhaft inszeniert. Das geschieht in den „religiösen Ritualen“. Die Leute haben deshalb auch den Wunsch nach solchen Ritualen, die vor allem rund um die Lebenswenden angesiedelt sind, weil vor allem diese Lebensübergänge religionsproduktiv sind. Übergangsriten erfreuen sich hoher Beliebtheit.[213]

Riten bearbeiten – psychoanalytisch gesehen – tiefsitzende menschliche Grundambivalenzen wie Liebe, Sexualität, Macht oder Tod.[214] Sinnlich-rituelle Vorgänge holen die bedrohlichen Zwiespältigkeiten unseres Daseins aus unbewußten Tiefen hervor, machen sie bewußt und bearbeitbar. Sie „können“ dies, weil sie an der Schnittstelle zwischen dem Bewußten und Unbewußten angesiedelt sind. Bearbeitet werden die menschlichen Grundambivalenzen aber nicht kognitiv mithilfe argumentativer Rationalität, sondern mit der ganzheitlichen Kraft vorverbaler Riten und der mit ihnen verwobenen Mythen. Die Riten liegen aber nicht nur an der Schnittstelle zwischen Unbewußtem und Bewußtem, zugleich zwischen dem Individuellen und dem Kollektiven. Die Riten und Mythen sind Erfahrungsschätze der Menschheit. In ihnen stellt die menschliche Gemeinschaft dem einzelnen ihre im Lauf der Jahrhun-

[211] Berger, Luckmann, Die gesellschaftliche Konstruktion, 105.

[212] Berger, Auf den Spuren der Engel, 85.

[213] „Sehr wichtig“ ist den Leuten, daß die Kirche Kinder tauft (68%), Begräbnisse hält (66%), Trauungen feiert (59%), also zu den Lebensübergängen Rituale anbietet: Zulehner, Religion, 50–54.

[214] Lorenzer, Das Konzil der Buchhalter, 23–48: Kultur als Symbolsystem. – Vgl. auch das Symposion von Pastoraltheologen mit Lorenzer, dokumentiert in: Pastoraltheologische Informationen 14, 3 (2/1983). – Als philosophischer Hintergrund vgl. Cassirer, Was ist der Mensch. – Ders., Philosophie. – Ders., Wesen des Symbolbegriffs. – Langer, Philosophie. – Zur Symbol-Praxis: Scharfenberg, Kämpfer, Mit Symbolen leben.

derte gesammelte Erfahrung im Umgang mit Macht, Liebe und Tod zur Verfügung.[215]

Um den Menschen in seinen Grundambivalenzen mit der bergenden und schützenden Welt Gottes sinnenhaft erfahrbar in Berührung zu bringen, sind die religiösen Rituale dieser Funktion entsprechend inszeniert:

– Einerseits kommt der Mensch vor, das, woran ihm liegt, seine Geschichte, die im Zeitraffer dargestellt wird: im Geburts-Ritual das Kind, das die Eltern lieben, an dem ihnen liegt, um dessen Zukunft sie besorgt sind; im Hochzeits-Ritual das liebende Paar, das seine Liebe besiegelt; im Begräbnis-Ritual der Tote, mit ihm auch die trauernden Hinterbliebenen, in den Tod des Geliebten mithineingezogen.

– Andererseits (re-)präsentieren szenische Elemente der Riten die „ganz andere", transzendente Welt Gottes; sie setzen sie symbolisch gegenwärtig. In den religiösen Ritualen, die man „heilige Lebensspiele" nennen kann, werden menschliches Dasein und Gottes Gegenwart sinnenhaft zueinandergebracht. „Segen" wird erfahrbar. Über das Leben wird Gutes gesagt (wie es das lateinische Wort „bene-dicere" ausdrückt).

Diesen zwei Grunderfordernissen religiöser Rituale (das menschliche Leben darzustellen und die sinnlich nicht zugängliche Welt Gottes und die Berührung mit ihr sinnenhaft erfahrbar zu machen) entspricht ihre Ausstattung und Inszenierung. Die Darstellung des Lebens in geraffter und verdichteter Form ist relativ einfach. Zumeist sind die Menschen selbst gegenwärtig und werden zu aktiven Mitspielern in den heiligen Lebensspielen. Die Präsentation der außersinnlichen Wirklichkeit Gottes aber geschieht durch eigene (sinnliche) Symbole[216], Zeichen und Handlungen. Gemeinsam ist ihnen, daß sie die Erfahrung des Anderen, des Numinosen, als „tremendum" und „fascinosum"[217] vermitteln:

– Die fremde und andere Welt Gottes wird in den Ritualen sinnen-

[215] Psychoanalytische Riten-Theorie fängt viele wirksame Momente der Rituale ein. Ihre Erkenntnisse dürfen von einer praktisch-theologischen Ritustheorie nicht leichtfertig übersehen werden. Doch können zumal die religiösen Riten nicht ohne ihren Bezug auf die bergende „Welt Gottes" hinreichend verstanden werden. Die atheistische Theorie der religiösen Riten übersieht allzuleicht, daß ohne die erfahrene Berührung mit der zuverlässigen Welt Gottes sich die religiösen Rituale am Ende als leere Selbsttäuschung erweisen. Das Münchhausen-Syndrom würde sich wiederholen. Atheistische Rituale wären der tragische Versuch des endlichen Menschen, sich selbst aus seiner Endlichkeit zu befreien.

[216] Vgl. Schupp, Glaube – Kultur – Symbol. – Zadra, Schilson, Symbol und Sakrament. – Hutter, Religiöse Symbolik und Seelsorge. – Vgl. auch Themenhefte wie: Symbole und Mythen; Symbolhandlungen. – Symbol und Glaubensvermittlung.

[217] Otto, Das Heilige.

haft dargestellt durch eine fremdartige Sprache, sei sie nun eine unverständliche (Griechisch, Latein; Lutherdeutsch, Altenglisch) oder eine besonders enthobene. Die Sprache der Liturgen und Prediger ist in Wortwahl und Tonfall „außeralltäglich". Der Streit um die Muttersprache bzw. das Latein im Gottesdienst hat mit dieser Funktion der Sprache zu tun, eine „heilige Welt" zu repräsentieren. Ein Katholik stellte nach der Einführung der Muttersprache auf dem Konzil die Frage: Geschieht denn jetzt noch etwas bei der Wandlung? Ich verstehe doch, was der Priester sagt. Jetzt ist das doch kein „Hokuspokus" mehr.[218]

– Die sinnliche Präsentation der anderen Welt Gottes geschieht auch durch den außeralltäglich, festlich eingerichteten (Kirchen-)Raum, in dem die Rituale gefeiert werden.[219] Bevorzugt sind „heilige Orte" wie Wallfahrts- oder Erscheinungsorte.

– Zu den Requisiten der Inszenierung des Heiligen gehört die eigene Musik.[220] Das Heilige riecht auch anders: Der Weihrauch hat außer hygienischen Gründen auch den Sinn, die Vertreibung gegengöttlicher Mächte darzustellen, die dämonisch sind und den Menschen krank machen.[221]

– Eine wichtige Rolle bei der Inszenierung der Berührung von Menschen mit Gott spielt der „Priester".[222] Er ist der Bootsführer in den heiligen Fahrzeugen, mit denen die Menschen in Gottes Welt hineinzugelangen versuchen. Aus der Sicht der Leute sind es jene, die wegkundig sind, die das alte religiöse Wissen bewahren, wie man den verborgenen Weg in Gottes Welt hineinfindet. Die Priester werden daher mit einem Schleier des Geheimnisses umgeben, sie gelten als Träger eines heiligen Wissens und einer daran gebundenen heiligen Macht. Daß sie mit der Welt Gottes in Berührung sind, wird auch daran festgemacht, daß diese „Priester" bzw. "Priesterinnen" anders leben, zumeist auch ehelos, als „heilige Außenseiter".[223] Allerdings gibt es religionsgeschichtlich daneben auch die andere Tradition: Ehelos Lebende feiern im rituellen Raum eine „heilige

218 „Hokuspokus", eine Mundart-Verballhornung der lateinischen Wandlungsworte der katholischen Messe: „Hoc est enim corpus meum."

219 Zum liturgischen Raum: Reifenberg, Fundamentalliturgie, 312–385.

220 Reifenberg, Fundamentalliturgie, 107–116.

221 Zum Weihrauch und allgemein zum Duftsinn im Gottesdienst vgl. Reifenberg, Fundamentalliturgie, 171–181.

222 Zur Leute-Erwartung an Priester und zum Selbstverständnis der Priester vgl. die Umfragen: Priester zwischen Anpassung und Unterscheidung. – Kirche und Priester. – Zulehner, Graupe, Wie Priester heute leben.

223 Vgl. Holl, Der Priester als heiliger Außenseiter. – Umfrage unter Priesteramtskandidaten. – Dazu Zulehner, „Tendenzwende" im Nachwuchs. – Ders., Kriterien der Zulassung.

Hochzeit", um die belebende Vereinigung der Menschen mit Gott darzustellen.

(f) Ein wichtiger Baustein der Leutereligion ist die „religiöse Gemeinschaft". Drei Dienste erwarten die Leute von ihr:

– Zunächst muß sie das Wissen um die Welt Gottes in Erinnerung halten. Die befragten Religiösen wünschen: „Die Kirche soll sich Gedanken über Gott machen."[224] Die religiöse Gemeinschaft hat das Wissen um die in der sinnlichen Erfahrung nicht zugängliche Welt Gottes glaubwürdig („plausibel") zu machen. Deshalb definiert die Religions- und Wissenssoziologie die religiöse Gemeinschaft „Plausibilitätsstruktur" für das sinnenhaft nicht überprüfbare Wissen um die außeralltägliche Wirklichkeit der heiligen Welt Gottes.

– Sodann stellt die religiöse Gemeinschaft die religiösen Rituale bereit, sorgt für deren Inszenierung und für die Priester, die dazu benötigt werden.

– Schließlich ist die religiöse Gemeinschaft selbst eine Art Dauerritual. Zu ihr zu gehören macht erfahrbar, daß man mit der bergenden Wirklichkeit Gottes in Berührung ist und in ihr „letzten Halt" findet.[225] Von hier aus wird verständlich, wenn viele Kirchenmitglieder sagen: „Ich trete auch dann nicht aus der Kirche aus, wenn ich mit ihrer Lehre nicht mehr übereinstimme"(53 %).[226] Nach Gründen befragt, was ein Kirchenaustritt für sie mit sich bringen würde, sagten evangelische Kirchenmitglieder: Wir bräuchten dann zwar keine Kirchensteuer mehr zu bezahlen, bekämen aber auch kein kirchliches Begräbnis und würden den „letzten Halt" verlieren.[227]

(g) Es gehört zu den zentralen Befunden der Studien über die Religiosität der Leute, daß sie vor allem über die „Leutereligion", wie wir sie beschrieben haben, an eine der herkömmlichen Großkirchen gebunden sind. Als Regel kann gelten: Je religiöser jemand ist, um so eher ist er auch mit einer Kirche in Verbindung. Fehlt hingegen einem Menschen – aus biographischen oder kulturellen Gründen – der Zugang zur (Leute-) Religion, dann ist ihm meist auch der Zugang zur Kirche als religiöser Gemeinschaft versperrt.[228]

Dieser häufig anzutreffende Zusammenhang zwischen der Leutereligion und der Kirchlichkeit bedarf einiger Differenzierungen:

[224] Zulehner, Religion, 48: Wenn es keine Kirche gäbe, würde bald niemand mehr „sich Gedanken über Gott machen": 59%.

[225] Zulehner, Religion, 13–16, auf der Basis der 36–Werte-Analyse in: Schmidtchen, Zwischen Kirche und Gesellschaft, 40ff.

[226] Zulehner, Religion, 56.

[227] Vgl. dazu: Wie stabil ist die Kirche?, 126.

[228] Zulehner, Religion, 46–48.

– Die herkömmlichen Großkirchen verlieren zur Zeit ihr geschichtlich gewachsenes und lange Zeit auch gesellschaftlich garantiertes „Religionsmonopol". Andere religiöse Gemeinschaften haben begonnen, wirksam mit ihnen zu konkurrieren. Vor allem fernöstliche Religionen und Jugendsekten erfreuen sich aus vielfältigen Gründen[229] wachsender Beliebtheit. Dazu kommen in jüngster Zeit noch andere „religiöse Häuser", in denen sich die zunehmend „kirchlich unbehauste", also „vagabundierende" Leutereligion einnistet: esoterische Zirkel, anthroposophische Runden, Psycho-Kulte.[230] Auch gesellschaftliche Bewegungen sind zunehmend religiös aufgeladen, so die Friedens- und die Ökologiebewegung.[231]

– Selbst innerhalb der christlichen Großkirchen hat die Leutereligion eine verschiedenartige Gestalt. Typologisch lassen sich unterscheiden: Kirchenmitglieder, die religiös im Sinn der Kirche sind (ihre religiösen Erwartungen sind durch das Evangelium geformt), und Kirchenzugehörige, die religiös im Raum der Kirche sind (bei ihnen hat das in der Kirche überlieferte Evangelium ihre in die Kirche mitgebrachte Religiosität kaum verändert). Dazu kommen areligiöse Kirchenmitglieder, die, ohne religiös zu sein, dennoch in der Kirche bleiben.

– Die Leutereligion ist in der Bevölkerung unterschiedlich verbreitet. Die Daten machen es möglich, eine Art religiöser Landkarte zu zeichnen. Vor allem in den städtischen Regionen leben viele Menschen, die auch im Sinn der „Leutereligion" nicht mehr als religiös gelten können. Zwar verstehen sich in traditionell christlichen Ländern die Bürger immer noch mehrheitlich als „religiös";[232] es besteht so etwas wie ein sozialer „Konformitätsdruck" in Richtung auf „religiös".[233] Dieser kulturelle Zustand trifft allerdings auf hochindustrialisierte verstädterte Regionen nicht mehr zu. Hier sind die „wenig Religiösen" zahlenmäßig in der Mehrheit. Es entsteht daher auch kein Konformitätsdruck mehr, sich selbst auch dann noch als religiös auszugeben, wenn man es nicht mehr ist.[234]

229 Zulehner, Jugendreligionen.
230 Bopp, Psycho-Kult.
231 Zulehner, Kirchliche und außerkirchliche Religiosität.
232 Contrasting Values, 46f.
233 Vgl. Boos-Nünning, Dimensionen der Religiosität.
234 Zulehner, Religion, 198.

(b) Ambivalenz der Leutereligion

Kirchliche Alltagspraxis wird vor allem rund um die Lebenswenden von der Leutereligion mitgeformt. An den Lebensübergängen Heirat, Geburt und Tod entspringt der Leutereligion die Bitte um die religiösen Übergangsrituale. Angesichts dessen fragen theologisch geschulte Seelsorger/innen: Dürfen diese Bitten der Leute um religiöse Riten überhaupt erfüllt werden? Besteht nicht zwischen den religiösen Riten und den Sakramenten christlichen Glaubens ein drastischer Unterschied? Da die Leutereligion durch die Kirchenmitglieder in die kirchliche Praxis eingeht, stellt sich die Frage nach einem praktisch-theologisch verantwortlichen Umgang mit ihr.

(a) In den Forschungsdaten fällt auf, daß das Verhältnis der Leutereligion zum christlichen Glauben nicht spannungsfrei ist:

– *Da sagen die Leute, daß sie selbst dann nicht aus der Kirche austreten, wenn sie mit ihren Lehren überhaupt nicht übereinstimmen (53 %).*[235]

– *Sie stimmen mehrheitlich dem Satz zu, daß jede Religion im Grunde gleich wahr und gut ist.*[236] *Der Glaube an Jesus Christus spielt für die Leutereligion keine besondere Rolle.*

– *Die Leute wählen aus dem Glaubenskosmos ihrer christlichen Kirche nur jene Anteile aus, die zu ihren religiösen Erwartungen passen. Unpassende, störende, kritische Momente lassen sie aus, übergehen sie, lehnen sie ausdrücklich ab. Sie sind also „religiös in der Kirche", aber nicht „im Sinn der Kirche". Ausgewählt werden die Übergangsriten, beibehalten wird das Dauerritual der Zugehörigkeit. Lebensmäßige Konsequenzen, zumal wenn sie Zumutungen über die liberale Bürgerlichkeit hinaus oder gegen die materialistische Kultur sind, bleiben „unerhört".*

– Anders formuliert: Die Leutereligion sucht mit Hilfe der Religion Trost, Halt, letzte Verankerung des Lebens, Lebensstabilität. Sie ist hingegen für die biblischen Themen Umkehr, Exodus, Aufbruch, Treue wider alle Treulosigkeit, Teilen mit den Armen, Versöhnung mit den Feinden, Einsatz wider Ungerechtigkeiten verschlossen. Die Leutereligion ist eher eine private, innerliche Angelegenheit, von den Bereichen des öffentlichen Lebens in Wirtschaft, Politik und Kultur säuberlich getrennt, eingebunden in die persönliche, bestenfalls noch familiäre Biographie.[237]

[235] Diesem Satz stimmten 1980 in Österreich 53% zu: Zulehner, Religion, 155.

[236] Zulehner, Religion ohne Kirche, 25.

[237] Kulturell erweist sich damit die gegenwärtige Leutereligion als menschliche Religiosität in Gestalt liberalen Bürgertums. Ihre Benennung als „Bürgerreligion" (Religion des Bürgers. – Müller, Bürgertum und Christentum), „bürgerliche Religion" (Metz, Jenseits bürgerlicher Religion. – Unsere Hoffnung.) oder „religion civile" (vgl. die bürgerliche Religionstheorie

(b) Die Leutereligion ist ein zentrales Moment menschlicher Daseinsbewältigung. Grundambivalenzen, die für menschliches Leben charakteristisch sind, werden mithilfe religiöser Rituale bearbeitet. Die Grundambivalenzen des Menschen gehen dabei in die Religion ein, die ihrerseits eine Antwort auf sie ist. Eine theologische Kritik der Leutereligion kann dann durchaus fragen, ob die Bearbeitung der Grundambivalenzen, wie sie von der Leutereligion praktiziert wird, zielführend ist. Die Kritik des religiösen Weges der Leute darf aber nicht zur Kritik des Menschen selbst führen, der Ambivalenz seines Lebens und seiner redlichen Versuche, damit fertigzuwerden. Die Kritik an der religiösen Zähmung der Daseinsangst darf nicht zur Kritik an der Angst selbst ausarten. Denn die Daseinsangst gehört unablösbar zur menschlichen Existenz. Solche Unterscheidung erleichtert die kritische Auseinandersetzung mit einzelnen Anteilen der Leutereligion.
(c) Bei der theologisch verantwortlichen Gestaltung kirchlicher Praxis im Umkreis der Leutereligion sind folgende kritische Bedenken zu beachten:
– Die Leutereligion steht in Gefahr, statt wahren Trostes nicht mehr als rituelle Vertröstung zu bringen. Mag sein, daß manche mit dem Zugewinn psychischer Tröstung durch Rituale zufrieden sind. Aus der Sicht des Glaubens aber muß die in der Vertröstung enthaltene Selbsttäuschung aufgedeckt werden. Der wahre Trost der Religion entspringt nicht allein menschlich inszenierten therapeutischen Ritualen, sondern dem (unsinnlichen) Handeln Gottes am Menschen, das durch die Rituale sinnenhaft erfahrbar gemacht werden soll. Die Kirche selbst ist nach eigenem Verständnis der geschichtliche Ort, an dem das in Jesus sinnenhaft gewordene Handeln Gottes präsent bleibt.
– Die Leutereligion ist privatistisch: Sie führt Menschen in religiösen Gemeinschaften nur sporadisch zusammen, zu einer Verbindung der Religiösen untereinander führt sie nicht. Anders christlicher Glaube: Er ist kirchenbildend, er holt die Glaubenden gerade aus ihrem religiösen Heilsindividualismus heraus und fügt sie zu einem Volk zusammen, in dem das heilende Tun Gottes erfahren und gepriesen wird. Er läßt Gottes Heilshandeln erfahrbar werden: in der Geschwisterlichkeit, in der Überwindung von Armut, im Einsatz für eine gerechte Verteilung der Lebenschancen unter allen Menschen.
– Die Leutereligion begünstigt eine Gestalt kirchlicher Praxis, damit verbunden eine Form des kirchlichen Amtes, die mit dem christlichen Verständnis nicht vereinbar ist: die Versorgung „religiös Bedürftiger"

von Durkheim, Die elementaren Folgen. – Auch: Luckmann, The Invisible Religion.- Ders., Das Problem der Religion. – Luhmann, Funktion der Religion) ist damit durchaus berechtigt.

mit „religiösen Ritualen“ durch „Priester“. In der Leutereligion findet sich das Syndrom religiöse Gemeinschaft – religiöse Riten – religiöse Ritendiener. Die Kirchenwahrnehmung der im Sinn der Leutereligion religiösen Bürger wird auf das Syndrom Kirche-Priester-Sakramente festgelegt. Haupterwartung der im Sinn der Leutereligion Religiösen ist eine Kirche, die die Leute durch ihre Priester und Sakramente versorgt. Kirche wird so zur Versorgungskirche. Sie wird, wie es ihre marxistischen Kritiker formuliert haben, eine Anstalt zur Befriedung religiöser Bedürfnisse. Religiöse Bedürfnisse, so der Marxismus, würden aber mit der Beseitigung des Elends ebenso wie das an das gleiche Elend gebundene Bedürfnis der Verelendeten nach Alkohol vergehen.[238]

Die Kritik von Karl Marx an der Leutereligion ist offenbar aus der Erfahrung eines leutereligiös überformten pietistischen Christentums in der Gegend von Trier gewachsen.[239] Sie ist aber verwandt mit der theologischen Kritik an der Leutereligion. Denn ist die Praxis der Kirche wirklich nicht mehr als eine Bewußtseinsdroge für Verelendete, Opium des Volks? Wo bleibt die befreiende Kraft des Evangeliums? Gerade hier zeigt sich die Zwiespältigkeit der Leutereligion. Wer wollte denn auch das Elend der Menschen kritisieren, aus dem heraus religiöse Bedürfnisse erwachsen? Doch ist christlicher Glaube mehr als eine zynische Vertröstung bei gleichbleibendem Elend. Der Mensch wird provoziert, unter den Augen Gottes und mit seiner Kraft das Elend selbst zu beheben oder wenigstens einzudämmen, das Leben und seine Verhältnisse zu verändern. Ziel des Evangeliums ist der neue Mensch, wie er unter den Augen Gottes werden kann, nicht aber religiöse Vertröstung des alten Menschen unter dem Baldachin der Leutereligion.

– Damit stoßen wir auf die wichtigste theologische Problematik der Leutereligion: Mit welchem Gott bringt sie die Menschen in Berührung? Der religionskritische Verdacht, daß es am Ende nur ein selbstgemachter, ein projektiver Gott ist, kann nicht leichtfertig abgewiesen werden. Es ist ein „Gott, der uns dient, nicht dem wir dienen“.[240] Die Genese der Leutereligion begünstigt solch projektive Vorgänge, entspringt sie doch dem menschlichen Leben selbst. Leutereligion ist das Ergebnis einer grandiosen Wirklichkeitskonstruktion, der Errichtung eines unbegrenzten Kosmos, in dem der Mensch Tod und Endlichkeit bezwingt. Könnte es da nicht sein, daß der Mensch beim Unternehmen

238 Zulehner, Kirche und Austromarxismus. – Vgl. Vandervelde, Alkohol, Religion, Kunst.
239 Tucker, Karl Marx.
240 So wurde es in der Auswertung einer Studie über das Religions- und Kirchenverständnis der Deutschen aus dem Jahr 1986 formuliert: Zulehner, Das Gottesgerücht, 46–56.

der Ordnung einer bewohnbaren Lebenswelt am Ende doch nur bei sich selbst bleibt, auch wenn er diese seine Wirklichkeit, die er geschaffen hat, von einem „höheren Wesen" mitbewohnen läßt, das er in der christlichen Sprachtradition Gott nennt? Was haben dann aber der Gott menschlicher Wirklichkeitskonstruktion und der wahre Gott biblischer Geschichte gemeinsam? Wiederum: Auch in den Projektionsvorgängen ist am Ende die „Gottbedürftigkeit" des Menschen enthalten; sie können Ausdruck der menschheitsalten Suche nach Gott und Spur des Handelns Gottes am Menschen sein. Doch ist damit noch nicht die Frage entschieden, bei welchem Gott diese Suche anlangt. Die Möglichkeit ist ebenso alt wie gefährlich, daß am Ende der Mensch nicht den rettenden Gott, sondern nur ein von ihm geschaffenes höheres Wesen erreicht, das ihn doch nicht retten kann. Die Leutereligion würde dann zu einem großartigen Versuch menschlicher Selbsterlösung, ein Versuch, der zum Scheitern verurteilt ist. Der Trost des Evangeliums schrumpft zu einer gefährlichen Vertröstung zusammen. Das Elend bleibt, ja gewinnt an bedrohlicher Kraft, weil es nunmehr, religiös verschleiert, nicht mehr bearbeitbar ist.

In einem Psalm warnt ein frommer Israelit sein Volk eindringlich vor den selbstgemachten, projektiven Göttern; sie lassen am Ende den Menschen rettungslos zurück:

„Nicht uns, o Herr, bring zu Ehren,
nicht uns, sondern deinen Namen,
in deiner Huld und Treue!

Warum sollen die Völker sagen;
‚Wo ist denn ihr Gott?'

Unser Gott ist im Himmel;
alles, was ihm gefällt, das vollbringt er.

Die Götzen der Völker sind nur Silber und Gold,
ein Machwerk von Menschenhand.

Sie haben einen Mund und reden nicht,
Augen und sehen nicht;

sie haben Ohren und hören nicht,
eine Nase und riechen nicht;

mit ihren Händen können sie nicht greifen,
mit den Füßen nicht gehen,
sie bringen keinen Laut hervor aus ihrer Kehle.

Die sie gemacht haben,
sollen ihrem Machwerk gleichen,
alle, die den Götzen vertrauen.

Israel, vertrau auf den Herrn!
Er ist für euch Helfer und Schild.

Haus Aaron, vertrau auf den Herrn!
Er ist für euch Helfer und Schild.

Alle, die ihr den Herrn fürchtet, vertraut auf den Herrn!
Er ist für euch Helfer und Schild.

Der Herr denkt an uns, er wird uns segnen,
er wird das Haus Israel segnen,
er wird das Haus Aaron segnen.

Der Herr wird alle segnen, die ihn fürchten,
segnen Kleine und Große.

Es mehre euch der Herr,
euch und eure Kinder.

Seid gesegnet vom Herrn,
der Himmel und Erde gemacht hat.

Der Himmel ist der Himmel des Herrn,
die Erde aber gab er den Menschen.

Tote können den Herrn nicht mehr loben,
keiner, der ins Schweigen hinabfuhr.

Wir aber preisen den Herrn
von nun an bis in Ewigkeit.
Halleluja!“
(Ps 115)

(3) Religion als Beruf

Die Kirche nimmt Menschen in Dienst, um ihr Hauptziel wirksam zu verfolgen. Für die kirchlichen Dienstnehmer wird auf diese Weise dic Religion zum Beruf. Kirchliches Handeln nimmt bei ihnen berufliche Form an.

1. Solches berufliches Handeln wird keineswegs allein vom Hauptziel der dienstgebenden Kirche geformt. Persönliche Ziele fließen in die berufliche Tätigkeit mit ein. So zeigen Analysen über Berufsfindung und Berufsmotive bei religiösen Berufen, daß die der Leutereligion sehr ähnliche Kindheitsreligion bei der Wahl und später bei der Ausübung des religiösen Berufs eine maßgebliche Rolle spielt. Wir werden die Auswirkung dieser Leutereligion auf die Wahl und Ausübung religiöser Berufe untersuchen.

2. Die berufliche Tätigkeit ist einer der beiden wichtigsten „Lebens-

orte", an denen die menschlichen Grundwünsche „vorkommen" und teilweise Erfüllung finden. Gute Arbeit und gute zwischenmenschliche Beziehungen (Liebe) sollen – so die Erwartung der Menschen – die zentralen Erfahrungsorte für die unausrottbaren Lebenswünsche und damit für ein befriedetes menschliches Leben sein. Die drei wichtigen Grundwünsche der einzelnen Menschen nach Ansehen, Macht und (ökonomischer) Sicherheit gehen so in die Praxis religiöser Berufe ein. Auf diesem Wege werden die Grundwünsche zu Nebenzielen beruflicher Praxis in der Kirche. Es stellt sich die Frage, wie sich die beruflichen Sekundärziele zum Hauptziel des Berufs, das zugleich Hauptziel der Kirche ist, verhalten.
Eine aktuelle Ausformung des Grundwunsches nach Ansehen ist die Suche der religiösen Berufe nach gesellschaftlichem und die Suche neuer religiöser Berufe nach innerkirchlichem Ansehen.
Der Grundwunsch nach Macht wiederum findet eine Ausformung als Expertenmacht. Die in der Gesellschaft schon geraume Zeit laufende und in der Kirche anhebende Diskussion um die Expertokratie zeigt, wie ambivalent die Ausübung moderner Expertenmacht nicht nur für übergeordnete gesellschaftliche Ziele, sondern auch für das Hauptziel der Kirche ist.

(a) Leutereligion und Hauptamtliche

Wer in der Kirche ein Amt (im weiteren Sinn dieses Begriffs: als Gemeindereferent/in, Pastoralreferent/in, Diakon oder Priester) übernimmt, also „hauptamtlich" berufstätig wird, bekommt von der Kirche die Aufgabe der Evangelisierung übertragen. Voraussetzung dafür ist, daß die Hauptamtlichen selbst evangelisiert sind. Dies soll spätestens im Verlauf der beruflichen Sozialisation sichergestellt werden. Eine solche theologische Ausbildung wird zumeist als erfolgreich angesehen, was der Meinung Vorschub leistet, daß die dem Evangelium gegenüber zwiespältige Leutereligion beim kirchlichen „Fußvolk" zu finden ist, nicht aber bei den amtlichen „religiösen Virtuosen" (Max Weber) des christlichen Glaubens. Die (berufstätigen) „Virtuosen" verkörpern dann das Evangelium, die Leute aber eine zwielichtige Religiosität. Die Amtsträger/innen sind gläubig, die Leute lediglich religiös. Aufgabe der Amtsträger wäre es dann, die Religiösen gläubig zu machen, die Leute zu evangelisieren.
Eine solche einfache Zuteilung von Glaube und Religion zu den einfachen Leuten und den Hauptamtlichen der Kirche ist nicht haltbar. Vielmehr trägt jeder Christ Anteile der Leutereligion mit sich, weil die Leutereligion die erste Gestalt von Religiosität darstellt, die wir in unserem Leben gelernt haben. Noch mehr: Solche leutereligiösen Anteile, die in der Kindheit wachsen, zählen zu den prägenden Motiven, aus denen

heraus ein religiöser Beruf ergriffen wird. Insofern das, was Menschen sich in der Kindheit aneignen, in späteren Lebensphasen nur schwer verändert werden kann, ist zu vermuten, daß unbeschadet der späteren Evangelisierung sowie eines langjährigen Theologiestudiums die leute-religiösen Anteile prägende Motive bei der Ausübung eines „kirchlichen Berufs" bleiben.

1. Marc Oraison, französischer Arzt, Psychotherapeut und Theologe, hat unter Berufsmotivationen wie sozialer Aufstieg, Zugang zur heiligen Macht über Menschen, Helfenkönnen auch den Zusammenhang zwischen der Suche nach religiöser Sicherheit und der Wahl eines religiösen Berufs untersucht.[241] Daß Menschen eine tiefe Erfahrung von Daseinsangst und Unsicherheit machen, nimmt Oraison als gegeben an; sie hängt mit der typischen Position des Menschen in der Natur zusammen. Der Mensch ist aus ihr zwar hervorgegangen, erfährt sich aber zugleich ihr gegenüber als bedroht. Menschliches Schicksal ist somit von einer unaufhebbaren Ungewißheit und einer daran angebundenen Suche nach einem Sinn seines Schicksals durchwoben. Das hat im Lauf der Menschheitsgeschichte dazu geführt, eine „imaginäre Welt" der Religion anzunehmen. Diese Welt gilt zwar als transzendent, ist aber doch durch religiöse Praktiken erreichbar. Der religiöse Grundwunsch, die der menschlichen Existenz anhaftende Ungewißheit durch religiöses Tun zu überwinden, wurde im Lauf der Geschichte in religiösen Gemeinschaften organisiert. *„Immer und überall, ja noch unter dem trügerischen Deckmantel eines materialistischen Rationalismus, gibt es ‚Zauberer', ‚Priester', kultisch verehrte ‚Stars' – Menschen, die von mehr oder weniger großer mythischer Macht umkleidet sind. Nach einem Grundgesetz menschlichen Verhaltens streben diese Personen danach, eine Sondergruppe aufzubauen und – so könnte man sagen – zu einer echten Kaste zu werden, deren Besonderheit darin besteht, Vermittler zwischen den Menschen und dieser imaginären transzendenten Welt zu sein. Die Kaste selbst wird irgendwie heilig, oder genauer gesagt, sakral."*[242]

In Gesellschaften, in denen das Religiöse einen hohen sozialen Rang besitzt, kann es allein schon deshalb erstrebenswert sein, dieser religiösen Sondergruppe anzugehören. Die Berufung zum Dienst am Heiligen kann jedoch auch noch andere Dimensionen besitzen. Der Eindruck des eigenen Mangels und der eigenen Unsicherheit mag einen religiösen Beruf zur faszinierenden Chance machen, für sich selbst zunächst eine verläßliche Antwort zu besitzen, die alle von diesem Mangel aufgeworfenen Fragen zum Schweigen bringt. Diese anziehende Möglichkeit

[241] Oraison, Berufsfindung. – Ders., Psychologie.
[242] Oraison, Berufsfindung, 88–89.

kann dann subjektiv durchaus als Anruf durch das „Heilige" erlebt werden, findet es doch in der eigenen Daseinsangst eine tiefe Entsprechung. Damit ist aber auch die Möglichkeit gegeben, daß eine solche „Berufung" sehr wohl Ausdruck eines intensiven Sicherheitsbedürfnisses von wirklich infantiler Art ist. *„Der rufende Gott kann sehr wohl einem unbewußten Vaterbild oder Mutterbild (oder beiden zugleich) entsprechen, je nachdem wie bei diesem Menschen der Aufbau seines Über-Ichs vonstatten gegangen ist. Alles spielt sich so ab, als ob ein Mensch, ohne es im mindesten zu wissen, mit diesen Äußerungen einem ausdrücklichen inneren Befehl nachkomme, der seiner Urbedrängnis oder Urangst entspricht. Gar nicht selten hört man – sogar aus dem Munde junger Erwachsener – sagen: ‚Gott ruft mich. Ich will gar nicht, aber da er mich ruft, muß ich antworten und folgen.' Der modernen Psychologie ist eine solche Redeweise natürlicherweise suspekt; sie läßt darauf schließen, daß der betreffende Mensch viel eher Schwierigkeiten mit seinen eigenen Phantasien als mit dem in Christus offenbarten Geheimnis hat."*[243]
Der Gedankengang von Oraison legt nahe, daß bei der Wahl eines religiösen Berufs „archaische" Religiosität im Sinn der Zähmung menschlicher Urangst eine Rolle spielt. Berufung hat dann mit einem uralten und durchaus legitimen menschlichen Sicherheitsbedürfnis zu tun. Eben dies ist eine der wesentlichen Komponenten sowohl der frühkindlichen Religiosität wie der Leutereligion. Kindheitsreligion, die häufig die Gestalt der Leutereligion annimmt, wird so zur Motivation, einen religiösen Beruf zu ergreifen und dazu Theologie zu studieren.
2. Was geschieht aber mit dieser „Kindheitsreligiosität", sobald sich jemand für das Studium der Theologie und dazu noch für einen kirchlichen Beruf entschieden hat? Mehrere Möglichkeiten sind denkbar:
– Im Lauf des theologischen Studiums wächst die archaisch-kindliche Religiosität weiter und wird zunehmend christlich.
– Jemand studiert zwar Theologie, hält sie aber vom Innersten seiner Seele fern. In ihm finden sich zwei Schichten: eine kindliche Religiosität und eine akademische Theologie. Beide Schichten sind miteinander nicht verbunden. Die Wahrscheinlichkeit, daß nach dem Ausscheiden aus dem akademischen Raum die Theologie allmählich verdunstet und am Ende wieder die kindliche Religiosität dominiert, ist groß.
– Eine dritte Möglichkeit ist eine Zuspitzung der zweiten. Manche Student/inn/en lassen auch während des Theologiestudiums die Theologie nicht in sich ein. Sie nehmen sie nur soweit zur Kenntnis, daß sie ihre Prüfungen bestehen; ihr geistiges Eigentum wird sie aber nie. Theologie bedroht ihre Religiosität. Sie wird angesichts ihrer mächtigen Bedürf-

[243] Oraison, Berufsfindung, 91.

nisse nach Sicherheit als feindlich erlebt. Das Zerdenken von „Sicherheitssystemen“, das Durchschauen von religiösen Sicherungsstrategien, kann für den, der sich ihrer unbewußt bedient, beängstigend sein. Abwehr ist dann eine verständliche Antwort auf die Herausforderung des theologischen Studiums.

Aus diesen Überlegungen folgen Konsequenzen für die Zeit des Theologiestudiums:

– Die Frage ist zu stellen, wie in den Jahren des Studiums eine Bearbeitung der mitgebrachten „Kindheitsreligiosität“ geschehen kann.[244] Franz Kamphaus bemängelt an der Theologie in unseren Breiten mit Recht, daß sie sich vornehmlich als „Bildungstheologie“ vollzieht. Sie beschäftigt sich weit mehr mit den Meinungen und Kontroversen vergangener oder gegenwärtiger Theologen als mit dem Leben der Gemeinden und der Lebenssituation der Studierenden.[245] Soll während des Theologiestudiums eine solche Entwicklungs- und Reifungschance für die persönliche Religiosität gegeben sein, ist zu fragen, wo die „Laboratorien“ für eine solche „Bewußtseinsarbeit“ liegen. Sind es die Vorlesungen, die Großseminarveranstaltungen, die Priesterseminare, die Ordensgemeinschaften, die Bewerberkreise der Laientheologen oder die Hochschulgemeinden? Am besten wäre es, Student/inn/en in eine lebendige und herausfordernde Christengemeinde einzubinden. Die „gemeindearme“ Lebenssituation der meisten Studierenden wird von hier aus zu einem nicht nur pastoral, sondern auch biographisch bedenklichen Ausbildungszustand.

Auch für den Eintritt in die berufliche Arbeit in der Kirche ergeben sich Konsequenzen. Dieser Eintritt findet, je nach Verlauf der religiösen Entwicklung, unter verschiedenen Startbedingungen statt:

– Wer seine Kindheitsreligiosität weiterentwickelt hat, trifft im kirchengemeindlichen Alltag häufig auf Menschen, die ihre Erwartungen an die Kirche im Kontext ihrer kindlichen Leutereligion vorbringen. Das kann unterschiedliche Gefühle bei Hauptamtlichen auslösen. Manche werden es, wenn ihre Entwicklung nicht hinreichend gefestigt ist, mit der Angst zu tun bekommen, daß sie die Leutereligion, wie sie ihnen jetzt in Menschen wieder begegnet, biographisch zurückwirft. Dies kann zu einer harten, verständnislosen Kritik der Leutereligion führen. Ist aber die eigene Entwicklung gefestigt, dann werden die Hauptamtlichen, belehrt durch ihre eigene Erfahrung, mit den Leuten zusammen den Weg von der kindlichen Leutereligion zu einer reiferen christlichen Gestaltung der persönlichen Religiosität gehen.

244 Baumgartner, Seelsorgliche Kompetenz.
245 Kamphaus, Die Einführung der Priester, 47. – Ders., Priesterausbildung in der Gemeinde.

– Wer im Lauf seines Studiums seine Kindheitsreligiosität nicht bearbeitet, sondern ihr lediglich eine akademische Theologie überlagert hat, gerät beim Berufseintritt in eine kritische Situation. Er muß ja damit rechnen, daß er im beruflichen Alltag mit vielen Menschen zu tun hat, die aus leutereligiösen Gründen mit ihm zusammen sein wollen. Daraus kann „Angst der Theologen vor der Kirche“[246] entstehen. Um mit der unverarbeiteten Kindheitsreligion nicht konfrontiert zu werden, wird der Schritt in den kirchlichen Beruf vorbeugend verweigert. Vermutlich ist dies einer der wichtigsten Gründe, warum so viele Theologen nach Abschluß ihres Studiums mit der Kirche nichts mehr zu tun haben wollen.

– Jene schließlich, die auch während und trotz des Studiums ihre Kindheitsreligion bewahrt haben, werden zwar einen kirchlichen Beruf annehmen. Sie werden ihn aber auch im Sinn ihrer Kindheitsreligion gestalten. Mit den „Leutereligiösen“ fühlen sie sich sehr verbunden, erfüllen auch bereitwillig ihre „religiösen Wünsche“ und erleben sich zumal in ihrer Rolle als jemand, der das heilige Wissen und die religiösen Rituale zur Zähmung der Angst besitzt. Gegen theologische Reflexion bleiben sie ein ganzes Leben lang immun. Die Theologen gehören ebenso lange zu ihren subtilen Feinden; denn diese bedrohen durch ihre Denkarbeit die unreflektierte Grundlage ihres Berufs und ihrer religiösen Lebensbewältigung.

(b) Grundwünsche im religiösen Beruf

(Berufliche) Arbeit gilt neben zwischenmenschlichen Beziehungen als wichtiger „Lebensort“, an dem jene Erwartungen zumindest eine ansatzhafte Erfüllung finden sollen, die Menschen mit einem guten, geglückten und zu-Frieden-en Leben verbinden. Solche fundamentalen Erwartungen nennen wir Grundwünsche. Auch andere Begriffe sind in Verwendung: Grundbedürfnisse, Urwünsche, Lebenshoffnungen, Lebenswerte, Lebenswichtigkeiten, „Lebensheiligtümer“.

1. Bei der Erforschung der Grundwünsche konnten, wie schon weiter oben in den „Zugängen“ angedeutet, drei „Lebensheiligtümer“ inhaltlich abgegrenzt werden:[247]

[246] Herrmann, Die Angst der Theologen. – Vgl. auch: Krusche, Die Berufsperspektiven. – Lummer, Berufseinführung, 285 – 294.

[247] Den Leuten wurde die Frage gestellt: „Ich lese Ihnen jetzt verschiedene Aussagen vor, die für das Leben jedes einzelnen von bestimmtem Wert sind. Bei welcher Aussage würden Sie sagen, das lasse ich mir nicht nehmen, das ist mir heilig, darüber lasse ich nichts kommen?“ Drei „Lebensheiligtümer“ konnten inhaltlich abgegrenzt, wenngleich auch nicht ganz voneinander getrennt werden. Bei ihrer Deutung fiel auf, daß sie mit einer menschheitsalten „Trias“

– Menschen erheben den Anspruch, in ihrer Einmaligkeit und Personwürde (an)erkannt zu werden. Sie haben daher den Wunsch, einen Namen zu haben. Sie wünschen Ansehen in zwischenmenschlichen Begegnungen; die erotisch-sexuellen Begegnungen zwischen Mann und Frau sind für dieses „Erkannt-“ und Anerkanntwerden (vgl. Gen 4,1) wichtige Erfahrungsweisen.[248] Unerwünscht sind dagegen die Erfahrungen, austauschbar zu sein, benützt, ausgebeutet zu werden, nur dann als „wertvoll“ zu gelten, wenn man bestimmte Eigenschaften (jung, schön, reich...) besitzt oder Leistungen vollbringt. (Alte und Kranke sind daher in unserer Gesellschaft in ihrem Wertgefühl bedroht.)
– Menschen haben den unausrottbaren Wunsch, wachsen, sich entfalten, sich frei bewegen, sich selbstmächtig verwirklichen zu können. Wir wollen etwas „machen“ können und beanspruchen in diesem Sinn schöpferische Macht. Unerwünscht sind dagegen Erfahrungen wie ohnmächtig zu sein, nichts machen zu können, sich nicht frei bewegen und entfalten zu können. Menschen vermeiden Zwänge, die sie hindern, aus ihrem eigenen Leben das zu machen, was sie in ihrer schöpferischen Phantasie entwerfen.
– Um wachsen zu können, braucht der Mensch Wurzeln. Dieses Bild bringt den Grundwunsch nach Geborgenheit, Sicherheit, Beheimatung zum Ausdruck. Menschliches Leben braucht Stabilität, eine einigermaßen vorhersehbare und (auch ökonomisch) gesicherte Zukunft. Im Gegensatz zu diesem Grundwunsch kann der Mensch nicht dauerhaft „wie in der Fremde“, „entfremdet“ (von anderen und von sich selbst) zufriedenstellend leben.

2. Diese Grundwünsche werden am Lebensort Arbeit und Beruf entsprechend ausgestaltet. Im Beruf werden der Wunsch nach Ansehen zum Anspruch nach Wertschätzung der einmaligen Begabungen (biblisch: Charismen), der Wunsch nach schöpferischer „Macht“ zum Anspruch auf Partizipation und Verantwortung (Mitbestimmung) sowie der Wunsch nach einer sicheren Lebensbeheimatung zum Anspruch auf einen sicheren Arbeitsplatz und angemessene Entlohnung.

3. Zwischen den Grundwünschen, wie sie auch im religiösen Beruf wirksam gegenwärtig sind, und dem Hauptziel der Kirche kann es zu schwerwiegenden Konflikten kommen:
– Die berechtigte Suche nach Anerkennung kann in berüchtigte klerikale Ehrsucht umschlagen. Der Amtszölibat kann dazu führen, daß der

verwandt sind, die in Sagen und Märchen, in der Literatur sowie in wissenschaftlichen Analysen begegnet. – Zulehner, Religion, 22ff. Die Darstellung dieser Trias ist schon anderswo ausführlich geschehen: Zulehner, Leutereligion, 9–11. – Ders., Religion, 16–22. – Ders., Leibhaftig glauben, 15–30.

248 Loewit, Geheimsprache Sexualität.

unbefriedete Wunsch nach „Erkanntwerden“ in intimer Beziehung zur hastigen Suche nach Anerkennung im beruflichen Bereich degeneriert. In manch einer Theologie vom Priesteramt finden sich Momente, die weniger der Spiritualität der Kenosis und der Fußwaschung entsprechen, sondern der Suche des Menschen nach Ansehen entspringen. Auch die neueren kirchlichen Berufe beschäftigt die Suche nach innerkirchlichem Prestige. Wird einer Priester, gewinnt er solches bei der Weihe. Wer jedoch Gemeindereferent/in oder Pastoralreferent/in wird, muß sich solches Prestige erst durch eigene Leistung erwerben. Mit der Suche nach Sozialprestige in der Gesellschaft hängt es wiederum zusammen, daß die kirchlichen Berufsträger ihre Tätigkeit als für die Menschen unentbehrlich darzustellen trachten. Sie möchten „den Menschen leben helfen“, helfen dabei aber mehr sich selbst, indem sie ihren Bedarf nach Anerkennung und Selbstwertgefühl befrieden.[249]
Die Umformung der „hierarchischen (Zu-)Ordnung“ der verschiedenen Kirchenmitglieder (von denen das Kirchenrecht im Anschluß an das II. Vatikanische Konzil sagt[250], daß unter ihnen eine wahre Gleichheit an Würde und Tätigkeit besteht) zu einer Überordnung des Klerus über die „Laien“ entspringt nicht dem Geist des Evangeliums, sondern dem Streben nach sozialer „Macht“.[251] Aus der Ordination der einen wurde die Subordination der anderen. Heute findet sich Klerikalismus nicht mehr nur beim Klerus, sondern auch in abgewandelter Form bei kirchlichen Angestellten. Eine auch in der Gesellschaft verbreitete und zunehmend kritisierte[252] Variante des Klerikalismus ist die „Herrschaft der Experten“. In wichtigen gesellschaftlichen Bereichen (wie Schule, Bildung, Gesundheit, Wirtschaft) sind es Experten, die heute definieren, was der Mensch braucht, was ihm fehlt, wie er seine vorgefertigten Bedürfnisse befriedigen kann. Dabei werden ihm seine Bedürfnisse und deren Befriedigung so definiert, daß er von Experten abhängig wird. Anzeichen einer solchen Expertenabhängigkeit gibt es auch zumal in jenen Großkirchen, die sich wegen ihrer wirtschaftlichen Möglichkeiten die Anstellung vieler theologischer, soziologischer, psychologischer Experten leisten können. Großkirchen sind in Gefahr, aus Klerus- zu Expertenkirchen zu werden.[253]

249 Schmidbauer, Die hilflosen Helfer. – Ders., Helfen als Beruf.
250 Lumen gentium, 30–33. – CIC can. 208.
251 Vgl. Untersuchungsergebnisse wie Lindner, Lentner, Holl, Priesterbild und Berufswahlmotive.
252 Illich, Entmündigung durch Experten. – Ders., Das Zeitalter der Expertenherrschaft. – Ford, Der Experten-Kult. – Freidson, Dominanz der Experten.
253 Heller, Zulehner, Jenseits der Klerus- und Expertenkirche. – Modler, Zeit der Volkstheologen? Replik.

Als eine verdeckte Form kirchlicher Machtausübung wird die „Pädagogisierung der Riten" kritisiert.[254] Sie hat mit der pastoralen Situation in freiheitlich-pluralistischen Gesellschaften zu tun. Emanzipierte Bürger lassen sich das Evangelium nicht mehr „obrigkeitlich" zuweisen, sondern beanspruchen, selbst (aus)zuwählen, was sie von der Kirche annehmen wollen. Die „soziale Macht", die „pastorale Durchsetzungsmöglichkeit" der Hauptamtlichen der Kirche wird dadurch aber empfindlich begrenzt. Um den gesellschaftlichen Verlust an „pastoraler Macht" wettzumachen, werden von den Hauptamtlichen neue pastorale Methoden praktiziert. Vor allem in jenen Situationen, in denen die Menschen von sich aus Erwartungen an die Kirche haben (etwa in der Gestalt einer Bitte um ein religiöses Ritual bei den Lebensübergängen), wird die Erfüllung der Bitten an Bedingungen geknüpft (z. B. die Teilnahme an einer Taufkatechese). Werden diese nicht erfüllt, wird die Bitte (beispielsweise nach der Taufe eines Kindes) „verweigert". Über die Riten versucht also die Kirche den Leuten das Evangelium doch wieder insgeheim aufzuzwingen.

– Eine wichtige Funktion des Berufs ist in unseren Gesellschaften die ökonomische Lebenssicherung. Der religiöse Beruf wird auch zum Geldverdienen ergriffen. Welche Rolle spielt aber das Geld bei der Gestaltung von pastoralen Beziehungen? Der Verdacht, daß Seelsorge und Geldsorge verwandt sind, ist schwerlich aus der Welt zu räumen. Religion kann zu einem einträglichen Geschäft werden. Einigen „(Jugend-)sekten" gelingt dies vorzüglich. Die amerikanischen Fernsehkirchen sind ein abschreckendes Beispiel. Groß ist also die Versuchung, religiöse Bedürfnisse von Menschen ökonomisch auszubeuten, indem ein Heilswissen monopolisiert, schwer zugänglich gemacht und schließlich teuer verkauft wird. In profaner Art finden wir ähnliche Mißstände heute in der Psychoszene: „Guter Rat ist teuer." Und die christlichen Kirchen? Sie haben diesbezüglich zumindest bei den Leuten einen schlechten Ruf.[255]

[254] Lorenzer, Das Konzil der Buchhalter, 49–55.

[255] 32% der 1980 befragten Österreicher stimmten dem Satz zu: Die Kirche arrangiert sich immer mit den Machthabern. 40% behaupteten, die Kirche hüte ihr eigenes Vermögen, anstatt sich um Notleidende zu kümmern. 47% haben oft den Eindruck, die Kirche sei ein Geschäft. Die Kirche gilt daher nicht nur als reich, sondern wird auf der Seite der mächtigen Reichen gesucht. Sie entfernt sich damit aber von jenem gesellschaftlichen Ort, den Jesus mit Vorliebe aufsuchte, vom Standort der Armen. Zulehner, Religion, 170.

II. TEIL: KAIROLOGIE

Gott der Gelegenheit

Wo ist der Künstler zu Haus?
„In Sikyon wohnt er."
Sein Name?
„Ist Lysippos."
Du bist?
„Gott des allmächtigen Moments."
Sag, warum gehst du auf Zehen?
„Ich laufe beständig."
Weswegen hast du Flügel am Fuß?
„Weil ich so flink bin wie Wind."
Und du hältst in der Rechten ein Messer?
„Es kündet den Menschen:
Nichts in der Weite der Welt schneidet so scharf
wie ich selbst."
Und das Haar an der Stirn?
„Beim Zeus, der Begegnende soll mich schnellstens erhaschen."
Warum bist du denn hinten so kahl?
„Bin ich mit fliegendem Fuß erst einmal vorübergeglitten,
hält mich, so sehr man es wünscht,
keiner von hinten mehr fest."
Und warum schuf dich der Künstler?
„Für euch! Und zu eurer Belehrung stellte er, Wandrer,
mich auch hier in der Vorhalle auf."[256]

[256] Dieses Epigramm über den Gott Kairos schrieb der Dichter Poseidippos: Anthologia Graeca, 449. Ein Torso eines Kairos-Reliefs steht in der jugoslawischen Hafenstadt Trogir.

1 EINÜBUNG IN KAIROLOGISCHES DENKEN

(1) Vielfalt von ungleichzeitigen Strömungen

Bericht eines sozialwissenschaftlich begabten Mitglieds einer Kleinstadtpfarrei am Rand einer Großstadt mit einem alten Ortskern, anläßlich eines Bischofsbesuchs verfaßt:

„In unserer Pfarrei gibt es mehrere Gruppen mit verschiedenen Vorstellungen von dem, was die Pfarrei sein, wie sie arbeiten und wer diese Arbeit machen soll. Vereinfacht formuliert: Da sind Traditionelle, Gemeindliche, Politische und Alternative.

– Zunächst zu den ‚Traditionellen‘: Zumeist sind es ältere Leute. Viele von ihnen haben mit der Pfarrei nur selten zu tun. Und doch fühlen sie sich als treue Pfarreiangehörige. Wenn jemand gestorben ist, kommen sie zum Pfarrer. Sie legen selbstverständlich Wert auf die Taufe neugeborener Kinder. Auch für ihre Eltern war das so der Brauch. Sie erwarten, daß der Pfarrer, der bei ihnen hohes Ansehen genießt, bei wichtigen Ereignissen des familiären Lebens anwesend ist. Nikolausfeier, Jahresversammlung des Schützenvereins, Tiersegnung, Christmette, Trauer über die nicht mehr stattfindende Auferstehungsprozession, das sind markante Momente am religiösen Leben dieser ersten Gruppe. ‚Heilig‘ ist ihnen das, was seit urdenklichen Zeiten gemacht wurde, was auch die Vorfahren gemacht haben.

– Die ‚Gemeindlichen‘ wiederum wünschen nachhaltig, daß Gruppen gebildet werden, in denen über das Evangelium gesprochen wird. Sie möchten überzeugte und widerstandsfähige Christen werden. Dies sei heute nicht mehr leicht, sagen sie. Also müsse man sich zusammentun und sich gegenseitig im Glauben stärken. Es gehe auch nicht an, daß die Sakramente einfachhin jedem gespendet werden, der darum ersucht. Vielmehr müsse vor den Sakramenten ein Vorgang der Glaubensweckung stattfinden. Daher fordern sie Gemeindekatechese und sind auch bereit, bei ihrer Durchführung tatkräftig mitzumachen. Ergänzt soll diese Arbeit durch eine kontinuierliche Erwachsenenbildung werden. Christlicher Glaube, so sagt diese zweite Gruppe, ist eben heute nicht mehr selbstverständlich. Er muß stets neu geweckt und darüber hinaus auch am Leben erhalten werden. Übrigens ist dieser Gruppe klar: Solche

Arbeit der Pfarrei verlangt mehr Zeit und Personen als die bisherige Seelsorgsarbeit. Für sie könne daher auch nicht mehr der Pfarrer allein zuständig sein. Vielmehr ist die Arbeit auf viele Pfarreiangehörige zu verteilen: und dies nicht nur aus praktischen Gründen (weil eben mehr Leute erforderlich sind), sondern weil zu dieser Arbeit alle getauften und gefirmten Christen berufen sind. Seelsorge halten sie für eine Sache aller, und nicht nur der Priester. Seelsorge ist aber auch nicht nur Spendung der Sakramente und Feier der Liturgie, sondern ebenso Verkündigung des Evangeliums. Vielleicht müsse diese heute sogar die erste Stelle einnehmen.

– Für eine dritte Gruppe – die ‚Politischen' – ist das Wichtigste der soziale Dienst der Christen an den Menschen. Weil aber dieser Dienst der Nächstenliebe nachhaltig durch Politik betrieben werden muß, haben sie einen politischen Arbeitskreis eingerichtet. In ihm finden sich nicht nur Angehörige der ehedem christlichen Parteien, sondern auch Sympathisanten von politischen Strömungen, die früher mächtig gegen die Kirche und ihren politischen Einfluß gekämpft haben. Sie haben einen Jugendklub gegründet und dazu einen Sozialarbeiter zur ehrenamtlichen Mitarbeit gewonnen. All dies machen sie, weil ihnen die Eingrenzung der Seelsorge auf die Begleitung von einzelnen Christen oder bestenfalls noch von Familien zu eng ist. Sie befürchten, daß bei einer solchen Einengung auf die ‚kleinen Lebenswelten' die gefährliche Nachricht des Evangeliums entschärft werde. ‚Privatisierung' und ‚Verbürgerlichung' nennen sie diesen Stil der Pastoral und behaupten, daß sich solche Seelsorge in guter Gesellschaft mit der Forderung nach ‚Erklärung der Religion zur Privatsache' befinde. Was dabei herauskomme, sei eben ein verbürgerlichtes Evangelium, ohne Saft und Kraft. Seelsorge müsse daher wieder ‚politischer' werden. Christen müssen mit anderen politisch interessierten Leuten zusammenarbeiten, die nicht an die Kirche gebunden sind. Ihre ‚Basisgruppe' oder ‚Basisgemeinde' sei daher grundsätzlich offen für alle Menschen guten Willens, die eine menschliche Welt wünschen. Typisch für einen Christen sei nicht allein, daß er fromm ist, auch nicht allein, daß sich seine Nächstenliebe in caritativer Fürsorge ausdrückt, sondern daß Frömmigkeit und Nächstenliebe vor allem zu politischem Handeln führen.

– Schließlich gibt es als vierte Gruppe die ‚Alternativen'. Diese Gruppe ist klein. Vor allem jüngere Leute zählen zu ihr. Sie sind selbst mit der politisch aufgeschlossenen dritten Gruppe nicht zufrieden, werfen ihr vor, daß sie in ihrer politischen Arbeit aus dem Geist des Evangeliums noch allzu sehr den Problemen der Gegenwart verhaftet sind. Die Zukunftsfragen der Menschheit hingegen ließen sie außer acht. Dies kritisieren sie gleichermaßen an der dritten Gruppe wie an den herkömmlichen

politischen Parteien. Wir finden sie mit Vorliebe in neueren politischen Bewegungen, in der Ökologie-, Friedens- oder auch der Frauenbewegung. Atomrüstung, Dritte Welt, Feminismus, Zerstörung der Lebenswelt, neue Formen von Arbeit, die Vereinheitlichung der Kulturen durch die Medien und die hohe Mobilität: Das sind ihre Lieblingsthemen. Innerkirchlich organisieren sich diese wenigen Pfarrangehörigen kaum, sie gehören höchstens zu einer Pax-Christi-Gruppe. Ansonsten verbringen sie ihre Zeit in einer der neuen Bewegungen.
Angesichts solch widerstrebender Gruppen ist", so der Bericht des Pfarreimitglieds, *„die Zusammenarbeit in der Pfarrei nicht einfach und auch nicht leicht. Die so gegensätzlichen Ansichten der Leute lassen sich kaum auf einen Nenner bringen. Dabei hat man den Eindruck, daß die erstgenannte Gruppe abnimmt, auch wenn sie sich manchmal sehr lautstark und aggressiv zu Wort meldet; aber die Traditionen werden schwächer. Die zweite Gruppe der Gemeindlichen ist heute die stärkste. Die Gruppen der Politischen und (unter den Jüngeren) der Alternativen sind schließlich im Wachsen begriffen. Zwei Merkmale sind an der Situation dieser Pfarrei herausragend: Erstens ist die pastorale Lage höchst ungleichzeitig; und zweitens kennzeichnet sie ein merklicher Wandel. Wie soll man sich aber in einer derart komplizierten Situation zurechtfinden, in ihr verantwortlich die pfarrliche Arbeit entwerfen und ausführen?"*
Wir analysieren die vier Gruppen der Pfarrgemeinde näher.
– Die „Traditionellen" gehen mit der Kirche so um, wie es „früher", für manche von ihnen „immer" schon war. Sie tun, was selbstverständlich, was überkommen, was Brauch ist. Ihre Vorstellung von Kirche und Seelsorge ist ererbt, aus früheren Zeiten übernommen. „Früher", das ist der Hinweis auf eine gute Vergangenheit. Wir werden diese Zeit „christentümliche Gesellschaft" nennen und verstehen lernen, warum viele Leute und Pfarrer, die aus alten religiösen und pastoralen Traditionen leben, sind, wie sie eben sind.
– Die „Gemeindlichen" setzen andere Verhältnisse voraus. Sie haben gemerkt, daß Traditionen nicht mehr tragen, christliches Leben „heute" nicht mehr selbstverständlich ist. Also suchen sie nach Wegen, um selbst mit anderen in einer nicht mehr einheitlich-christlichen Welt christlich leben zu können. Dem Randdruck unkirchlicher und zum Teil auch wenig christlicher Verhältnisse versuchen sie sich zu entziehen, indem sie als Christen enger zusammenrücken. Solidarität macht sie stark. Solidarität im Glauben heißt aber Gemeinschaft von Glaubenden. In der Gemeinde kann ihre eigene Lebensgeschichte gläubig geformt werden. Daher finden wir sie in Bibelkreisen, in Gesprächsgruppen, sie meditieren zusammen. Sie nützen die in den modernen Gesellschaften verbrieften Freiheitschancen, um selbst mit anderen

christlich zu leben, und dies im Unterschied zu vielen anderen Bürgern. Diese Gruppe der Gemeindlichen ist typisch für freiheitlich-pluralistische Lebensverhältnisse.

– Die „Politischen“ sehen die Lage etwas anders. Jeder hat zwar grundsätzlich die Chance, christlich zu leben. Das gelinge aber bestenfalls in gesellschaftlichen Sonderräumen (wie in Gemeindezentren oder Privathäusern), nicht aber in den pulsierenden und prägenden Zentren des modernen Alltagslebens von Beruf, Wirtschaft, Politik, Schule. Sie beklagen, daß es sich die Seelsorge zu leicht mache, wenn sie sich in die privaten Lebensräume abdrängen läßt und dort ein tröstlich-vertröstendes Christentum kultiviert. Gemessen am gefährlichen Einfluß der starken öffentlichen Kräfte sei dies dem Menschen gegenüber ein unverantwortlicher Luxus. Zudem ist ein privatisiertes Christentum nicht durchzuhalten. Denn das öffentliche Leben dringt tief in die vermeintlich gut abgeschirmten kleinen Lebenswelten ein. Christen geben sich somit einer Illusion hin, wenn sie meinen, sie könnten auf die Dauer in den abgeschotteten Privaträumen ihrer Häuser und Kirchengemeindezentren wirklich christlich leben. Sie müßten nämlich entweder die öffentlichen Bereiche meiden, oder sie würden, Chamäleons gleich, opportunistisch zur ständigen Anpassung an verschiedene Lebensstile gezwungen. Daheim und im Gottesdienst ist man dann ein guter Christ. Im Beruf hingegen handelt man nach den üblichen harten wirtschaftlichen Gesetzmäßigkeiten, in der Politik beteiligt man sich an der für die Industrienationen vorteilhaften Politik gegen die armen Länder der Erde, und in Fragen der Atomrüstung verficht man wegen der Angst vor dem Kommunismus eine harte Rüstungspolitik. Gegen solche Provinzialisierung des Evangeliums, gegen seine Aufweichung zu einem privaten Trost, der allzuleicht zu einer fatalen Vertröstung werden kann, helfe nur ein Wiedergewinnen der politischen Dimension des christlichen Glaubens. Christen dieser Gruppe betreiben zumeist eine kritische Analyse der gegenwärtigen Gesellschaft und der in sie eingepaßten Großkirche.

– Die „Alternativen“ unterscheiden sich in ihrer politischen Ausrichtung nicht grundsätzlich von den „Politischen“. Auch sie sind entschlossen gegen eine für das gesellschaftliche Leben gefährliche Privatisierung des Evangeliums. Dieses hat auch für sie eine „befreiende Kraft“. Sie teilen jedoch nicht die gesellschaftliche Analyse der „Politischen“. Ihnen werfen sie vor, noch zu sehr der Fortschrittskultur der Aufklärung verhaftet zu sein. Sie sähen (wie viele herkömmliche fortschrittliche Parteien) nicht deutlich genug, daß eben dieser Fortschritt in eine tiefe Krise geraten ist. Mit dem Fortschrittsdenken stecke aber auch die industrielle Gesellschaft in ihren vielfältigen Varianten in einer Krise: in

der kommunistischen ebenso wie in der liberalkapitalistischen oder der sozialistischen. Wie einst die industrielle Gesellschaft die vorindustrielle Gesellschaft in einer vielschichtigen „Revolution“ abgelöst hat, so sei auch heute wieder „Wendezeit“: kulturell ebenso wie gesellschaftlich. Daran ändere nichts, daß man sich die kommende Gesellschaft in ihren Konturen noch nicht deutlich genug vorstellen kann.
Hinter den vier Gruppen erkennen wir ansatzhaft unterschiedliche „pastorale Situationen“ und ihnen zugeordnet verschiedene „Gesellschaftsformen“: vorindustrielle, industrielle und postindustrielle; freiheitlich-pluralistische sowie die als Gesellschaften des „bürokratisch gesteuerten Konsums“ kritisierten.[257] Trotz des einen Evangeliums gibt es in dieser Pfarrei (auch deshalb) verschiedene Typen von Christen, weil diese aus verschiedenen „Welten“ kommen. Sie orientieren sich an der Vergangenheit, interpretieren die Gegenwart anders oder widmen sich der anbrechenden Zukunft.

(2) Kairologische Arbeitsweise

Für die wissenschaftliche Arbeit der Praktischen Theologie ist es nun nicht genug, festzustellen, daß die unterschiedlichen Gruppen (Strömungen) in unseren Pfarrgemeinden aus verschiedenen „Welten“ kommen. Sie muß darüber hinaus diese „Welten“, also die jeweilige (Vorstellung von) Gesellschaft und die von ihr begünstigte Weise, zu denken (Bewußtsein, Einstellungen) und zu leben (Lebensstil, Handlungsmuster), näher analysieren. Welche Teilaufgaben sich dabei stellen, das soll an einem pastoralgeschichtlichen Beispiel entwickelt werden.
Am 7. Dezember 1965 wurde die aufsehenerregende Erklärung des II. Vatikanischen Konzils über die Religionsfreiheit, genauer „Über das Recht der Person und der Gemeinschaften auf gesellschaftliche und bürgerliche Freiheit in religiösen Dingen“, angenommen:
„Das Vatikanische Konzil erklärt, daß die menschliche Person das Recht auf religiöse Freiheit hat. Diese Freiheit besteht darin, daß alle Menschen frei sein müssen von jedem Zwang sowohl von seiten einzelner wie gesellschaftlicher Gruppen, wie jeglicher menschlichen Gewalt, so daß in religiösen Dingen niemand gezwungen wird, gegen sein Gewissen zu handeln, noch daran gehindert wird, privat und öffentlich, als einzelner oder

[257] Unser Beispiel ist von einer Pfarrgemeinde in einer westlichen Industriegesellschaft genommen. Deshalb kommt der Typ der „realsozialistischen Gesellschaften“ des Ostens nicht vor. Er ist ein Untertyp der industriellen Gesellschaften. Wir widmen der Kirche in den Ländern Osteuropas ein eigenes Kapitel.

in Verbindung mit anderen – innerhalb der gebührenden Grenzen – nach seinem Gewissen zu handeln. Ferner erklärt das Konzil, das Recht auf die religiöse Freiheit sei in Wahrheit auf die Würde der menschlichen Person selbst gegründet, so wie sie durch das geoffenbarte Wort Gottes und durch die Vernunft selbst erkannt wird. Dieses Recht der menschlichen Person auf religiöse Freiheit muß in der rechtlichen Ordnung der Gesellschaft so anerkannt werden, daß es zum bürgerlichen Recht wird."[258]
Diese Erklärung über die Religionsfreiheit kam unter heftigen Auseinandersetzungen[259] zustande und blieb auch nach ihrer Verabschiedung in Traditionalistenkreisen des Erzbischofs Lefebvre einer der Hauptkritikpunkte am Konzil.[260] Die Gegner der Erklärung konnten sich dabei auf eine lange Tradition der katholischen Kirche stützen. Jahrhundertelang war es den Menschen nicht möglich, individuell ihre eigene Religion zu wählen. Sie wurden in volkskirchlicher Zeit durch Geburt Mitglied der christlichen Kirche, die vor der Reformation die eine christkatholische Kirche war. Im Zuge der Gegenreformation wurden zwar diese Verhältnisse in den katholischen Ländern wiederhergestellt. Aber auch in diesen drängten Aufklärung und Liberalismus danach, daß andere Religionsbekenntnisse wenigstens toleriert würden. Ziel war das Recht jedes Bürgers auf Religionsfreiheit. Wo die Liberalen an die Macht kamen (1789 in Frankreich, 1867 in Österreich), führten sie denn auch die Religionsfreiheit ein. In dieser liberalen Zeit machte Papst Pius IX. einen freilich ergebnislosen Versuch, die früheren Verhältnisse einzufordern. Er verurteilte feierlich die liberale Religionsfreiheit:

„*Aetate hac nostra non amplius expedit,*
religionem catholicam haberi tamquam unicam status religionem,
ceteris quibuscumque cultis exclusis."[261]

Die Päpste blieben auch nach dem Syllabus trotz der politischen Wirkungslosigkeit ihrer Appelle dieser Position treu. Noch 1953 lehnte Pius XII. in der sogenannten „Toleranzansprache" die Religionsfreiheit deshalb ab, weil nur die Wahrheit, nicht aber der Irrtum ein Recht habe. Schließlich finden wir die Ablehnung der Religionsfreiheit noch auf dem II. Vatikanischen Konzil im 9. Kapitel des Entwurfs „Über die Kirche" (1962). Am Beispiel dieser Entwicklung können wir die Arbeitsweise der Kairologie näher kennenlernen.

[258] Dignitatis humanae, 2.
[259] LThK ErgBd. II, 704–711.
[260] Lefebvre, Offener Brief.
[261] In unserer Zeit geht es nicht mehr an, die katholische Religion als einzige Religion des Staates zu halten und dabei alle anderen Kulte auszuschließen.

1. Alle Texte beziehen sich auf einen bestimmten Typ von Gesellschaft. Der Syllabus beispielsweise hätte gern auch im 19. Jahrhundert noch jene gesellschaftlichen Verhältnisse gesehen, in denen die Obrigkeit das gesamte „Lebenswissen" der Menschen, einschließlich der Religion, „zuweisen" konnte. In einer solchen Gesellschaft hatte die Kirche auch einen klar erkennbaren „gesellschaftlichen Standort": Sie vertrat eine monopolisierte, und später immer noch privilegierte Religion. Dies war folgenreich für das dominante Verhältnis der Menschen zu Religion und Kirche. Sie hatten keine Wahl, Bürger zu sein, wenn sie nicht zugleich (katholische) Christen waren.
Das Dekret über die Religionsfreiheit auf dem Konzil nimmt die modernen pluralistischen Verhältnisse zur Kenntnis. In diesem Gesellschaftstyp ist der gesellschaftliche Standort der Kirche nicht mehr privilegiert: Die Kirche befindet sich auf einem weltanschaulichen Markt, sie vertritt ein mögliches Lebenswissen unter vielen anderen, die in dieser Gesellschaft ungestraft gelebt werden können. Auch das Verhältnis der Bürger zur Kirche ist jetzt neuartig. Christlichkeit kann ihnen nicht mehr zugewiesen werden, vielmehr haben die Bürger die Möglichkeit, selbst darüber zu bestimmen, ob sie zu einer christlichen Kirche gehören wollen und in welchem Ausmaß sie sich am Glauben und Leben dieser Kirche beteiligen. Die jeweiligen Stellungnahmen der Kirche beziehen sich daher jeweils auf eine bestimmte Gestalt der Gesellschaft, einen entsprechenden gesellschaftlichen Standort der Kirche und ein diesem wieder angemessenes dominantes Grundverhältnis der Bürger zur Kirche.
Die drei situativen Elemente zusammen (Gesellschaftstyp, gesellschaftlicher Standort von Religion/Kirche, dominantes Verhältnis der Bürger zu Religion/Kirche) definieren wir als „pastorale Situation". Drei „Größen" charakterisieren diese „pastorale Situation": Gesellschaft, Person und Religion. Die in Hinblick darauf abgegebenen Erklärungen sind Teil des „pastoralen Handlungsstiles".
2. Aus dem Vergleich der verschiedenen Positionen der katholischen Kirche zur Religionsfreiheit können wir sodann lernen, daß ein Wandel in der „pastoralen Situation" die Kirche zu einem Wandel im „pastoralen Handlungsstil" herausfordert. Im Dekret über die Religionsfreiheit nahm das Konzil einen Wandel zur Kenntnis, der gegen den erklärten Widerstand der (katholischen) Kirche geschah. Dieser Wandel änderte den gesellschaftlichen Standort der Kirche, er veränderte damit auch das gesellschaftlich begünstigte Grundverhältnis der Bürger zu ihrer Kirche. Das war eine neue „pastorale Situation". Die Kirche konnte gar nicht anders, als sich mit ihr auseinanderzusetzen, sich in sie „einzulassen". Sie mußte sich mit einer neuzeitlichen Errungenschaft aussöh-

nen, die *„ihre Entstehung nicht den Kirchen, nicht den Theologen und auch nicht dem christlichen Naturrecht verdankt, sondern dem modernen Staat, den Juristen und dem weltlichen rationalen Recht“*[262]. In einem langen Lernvorgang hat die katholische Kirche entdeckt, daß man die Religionsfreiheit nicht deshalb ablehnen muß, weil sie ein ausdrücklicher Programmpunkt des antiklerikalen Liberalismus war, dem man vorwarf, die Möglichkeit verläßlicher Wahrheitserkenntnis anzuzweifeln und den Indifferentismus zu fördern. Vielmehr erkannte man, daß die lange Zeit verworfene bürgerliche Religionsfreiheit „auf die Würde der menschlichen Person gründet“ und als unveräußerliches Menschenrecht „in der rechtlichen Ordnung der Gesellschaft so anerkannt werden muß, daß es zum bürgerlichen Recht wird“. Daß nach dem Zerbrechen der Allianz von Thron und Altar in Osteuropa Staaten entstanden sind, die den Lebensraum der Christen einengten, ist eine der wichtigsten Erfahrungen, die die katholische Kirche Religionsfreiheit anders zu sehen gelehrt haben.

Nachdenklich macht, daß sich die Kirche erst dann für Religionsfreiheit starkzumachen begann, als dies den Christen nützte, während sie Widerstand leistete, solange Nichtchristen für sich Freiheit forderten. Das Verhältnis unserer Kirche zu gesellschaftlichen Freiheiten war im Lauf der Geschichte oft verdunkelt. Von hier aus ist verständlich, warum noch heute viele Bürger in Sachen Freiheit der katholischen Kirche nicht trauen.[263]

So war also der Gang der Entwicklung: Zunächst wurde in der gesellschaftlichen Freiheitsgeschichte ein Schritt nach vorne gemacht. Die Kirche hat diesen Schritt (aus Sorge um durchaus mögliche Nebenwirkungen) bekämpft, sie hat damit aber auch das Wachstum an Freiheit und Menschlichkeit verlangsamt. Solches gesteht das II. Vatikanische Konzil freimütig ein: *„Gewiß ist bisweilen im Leben des Volkes Gottes auf seiner Pilgerfahrt – im Wechsel der menschlichen Geschichte – eine Weise des Handelns vorgekommen, die dem Geist des Evangeliums wenig entsprechend, ja sogar entgegengesetzt war; aber die Lehre der Kirche, daß niemand zum Glauben gezwungen werden darf, hat dennoch die Zeiten überdauert.“*[264]

Auf dem II. Vatikanischen Konzil erkannte somit die katholische Kirche eine geschichtliche Veränderung in der Gesellschaft an; noch mehr, sie sah darin Gottes Absicht, die sie als Weg zu mehr Menschenwürde,

[262] Böckenförde, Religionsfreiheit, 201f.
[263] Schmidtchen, Zwischen Kirche und Gesellschaft, 17–19.
[264] Dignitatis humanae, 12. – Dieses Schuldbekenntnis fällt ohnedies noch sehr halbherzig aus, wenn man die harten Verurteilungen von Mirari vos (1832) oder aus dem Syllabus (1864) vor Augen hat.

durch Offenbarung und Vernunft gleichermaßen erkennbar, umschreibt. Wir stehen vor einem Musterbeispiel „kairologischer" Arbeit dieses großen „Pastoralkonzils": Eine neuentstandene gesellschaftliche Situation wird erhoben und durchdacht; sie wird einer theologischen Prüfung unterworfen, mit dem Ergebnis, daß in dieser – von der Kirche erst spät wahrgenommenen und gegen sie sich durchsetzenden Situation – Gottes Wille (auch für die Kirche und ihre Praxis) erkennbar wird, was die Kirche bewegt und drängt, einen neuen pastoralen Handlungsstil zu entwerfen.

Kann man also an den verschiedenen Texten ablesen,

– *wie die jeweilige Gesellschaft*
– *einen entsprechenden gesellschaftlichen Standort der Kirche begünstigt hat,*
– *wodurch wiederum das vorherrschende Verhältnis der Leute zur Kirche nachhaltig geprägt wurde:*
– *was schließlich zu einem entsprechenden Handlungsstil der Kirche führte,*

so kann man aus dem Übergang von Texten in der Art des Syllabus zur Erklärung des II. Vatikanischen Konzils über die Religionsfreiheit erkennen,

– *daß ein Wandel in der „Gesellschaft"*
– *den „gesellschaftlichen Standort der Kirche" mitverändert,*
– *wodurch das vorherrschende Grundverhältnis der Leute zur Kirche ein neues werden kann:*
– *was schließlich die Kirche herausfordert, einen angemessenen (was nicht heißt angepaßten) pastoralen Handlungsstil zu entwickeln.*

Die Kirche kann in der „(Welt-)Gesellschaft" des II. Vatikanischen Konzils nicht mehr so handeln, wie sie zur Zeit des Syllabus noch meinte handeln zu müssen. Tut sie es dennoch, wird sie ihrem Auftrag nicht gerecht. Sie wird schuldig, weil sie in den „Zeichen der Zeit" nicht erkennt, was Gott heute von ihr erwartet. Die Kirche bleibt somit ihrem Auftrag nicht dann treu, wenn sie veränderte Situationen ignoriert, auch nicht dann, wenn sie sich einer vorfindbaren (neuen) Situation blind an- bzw. einpaßt, sondern nur, wenn sie sich in die wandelnde Situation „einläßt", der Situation also kritisch „gerecht" wird und situationsgerecht handelt, „up to date" ist und nicht zu einem religiösen Museum degeneriert oder sich dazu von ihren Gegnern machen läßt (damit sie ihre gefährliche Kraft verliert). Kirche braucht eine hohe Aufmerksamkeit für die jeweiligen Zeichen der Zeit, die jeweilige gesellschaftliche Lage menschlichen Lebens. Erforderlich ist „kairologische Sensibilität".

2 SOZIALWISSENSCHAFTLICHE BEGRIFFSÜBUNGEN

Um die „pastoralen Situationen“, die durch das Verhältnis der „Größen“ Gesellschaft, Person und Religion zueinander charakterisiert sind, gediegen erforschen zu können, braucht die Praktische Theologie wissenschaftliche Analyseinstrumente. Diese findet sie bei den Sozialwissenschaften. Insbesondere die neuere Religions- und Wissenssoziologie ermöglicht es, das Verhältnis von Gesellschaft, Person und Religion und dessen Wandel angemessen zu systematisieren und für eine „zweite“ theologische Reflexion aufzubereiten.
Eine wichtige Grundannahme der Wissenssoziologie besagt, daß zwischen dem einzelnen Menschen (dem „Individuum“, der Person) und der „Gesellschaft“ eine Wechselwirkung („Dialektik“) besteht: „Der Mensch ist ein gesellschaftliches Produkt. Gesellschaft ist ein menschliches Produkt.“[265] Das eine gibt es nie ohne das andere. Man kann den Menschen nicht als ein „außerhalb der Welt hockendes Wesen“ (Karl Marx[266]) verstehen, das dann anfängt, mit anderen Menschen in Beziehung zu treten.
Wenn wir „Person“ und „Gesellschaft“ trotz des dialektischen Verhältnisses, das zwischen ihnen besteht, dennoch nacheinander untersuchen, so geschieht dies lediglich aus didaktischer Not; genau genommen müßten wir stets beide gleichzeitig behandeln. Beginnen werden wir bei der Person. Wir haben zu zeigen, daß es – unbeschadet aller gesellschaftlichen Formung des (einzelnen) Menschen – eine „Grundausstattung des Menschen“ gibt, die der gesellschaftlichen Lebens-Arbeit gleichsam die Themen vorgibt.

[265] Berger, Luckmann, Die gesellschaftliche Konstruktion, 65.
[266] Marx-Engels-Gesamtausgabe, I, 1,1, 602.

(1) Person

1. Die Grundrichtung der menschlichen Bedürfnisse geht auf „Leben". Der Mensch ist „biophil"[267], lebenshungrig; und dies unbeschadet der Frage, wie sich dieser Überlebensdrang und der Wunsch nach einem „guten Leben" (die biblische Tradition nennt es Leben im schalom: 1 Kor 7,15c) mit der Erfahrung verträgt, die zusammenhängt mit dem Wissen des Menschen um seine Endlichkeit, um Werden und Vergehen, um den Tod am Ende des Lebens, aber auch um eine unentrinnbare Fremdheit auf dieser Erde, die im Lauf eines Lebens immer deutlicher ins Bewußtsein tritt. Ganzsein, Unzerstückeltsein, Frieden, das sind jedenfalls Merkmale, die Menschen mit ihrem Leben verbinden. In neueren Untersuchungen kommen diese Merkmale „guten Lebens" vor als Wunsch nach Gesundheit und nach Frieden; Gesundheit meint dabei wohl das persönliche Ganzsein, Frieden das Ganzsein des menschlichen Zusammenlebens.[268]
2. „Leben in Frieden" entsteht, wenn jene schon erwähnten drei Grundbedürfnisse „vor-kommen", also eine Chance haben, wenigstens spurenhaft wirklich zu werden, die wir an anderer Stelle im Anschluß an menschheitsalte Erfahrungen mit den Begriffen „Name", „Macht" und „Heimat" belegt haben.

(2) Gesellschaft

1. Der Mensch wird – im Vergleich zu Tieren – instinktarm geboren; dies hat damit zu tun, daß der Mensch eine „biologische Frühgeburt" ist, also zu früh, „unfertig" auf die Welt kommt. Das heißt einerseits, daß er durch Instinkte noch nicht festgeformt, andererseits, daß er kulturell „formbar", also weltoffen ist. Der Mangel an Instinkten wird zum „Zwang zur Kultur". Die Grundbedürfnisse des Menschen nach einem Leben in Frieden, nach Namen, Wachsen und Wurzeln verlangen daher nach Gestaltung, nach Kultivierung.
2. Gesellschaft soll hier verstanden werden als ein gemeinschaftliches Unterfangen der Menschen, „bewährtes (Über-Lebens-)Wissen" zur Kultivierung der menschlichen Grundanliegen zu schaffen und zur Verfügung zu halten. Gesellschaft kann daher gleichgesetzt werden mit „Lebensunternehmen". Die Antwort auf die Instinktarmut war „gesellschaftliche Arbeit", durch die Menschen sich anstelle der „fehlenden

[267] Fromm, Die Seele des Menschen.
[268] Schmidtchen, Was den Deutschen heilig ist, 64ff. – Zulehner, Religion, 16–21.

fertigen Natur“ eine „zweite Natur“ geschaffen und so dem Leben und Zusammenleben eine tragfähige und vorhersehbare Ordnung verliehen haben. So besehen ist Gesellschaft das Ergebnis von menschlicher Überlebensarbeit. In einem langwährenden geschichtlichen Prozeß wurde „gesellschaftliche Wirklichkeit“ konstruiert: um bewährte, wiederholbare, verbindliche (und damit vorhersehbare), allgemein zugängliche und über Generationen tradierbare Deutungs- und Handlungsmuster zur Verfügung zu haben. Wir belegen diese „Deutungs- und Handlungsmuster“ mit dem Begriff „Lebenswissen“. Insofern ist Gesellschaft ein Ort der „Konstruktion“ und „Tradierung“ von für uns Menschen unentbehrlichem Lebenswissen.
3. Es gibt Deutungs- und Handlungsmuster, die sich auf abgrenzbare Lebensanliegen beziehen. Sie lassen sich „bündeln“. Ein solches Bündel von „Lebenswissen“ kann man als „Institution“ definieren.
4. Lebenswissen, das mit den drei Grundbedürfnissen eines jeden Menschen zu tun hat, ist Grundlage von drei „Hauptinstitutionen“, die es in jeder Gesellschaft gibt:

Grundbedürfnis	Institution
a) Name, Ansehen, Erkennen und Erkanntwerden, Zuwendung, Eros, Sexualität	Ehe und Familie
(b) Macht, Freiheit	politische Institutionen
(c) Geborgenheit, Beheimatung, Besitz, Wirtschaften	Eigentumsinstitutionen

Dazu kommen weitere für jede Gesellschaft wichtige „Institutionen“:

(d) angesammeltes Lebenswissen, verläßlich an die nächste Generation weitergegeben	Erziehung, Schule, Bildung
(e) Sinn des Ganzen, Glück, Leid, Vergänglichkeit	Religion

5. Die gesellschaftlichen Institutionen sind nicht gleich wichtig. Unter den genannten Hauptinstitutionen ragen zwei heraus: jene, die der Produktion (von „Lebensmitteln“) und der Reproduktion (von Leben) zugeordnet sind, also Wirtschaft und Ehe/Familie. Verwandt sind diese zwei Institutionen den zwei wichtigsten „Lebensorten“ der Menschen: nämlich Beruf und Familie.[269]

[269] Zulehner, Religion, 21–24.

6. Dieses wissenssoziologische Konzept von „Gesellschaft“ geht davon aus, daß das (Über)Lebenswissens einer Gesellschaft in sehr konkreten Situationen (neu- oder weiter-)„konstruiert“ wird. Was sich in dieser Situation bewährt, wird festgeschrieben, verdichtet sich zur gesellschaftlichen „Norm“. Personen, die sich sozialen Machtvorsprung erwerben konnten, sind in der Lage, die Festschreibung jener „Normen“ zu begünstigen, die ihre eigenen Lebenschancen (manchmal auf Kosten anderer) vermehren.[270] Daraus folgt,

– daß sich zwar die gesellschaftliche Wirklichkeit an den unausrottbaren Grundbedürfnissen der Menschen orientiert,
– aber durch den – vor allem technisch bedingten – Wandel der Gesellschaft im Lauf der Zeit (Setzer in den Druckereien verlieren durch den Einsatz von Computern ihren Arbeitsplatz),
– oder durch Ausnutzung verschiedenster persönlicher und struktureller Vorteile (Großkaufhäuser machen die Kleinhändler wirtschaftlich kaputt; die reichen Völker werden immer reicher, die armen ärmer) kann es dazu kommen, daß die (Welt-)Gesellschaft einem mehr oder weniger großen Teil der Bürger bzw. der Völker die Befriedung von Grundbedürfnissen nicht mehr ermöglicht.

Das einmal erworbene Lebenswissen einer Gesellschaft erweist sich somit als grundsätzlich wandelbar. Treibende Kräfte dieses Wandels sind kulturelle („Wertwandel“) und sozioökonomische Veränderungen (neue Technologien, Bevölkerungswachstum, negative Auswirkungen des Arbeits- und Lebensstils wie Umweltverschmutzung) und die Einsicht, daß die Verteilung der Lebenschancen unter den Bürgern und Völkern ungerecht ist. Damit eine Gesellschaft ihre Grundaufgabe erfüllt, „Unternehmen für gutes Leben für möglichst alle Bürger zu sein“, kann sozialer Wandel unausweichlich erforderlich werden.

(3) Religion

1. Im Rahmen der hier bevorzugten, weil von ihrem Ansatz her umgreifenden wissenssoziologischen Gesellschaftstheorie kann Religion verstanden werden als Teil des Unterfangens des Menschen, „eine bewohnbare Wirklichkeit zu konstruieren“, eine belebbare Lebenswelt aufzubauen und sich so als weltoffenes Wesen in der Welt zurechtzufinden. Zwei Erfahrungen machen den Menschen in diesem Prozeß der Wirklichkeitskonstruktion „rcligiös“, die Erfahrung von Grenzen und jene der Instabilität:

[270] Berger, Luckmann, Die gesellschaftliche Konstruktion.

– Bei der Konstruktion einer gemeinsam bewohnbaren Lebenswelt stoßen Menschen unentwegt auf Grenzen. Erfahren werden diese zumal an den Übergängen vom Traum in den Tag, vom Leben in den Tod.
– Dazu kommt die Erfahrung von Instabilität. Der instinktschwach ausgestattete, zur Kultur (also zur gesellschaftlichen Konstruktion einer bewohnbaren Welt) „verurteilte" Mensch braucht für sein Leben eine vorhersehbare, einigermaßen verläßliche und stabile Welt. Dem Unsicheren, dem Tohuwabohu, dem Meer und dem Dunkel ist festes, lichtvolles und daher bewohnbares Land abzugewinnen. Gesellschaft entsteht somit in einem grandiosen „Ordnungsvorgang". Ein Kosmos, eine „Welt" mit einer verläßlichen Ordnung („Nomos") wird geschaffen. Doch gelingt es dem Menschen nie ganz, seine Welt verläßlich und stabil zu schaffen. An den Grenzen wird die der menschlichen Anstrengung unentrinnbar innewohnende Instabilität stets neu offenkundig. Treffen beispielsweise bislang unverbundene Gesellschaften/Kulturen aufeinander und vergleichen sie ihre Lebenswissen, dann wird klar, daß „es auch anders gehen könnte". Monogame Kulturen treffen auf polygame. Die Alternative relativiert das eigene Lebenswissen. Es wird in seiner Kraft und Tragfähigkeit geschwächt. Dies ist im übrigen das Schicksal der Bürger in wirklich pluralistischen Gesellschaften: Indem sie verschiedene Lebensbereiche (die Familie, den Pfarrgemeinderat, die Berufswelt, den Sportklub) durchwandern, in denen jeweils ein anderes Lebenswissen verbindlich ist, wird die formende Kraft dieser eingegrenzten Lebenswissen relativiert.
Auf eine solche Erfahrung von Grenzen und Instabilität antwortet der Mensch mit der Konstruktion einer umfassenden religiösen Welt:
– Religion dehnt die Grenzen der (bewußtseinsmäßig bewohnten) „Lebenswelt" ins Grenzenlose aus, überwindet damit alle nur denkbaren Grenzen. Religion ist das Wissen um einen „heiligen", umfassenden, grenzenlosen Kosmos, in dem selbst der Tod zu einem Übergang und damit erträglich wird. Das ist die integrierende Funktion der Religion.
– Religion verleiht der menschlich geschaffenen Wirklichkeit unerschütterliche Festigkeit. Sie läßt das instabile Konstrukt des Menschen als Teil des stabilen, festen und unerschütterlichen „heiligen Kosmos" erscheinen. Sie verhüllt damit, daß die Wirklichkeit unserer Gesellschaft, die wir bewohnen, unser labiles Konstrukt ist. Die Ordnungen, die wir geschaffen haben und daher auch ändern könnten, erscheinen im Umkreis der Religion als ungeschaffen, als Teil einer unveränderlichen, heiligen und unantastbaren (Tabu-)Ordnung. Das ist die stabilisierende Funktion der Religion.

2. Dieser Zugang zur Religion ist „funktional". Er läßt methodisch die Frage offen, ob der „heilige Kosmos" der Religion eine hilfreiche Erfindung des Menschen ist, um mit der in den Grenzen und in der Instabilität andrängenden chaotisch-"gähnend-verschlingenden" Daseinsangst fertigzuwerden, oder eine unabhängig vom Bewußtsein des Menschen existierende Wirklichkeit. Diese Frage kann im Rahmen der wissenssoziologischen Analyse nicht entschieden werden.[271] Dennoch ist ihre Beantwortung für das, was die Religion an Funktionen tatsächlich leistet, nicht ohne Bedeutung. Funktionale Definitionen der Religion tendieren dazu, Religion allein vom Standpunkt der Nützlichkeit her zu sehen. Auf diesem Weg wird die integrative und die legitimierend-stabilisierende Funktion der Religion einsichtig. Nicht selten wird dabei aber übersehen, daß sich religiöse Praxis im Lauf der Geschichte auch als „dysfunktional", also widerständig und störend erwiesen hat. Religiöse waren politisch gefährlich, weil sie sich auf eine „Erfahrung" stützen konnten, die nicht Teil ihrer alltäglichen Lebensanstrengung war.

Wer Religion von solchen gesellschaftlich widerständigen Erfahrungen her begreift, die nicht einfachhin „funktional" sind, sondern andersartig, fremdartig, dysfunktional, wer also davon ausgeht, daß es für religiöses Tun einen Bezug gibt, der anders ist als alle weltlichen Bezüge, wer somit annimmt, daß Religion den Menschen in Beziehung setzt zu einer nicht vom Menschen „konstruierten", anderen, außeralltäglichen Wirklichkeit, der überschreitet formal-funktionale Religionsdefinitionen. Sein Religionsbegriff ist dann „substantial". Wer Religion nicht nur von ihrer Funktion, sondern von einem Inhalt her versteht, für den ist sie der Bezug des Menschen zu einer Wirklichkeit, die anders, außeralltäglich, „transzendent" ist, die als numinos, faszinierend, furchterregend erlebt wird.[272] Wer in solcher Weise „religiös" ist, bezieht seine Religiosität in erster Linie nicht auf lebensgeschichtliche Erfahrungen (wie Daseinsangst, Instabilität, Grenzen, Kontingenz), sondern auf „Erfahrungen", die es unabhängig von diesen menschlichen Bedürfnissen gibt, die aber rückwirkend für den Umgang mit den Grundbefindlichkeiten von Bedeutung sind: Doch eröffnen diese Erfahrungen des Heiligen einen anderen Umgang mit den menschlichen Grundsituationen, als definierte man „Religion" nur von den Bedürfnissen her, also rein funktional. Religion gewinnt auf diesem Weg eine „kritische Funktion", die vorfindbaren Lebensmustern, aber auch Machtprivilegien ge-

[271] Berger, Zur Dialektik, Anhang.
[272] Otto, Das Heilige. – Eliade, Die Religion und das Heilige. – Ders., Kosmos und Geschichte. – Berger, Zur Dialektik.

fährlich werden kann, weil der Mensch jetzt nicht mehr einzig und allein innerhalb menschlicher Beziehungen definiert wird, sondern von einer Wirklichkeit her, welche die menschlichen Bezüge überschreitet.

Über die Möglichkeit solcher „substantialer Religion", also über die Wahrheit des „Heiligen", hat nicht die Soziologie zu entscheiden. Die (wissens-)soziologische Forschung kann lediglich die Auswirkung der „nächtlichen Stimmen der Engel" (Peter L.Berger) untersuchen. Von diesen „nächtlichen Stimmen der Engel" weiß aber die Forschung nur aus den Erzählungen derer, die sie vernommen haben. Die „Engel" selbst (das Raum und Zeit, Geschichte und Gesellschaft Überschreitende) bleibt dem soziologischen Forschen verborgen.

So kann der marxistische Religionssoziologe erkunden, auf welche Weise sich soziales Elend und gesellschaftlich organisierte Religion zueinander verhalten. Er wird dann funktionale Theorien (wie die des Überbaus, des Opiums als religiöse Vertröstung, des klerikalen Mißbrauchs der Religion zugunsten ungerechter Verhältnisse) formulieren. Nach all seinen (oftmals berechtigten Analysen der konkreten Religion) bleibt aber immer noch die Frage offen, ob es diesen Gott der Religion in Wahrheit gibt, und ob nicht auch die Religiösen ihn in „funktionaler Weise" mißbrauchen. Ein solcher den Mächtigen „nützlicher" und den Schwachen schädlicher Umgang mit „Gott" sagt noch nichts aus über die Wirklichkeit Gottes, sondern nur über die historische Gestalt der Religiosität vieler Bürger.

3. Die christliche Religion versteht sich selbst im substantialen Sinn als „Religion". Die christlichen Kirchen berufen sich auf eine Anfangserfahrung, eine „Begegnung" mit einem getöteten Menschen, der nicht mehr Raum und Zeit angehört: Die religiöse Sprache bedient sich für seinen Daseinszustand des Wortes „Auferstehung". Die religiöse Gemeinschaft der Christen erinnert sich „kollektiv" an dieses Ereignis, damit es nicht in Vergessenheit gerät. Kirche ist für die Ursprungserfahrung eine „kollektive Erinnerung".[273] Aus der Absicht, dieses Ursprungsereignis verläßlich zu überliefern, sind die religiösen Institutionen der christlichen Kirchengemeinschaft entstanden (Bibel, Liturgie, Lebensregeln, Rollenverteilungen und organisatorische Strukturen). Das „christliche Wissenssystem" hat im Lauf der Kirchengeschichte vielfältige Funktionen erfüllt: Es hat vielen Menschen das Leben gedeutet und in einen sinnenhaften Kosmos eingeordnet (integrierende Funktion), es hat dieser Lebenswelt ein verläßliches Fundament gegeben (stabilisierend-legitimierende Funktion). Es ist zugleich auch miß-

[273] Berger, Der Zwang zur Häresie, 62.

braucht worden zur Rechtfertigung unterdrückender gesellschaftlicher und kirchlicher Strukturen. Es hat aber dabei nie ganz seine kritisch-widerständige und damit befreiende Funktion verloren. Das fremdartige Anfangsereignis, die verläßlich überlieferte Botschaft, sie wurden nicht nur zum kritischen Korrektiv für die Praxis der Kirche(n) selbst, sondern auch zur Quelle befreiender Praxis zugunsten jener Menschen, die Opfer einer ungerechten Verteilung von Lebenschancen wurden.

(4) Person-Gesellschaft-Religion

Mithilfe der drei bisher diskutierten Grundbegriffe Person, Gesellschaft und Religion kann ein für unsere pastoralgeschichtliche Arbeit wichtiges Phänomen skizziert werden. Unterscheiden sich doch „Gesellschaften" nicht zuletzt dadurch, welches Verhältnis zwischen der Person und der Gesellschaft besteht und welche Rolle die Religion in diesem Gefüge von Person und Gesellschaft spielt. Zwei Grundtypen des Verhältnisses von Person-Gesellschaft-Religion sind geschichtlich hintereinander aufgetreten.[274] Für den ersten ist Verflechtung, für den zweiten hingegen Entflechtung charakteristisch.

1. Einem ersten Typ von Gesellschaft ist eine enge Verflechtung von Person und Gesellschaft eigen. Die einzelne Lebensgeschichte ist in hohem Maß kollektiv geformt. Gesellschaft ist „biographienah". Der einzelne Bürger hat nicht die Möglichkeit, sein Leben „persönlich" originell, abweichend zu gestalten. In dieser Zeit ist auch Religion – obwohl von der Gesellschaft eindeutig unterscheidbar[275] – sowohl mit der Gesellschaft wie mit dem vergesellschafteten Individuum engstens verflochten. Das Leben des einzelnen wie das Zusammenleben der Menschen sind durchgängig religiös geformt.

2. Der andere Typ von Gesellschaft ist durch eine weitgehende Entflechtung von Person, Religion und Gesellschaft charakterisiert. Die wichtigen Institutionen der Gesellschaft (wie Wirtschaft, Politik, Ehe und Familie, Schule und Bildung) besitzen eine hohe Eigenständigkeit, auch wenn sie sich wechselseitig beeinflussen. Der einzelne Bürger und einzelne Gruppen genießen weiten gesellschaftlichen Lebensspielraum: und zwar nicht nur im gesellschaftlichen Alltagsleben, sondern auch gegenüber Religion und Kirche.

[274] In Anlehnung an: Luckmann, Anonymität und persönliche Identität.

[275] Dies trifft schon auf die archaischen Gesellschaften zu: Malinowski, Magic, Science and Religion.

3. Zwischen diesen beiden Gesellschafts-Typen ereignete sich ein Prozeß der Entflechtung. Das Verhältnis von Person – Religion – Gesellschaft hat sich dabei stark verändert. Ein wichtiges Moment des gesellschaftlichen Wandels ist die Ausdifferenzierung der Gesellschaft und ihrer Institutionen. Das Verhältnis der Person zur Religion hat sich im Zuge dieses Differenzierungsprozesses ebenso mitverändert wie das Verhältnis der religiösen Institution zu den übrigen Institutionen. Solcher Wandel wurde jahrzehntelang unter dem Begriff der „Säkularisierung" verhandelt. Heute, da sich die in der Säkularisierungsdebatte geäußerten Prognosen einer zunehmenden Bedeutungslosigkeit der Religion in den hochkomplexen modernen Gesellschaften nicht in jeder Hinsicht bestätigt haben, wird der Verstehenskategorie der „Säkularisierung" der deskriptive Begriff der „Entflechtung" durch gesellschaftliche Differenzierung vorgezogen.[276]

(5) Kairologische Arbeitsvorhaben

In den folgenden Kapiteln werden wir in typologisierender Weise einige konkrete „pastorale Situationen" und die ihnen entsprechenden „pastoralen Handlungsstile" durchleuchten. Im Mittelpunkt des Interesses steht natürlich die gegenwärtige pastorale Situation: Diese gestaltet sich aber heute in den westeuropäischen (und nordatlantischen) Gesellschaften anders als in den osteuropäischen. Im Westen gibt es freiheitlich-pluralistische Gesellschaften, wobei die Kritische Theorie mutmaßt, daß die Freiheit mehr Programm als Realität ist. Anders ist die Lage in den Ländern des Ostens, die sich Länder des real existierenden Sozialismus nennen. Beide, die europäischen Gesellschaften des Westens wie des Ostens, sind geschichtlich aus der „christentümlichen" Gesellschaft hervorgegangen. Von einem raschen sozialen Wandel erfaßt, sind sie dabei, eine veränderte, nachindustrielle Gestalt anzunehmen. Um also die gegenwärtige pastorale Situation zu verstehen, bedarf es einer ansatzhaften Kenntnis sowohl der Herkunft wie der Zukunft sowie der Übergänge zwischen der früheren und der voraussichtlich der Gestalt unserer Gesellschaften.
Bei der Analyse der Gesellschaftstypen halten wir uns an die historische Abfolge. Daraus ergibt sich folgendes Programm:

[276] Ruh, Säkularisierung, 59–100 (mit weiterer Literatur). – Auch: Bd. 30, Gesamtregister, 145f. – Zulehner, Säkularisierung von Gesellschaft, Person und Religion, 53–62. – Ders., Säkularisierung, 155.

1. christentümliche Gesellschaften;
2. Übergang 1: von den vorindustriellen zu den industriellen Gesellschaften;
3. realsozialistische Gesellschaften;
4. freiheitlich-pluralistische Gesellschaften und
5. ihre Kritik;
6. Übergang 2: auf dem Weg zu nachindustriellen Gesellschaften.

3 „CHRISTENTÜMLICHE GESELLSCHAFTEN“

Im Jahre 1726 schreibt der Passauer Fürstbischof Josephus Dominicus Lamberg an seinen Klerus eine Pastoralepistel. In zehn Paragraphen trägt er – nach einer ausgedehnten Pastoralreise durch das Fürstbistum – in lateinischer Sprache ein seelsorgliches Programm vor:

§ 1 Über die Verwaltung der Taufe
§ 2 Über die Kinderkatechese
§ 3 Über das Bußsakrament
§ 4 Über das Sakrament der Eucharistie
§ 5 Über die Versorgung der Kranken
§ 6 Über die Sonn- und Feiertage
§ 7 Über das Gedächtnis des Leidens Christi
§ 8 Über die Verehrung der seligsten Jungfrau Maria
§ 9 Über die gegenseitige Hilfe im Gebet
§10 Über den Gehorsam der Untertanen gegenüber dem Fürsten und das Zahlen der Steuern.[277]

Diese Pastoralepistel ist ein Dokument für kirchliche Praxis unter den Bedingungen einer Gesellschaft, die wir „christentümlich“[278] nennen. Der Bischof ist zugleich Landesfürst: Fürstbischof. Die Verknüpfung von Staat und Kirche wird durch die Personalunion der beiden Ämter symbolisiert. Weltliche und geistliche Obrigkeit sind eins. Die Pastoralepistel gibt in einem kirchliche und weltliche Weisungen: Die möglichst frühe Taufe der Kinder wird ebenso eingefordert wie die Steuer; der Gehorsam gegenüber Gott wie dem Fürsten gegenüber. Seelsorglich stehen die Sakramente, die Liturgie und die spirituelle Formung der Leute im Vordergrund. So gibt der Text Anhaltspunkte für den Gesellschaftstyp, den Ort der Kirche in ihr sowie für die dadurch bedingte Grundbeziehung der Leute zur kirchlich organisierten Religion. Der pastorale Handlungsstil war dieser Situation angemessen.

[277] Lamberg, Epistola pastoralis, Passau 1726.

[278] Dieser Begriff weist einerseits darauf hin, daß das Christentum in dieser Gesellschaft eine zentrale Rolle spielte. Andererseits deutet er an, daß nicht alles, was in dieser „christentümlichen Gesellschaft“ geschah (wie Inquisition, Kreuzzüge), auch christlich war.

Wir stellen im Folgenden die Aspekte der Pastoral in einer „christentümlichen Gesellschaft“ ausführlicher dar. Dabei wird deutlich werden, daß es Spuren einer solchen „christentümlichen“ oder auch „obrigkeitlichen Pastoral“ bis in unsere Zeit gibt.

(1) Monopol an Lebenswissen

Typisch für die Gesellschaft dieser Zeit ist, daß es in ihr nur eine einzige gesellschaftlich privilegierte Form gab, das Leben zu deuten und zu gestalten. Leben war eine Art „Großunternehmen in öffentlicher Hand“. Die Identität des einzelnen Bürgers (wer einer war und wie er zu leben hatte) war kollektiv definiert. „Identitätsproduktion“ war Sache der Gesellschaft. Der einzelne hatte diesbezüglich kaum Spielraum. Er wurde in einen „Stand“ hineingeboren. Dadurch wurde ihm zugewiesen, wie und als wer er sein ganzes Leben zu verbringen hatte. Den „Stand“ zu ändern war kaum möglich. Die Durchlässigkeit zwischen den Ständen war gering, sieht man vom sozialen Aufstieg einzelner Bauern und Handwerker in den „geistlichen Stand“ des Klerus ab. Es war eine geschlossene Gesellschaft.
Eine solche Gesellschaft ist nicht von Haus aus besser oder schlechter als eine andere Gesellschaftsform. Zu ihren Vorzügen gehört, daß die „Identität“ der Menschen, weil sie nicht von den einzelnen aufgebaut und erhalten, sondern von der Gesellschaft fertig zugewiesen wurde, eine hohe Stabilität aufwies. Identitätskrisen waren selten – mit dem Preis, daß der Veränderungsspielraum der einzelnen Personen klein war. Der Bürger konnte kaum eigenwillige Vorstellungen vom Leben entwickeln. Öffentlich wahrnehmbare Abweichungen vom gesellschaftlich definierten Leben wurden hart verfolgt; Nonkonformisten hatten es schwer. Das Monopol an Lebenswissen war (zumal in den nachreformatorischen Zeiten) gesellschaftlich wie staatlich bestens geschützt.

(2) Enge Verflechtung

Kirche und Staat sind in den „christentümlichen Gesellschaften“ aufs engste miteinander verflochten. Gleiches gilt auch für die übrigen wichtigen gesellschaftlichen Institutionen wie Ehe und Familie, Erziehung und Schule, Wissenschaft, Wirtschaft, Strafrecht. Das Christentum ist Grundlage der Staatsverfassung, als solche Staatsreligion:
„In Österreich ist so, wie in allen übrigen europäischen Staaten, welche das Christentum als Grundlage der Staatsverfassung angenommen ha-

ben, die Taufe die Bedingung zum vollen Genuße der bürgerlichen Rechte und zur vollen bürgerlichen Rechtsfähigkeit."[279]
Die enge Verflechtung zwischen Kirche, Staat und Gesellschaft, wie sie in diesem Text zum Ausdruck kommt, ist Ergebnis einer langen geschichtlichen Entwicklung. Wichtige Etappen auf dem Weg ihrer Entstehung sind die mittelalterliche Christenheit sowie die nachreformatorische Zeit, in der Staat und Kirche aus Eigeninteresse ganz eng zusammenwirkten. Ein Herrscherhaus konnte sich nämlich auf die Dauer nur dann halten, wenn es der gleichen Konfession angehörte wie seine Untertanen. Dies nötigte beispielsweise die katholischen Habsburger, mit allen zur Verfügung stehenden Mitteln (wie Recht, Erziehung, Zünfte, Strafrecht, Seelsorge) das zu großen Teilen schon protestantisch gewordene Volk zu rekatholisieren.

(3) Zugewiesene Kirchlichkeit

Der zitierte Text aus dem Lehrbuch für Staatskirchenrecht aus dem Jahre 1843 belegt nicht nur den gesellschaftlichen Standort des kirchlich organisierten Christentums als „Grundlage der Staatsverfassung". Er läßt auch erkennen, wie sehr von diesem gesellschaftlichen Standort der Kirche das Grundverhältnis der Bürger zur Kirche mitbestimmt wurde. Bürger konnte nur sein, wer durch die Taufe Mitglied der christentümlichen Gesellschaft wurde. Nur so kam er in den Besitz der bürgerlichen Rechte und der vollen bürgerlichen Rechtsfähigkeit.
Von hier aus klären sich auch die oft ungenau verwendeten Begriffe von Staats- und Volkskirche. Staatskirche verdeutlicht den gesellschaftlichen Standort der Kirche; Volkskirche wiederum das dominante Grundverhältnis der Bürger zur Religion. Staatskirche bringt die enge Verflechtung von Staat und Kirche auf den Begriff; Volkskirche wiederum drückt aus, daß man stets zugleich Mitglied des Volkes und der Kirche wurde. In den nachreformatorischen Zeiten hieß dies zudem, daß man entweder Katholik oder Protestant wurde.
Abweichungen wurden staatlich geahndet. Als Abweichung galt bereits das Sympathisieren mit der „anderen Konfession" (weshalb auch heute das Argument vom „Protestantisieren" in katholischen Diskussionen ebenso negativ wirksam, wie das „Katholisieren" unter Protestanten verpönt ist). Solche Ketzerei wurde mit allen Mitteln verhindert. So verfügte Ferdinand I. im Jahre 1527 in einem Gesetz über der „Ketzereyen Ausrott und Bestraffung":

[279] Helfert, Darstellung der Rechte, 18.

„Welcher freventlich, und beharrlich hält, und glaubt, wider die zwölf Articul Unsers H. Christlichen Glaubens, auch wider die sieben Sacrament der Gemeinschaft der H. Christlichen Kirchen, dardurch er für einen Ketzer ordentlich erkennet wird, daß derselbige nach Gelegenheit, und Größe seiner Frevelung, Verstockung, Gottslästerung, und Ketzerey am Leib, und Leben möge gestraft werden. Item: welcher in obgeschriebener Meynung für ein Ketzer, wie obgemeldt, erkennet, in die Acht fällt. Item daß er alle Freyheit, so den Christen gegeben seynd, verliehre. Item daß er Ehrloß, und demnach zu keinen ehrlichen Amt tauglich seye, noch gebraucht werden mag. Item, daß niemand schuldig seye, denselben Verschreibungen, oder andere Verbindungen zu halten, noch zu vollziehen. Item, daß er nicht Macht habe zu kauffen, zu verkauffen, noch einige Handthierung, oder Gewerb zu treiben. Item daß er nicht zu testiren, oder Geschäft, und letzten Willen zu machen habe, auch anderer Testirung, und letzten Willen, so ihme zu Nutz kommen möchte, nicht fähig seye. Item daß ein Christgläubiger Vater seinen Sohn, der ein Ketzer ist, rechtlich alles väterlichen Guths, und entgegen der Sohn seinen Vater in gleichem Fall enterben mag ...“[280]

Aber nicht nur die Zugehörigkeit zur Kirche oder der „rechte“ (katholische) Glaube wurden staatlich geschützt und eingefordert. Auch die Beteiligung am kirchlichen Leben unterlag staatlichen Gesetzen. So verordnete am 7. Februar 1532 ein Gesetz über die „Beicht (Oesterliche) und Communion von Jedermann zu verrichten“:

„Zweytens, daß ein jeder Catholischer Alters halber fähiger Christ, Mann- und Weibs-Geschlechts, sich mit der, von der Christlichen Catholischen Kirchen gebottenen Beicht und Communion einstelle, und destwegen mit einem ordentlichen Beicht-Zettel versehe, und selbigen seinem Haus-Herrn zustelle.“[281]

Solche Verordnungen zeigen freilich zugleich an, daß sich die Leute offenbar nicht immer im erwünschten Maß am Leben der Kirche beteiligten. So vermerkt Kaiserin Maria Theresia am 14. Juli 1770 in ihrer Verordnung „Von Heiligung der Feyertägen“, daß sich verschiedentlich Mißbräuche eingeschlichen haben; unter anderem habe sie wahrgenommen, *„daß die zu beobachtende Heiligung, und Feyerung der Sonn- und gebotenen Festtage, durch mehrere Wege, sonderlich von dem gemeinen Manne, vernachlässigt werde“*. Sodann erläßt sie, der *„die Beförderung der Ehre Gottes, und die genaueste Erfüllung derjenigen Gebote, wodurch die christkatholische Religion von ihrem heiligsten Urheber insbesondere bezeichnet ist, ungemein am Herzen liegt“*, eine Verordnung,

[280] Riegger, Corpus Iuris Ecclesiastici, 100f.
[281] Riegger, Corpus Iuris Ecclesiastici, 230.

durch die vor allem dem nachlässigen „gemeinen Manne“ die Gelegenheit zum Müßiggang und den hieraus entspringenden Ausschweifungen genommen werden soll und die Männer durch bessere Unterrichtung zu *„schuldiger Andacht am Tage des Herrn, und seiner Heiligen geleitet werden möge“*. Also werden die Wochenmärkte vom Vormittag der Sonn- und Feiertage wegverlegt, und in allen Pfarreien müssen *„Khristenlehren“* gehalten werden. Die Kontrolle obliegt der kaiserlich-königlich böhmisch-österreichischen Hofkanzlei.[282]

In einer solchen „christentümlichen Gesellschaft“ ist die Beziehung der Bürger zur Kirche sozial vordefiniert. Staat und Kirche schreiben, als weltliche und geistliche Obrigkeit, einmütig die Mitgliedschaft und das Ausmaß der erforderten Teilnahme am Glauben und Leben der Kirche vor. Das wird durch die Struktur einer hierarchischen Ständegesellschaft erleichtert, vielleicht auch erst möglich. Kraft gesellschaftlicher Konventionen können daher Staat und Kirche in wechselseitiger Unterstützung ihre Forderungen mit allen zur Verfügung stehenden Mitteln durchsetzen. Abweichler werden lange mit dem Tod, später mit der Ausweisung bzw. mit harten sozialen Benachteiligungen bedroht. Erst im Zuge der Aufklärung wächst das gesellschaftliche Bewußtsein, die Abweichung einzelner und später ganzer Gruppen (Juden, Protestanten, Freidenker) zu „tolerieren“.

(4) Obrigkeitliche Pastoral

Auf dem Hintergrund einer solchen pastoralen Situation – sie setzt sich zusammen aus dem Typ der „christentümlichen Gesellschaft“, dem ihr eigenen gesellschaftlichen Standort der Kirche und dem dadurch begünstigten Grundverhältnis der Bürger zur Religion – wird der pastorale Handlungsstil dieser Gesellschaft einsichtig.

1. Die Kirche verließ sich bei den bedeutsamen kirchlichen Aufgaben weithin auf die Arbeit einiger wichtiger Laien in der Politik. Die Herrscherhäuser übernahmen kirchliche Aufgaben, für die sie politische Macht einsetzten. Sie taten dies nach dem Ende der Religionskriege um so bereitwilliger, als nicht nur die Herrschenden die Religion der Leute bestimmen konnten, sondern umgekehrt vom Erfolg beispielsweise der „Gegenreformation“ das Überleben der katholischen Herrscherhäuser abhängig war. Alle verfügbaren gesellschaftlichen Kräfte wurden in den Dienst der jeweiligen Konfession gestellt. Das bedeutete: Ob jemand Christ war, ob er sich in wesentlichen Belangen am Glauben und Leben

[282] Riegger, Corpus Iuris Ecclesiastici, Nachtrag, 12–15.

seiner Kirche beteiligte, das war zwar Aufgabe der Seelsorge, noch mehr aber der Politik.

2. Ein Anschauungsbeispiel für die Pastoral in diesen „christentümlichen Zeiten“ ist die Taufpraxis, wie sie der Passauer Fürstbischof Josephus Dominicus 1726 verlangte. Im ersten Paragraphen seiner Pastoralepistel (De Administratione Baptismi) setzt er zunächst knapp voraus, daß jeder Bürger im Normalfall selbstverständlich getauft wird. Die einzige Sorge gilt daher den außergewöhnlichen Geburtsfällen.[283]

[283] §1 Über die Verwaltung der Taufe.

Um also mit jenem Geheimnis unserer christlichen Religion zu beginnen, durch das wir, wiedergeboren zum ewigen Leben, unter der Zahl der an Christus Glaubenden zu existieren beginnen, nämlich dem Sakrament der Taufe: insofern

jenes der Anfang aller anderen ist, Tür und Fundament, Mittel, das vor allen anderen zum Heil notwendig ist, und da wir meinen, daß die Pfarrer sowie die anderen Seelsorger nicht leicht in Unkenntnis sind, welches sein Wesen ist, und von uns Materie und Form genannt wird,

weswegen wir nachdrücklich wünschen, daß dies alles, und aus welchem Grund die Taufe ordnungsgemäß gespendet werden soll, auch von jenen Personen, denen die Taufe geborener Nachkommen in dringenden Notsituationen obliegt, getreulich behalten wird,

und, soweit es an uns liegt, wünschen und wünschen müssen, daß alle Neugeborenen mit diesem Bad der heiligsten geistlichen Wiedergeburt und dem alleinigen Heilmittel gegen die Erbschuld sorgfältig versorgt werden:

deshalb schreiben wir allen Pfarrern und Vikaren, seien sie Welt- oder Ordenspriester, strengstens vor und ordnen an,

daß sie ehestens nach Erhalt dieser unserer vorliegenden pastoralen Anweisungen, aus allen einzelnen Dörfern und Städten ihrer Pfarreien alle Hebammen, sowie die übrigen Frauen, die in Abwesenheit der amtlichen Hebammen bei der Geburt helfen, zu einer eigenen Zusammenkunft einberufen,

von den Versammelten in einer strengen und genauen Prüfung erfragen, ob sie die Materie und Form der Taufe, die sie im Notfall zu spenden haben, gebührend nennen können.

Und weil zwar die meisten von ihnen für gewöhnlich die Taufformel aufsagen können und auch den übrigen Verlauf der Taufhandlung hinlänglich beschreiben können, sobald es aber ernst wird, nicht selten dabei ertappt werden, daß sie versagen, schwerste Fehler machen und so das Sakrament nicht zustande kommt,

um daher auch diesem Mißstand mit unseren Ermahnungen und den geeigneten Maßnahmen entgegenzutreten, mögen die Pfarrer sowie die übrigen Seelsorger geflissentlich dafür sorgen, daß diese Frauen in ihrer Gegenwart unter gleichzeitigem Sprechen der Taufformel und dem Aufgießen von Wasser an einer Puppe das machen, was an einem wirklichen und lebenden Kind zu tun ist,

damit sie eventuell so erfreulicher Weise und prompt lernen, was von ihnen später in einer Notsituation (in der uns, und wohl am meisten jenes Geschlecht, die Angst erfaßt und wir zittern) nützlich ist und notwendiger Weise getan werden muß.

Aber auch das darf für die eifrigen Seelsorger nicht genügen, sie werden darüber hinaus diese Frauen für jene Fälle vorzubereiten versuchen, die bei der Spendung der Nottaufe häufiger eintreten: z.B. was ist zu tun, wenn zweifelhaft ist, ob das Kind lebt? oder in ähnlichen Situationen.

Sie werden sie daher lehren, ein Kind bedingungsweise zu taufen, nämlich „Wenn du lebst, taufe ich dich im Namen des Vaters etc.“ Sie sollen auch in der Lage sein, wenn bei einer schwierigeren Geburt nur ein Fuß oder eine Hand herausragt, der restliche Körper des Kindes aber noch im Mutterschoß verborgen ist, an jenem zugänglichen Teil die Nottaufe vorzunehmen, dann diese aber auf dem Kopf zu wiederholen, nachdem das Kind ganz ans Licht gebracht worden ist, nämlich „Wenn du noch nicht getauft bist, taufe ich dich etc.“ Und dies wegen der Meinung der bedeutendsten Theologen, daß eine Taufe auf der Hand oder auf einem Fuß zweifelhaft ist.

3. Die Arbeit der Kirche, ihre Pastoral im engeren Sinn, galt der Einführung der Kinder in den Glauben (Josephus Dominicus behandelt daher im § 2 De Catechizandis parvulis) sowie dem Vollzug des gesellschaftlich zugewiesenen und garantierten kirchlichen Lebens in den Sakramenten (§§ 3–6) und im geistlichen Leben (§§ 7–9). Dazu kam, wie bischöfliche Visitationsberichte aus dieser Zeit zeigen, der zu allen Zeiten der Christentumsgeschichte geführte Kampf um eine dem christlichen Glauben angemessene Sittlichkeit (z. B. gegen uneheliche Kinder[284], Trunksucht[285] usw.).

4. Getragen wurde solche Pastoral nur zum geringen Teil vom Klerus. Viel verdankt die damalige Kirche nicht nur politisch einflußreichen Laien, die eine höchst „politische Pastoral" betrieben. Nicht übersehen kann man die religiöse Erziehungsarbeit in den Dorfgemeinschaften, in den Schulen, in den Zünften. Viel an „christlichem Lebenswissen" wurde über das kulturell selbstverständliche Brauchtum überliefert: „So macht man es eben".

Wir wünschen und befehlen ernstlich, daß die Versammlung, Prüfung, Instruktion und selbst die praktische Übung der Taufspendung mit den Hebammen und den anderen Geburtshelferinnen wenigstens einmal im Jahr stattfindet,
weiters, daß die Pfarrer dem üblichen Jahresbericht an unsere kirchliche Behörde über abwechselnd gehaltene Predigten an Sonn- und Feiertagen noch einen anderen hinzufügen: nämlich daß sie in diesem Jahr, in dem und dem Monat, an dem und dem Tag, gemäß dieser Verordnung, alle Hebammen sowie die übrigen Geburtshelferinnen zu sich gerufen, streng examiniert und gebührend unterwiesen haben sowie dafür gesorgt haben, daß diese in ihrer Anwesenheit die Taufe praktisch geübt haben.
Zusätzlich verpflichten wir alle, Pfarrer, Vikare, Prediger und Kuraten, daß sie in den Predigten und Katechesen häufig von der Taufe reden, sodaß im Notfall, in dem jedermann dieses heilige Bad der Wiedergeburt spenden kann, ja durch das Gebot der Liebe dazu verpflichtet ist, alle hinlänglich belehrt, ordnungsgemäß zu tun verstehen, was sie tun müssen.
Die Dekane endlich verpflichten wir aufs schärfste, bei ihren Visitationen vornehmlich dies zu prüfen, indem sie sorgfältig untersuchen, ob die Pfarrer diese unsere Verordnungen vollständig erfüllen, bzw. sie sollen ihre Durchführung anordnen. Daher sollen sie die erstbeste Hebamme über die Taufe prüfen, finden sie diese wenig ausgebildet und unwissend, sollen sie den Pfarrer aufs strengste zur Rechenschaft ziehen, ihn ernstlich an seine Pflicht erinnern, und wenn dieser unbeweglich in seiner Nachlässigkeit verharrt, ihn der kirchlichen Behörde melden, damit er durch dies strengstens zur Besserung gebracht werde.
Wenn dann immer noch, trotz dieser Sorge und unserer pastoralen Bemühung, die wir mit besonderer Sorgfalt und, soweit sie uns der Herr gegeben hat, mit wachsamer Umsicht zum Heil der Kinder reichlich ausüben, ein Pfarrer, unter Mißachtung seiner Berufung und seines Amtes und trotz dieser unserer Anordnungen in einer derartigen Trägheit verweilt, daß womöglich ein einziges Kind, wegen der schuldhaften Vernachlässigung der Prüfung und Belehrung der Geburtshelferinnen, von der Hebamme nicht gültig getauft und ohne Taufe stirbt (was freilich der Allergütigste Gott gnädigst abwenden möge), dann überweisen wir einen solchen dem fürchterlichen Tribunal des göttlichen Gerichts, angesichts dessen dieser jetzt schon bei sich erkennen kann, was er dem obersten Hirten der Seelen, als leichtfertiger Verächter der göttlichen und unserer Anordnungen und als verabscheuungswürdiger Mißachter seiner Schafe zu verantworten hat."

[284] Rutz, Obrigkeitliche Seelsorge, 127f.
[285] Weinzierl-Fischer, Visitationsberichte.

5. Im „Innenraum“ der Seelsorge (Sakramente, Predigt) lag die Verantwortung ausschließlich beim Klerus. Die einfachen Leute wurden von ihnen versorgt; sie galten als „Objekt der Seelsorge“. Die Seelsorge war priesterzentriert, das Priesterbild wiederum – den Schwerpunkten der damaligen Seelsorge entsprechend – vor allem auf den Vollzug des christlichen Lebens in den Sakramenten sowie auf die Einmahnung der Gebote Gottes und der Kirche konzentriert. Allmählich kommen aufgrund schlechter Erfahrungen mit der religiös unwissenden Masse des Volkes Katechese und „Christenlehre“ hinzu.
Der pastorale Handlungsstil läßt sich am besten begrifflich fassen als „obrigkeitliche Pastoral“[286] oder als Pastoral der „Zuweisung der Christlichkeit“. Vollzug und Verinnerlichung von gesellschaftlich garantierter Kirchenzugehörigkeit war die wesentliche Aufgabe der Seelsorge (im engeren Sinn), die in erster Linie (innerpfarrlich) von den Klerikern gemacht und verantwortet wurde.

[286] Rutz, Obrigkeitliche Seelsorge.

4 ÜBERGANG 1: VON DEN VORINDUSTRIELLEN ZU DEN INDUSTRIELLEN GESELLSCHAFTEN

Im Zuge eines tiefgreifenden Umbaus unserer europäischen Gesellschaften sind neue Verhältnisse entstanden. Dabei hat sich der gesellschaftliche Standort von Religion und Kirche(n) mitverändert. Gewandelt hat sich auch das dominante Verhältnis der Leute sowohl zur Gesellschaft wie zu ihrer Kirche. Dies verlangte von der Kirche schließlich, einen neuen Stil für ihre pastorale Praxis zu entwerfen. Dieser Wandlungsprozeß ist bis heute den Kirchen nicht leicht gefallen, nicht zuletzt deshalb, weil auf der einen Seite der Wandel der Gesellschaft in verschiedenen Richtungen betrieben wurde und andererseits auch der sozioreligiöse Wandel in verschiedenen Bevölkerungsteilen mit unterschiedlicher Bereitschaft und Geschwindigkeit voranging. Die Verantwortlichen in der Kirche gerieten so vor das Problem der pastoralen Ungleichzeitigkeit. Wir skizzieren nunmehr den mehrschichtigen Übergang von der vorindustriellen zu verschiedenartigen industriellen Gesellschaften. Zwei ineinander verwobene Revolutionen, gesellschaftliche Umwälzungen, markieren den Übergang.

(1) Liberale Revolution: der Kampf um das Individuum

Typisch für die mittelalterlich-christentümliche Gesellschaft war – was das Verhältnis von Person und Gesellschaft betrifft – ein unverkennbarer Vorrang der (ständisch gegliederten) Gesellschaft vor der einzelnen Person. Das Leben des einzelnen Bürgers war gesellschaftlich weithin vordefiniert. Der einzelne trug zwar Verantwortung für seine Taten, mindestens moralisch; was eine strenge kirchliche Sündenpredigt auch laufend einschärfte. Die Möglichkeiten seiner Lebensgestaltung fand er jedoch – sozial bestimmt – vor.

Mit der Neuentdeckung antiker Schriften, ihrer Weisheit und Philosophie, ihrer humanistischen und demokratischen Ideale bahnte sich im Humanismus eine neue Weltsicht an, die bestimmend wurde für das wachsende Interesse am Individuum. Dieses Interesse verdichtete sich zu jener politischen Strömung, die als „Liberalismus“ gesellschaftlich revolutionär werden sollte.

Zunächst im 17. und 18. Jahrhundert noch Thema politischer, staatsrechtlicher und staatsphilosophischer Schriften (Hobbes, Locke, Montesquieu, Rousseau), erhält die Aufwertung des Individuums ihren ersten politischen Ausdruck in der Nationalstaatsidee, sodann in der Englischen Revolution (Bill of Rights, 1688), in der Unabhängigkeitserklärung der Vereinigten Staaten von Amerika (1762) sowie in der Französischen Revolution (1789). Weitere europäische Revolutionen folgten (1830, 1848). Politischer Träger dieser geistig-revolutionären Strömung war der „dritte Stand", das ökonomisch erstarkende Bürgertum. Liberale Parteien entstanden. Auch die Gestaltung der bürgerlichen Wirtschaftskraft folgte liberalen Prinzipien.
Der politische Liberalismus gelangte in der Französischen Revolution 1789, in den deutschsprachigen Ländern in der 2. Hälfte des 19. Jahrhunderts an die Macht. Aus den absolutistischen wurden von Liberalen regierte konstitutionelle Monarchien. Kern der neuen Verfassungen waren die individuellen Grundrechte. Unter diesen nunmehr sozial garantierten Freiheitsrechten war auch das Recht auf Religionsfreiheit. Ihre Durchsetzung bedeutete die Ablösung des herkömmlichen Verhältnisses von Kirche-Staat-Gesellschaft. Liberale Kulturpolitik verfolgte konsequent die Trennung von Kirche und den übrigen gesellschaftlichen Institutionen des Staates, der Ehe, der Schule, des Strafrechts, der Finanzen, der Wirtschaft. Ein scharfer Kulturkampf wurde entfesselt, in dem sich die bisher tragenden gesellschaftlichen Kräfte (unter ihnen die Kirche[n]) zur Wehr setzten. Doch gelang es ihnen nicht, die liberal-revolutionären Veränderungen aufzuhalten. Die Zivilehe wurde obligatorisch, damit die Alleinzuständigkeit der Kirche für die Ehe beseitigt. Das Schulmonopol wurde gebrochen, die Oberhoheit der Kirche über die Volksschule beendet. Im wirtschaftlichen Bereich verlor die Kirche lautlos ihre Bedeutung.
Eine Nebenwirkung des heftigen Kulturkampfes war die politische Sammlung und Mobilisierung der Katholiken in einem „christlichen Lager". Der Traum von einer „christentümlichen Gesellschaft" war prinzipiell noch nicht aufgegeben. Man nahm bestenfalls zur Kenntnis, daß die einstige christentümliche Gesellschaft eben auf eine „christentümliche Partei", ein christliches Lager, zusammengeschrumpft war. Mit Hilfe dieser Partei versuchten die Kirchen die ererbten privilegierten Verhältnisse möglichst zu erhalten bzw. ihre Lockerung so lange wie möglich zu verzögern. Die Politik der christlichen Parteien war daher vom Ansatz her defensiv, das Alte und lange Zeit Bewährte bewahrend. Der Name der ersten christlichen Partei in Österreich drückt dies aus: „Katholisch-Konservative". In ihr sammelten sich jene Gruppen, die von der alten gesellschaftlichen Ordnung bevorzugt waren: Adelige,

Großgrundbesitzer, Bischöfe und Prälaten. Sie war die Partei der alten Obrigkeiten und besaß in Österreich, trotz der Regierung durch die Liberalen, das Wohlwollen des Herrscherhauses, das manche liberale Reform auf dem Verordnungsweg abschwächte.

(2) Soziale Revolution: die Soziale Frage

Die liberale Revolution brachte noch keinen entscheidenden Umbau der vorindustriellen Gesellschaft, sondern vielmehr nur eine Verlagerung innerhalb der Stände zum dritten Stand (Bürgertum). Allerdings führte die liberale Revolution zu einer Demonopolisierung der Kirchen und damit zu einem Wandel der bislang geschlossenen Gesellschaften zu offen-pluralistischen.

Dieser Wandlungsprozeß wurde durch das Aufkommen der Industriegesellschaft überlagert. Träger der anderen, sozialen Revolution war nicht das Bürgertum, sondern die Arbeiterschaft und die sie organisierenden Parteien. Einig waren sich die „alten Revolutionäre“ (die Liberalen) mit den neuen (den Sozialen: den Sozialisten und den Christlichsozialen) in der Absicht, die vorindustriellen gesellschaftlichen Verhältnisse zu ändern. Deshalb gab es auch eine Zeit lang eine Allianz zwischen den Liberalen und den Sozialen, etwa in der ersten Phase der Revolution des Jahres 1848. Aber bereits in der zweiten Phase 1848/49 entstanden z. B. in Wien Flugblätter, die belegen, daß sich die Arbeiter gegen die bürgerlichen Fabrikherren wandten und begannen, Maschinen und Fabriken zu zerstören. Die politisch-revolutionäre Allianz zwischen Bürgern und Arbeitern war zerbrochen. Spätestens nach der Durchsetzung der liberalen Freiheitsrechte (in Österreich 1867) war klar, daß die Liberalen und die verschiedenen Strömungen der „Sozialen“ in verschiedenen Lagern standen. Die Liberalen wollten Freiheit, die Sozialen Gerechtigkeit. Rasch zeigte sich, daß gerade die „Freiheitlichen“ (als Besitzer des Kapitals und der Maschinen) keine politischen Bundesgenossen für die Sozialen in ihrem Kampf um mehr Gerechtigkeit sein konnten. Zwar kamen den Sozialen die von den Liberalen errungenen Freiheitsrechte (wie Vereinsfreiheit, Wahlrecht) für ihren sozialen Kampf zugute. Auch blieb die gemeinsame Anstrengung, die bisherige gesellschaftliche Ordnung und die sie tragenden Kräfte (vor allem Thron und Altar) gesellschaftlich zu entmachten. Aber in der entscheidenden Frage mußten sich notwendigerweise die Wege der zwei „Revolutionen“ trennen: bei der Lösung der Sozialen Frage.

Beim historischen Verlauf der Sozialen Frage und ihrer Lösungsversuche gilt es im Rahmen unserer kairologischen Überlegungen zu zeigen, wie sich die Gestalt der Gesellschaft, der gesellschaftliche Standort der Kirchen, das dominante Verhältnis der Menschen zu ihrer Kirche sowie die Praxis dieser Kirchen mitverändert haben. Der revolutionäre Übergang von der vorindustriellen zur Industriegesellschaft erfolgte auf vier Ebenen: auf der geistigen, der wirtschaftlichen, der sozialen sowie der politischen.

(a) Geistige Revolution

Die geistigen Wurzeln der industriellen Revolution reichen weit in das Mittelalter zurück. Der mittelalterliche Mensch lebte aus einem Gefühl bedrohlicher Abhängigkeit vom Vorfindbaren: von einer übermächtigen, unbeherrschten Natur und einer ebenso schicksalhaft festgefügten sozialen Ordnung. Beides galt als unantastbar. Die Kunst des Lebens bestand darin, mit diesen schicksalhaften Ordnungen einigermaßen zurechtzukommen. Aufgabe der Kirche war es nicht zuletzt, diese Ordnung als gottgewollt darzustellen und die Gläubigen durch Riten und Predigt dazu zu befähigen, sich der göttlichen Ordnung kraft ihres freien Willens einzufügen und aus solcher Haltung ihr persönliches Schicksal zu meistern.
Dieses einseitige Verhältnis des Menschen zur physischen und sozialen Wirklichkeit begann sich im ausgehenden Mittelalter zu wandeln. Theologische und philosophische Arbeit legten den Grund für eine stärker analytisch-herrscherliche Beziehung zu Natur und Gesellschaft. Die Naturwissenschaft drang mit zunehmender Geschwindigkeit in die Gesetze der Natur ein. Die Technik nahm einen beachtlichen Aufschwung. Ihr wichtigstes Produkt war die Dampfmaschine.

(b) Wirtschaftliche Revolution

Die Dampfmaschine machte es möglich, die Herstellung von Gütern in einer neuartigen Weise zu betreiben. Der Vorgang der Produktion wurde in einzelne Phasen zerlegt. Teilschritte konnten nunmehr von der ohne Menschenkraft betriebenen Maschine übernommen werden. Viele arbeitende Menschen, gewohnt, mit Werkzeugen ihre eigene Arbeitskraft optimal einzusetzen, wurden nunmehr der Maschine unterworfen. Sie diktierte dem Arbeiter, was er zu tun und wie schnell sein Arbeitsrhythmus zu sein hatte. Folge war, daß in erheblich kürzerer Zeit bedeutend mehr Güter hergestellt werden konnten. Die Herstellungskosten wurden gedrückt.

(c) Soziale Revolution

Die Auswirkung der veränderten Produktionsverhältnisse auf die sozialen Verhältnisse war gewaltig. Das handwerkliche Gewerbe geriet in eine Überlebenskrise. Viele Handwerker mußten ihren Handwerksbetrieb aufgeben und in Fabriken arbeiten. Dabei erlebten die Städte eine gewaltige Bevölkerungsexplosion. Aus bürgerlichen Kleinstädten wurden industrialisierte Großstädte.[287]

Die Wanderbewegung verlief aber nicht nur räumlich (regional) von den kleinen Orten und Dörfern in das Umland der Städte (ein Prozeß, der auch heute in den Entwicklungsländern zu beobachten ist). Die Mobilität war zugleich eine soziale. Personen aus der Landwirtschaft und dem Handwerk sammelten sich in der „standlosen" Masse des „Fabrikproletariats". Weil die Fabrikarbeiter/innen keinem Stand angehörten, waren sie sozial und politisch rechtlos und damit dem sozial noch nicht gezügelten Kräftespiel des Frühkapitalismus ungeschützt ausgeliefert. Ein großer Teil der Bevölkerung wurde „proletarisiert".[288]

[287] Wien hatte beispielsweise 1754 bei der ersten Volkszählung unter Maria Theresia 175. 460 Einwohner, 1887 bereits 1,258.482 und 1910 2,3 Millionen, also mehr als heute.

[288] Wie uns Berichte aus dem 19.Jahrhundert zeigen, war das Elend des zumal an den Rändern der Städte lebenden Industrieproletariats „himmelschreiend".
So schrieb im Jahr 1848 der Chefredakteur der damals noch streitbaren Wiener Kirchenzeitung, Sebastian Brunner, einen Lagebericht, den er erst Jahrzehnte später veröffentlichen konnte:
„Es wird mir ganz unheimlich, wenn ich abends die Proletarier von den öffentlichen Arbeiten heimkehren sehe. Auch der Landsmann ist arm, aber er hat seine Hütte, aus welcher ihn niemand hinauswerfen kann. Was ist es für ein trauriger Anblick um einen Menschen, der in seiner äußeren Erscheinung seinen ganzen Jammer zur Schau trägt! Ein erbärmliches zerrissenes Gewand, Gesicht und Arme von der Sonnenhitze gebräunt, eingefallene Wangen, zum Theil von der Noth, mehr aber vom ständigen Tabakrauchen, und auch noch von anderen Umständen. Wie trostlos sieht es in den Wohnungen dieser Leute aus? Kennt ihr die öden abgestorbenen Gassen in den Riesendörfern um die Städte herum? Tausende und Tausende haben gar keine Ahnung, wie es in den Zimmern aussieht, das muß man selber gesehen haben. Für die armen Teufel, die im Winter in einer solchen Spelunke hausen müssen, ist die schlechteste Bierkneipe noch ein Parfümladen mit Ätherdüften geschwängert. Da wandeln sie nun ihrer Heimat zu, sie haben fast zwei Stunden bis zum Arbeitsplatze zu gehen. Männer und Weiber, Burschen und Mädchen, viele schleppen Kinder in ihren Armen, die sie beiseite legen, während sie den Spaten handhaben, oder das weinende Klageinstrument, den Schiebkarren, vor sich herführen. Jetzt tragen die meisten einen jungen Baum, oder Reiserbündel, oder ein Stück Holz auf den Schultern, wie sie es trotz Gesetz und Waldfrevelstrafe – auf ihre Massen pochend – aus den Forsten und Auen, die dem Arbeitsplatz naheliegen, sich in der Mittagsstunde sammeln und abends mitnehmen. Ein Gegenstand, kaum einige Kreuzer werth und vollwichtig; denn es ist grünes und feuchtes Holz – stundenweit geschleppt nach einem harten Tagwerke! Das ist Armuth, bittere Armuth! Wer kein Herz hat aus Stein, der muß beim Anblick eines solchen Hungers, solchen Elends, zum Ausrufe kommen: Mich dauert dieses souverainen Volkes! Ich meine, mit Titeln ist dem armen Volke nicht geholfen, eine einzige Brotanweisung auf einem kleinen Papier ist jedem lieber, als die täglich an allen Straßenecken klebenden, großmächtigen Adelsdiplome der Volkssouveränität… !" – Brunner, Woher? Wohin?, 122ff.

(d) Politische Lösungsrichtungen

Die tragenden politischen Kräfte der damaligen Zeit reagierten auf die aufgebrochene Soziale Frage unterschiedlich.

1. Der mächtige *bürgerliche Liberalismus*, ausgehend vom Prinzip, daß auch das wirtschaftliche Handeln sich vor allem am individuellen Nutzen zu orientieren habe, setzte auf das „wohlverstandene Selbstinteresse“ der kapitalkräftigen Fabrikherren. Denn, so die Theorie, die egoistische Berechnung des einzelnen bleibe ja bestrebt, die Zustimmung der Mitmenschen zu finden, um den individuellen Erfolg nicht zu gefährden. Deshalb müsse der Fabrikherr so sozial sein, daß er die Arbeitskraft der Arbeiter nicht gefährde.

2. Mitglieder der *christlichen Kirchen* haben sich frühzeitig der Arbeiterfrage zugewendet.[289] Caritative und seelsorgliche Bemühungen setzten ein. Es wurden christliche Fabriken gegründet; Vinzenzvereine kümmerten sich um die Notleidenden. Daß unter den Christen zumal die Katholiken nicht untätig waren, dafür ist Karl Marx ein unverdächtiger Zeuge. Als er im Jahr 1869 durch Europa reiste, schrieb er an seinen Freund Engels: *„Bei dieser Tour nach Belgien, Aufenthalt in Aachen und Fahrt den Rhein hinab habe ich mich überzeugt, daß energisch, speziell in katholischen Gegenden, gegen die Pfaffen losgegangen werden muß... Die Hunde kokettieren, wo es passend erscheint, mit der Arbeiterfrage.“*[290]

Auch theoretische Lösungsvorstellungen wurden in den Kirchen entwikkelt. Grob gesehen waren sie, wie die sozialistische Arbeiterbewegung der Kirche vorwerfen wird, allzu sehr an der etablierten ständischen Gesellschaftsordnung orientiert. Die Arbeiter sollten sozial und politisch mit Rechten ausgestattet und als „vierter Stand“ in die ständische Gesellschaft eingefügt werden. Solche „sozialromantischen“ Vorstellungen wurden in der Kirche erst spät verlassen, kirchenamtlich erstmals, wenn auch nicht endgültig, in der ersten Sozialenzyklika „Rerum novarum“ von Leo XIII. im Jahr 1891. Sie stellte klar fest, daß der Sozialen Frage nicht mehr mit den alten gesellschaftlichen Ordnungsvorstellungen begegnet werden könne. Denn die neue Gesellschaft werde nicht mehr durch die Stände, sondern durch das spannungsgeladene Gegenüber von Kapitaleignern und abhängigen Arbeitern bestimmt.

3. Diese Einsicht prägte von Anfang an die Analysen der Sozialen

[289] Die Soziale Botschaft der Kirche, 11–65. – Texte zur Katholischen Soziallehre, 9–29. – Die Einschätzung der Leistungen der Kirche bei der Lösung der Sozialen Frage war auf der Gemeinsamen Synode der Bistümer in der Bundesrepublik Deutschland heftig umstritten: Kirche und Arbeiterschaft, 321–364.

[290] Marx, Engels, Briefwechsel, 272.

Frage bei Karl Marx, der die Hauptströmung des mitteleuropäischen *Sozialismus* prägte: Die neuen Produktionsmöglichkeiten (Kapital und Maschinen) verschaffen nur wenigen (den Kapitaleignern) enorme ökonomische, soziale und auch politische Vorteile, während die große rechtlose Masse abhängig ist und verelendet. Die Arbeit von Marx, Engels und der rasch erstarkenden sozialistischen Arbeiterbewegungen galt dem Kampf um eine Lösung dieser Sozialen Frage, damit einem menschenwürdigeren Leben des ausgebeuteten Proletariats. Beispielhaft zitieren wir aus dem Gründungsprogramm der Österreichischen Arbeiterpartei, dem nunmehr hundert Jahre alten Hainfelder Programm des Jahres 1889:

„Die Prinzipienerklärung.

Die Sozialdemokratische Arbeiterpartei in Österreich erstrebt für das gesamte Volk ohne Unterschied der Nation, der Rasse und des Geschlechts die Befreiung aus den Fesseln der ökonomischen Abhängigkeit, die Beseitigung der politischen Rechtlosigkeit und die Erhebung aus der geistigen Verkümmerung. Die Ursache dieses unwürdigen Zustandes ist nicht in einzelnen politischen Einrichtungen zu suchen, sondern in der das Wesen des ganzen Gesellschaftszustandes bedingenden und beherrschenden Tatsache, daß die Arbeitsmittel in den Händen einzelner Besitzender monopolisiert sind. Der Besitzer der Arbeitskraft, die Arbeiterklasse, wird dadurch zum Sklaven der Besitzer der Arbeitsmittel, der Kapitalistenklasse, deren politische und ökonomische Herrschaft im heutigen Staat Ausdruck findet. Der Einzelbesitz an Produktionsmitteln, wie er also politisch den Klassenstaat bedeutet, bedeutet ökonomisch steigende Massenarmut und wachsende Verelendung immer breiterer Volksschichten.

Durch die technische Entwicklung, das kolossale Anwachsen der Produktivkräfte erweist sich diese Form des Besitzes nicht nur als überflüssig, sondern es wird auch tatsächlich diese Form für die überwiegende Mehrheit des Volkes beseitigt, während gleichzeitig für die Form des gemeinsamen Besitzes die notwendigen geistigen und materiellen Vorbedingungen geschaffen werden. Der Übergang der Arbeitsmittel in den gemeinschaftlichen Besitz der Gesamtheit des arbeitenden Volkes bedeutet also nicht nur die Befreiung der Arbeiterklasse, sondern auch die Erfüllung einer geschichtlich notwendigen Entwicklung. Der Träger dieser Entwicklung kann nur das klassenbewußte Proletariat sein. Das Proletariat politisch zu organisieren, es mit dem Bewußtsein seiner Lage und seiner Aufgabe zu erfüllen, es geistig und physisch kampffähig zu machen und zu erhalten, ist daher das eigentliche Programm der Sozialdemokratischen Arbeiterpartei in Österreich, zu dessen Durchführung sie sich aller zweckdienlichen und dem natürlichen Rechtsbewußtsein des Volkes entsprechenden Mittel bedienen wird. Übrigens wird und muß sich die

Partei in ihrer Taktik auch jeweilig nach den Verhältnissen, insbesondere nach dem Verhalten der Gegner, zu richten haben."[291]

In diesem Programm wird deutlich ausgesagt:

1. Es geht um die Lösung der Sozialen Frage, damit um ein menschenwürdiges Leben für die rasch wachsende Zahl verelendeten Proletariats.
2. Dieses Ziel soll auf dem Weg einer tiefgreifenden sozialen Revolution, also einer Umwälzung der gesellschaftlichen Verhältnisse, erreicht werden, deren wesentliches Merkmal die ungerechten Besitzverhältnisse sind.
3. Diese gesellschaftliche Umwälzung (Re-volution) setzt die Erlangung der Macht im Staat durch die sozialistische Arbeiterbewegung voraus.
4. Diese Macht im Staat kann nur erreicht werden, wenn das Proletariat, bisher politisch unorganisiert und ohne Einsicht in die Gründe für seine elende Lage, gesammelt und für den politischen Kampf geistig fähig gemacht wird. Die Partei betrieb daher eine breite Bildungsarbeit in den „Arbeiterbildungsvereinen", die schon vor der Gründung der Arbeiterpartei (in Österreich seit 1864) bestehen konnten.

Im Kampf um die Überwindung der bestehenden Gesellschaft, aber auch aus ideologischen Gründen geriet in Mitteleuropa die sozialistische Arbeiterbewegung in eine massive Konfrontation mit den christlichen Großkirchen:

– Die sozialistische Arbeiterbewegung traf ja die Kirche in ihrem politischen Kampf als tragende Säule jener Gesellschaft, die sie umformen wollte. Die Kirche bot der bestehenden, vorindustriell organisierten Gesellschaft nachhaltigen Schutz. Aus diesem Grund bekämpfte der Sozialismus die politisch bedeutsame Kirche (darin sah sie den Kern des „Klerikalismus") und versuchte, sie zumindest politisch zu neutralisieren. Dazu schienen den sozialistischen Führern die Trennungsforderungen der Liberalen eine geeignete Kampfparole zu sein. So schlossen sie sich denn auch im Kulturkampf in dieser Frage mit den Liberalen zusammen, auch wenn solche Trennungspolitik bei den Liberalen und den Sozialisten aus anderen Quellen gespeist wurde.

– Der Konflikt mit der Kirche war freilich nicht nur „klassenpolitischer" Natur. Er hatte auch weltanschaulich-ideologische Aspekte.[292] Für Karl Marx war die Religion zwiespältig. Auf der einen Seite sah er

[291] Österreichische Parteiprogramme, 138.

[292] Zur Frage, wieweit der Kampf der Sozialisten gegen die Kirche nur „klassenpolitischen" oder eben doch auch „weltanschaulichen" Gründen entsprang: Reding, Der politische Atheismus. – Zulehner, Kirche und Austromarxismus, 133–282.

(im Rahmen seiner Überbautheorie) in der Religion einen Ausdruck des sozialen Elends der Menschen. Daher müsse es Religion geben, solange das soziale Elend nicht überwunden sei. In der erhofften klassenlosen Gesellschaft, in der es keine antagonistischen Gegensätze mehr geben werde, brauche der Mensch auch keine Religion mehr. Sie werde sich ebenso wie der Alkohol erübrigen. Andererseits sah Marx in der Religion ein Hindernis im Befreiungskampf des Proletariats. Denn die Religion wirke und werde eingesetzt als Mittel zur Verschleierung des proletarischen Elends. Sie diene einer opiumartigen Vernebelung des Bewußtseins der Arbeiter, halte sie zu Gehorsam und Arbeitsamkeit an und vertröste sie in ihrer Unzufriedenheit auf das Jenseits. So werde der für den revolutionären Kampf unentbehrliche Leidensdruck religiös vermindert, die Bereitschaft der Arbeiter, ihr Schicksal politisch zu verändern, gelähmt. Diese „Funktion der Religion" in der marxistischen Religionstheorie kommt in einem Gedicht des österreichischen Arbeiterdichters Georg Herwegh[293] gut zum Ausdruck:

„Pfaffen-Trost

Du wirst ein schönes Leben schauen,
Und ewig, ewig bleibt es Dein;
Man wird Dir gold'ne Schlösser bauen,
Nur – mußt Du erst gestorben sein!

Du wirst bis zu den Sternen dringen,
Und stellen Dich in ihre Reih'n,
Von Welten Dich zu Welten schwingen,
Nur – mußt Du erst gestorben sein.

Du wirst, ein freier Brutus, wallen
Mit Brutussen noch im Verein,
All Deine Ketten werden fallen,
Nur – mußt Du erst gestorben sein.

Wenn Sünder in der Hölle braten,
So gehest Du zum Himmel ein;
Du wirst geküßt und nicht verraten,
Nur – mußt Du erst gestorben sein –

Ob ihm der Ost die Segel blähe,
Was hilfts dem morschen, lecken Kahn?
Was hilft dem Fink die Sonnennähe,
den Tod ein Adler trägt hinan?"

[293] Zulehner, Kirche und Austromarxismus, 183f., Anm. 41.

Marx und nach ihm die sozialistische Arbeiterbewegung, bestrebt, das Elend des Proletariats, das sich in der Religion ausdrücke und durch sie verlängert werde, zu beenden, wurden politisch in zwiespältiger Weise gegen die Religion tätig. Zum Schaden der eigenen Bewegung kämpfte man zu Beginn direkt gegen die Religion und bediente sich dabei häufig des parteieigenen „Internationalen Proletarischen Freidenkerbundes" (IPF) und dessen eher grobschlächtig-primitiven Aufklärungspolemik. Dadurch wurde nicht nur die Kirchenführung aufgebracht, sondern es wurden auch die religiösen Gefühle der kleinen Leute verletzt. Aus solchen Erfahrungen heraus wurde auf dem Parteitag der deutschen Sozialisten zu Gotha im Jahr 1875[294] – richtungweisend für viele marxistisch orientierte Schwesterparteien in Mitteleuropa – die Politik gegenüber Religion und Kirchen überprüft. Man beschloß, den direkten Kampf gegen die Religion auszusetzen und lediglich den Kampf gegen die politisch im gegnerischen Lager gebundene Kirche fortzusetzen. Dieser Beschluß wurde unter heftigem Protest von Karl Marx gefaßt. Marx warf der Partei vor, sie beliebe bürgerlicher als die Bürgerlichen zu sein:
„Wollte man zu dieser Zeit des Kulturkampfes dem Liberalismus seine alten Stichworte zu Gemüte führen, so könnte es nur in dieser Form geschehen: Jeder muß seine religiösen Bedürfnisse verrichten können, ohne daß die Polizei die Nase hineinsteckt. Aber die Arbeiterpartei muß doch bei dieser Gelegenheit ihr Bewußtsein aussprechen, daß die bürgerliche ‚Gewissensfreiheit' nichts ist außer der Duldung aller möglichen Sorten religiöser Gewissensfreiheit, und daß sie vielmehr die Gewissen vom religiösen Spuk zu befreien strebt. Man beliebt aber das ‚bürgerliche' Niveau nicht zu überschreiten."[295]
Von da an arbeiteten die Bürgerlichen und die Sozialisten in der Kulturpolitik zusammen. Erklärung der Religion zur Privatsache und Kampf gegen eine politisch engagierte Kirche waren die Leitlinien. Es gelang auch nach und nach, zumindest die gesellschaftliche Monopolstellung der Kirchen in den gemischten Bereichen von Ehe, Schule, Wirtschaft, Finanzen und Strafrecht zu brechen. Der Kampf um eine neue gesellschaftliche Ordnung hat den herkömmlichen gesellschaftlichen Standort der Kirche(n) nachhaltig mitverändert.
Im Zuge dieses historischen Übergangs von der vorindustriellen zur Industriegesellschaft sind zwei gegensätzliche und doch verwandte Gesellschaftstypen entstanden:
– Es gibt Länder, die für sich beanspruchen, in erster Linie das liberal-

[294] Zulehner, Kirche und Austromarxismus, 156–167.
[295] Veröffentlicht wurde dieser Protest erst 1891 in: Neue Zeit (9/1891), zit. nach Marx, Engels, Gesamtausgabe, I, 574f.

freiheitliche Modell einer pluralistischen Gesellschaft realisiert zu haben, wobei die „Sozialen“ (die Sozialisten und die Christlichsozialen) sich demokratisch[296] für die Gerechtigkeit in den sich freiheitlich nennenden Ländern einsetzten und große Erfolge verbuchen konnten. Dabei fragen Kritiker, ob die verbrieften (liberalen) Freiheiten der Person auch im gesellschaftlichen Alltag faktisch lebbar sind.

– Daneben finden wir Länder, in denen sich die an Marx, Engels und Lenin orientierten Sozialisten politisch (gewaltsam, mithilfe des Bündnisses zwischen Bauern, Arbeitern und Soldaten) durchsetzen konnten. In diesen Ländern des sogenannten „realen Sozialismus“ ist das Thema der Gerechtigkeit vorrangig handlungsleitend. Dabei wird von den Kritikern nicht nur gefragt, wieviel Gerechtigkeit faktisch gegeben ist, sondern wie es darüber hinaus um die für die neuzeitliche Geschichte so umkämpfte Freiheitlichkeit bestellt ist.

[296] Diktatorische Töne waren zumal im Austromarxismus nicht zu überhören, waren aber mehr verbal denn politisch wirksam: Zulehner, Kirche und Austromarxismus, 163ff..

5 REALSOZIALISTISCHE GESELLSCHAFTEN

Im Zuge des Übergangs von der vorindustriellen zur Industriegesellschaft sind in Ost-Europa Gesellschaften entstanden, die sich selbst kommunistisch nennen oder sich auch als Gesellschaften des realen Sozialismus bezeichnen. Wir übernehmen diese Selbstdefinition. Die Analyse der Gesellschaften führen wir in den schon bekannten Schritten durch: Wir fragen nach eigentümlichen Merkmalen dieses Gesellschaftstyps (1), erkunden sodann den gesellschaftlichen Standort von Religion und Kirche(n) (2), untersuchen das gesellschaftlich begünstigte (und damit verständlicherweise dominante) Grundverhältnis der Bürger zu Religion und Kirche(n) (3), um auf dem Boden der gesammelten Erkenntnisse über die „pastorale Situation" (1–3) den angemessenen „pastoralen Handlungsstil" (4) abzuklären. Einige Ergebnisse für eine vergleichende Pastoraltheologie zwischen der „zweiten" und „ersten Welt" werden das Kapitel abrunden.
Wir stützen uns bei den folgenden Analysen auf die Ergebnisse eines Forschungsprogramms, das seit Jahren am Institut für Pastoraltheologie an der Universität Wien läuft. Jedes Sommersemester gilt die Aufmerksamkeit der pastoralen Praxis der Kirche in einem anderen kommunistischen Land Europas. Bislang wurden in theoretischer Analyse und im Zuge von vielfältigen Gesprächen auf Exkursionen untersucht: Ungarn, die Deutsche Demokratische Republik, Polen sowie Jugoslawien. Die Lage der Kirche in all diesen Ländern ist aus geschichtlichen Gründen sehr verschieden; besonders Jugoslawien muß als Sonderfall eingestuft werden, während sich bei den übrigen Gesellschaften durchaus Ähnlichkeiten beobachten ließen. Zudem ist zu berücksichtigen, daß aufgrund der neuen Politik der Sowjetunion unter der Führung von Michail Gorbatschow auch die Religionspolitik der kommunistischen Staaten einem Wandel unterworfen sein wird.

(1) Gesellschaft: (Gegen-)Monopol an Lebenswissen

In der Oktoberrevolution des Jahres 1917 gelang es erstmals, eine kommunistische Gesellschaftsordnung nach marxistisch-leninistischen Leitorientierungen zu errichten. Unter dem (militärischen und politischen) Schutzschild der Siegermacht Rußland wurde diese gesellschaftliche Ordnung nach dem II. Weltkrieg in einigen Staaten Osteuropas durchgesetzt.[297]

Es waren zumeist kleine kommunistische Gruppen/Parteien[298], die mit militärischer Unterstützung an die Macht gelangten. In einem tiefgreifenden revolutionären Prozeß wurden diese Gesellschaften in Richtung des realen Sozialismus umgebaut. Die Vergesellschaftung der wichtigsten Produktionsmittel (in der Deutschen Demokratischen Republik [DDR] z. B. die Errichtung der V[olks]E[igenen]B[etriebe] und der L[andwirtschaftlichen]P[roduktions]G[enossenschaften]) gehört zu den wichtigen wirtschaftspolitischen Maßnahmen.

Eingegriffen wurde auch in die gesellschaftliche Produktion des Lebenswissens. Das angestrebte Ziel war der „sozialistische Mensch", der vom Kollektiv, der Arbeit und im Kontext der Geschichte des Proletariats definiert wurde. Im Gefolge der Religionskritik von Marx und Engels wurde dieser sozialistische Mensch als atheistisch entworfen.[299]

Ziel der revolutionären Umwandlung der Gesellschaft ist die Errichtung einer Gesellschaft mit einem neuartigen Monopol an Lebenswissen. Dieses sozialistische und faktisch atheistisch konzipierte Lebenswissen wird mit allen zur Verfügung stehenden gesellschaftlichen Mitteln (Kleinkindererziehung, Schulen, atheistische Vereinigungen, Strafrecht, Privilegierung der sozialistischen Menschen) „zugewiesen". Insofern sind formal solche „realsozialistischen Gesellschaften" mit den ehedem „christentümlichen Gesellschaften" verwandt. Verordnet wird aber jetzt nicht mehr „christentümliches Lebenswissen", sondern „sozialistisch-atheistisches". Es ist zulässig, bislang von Gesell-

[297] Vgl. Glassel, Wie Osteuropa kommunistisch wurde, 60–68. – Vgl. Beeson, Mit Klugheit und Mut, 26.

[298] Die politische Entwicklung in Ungarn nach dem 2. Weltkrieg folgte dem Schema, das in ganz Osteuropa üblich war. Die Kommunisten erreichten (1945) in Ungarn nur 16 % der Stimmen. Vgl. dazu: Beeson, Mit Klugheit und Mut, 233.

[299] Bis heute ist allerdings umstritten, ob dieser Atheismus für den Marxismus wesentlicher ideologischer Bestandteil oder diesem eher wegen der politischen Verflechtung der Religion und ihrer Vertreter mit dem „Klassenfeind" zugewachsen ist (und daher von diesem auch wieder abgetrennt werden kann). – Vgl. dazu auch die Marxismusdebatte in der Theologie der Befreiung. – Andras, Die Kirche in Ungarn, 159. – Theologie der Befreiung und Marxismus. – Fournet-Betancourt, Der Marxismusvorwurf.

schaften des verordneten (tendenziell atheistisch geprägten) Sozialismus zu sprechen.

(2) Religion/Kirche(n) im verordneten Atheismus

1. Insofern Religion und Kirche(n) nach marxistisch-leninistischer Analyse als (ideologisch wie politisch) tragende Stützen der vorsozialistischen Gesellschaften eingeschätzt wurden, zielte die Religions- und Kirchenpolitik der neuen Machthaber konsequenterweise auf eine Schwächung, ja Zerstörung dieser „reaktionären" gesellschaftlichen Kräfte ab. Soweit eine Zerstörung der Kirche und eine Ausmerzung der Religion nicht gelang, wurde wenigstens der gesellschaftliche Standort von Religion und Kirche(n) neu zu bestimmen versucht.
2. Die politische Entmachtung der Kirche(n) wurde in den (meisten: eine Ausnahme bildet Albanien) Verfassungen festgeschrieben mit der alten liberalen, kulturpolitischen Formel der „Trennung von Kirche und Staat". Zugleich wurde das persönliche Recht auf freie Religionsausübung in die Verfassungen aufgenommen. So bestimmt die Verfassung der DDR unter den Grundrechten und Grundpflichten der Bürger im Artikel 20: "Jeder Bürger der Deutschen Demokratischen Republik hat unabhängig von seiner Nationalität, seiner Rasse, seinem weltanschaulichen oder religiösen Bekenntnis, seiner sozialen Herkunft und Stellung die gleichen Rechte und Pflichten. Gewissens- und Glaubensfreiheit sind gewährleistet. Alle Bürger sind vor dem Gesetz gleich."
3. Diese sozial verbriefte Glaubens- und Religionsfreiheit findet allerdings ihre Konkretisierung im Rahmen des umgreifenden Ziels der Errichtung einer realsozialistischen Gesellschaft und der Schaffung des „sozialistischen Menschen". Alles andere ist diesem Ziel untergeordnet. Daraus folgt, daß die Religionen und ihre Organisationen (Kirchen) die Partei und den von ihr dominierten Staat nicht behindern dürfen, die realsozialistische Gesellschaft und ihren Menschen hervorzubringen. Religion und Kirche(n) können daher nur insoweit gesellschaftlich vorkommen, als sie dieses Ziel anerkennen und bereit sind, daran mitzuarbeiten.
4. Zu einer solchen gesellschaftlichen Arbeit, den atheistisch definierten Menschen hervorzubringen, war in der ersten revolutionären Phase keine der christlichen Kirchen bereit.[300] Die neuen (kommunistischen)

[300] So sagte der Bischof Otto Spülbeck 1956 auf dem Kölner Katholikentag, daß die Christen in der DDR in einem Haus leben, dessen Grundfeste sie nicht gebaut haben, dessen tragende Fundamente sie sogar für falsch halten. Die Folge davon sei eine (etwa vom Aktionskreis

Machthaber betrieben ihrerseits eine unverdeckte Politik der Religions- und Kirchenvernichtung. Folgende Maßnahmen wurden und werden zum Teil immer noch im kommunistischen Machtbereich ergriffen:
– Die Kirchen werden ökonomisch geschwächt.[301]
– Kirchenräume werden geschlossen.
– Kirchlichen Einrichtungen wird verweigert, juristische Personen (Rechtsträger, damit auch eigentumsfähig) zu werden.[302]
– Die privaten Schulen werden verstaatlicht.
– Die publizistischen Möglichkeiten der Kirche(n) werden drastisch eingeschränkt;[303] es gibt kaum theologische Literatur, vielfach nicht einmal Bibeln.
– Kirchliche Vereine werden aufgelöst; der Kirche bleibt nur das ortspfarrliche Netz.
– Orden werden aufgehoben[304], der Eintritt jüngerer Menschen in nichtaufgehobene Orden wird verhindert.
– Die Zahl der Priesteramtskandidaten wird begrenzt.
– Basisgemeinden, die sich gesellschaftlich engagieren, werden in ihrer Tätigkeit behindert.[305]

5. Mehrere Gründe haben dazu geführt, daß kommunistische Parteien Osteuropas ihre Kirchenverfolgungspolitik modifizierten: Aus der unverblümten Verfolgung wurde der Versuch, die Kirchen so umzuformen, daß sie Zielen der Partei dienstbar sind. So formulierte beispielsweise Honecker, als er auf das Bestreben der Menschen in der DDR hinwies, in Frieden zu leben und die Früchte ihres Fleißes in materieller und kultureller Hinsicht zu genießen: „Den Kirchen als Kirchen im Sozialismus eröffnen sich heute und künftig viele Möglichkeiten des Mitwirkens an diesen zutiefst humanistischen Zielen. Wir gehen von der Beteiligung aller Bürger am Werk des Sozialismus aus, das im gesellschaftlichen wie im individuellen Interesse liegt.“[306]

Mit Spannung kann erwartet werden, welche Auswirkungen die Politik von Michail Gorbatschow auf das Verhältnis kommunistischer Staaten zu den Religionsgemeinschaften haben wird.

Halle seit 1969 kritisierte) Binnenorientierung. Erst in jüngerer Zeit wächst die Solidarität der katholischen Christen mit dem Land: „Dies ist nicht mein Los, sondern es ist meine Heimat“ (Bischof Joachim Wanke).

301 Z.B. Landreform in Ungarn (1945), Agrarreform in der CSSR (1948). – Vgl. Beeson, Mit Klugheit und Mut, 239.

302 So über lange Jahrzehnte in der UdSSR. Gegenwärtig scheint es in dieser Hinsicht eine Lokkerung zu geben, offenbar deshalb, um die wegen ihrer Arbeit in den Wohnungen kaum kontrollierbaren Baptisten zu bewegen, sich in die Öffentlichkeit zu begeben.

303 Andras, Die Kirche in Ungarn, 154.

304 Vgl. Beeson, Mit Klugheit und Mut, 243.

305 Christliche Basisgemeinden in den Ländern Osteuropas.

306 Henkys, Kirche in der Deutschen Demokratischen Republik, 175.

Für eine Modifizierung der herkömmlichen Religionspolitik kommunistischer Staaten sprachen folgende Gründe:
(a) Das Absterben der Religion ging in der Bevölkerung einiger Länder langsamer voran, als aufgrund marxistischer Religionstheorie angenommen worden war; zumal unter Jugendlichen gewann Religion (auch im pubertären Protest gegen die Verordnung des Atheismus) neue Anhänger. Wenn Religion ein Widerschein des vom Kapitalismus verursachten Elends ist, mußte sie ja verschwinden, sobald durch die Herbeiführung des realen Sozialismus das Elend überwunden war. Anzunehmen, daß auch die neuen Gesellschaften religionsproduktive Widersprüche enthalten, war man nur schwerlich bereit.
(b) Die Kirchen erwiesen sich – nach Ländern allerdings unterschiedlich stark – als Reservoir des politischen Widerstands gegen die herrschende Gesellschaftsform. Sie weiter zu bekämpfen hieß, ihre Macht und Solidarität durch die Verehrung von Märtyrern zu stärken. Nahm aber der Staat Verhandlungen mit den Machtträgern der Kirche auf, zog er sie damit gleichzeitig auf die eigene Seite. Zugeständnisse für die Arbeit der Kirche wurden mit der Loyalität der kirchlichen Würdenträger dem kommunistischen Staat gegenüber und damit mit heftigen Spannungen innerhalb der Kirche wegen der kritisierten Auslieferung der Kirche an ihren kommunistischen Erbfeind teuer bezahlt. Zugeständnisse an die Kirche erwiesen sich somit als günstige Mittel zur Eindämmung kirchlichen Einflusses auf die Gesellschaft.
(c) Die Aufmerksamkeit internationaler Einrichtungen (wie amnesty international) und westlicher Regierungen für Verletzungen der Menschenrechte auch in religiöser Hinsicht nahm spürbar zu. Zugleich wuchs die Notwendigkeit für die östlichen Staaten, aus wirtschaftlichen und politischen Gründen mit westlichen Staaten enger zusammenzuarbeiten. Die Suche nach internationalem Ansehen bestimmte die Außenpolitik mit und zeitigte Auswirkungen auf die Kirchenpolitik. Entsprechende Verträge wurden unterzeichnet (Helsinki 1975, Wien 1989).
(d) Durch den vermehrten Kultur-, Technologie- und Wirtschaftsaustausch mit dem Westen wuchs in einigen Ländern des Ostens ein bescheidener Wohlstand. Der bequemere Alltag wirkte sich dort wie im Westen in einer De-Ideologisierung der Leute aus. Je besser es dem Volk geht, desto weniger Interesse zeigt es für die ideologische Erklärung und Bekämpfung der Verhältnisse. Man hat sich im Alltag ganz gut eingerichtet und will, daß es nicht wieder schlechter wird. Ein solches Desinteresse der Leute an der Ideologie bekommen Staatsmacht und Kirchen gleichermaßen zu spüren, sind beide betroffen vom Wohlstandsphänomen. Verliert damit der Staat an Schlagkraft gegen die Kir-

chen, so gleichzeitig diese ohne Zutun des Staates auch an Interesse bei den Mitgliedern.

Aus der nackten Verfolgung wurde der höfliche Versuch, die Kirchen für die Lösung neuartiger gesellschaftlicher Probleme im realen Sozialismus zu gewinnen. Die Kirchen sollten für ein „geistig-seelisches Plus" der Gläubigen sorgen, wodurch diese zu rechtschaffenen und ehrlicheren Mitgliedern der Gesellschaft werden, die Frustrationen des Lebens (auch im realen Sozialismus) besser ertragen können, bessere Ehen führen, mehr Kinder akzeptieren, sich weniger auflehnen.[307] Die Erwartungen des absolutistisch-aufgeklärten Staates an die Religion kamen wieder zum Tragen. Religion wurde funktional eindefiniert in die anstehenden gesellschaftlichen Bedürfnisse.

6. Unbeschadet dieser Modifizierung der Kirchenpolitik kann nicht übersehen werden, daß die alten marxistisch-leninistischen Ziele keineswegs aufgegeben wurden. In der künftigen Gesellschaft werde es der Religion nicht mehr bedürfen. Und da bzw. soweit sie in der historisch gewachsenen Form der Errichtung der realsozialistischen Gesellschaftsordnung hinderlich ist, muß sie und müssen die religiösen Organisationen bekämpft oder zumindest politisch neutralisiert werden. Wenn auf dem Weg dahin die sterbenden Religionen bereit sind, bei der Errichtung der sozialistischen Gesellschaft mitzuwirken, ist ihre Mitarbeit durchaus willkommen. Dabei bleibt es nach wie vor Aufgabe der Partei, zu bestimmen, was eine willkommene Mitarbeit der Kirchen ist, sowie sie ja auch bestimmt, welche Praxis und Gestalt der Kirche im Rahmen der grundsätzlich verbrieften Religionsfreiheit zulässig ist.

Für solche Kontrollarbeit der Partei über die tatsächliche Praxis und Gestalt der Kirche haben zumal die heute kommunistischen Länder aus der einstigen Österreichisch-Ungarischen Monarchie (wie Ungarn, die Tschechoslowakei) die gesetzlichen Instrumentarien des Josephinismus geerbt. Joseph II. ist es in seiner aufgeklärten Kirchenpolitik gelungen, sich den Einfluß auf die Kirchen bis in die Sakristeien hinein zu sichern. Diese Einflußkanäle sind beim kommunistischen Machtantritt erhalten geblieben. Lediglich der staatliche Einflußträger hat gewechselt. An die Stelle Josephs II. (mit seiner aufgeklärten Religionskonzeption: Religion steht im Dienst des Wohls des Volkes) ist die kommunistische Partei (mit ihrer marxistisch-leninistischen Religions„absterbe"konzeption: Religion steht im Dienst der Partei) getreten. Durchgeführt wird diese Religions- und Kirchenpolitik durch Kirchenämter.[308] Sie haben

307 Andras, Die ungarische Kirche im Spannungsfeld von Loyalität und Opposition, 92.

308 Zur Errichtung der Kirchenämter in den einzelnen Ländern (Ungarn: 1951, CSSR 1948) vgl. Luchterhand, Organe des Staates zur Kontrolle der Kirchen, 263–268.

faktisch jegliche Aktivität der Kirche zu genehmigen: was das pastorale Personal tut, wie kirchliche Einrichtungen arbeiten, welche pastoralen Handlungsmuster entworfen werden, wie ehrenamtliche Kirchenmitglieder ausgebildet und eingesetzt werden, ob Exerzitienhäuser oder kirchliche Akademien errichtet werden oder ob Katholikentreffs abgehalten werden dürfen. Die alten josephinisch-staatskirchlichen Institutionen erweisen sich somit für die kommunistischen Staaten als höchst hilfreich. Die Kirche hat sich aus der vom Staat verantworteten Politik herauszuhalten, nicht aber der Staat aus der Kirche.

Wie es auf diesem Weg der kommunistischen Partei wirksam gelingt, jene Aktivitäten der Kirchen zu behindern, die ihrem Religions(absterbe)konzept nicht entsprechen, und zugleich die Praxis der Kirchen so umzumodeln, daß sie den realsozialistischen Zielen dient, kann an Einzelbeispielen illustriert werden:

– So erzwang der Ungarische Staat von der Kirchenleitung 1950 ein Abkommen, in dem sich diese verpflichtet, „gegen jene kirchlichen Personen, die sich gegen die gesetzmäßige Ordnung der Ungarischen Volksrepublik sowie gegen die Aufbauarbeit der Regierung stellen, den kirchlichen Gesetzen gemäß vorzugehen“[309]. Daraus ergab sich wiederholt die paradoxe Situation, daß es einem Diözesanbischof unmöglich gemacht wurde, einen seiner Priester zu verteidigen, wenn dieser wegen „unerlaubter“ (aber für Glaube und Kirche höchst wirksamer) pastoraler Tätigkeit gemaßregelt werden mußte: Der Bischof mußte in einem solchen Fall gegen seine pastoralen Ziele selbst die Strafversetzung verfügen und für deren Durchführung sorgen.

– Die Kirchenleitung wird durch staatshörige Friedenspriester kontrolliert. Die Vereinigung der Friedenspriester wurde von den kommunistischen Behörden geschaffen, um sich auf einen Klerus stützen zu können, der mehr dem Staat denn der Kirche loyal war. Rom und Bischöfe aus vorkommunistischen Zeiten leisteten diesen Friedenspriestern zunächst Widerstand; im Zuge der „Normalisierung“ der Kirche-Staat-Beziehungen mußte die Kirche aber ihre ablehnende Haltung gegen das Institut der Friedenspriester mildern. Inzwischen gibt es nur wenige Ordinariate, in denen die wichtigsten Dienstposten (Generalvikare, Weihbischöfe) nicht von Friedenspriestern besetzt sind, und unter solchen Verhältnissen kaum noch eine staatlich nicht eingesehene Aktivität der Kirche.

– Zur kirchenpolitischen Taktik kommunistischer Staaten gehört es auch, die Solidarisierung unter den Bischöfen zu vermindern. Oftmals wird nur mit dem jeweiligen Primas oder mit einzelnen Diözesanbischö-

[309] Andras, Die ungarische Kirche im Spannungsfeld von Loyalität und Opposition, 96.

fen, nie aber mit einer Bischofskonferenz verhandelt. Auch werden solche Verhandlungen zumeist nur mündlich abgehalten; Protokolle werden nicht erstellt.[310]

– Auf massiven Widerstand der kommunistischen Kirchenbehörden stoßen Erneuerungsbestrebungen in den Kirchen. Offenbar geht der Staat davon aus, daß Erneuerungen der Religionsabsterbepolitik entgegenstehen. Von hier aus resultiert das Bestreben der Behörden, die Kirchen auf die überkommene Praxis und Gestalt (und dies noch in empfindlich reduzierter Form) festzuschreiben. Die Errichtung neuer Kirchen, von Exerzitienhäusern oder kirchlichen Laienakademien muß den Behörden in mühsamen Verhandlungen abgerungen werden. Um diese kleinen Schritte tun zu können, muß sich die Kirchenleitung in einer fast selbstzerstörerischen Weise hörig und loyal erweisen für die bei solchen Anlässen gekonnt vorgetragenen „erpresserischen" Wünsche des Staates an die Kirche: Unerwünschte Personen oder Vorgänge in der Kirche werden hier zum Tauschobjekt gemacht. Die Überwachung und das Dirigieren der Kirche geschehen somit auch in Zeiten des „guten" Verhältnisses zwischen Kirche und Staat erfolgreich; neu ist lediglich der tolerant-höfliche Ton bei diesen „Beziehungen neueren Typs".[311]

(3) Christsein als Abweichung

Die erklärte Absicht der kommunistischen Machthaber, eine Gesellschaft des realen Sozialismus mit dem ihr eigenen „sozialistischen Menschen" hervorzubringen, bleibt nicht folgenlos für die Beziehungen der Bürger zu Religion und Kirche.

1. Was gesellschaftlich begünstigt wird, ist nunmehr nicht der religiöse Mensch, der am Glauben und Leben einer Kirche teilnimmt, sondern ist der „neue Mensch"[312], der die Abhängigkeiten der Religion abgeworfen hat und sich dem Aufbau und der Verteidigung des Sozialismus durch solidarische Arbeit und Friedenswehrdienst widmet. Zur Formung dieses neuen Menschen okkupiert der kommunistische Staat die Erziehung der Kinder und Jugendlichen und versucht die ererbten Einflüsse der (noch) bürgerlichen Familie auszuschalten, indem er die Kinder aus den Familien frühzeitig herausholt (was durch die verbreitete Berufstätigkeit der Mütter zusätzlich notwendig ist). Zur Formung des

[310] Andras, Die ungarische Kirche im Spannungsfeld von Loyalität und Opposition, 94.
[311] Andras, Die ungarische Kirche im Spannungsfeld von Loyalität und Opposition, 94.
[312] Vgl. dazu Deutscher, Die sozialistische Konzeption.

„neuen Menschen" werden auch alle verfügbaren Medien eingesetzt: Fernsehen, Rundfunk, Zeitungen, Zeitschriften, Bücher. Schließlich haben die kommunistischen Behörden für die alten religiösen Feste und Lebensrituale eigene Sinndeutungen der Feste und eigene Übergangsrituale geschaffen. Weihnachten wurde zum Fest des Tannenbaums, die Taufe zur Namensgebungsfeier, die Firmung zur Jugendweihe.[313] Die Bereitschaft, sich an den neuen Lebensdeutungen und Ritualen zu beteiligen, wird dadurch gesellschaftlich gefördert, daß sie Voraussetzung ist für den Zugang zu Bildungseinrichtungen und zu sozialen Aufstiegsmöglichkeiten und ökonomisch günstigeren Lebenschancen. Das Lebenswissen des „neuen sozialistischen Menschen" wird somit von Kindesbeinen an „zugewiesen" und zugleich sozial privilegiert.

2. Jene Bürger, die sich der Zuweisung des gesellschaftlich privilegierten Lebenswissens widersetzen, werden sozial ausgesondert, benachteiligt, marginalisiert. Davon, daß faktisch alle Bürger gleich sind, kann nicht die Rede sein. Die sozial (verfassungsmäßig) verbriefte Religionsfreiheit ist keine faktische. Jugendliche, die nicht zur Jugendweihe gehen, haben nur erschwert Zugang zu Bildung und sozialem Aufstieg.[314] Wer sein Kind (heimlich) taufen läßt, muß mit Nachteilen rechnen (wenn es aufkommt).[315] Lediglich beim kirchlichen Begräbnis sind die meisten kommunistischen Behörden selbst bei ihren eigenen Funktionären großzügig.

Der Widerstand gegen die Zuweisung des mit dem Atheismus offiziell verknüpften Sozialismus wird nicht nur durch die Verschließung gesellschaftlicher Lebensmöglichkeiten bestraft. Neben diesen Formen „sozialer Verfolgung" gibt es noch subtilere Weisen, Religiöse an einem freien Leben zu (be)hindern. So verlieren religiös Bekennende nicht nur ihren Arbeitsplatz, sondern wandern als Arbeitslose nach kurzer Zeit ins Gefängnis. Dazu kommt, daß nicht wenige Religiöse in psychiatrischen Kliniken sind und dort durch gezielte Behandlungen in ihrem Persönlichkeitskern zerstört werden.

3. Es verwundert nicht, daß sich in einer solchen gesellschaftlichen Lage die wahrnehmbare Grundbeziehung der Bürger zu den Kirchen und zur Religion verändert hat. Dabei ist davon auszugehen, daß das Verhältnis der Bürger zur Religion in den einzelnen osteuropäischen Ländern schon vor der kommunistischen Machtergreifung verschieden war. So war beispielsweise in Ungarn oder auch in der Tschechoslowakei das Christentum mit den jeweiligen Herrschern verbündet; von den ungari-

313 Pis, „Jugendweihe – die weltliche Firmung", 19–27.
314 Nitsche, Zwischen Kreuz und Sowjetstern, 130–141.
315 Goritschewa, Von Gott zu reden ist gefährlich.

schen Kirchenfürsten waren viele Bürger auch wirtschaftlich abhängig. Anders ist das Verhältnis des polnischen Volkes zur katholischen Kirche: Die polnische Kirche stand nie auf der Seite der Machthaber, sondern immer auf Seiten des Volkes.[316]
Der von den Konstrukteuren der neuen Gesellschaft geförderte Rückzug der Bürger von der Kirche verlief wegen dieses unterschiedlichen historischen Erbes in Polen anders als in Ungarn, in der Tschechoslowakei oder auch in der Deutschen Demokratischen Republik. Wir entdekken hier eine wichtige religionssoziologische Gesetzlichkeit: Wo Kirchlichkeit über lange Zeit „zugewiesen" wurde, wo also Kirche sich mit gesellschaftlichen Mächten verbündet und mit ihrer Hilfe Religion „verordnet" hat, verfällt die Kirchlichkeit auch leicht, wenn ihr die soziale Unterstützung entzogen wird. Dieses religionssoziologische Gesetz scheint sich heute auch beim Atheismus zu bewahrheiten. Seine „Zuweisung" stößt offenbar bei der Bevölkerung und hier wieder besonders bei den Jugendlichen und Intellektuellen auf unüberwindliche Grenzen. Der Anteil der überzeugten Atheisten unter den Bürgern ist klein.
4. Der Rückzug vieler Bürger von der Kirche, wie er durch gesellschaftlichen Gegendruck mitverursacht wird, führt nicht mit Notwendigkeit auch zur Aufweichung der persönlichen Religiosität, sondern vielmehr zu deren „Privatisierung". Religion ist dann vor allem in den geschützten Räumen der Familie, des Freundeskreises aufgehoben.[317] Allerdings wäre es eine Täuschung (der übrigens Kirchenverantwortliche in kommunistischen Ländern leicht erliegen), zu meinen, dieser offizielle Druck wäre die einzige Ursache für den Gestaltwandel oder auch für den Aufweichungsvorgang überlieferter Religiosität im Volk. Trotz der Tendenz, das sozialistische Lebenswissen zu monopolisieren und für alle wichtigen Lebensbereiche als verbindlich zu erklären, gibt es einen „latenten Pluralismus". Dieser erwächst aus den dennoch gegebenen Möglichkeiten der Information (westliches Fernsehen und westlicher Rundfunk können weit in den Osten hinein empfangen werden; auch über den sportlichen und kulturellen Austausch gehen viele Informationen hin und her). Die Kenntnis vieler „Lebenswissen" relativiert aber nicht nur das verordnet-atheistische, sondern auch das ererbt-religiöse. So lassen sich beispielsweise im ansonsten gegen die Aufweichung des Religiösen widerständigen polnischen Volk sowohl in den Städten wie unter den Jugendlichen (offenbar wegen des dort verstärkt wirksamen

[316] Vgl. zur Geschichte der Religion in Polen: Beeson, Mit Klugheit und Mut, 139ff. – Vgl. Kirche und das Militärregime, in: Osadczuk, Weißer Adler, Kreuz und rote Fahne.
[317] Tomka, Die Tradierung des Glaubens, 280–283.

„latenten Pluralismus") deutliche Aufweichungserscheinungen der herkömmlichen katholischen Religiosität beobachten.[318]
5. In den Ländern Osteuropas gibt es eine kräftige religiöse Erneuerung. Diese wird vornehmlich von jungen Intellektuellen getragen. Ihre Wege zur Religion sind bemerkenswert und klassische Beispiele für „Konversionen": Der „verordnete Atheismus" stellt die junge Intelligenz nicht mehr zufrieden. Nicht wenige haben sich deshalb auf die Suche nach Alternativen gemacht, wobei der Weg erst auf Umwegen zur Religion geführt hat.
7. Auf diesem Hintergrund sind die wenigen Zahlen, die wir über die weltanschauliche Zugehörigkeit und (religiöse) Praxis der Bürger in den kommunistischen Ländern besitzen, zu lesen; wir setzen zum Vergleich Zahlen aus westeuropäischen Ländern daneben:

(I.)

	Einwohner (in Mill.)[319]	Katholikenanteil (in Mill.)[320]	Atheisten	Diözesen und Territorien[321]
Ungarn	10,7	6,5	19,7 %	13
UdSSR	195,0	1,8		
CSSR	15,4	10,6		13
Rumänien	22,5	1,5[322]		
Bulgarien	8,9	0,06[323]		
Jugoslawien	22,8	7,2	2,2 Mill.	23
Albanien				
Polen	36,5	34,4		27
DDR	16,7	1,3		6
Österreich	7,5	6,5		12
BRD	61,4	28,4		23
Schweiz	6,4	3,02		8
Frankreich	54,6	46,6		98
Holland	14,3	5,6		8
Italien	56,8	55,7		279

318 Vgl. Piwowarski, Die Volksreligiosität – Kontinuität und Veränderung, 21–25.
319 Annuarium statisticum ecclesiae, 39.
320 Katholikenanteil: Annuarium statisticum ecclesiae, 39. – Atheisten: Ungarn: Nach Erhebungen in den Jahren 1978 und 1980: Tomka, Religiöser Wandel in Ungarn, 20. – Jugoslawien: Cviic, Die katholische Kirche in Jugoslawien, 216.
321 Annuarium statisticum ecclesiae, 39.
322 Ghermani, Die Lage der Kirche in Rumänien, 207.
323 Oschlies, Wolf, Kirche und Religion in Bulgarien, 194.

(II.)

	Pfarrgemeinden[324]	Bischöfe[325]	Kirchgang	Katholiken pro Priester[326]
Ungarn	2300	22	15 %[327]	2000
UdSSR			30 %[328]	
CSSR	4400	7	10 %[329]	2904
Rumänien		2		
Bulgarien				
Jugoslawien	2816	34		1700
Albanien				
Polen	8000	83	30–78 %[330]	1600
DDR	903	10		959
Österreich	3069	21	25 %[331]	1129
BRD	11893	89	17 %[332]	1285
Schweiz	1706	17		734
Frankreich	37445	199	11 %[333]	1243
Holland	1790	30	22 %	868
Italien	28691	451	28 %	903

(III.)

	Alumnen/ 100000 Katholiken	Lebenswenden Geburtenrate[334]	Taufen	Hochzeiten[335]	Trauungen[336]
Ungarn	4,73	11,9	10,8	7,1	4,4
UdSSR			(80–90 %)		(70 %)
CSSR	3,35	15,2	9,8	7,6	
Rumänien		15,3		7,8	
Bulgarien		13,9		7,5	
Jugoslawien	10,63	14,9	10,9	7,7	4,3
Albanien					
Polen	21,81	19,4	21,6	8,7	6,1
DDR	10,28	14,4	6,9	7,5	2,5

324 Annuarium statisticum ecclesiae, 110f.
325 Annuarium statisticum ecclesiae, 39.
326 Annuarium statisticum ecclesiae, 99f. – Alumnen: Annuarium statisticum ecclesiae, 240f.
327 Ein Fünftel religiös nach Lehre der Kirche: Tomka, Religiöser Wandel in Ungarn, 13.
328 Simon, Die katholische Kirche in der Sowjetunion, 95f. (betrifft Litauen!).
329 Tomsky, Der Katholizismus in der Tschechoslowakei, 126.
330 Piwowarski, Die patriotische Massenreligiosität, 154f.
331 Zulehner, Religion, 163.
332 Zulehner, Stadler, Religia, 15–29.
333 Vgl. Annuarium statisticum ecclesiae, 293f.
334 Vgl. Statistisches Handbuch der Republik Österreich, 530. – Statistisches Jahrbuch 1984 für die Bundesrepublik Deutschland, 655.
335 Statistisches Handbuch der Republik Österreich, 529.
336 Vgl. Annuarium statisticum ecclesiae, 293f.

Österreich	9,88	11,9	12,2	7,4	4,9
BRD	10,57	9,7	8,9	6,0	4,1
Schweiz	7,00	11,5	11,5	5,6	5,0
Frankreich	3,08	14,7	10,7	5,8	3,9
Holland	5,05	12,0	9,3	5,8	4,6
Italien	9,39	10,9	10,6	5,5	5,2

(4) Kirche im „realen Sozialismus"

Dies definiert also die „pastorale Situation" in den Gesellschaften des realen Sozialismus:

– Es wird ein sozialistisch-atheistisches Lebenswissen privilegiert und den Bürgern mit allen verfügbaren gesellschaftlichen Mitteln „zugewiesen".

– Der gesellschaftliche Standort der Kirche(n) ist rechtlich festgelegt durch die Trennung von Kirche-Staat-Gesellschaft und durch die Erklärung der Glaubens- und Gewissensfreiheit als Grundrecht der Bürger; die Verwirklichung dieser rechtlich garantierten Verhältnisse erfolgt allerdings im Rahmen des umgreifenden Ziels der Errichtung der realsozialistischen Gesellschaften mit ihrem „neuen", sozialistisch-atheistischen Menschen, was zur Folge hat, daß die nicht „gleichschaltbaren" (Teile der) Kirchen verfolgt und die „fügsamen" (Teile der) Kirchen dem Aufbau des Sozialismus untergeordnet werden, wobei diesen fügsamen (Teilen der) Kirchen ein enger pastoraler Handlungsspielraum zugestanden wird.

– Eine solche gesellschaftliche Situation formt nachhaltig das dominante Verhältnis der Bürger zu Religion und Kirche(n). Kirchenbindung kann nur unter Zuziehung gesellschaftlicher Marginalisierung öffentlich unterhalten werden; der erwartbare Normalfall ist der (öffentlich) „nichtkirchengebundene" Bürger. Dabei bleibt offen, was mit der entkirchlichten Religion geschieht, wieweit sie trotz des „latenten Pluralismus" und der „materialistischen Grundorientierungen" lebendig bleibt und unter veränderten gesellschaftlichen Bedingungen wieder aufleben kann. Klar ist jedoch, daß der Rückzug von der Kirche nur bei einem kleinen Teil zur Mitgliedschaft bei der gesellschaftlich geförderten „Gegenkirche" der Partei mit ihren Ritualen (wie Jugendweihe) und Katechesen (Unterricht in Marxismus und Leninismus) führt. Die Verordnung des Atheismus zeitigt somit nur begrenzten Erfolg.

1. In der ersten Phase der Errichtung dieser gesellschaftlichen Verhältnisse mußten Ortskirchen zunächst mit Repressalien gegen Personen und Einrichtungen fertig werden. Verantwortliche Kirchenführer wanderten in die Gefängnisse. Herkömmliche kirchliche Institutionen wur-

den zerschlagen (Orden, Vereine, Schulen), Kirchen zugesperrt. Der Kirche wurde der Zugang zu Kindern und Jugendlichen erschwert. Was an kirchlichen Institutionen verblieb (so beispielsweise das Netz der Ortspfarreien, wenige Schulen, Orden und Klöster), wurde von innen her kontrolliert und dabei so geordnet, daß nicht das Wohl der Kirche, sondern die unverblümt verfolgte Kirchenabsterbepolitik des Staates gefördert wurde.

2. Viele Ortskirchen richteten sich nach der kommunistischen Machtübernahme auf eine kurze Zeit der Verfolgung ein. Als dann der Staat an einer „Normalisierung" der Verhältnisse Interesse gewann, fanden sich in allen Ortskirchen Kirchenverantwortliche (Priester) und bald auch Bischöfe, die zu einer Zusammenarbeit mit den staatlichen Kirchenbehörden bereit waren. Diese Richtung in der Kirche hoffte, durch eine „Politik der kleinen Schritte" zu überwintern, noch mehr, zur Rückgewinnung verlorener pastoraler Handlungsmöglichkeiten beitragen zu können. Dabei war es unvermeidlich, daß aufgrund der Zusammenarbeit mit dem staatlichen Kirchenamt Bischöfe sich oftmals gegen ihre pastoralen Interessen genötigt sahen, gegen pastoral wirksame Personen und Gruppen (Basisgemeinden) vorzugehen.

Die keineswegs kirchenfreundliche Rechnung der kommunistischen Machthaber, die Kirche vor den eigenen politischen Wagen zu spannen, ihr also „Beziehungen neuen Stils" anzubieten und ihr die Möglichkeit schmackhaft zu machen, als Kirche im Sozialismus an dessen Aufbau mitzuwirken und sich dadurch auch kleine Vorteile einzuhandeln, ging insofern in doppelter Weise auf, als einerseits Teile der Kirche sich für die Aufbauarbeit zur Verfügung stellten, andererseits zugleich die Kirche in sich gespalten und damit geschwächt wurde. Das Verhältnis zwischen der Minderheit jener Christen, die für eine Loyalität mit dem kommunistischen Staat keine Möglichkeit sehen, und jener anderen, die zu weitgehender Loyalität bereit sind (darunter die manchmal erstaunlich regimetreue Kirchenleitung), ist äußerst gespannt; es kommt zu erklärtem Ungehorsam, der bis auf die dogmatische Ebene vordringt und beispielsweise zu einer theoretischen Bezweiflung kirchlicher Hierarchie und der Weise ihrer Bestellung führt. Für die Oppositionellen wird die Bereitschaft zum Bekennen und notfalls zum Martyrium das entscheidende Kriterium für die Fähigkeit, ein Amt übertragen zu bekommen. Ebenso wichtig für die Amtsfähigkeit wird, daß der künftige Amtsträger zuvor seine Fähigkeit unter Beweis stellt, durch Evangelisierung selbst christliche Gemeinschaften gründen und nähren zu können, was voraussetzt, daß er selbst in einer solchen Gemeinschaft groß geworden ist. Viele der dem Staat genehmen Verantwortlichen der Kirche bringen diese Eigenschaften nicht mit und geraten damit in Gefahr, bei einem Teil der Kirchenmitglieder Vertrauen zu verlieren. Bei solchen innerkirchlichen Auseinandersetzungen wird übersehen, daß der Streit nicht um die Theologie des Amtes und den grundsätzlichen Gehorsam zu diesem geht, sondern um die Kirchenpolitik.[337]

3. Die kirchliche Praxis, wie sie von den Loyalisten betrieben wird, weist eine Reihe von bedenkenswerten Merkmalen auf:

– So wird innerkirchlich mit großer Aufmerksamkeit darüber gewacht, daß die Kirche in all ihren Tätigkeiten für den kommunistischen Machthaber kontrollier- und berechenbar bleibt. Daraus folgt, daß alle innerkirchlichen Aktivitäten, die nicht berechenbar sind, auch innerkirchlich unerwünscht sind. Die unberechenbaren Personen und Gruppen, welche die staatsloyale Kirchenpolitik nicht teilen, sondern die oppositionelle Option vertreten, sind der Kirchenleitung unbequem und geraten unter ihren Druck. Die Auswirkungen auf die praktizierte Ekklesiologie sind fatal. Das „charismatische Prinzip" wird dem Ordnungsprinzip geopfert. Lenin bekommt auch in der Kirche Recht: Vertrauen ist gut, Kontrolle ist besser. Das angstbesetzte Prinzip der Berechenbarkeit ist vielleicht die am meisten hinderliche Fessel der Kirche, weil ihre Zukunft mehr vom Wohlwollen der Machthaber denn von Gott erwartet wird.

– Es fällt auf, daß die Loyalisten bemüht sind, das Verhältnis zwischen Kirche und Staat ebenso gut darzustellen wie die historischen Errungenschaften der kommunistischen Machthaber.

– Zurückhaltung üben die Loyalisten bei der Durchführung von kirchlichen Reformen, selbst jener, die das II. Vatikanische Konzil beschlossen hat. Die Mitarbeit der Laien in kirchlichen Gremien wird nicht gefördert; man befürchtet das Eindringen von kommunistischen Agenten bis in den innersten Raum, übersieht dabei aber, daß dies in der Priesterschaft längst geschehen ist. Die Angst vor kommunistischer Unterwanderung dient pastoral-konservativen Kirchenleitungen als willkommener Vorwand, Reformen nicht einleiten zu müssen. Das fällt besonders stark auf beim Vergleich der pastoralen Verhältnisse im Ost- und im Westteil der Diözese Berlin.

(5) Anfragen an den Handlungsstil der Westkirchen

Seit Adolf Exeler die Forderung aufgestellt hat, daß an die Stelle der alten einbahnigen Missionstheologie von Europa in die übrige Welt eine neuartige Wechselbeziehung zwischen den Kirchen in unterschiedlichen

[337] Bulanyi, Kirchenordnung. – Andras, Die ungarische Kirche im Spannungsfeld von Loyalität und Opposition, 89–98.

Kontexten treten müsse – was er „vergleichende Pastoraltheologie" nannte[338] – , wuchs in Europa die Bereitschaft, zumal von den jungen Kirchen der Südhälfte der Erde, also von Lateinamerika, Afrika, Asien (Philippinen) zu lernen. Von den Kirchen im Kontext der Unterdrükkung, von den Kirchen in der (leider) sogenannten „Dritten Welt" wurde inzwischen auch für Europa pastoral viel gelernt. Für die Kirche im Kontext des realen Sozialismus, die Kirche in der „Zweiten Welt" hingegen steht eine solche Arbeit weithin noch aus. So sollen zum Abschluß dieses kairologischen Kapitels über die Kirche in den Ländern des realen Sozialismus einige Erkenntnisse zusammengestellt werden, die der Entwicklung einer solchen vergleichenden Pastoraltheologie dienen.

1. Die Geschichte der Kirche zumal in jenen Ländern, die lange Zeit eine enge Verflechtung von Kirche-Staat-Gesellschaft, von Thron und Altar erfahren haben, in denen also die Christlichkeit durch einen hohen soziokulturellen Konformitätsdruck zugewiesen wurde, zeigt, daß in einer solchen pastoralen Situation bei den Bürgern eine Gläubigkeit vorherrscht, die beim Entstehen gesellschaftlich widriger Verhältnisse (mit soziokulturellem Gegendruck gegen christliches Lebenswissen) nur allzuleicht aufweichbar ist. Dabei erzeugt ein solch neuartiger sozialer Gegendruck keineswegs eine gegenchristliche persönliche Überzeugung: Atheisten sind auch in den kommunistischen Ländern eine Minderheit. Vielmehr wird die Religiosität der Bürger entkirchlicht, privatisiert. Für die Arbeit der Kirchen in freiheitlichen Gesellschaften kann daraus gefolgert werden, auf jegliche Verknüpfung von Religion und (sozialer) Macht (im Sinn von sozialer Durchsetzung), wenn immer es geht, zu verzichten. Persönlich resistente Überzeugung wächst am ehesten im Raum gewissenhaft geschützter Religionsfreiheit. Da auch viele Kirchen in den freiheitlichen Gesellschaften aus Verhältnissen kommen, in denen die Christlichkeit obrigkeitlich verordnet werden konnte, ist anzunehmen, daß die Versuchung, neue Formen der Zuweisung des Glaubens an als unmündig definierte Bürger zu entwickeln, nicht klein ist.

Von hier aus wird die Politik der Loyalität östlicher Kirchenleitungen mit den neuen Machthabern fragwürdig. Soll nicht in neuer Weise unter dem Schutzschild (nunmehr der kommunistischen) Machthaber das Leben der Kirche und ihre Zukunft gesichert werden? Wäre es daher nicht angebrachter, sich dem Volk und seiner Geschichte zu verbinden (wie dies in Polen der Fall ist), als den zur Zeit Mächtigen?

2. Widerständig ist Religion ohne Konformitätsdruck oder gar im Ge-

[338] Exeler, Wege einer vergleichenden Pastoral, 92–121.

gendruck, also als Deviation, als Abweichung, um so eher, je mehr sie sozioreligiös in überschaubaren Gemeinschaften gestützt wird. Die Erfahrung, daß andere ebenso bekennen, stärkt die Widerstandskraft gegen die andrängenden Zweifel, die durch lebensmäßig privilegierte Mehrheiten leicht erzeugt werden. Nicht nur aus innerer theologischer Notwendigkeit (wer in Gott eingefügt wird, wie er in Jesus einer von uns wurde, wird mit den Gottverwurzelten, den Glaubenden, zusammengefügt; Gottes-Kindschaft führt direkt zur Geschwisterlichkeit), sondern aus pastoralsoziologischer Notwendigkeit braucht christlicher Glaube die erfahrbare (Basis)Gemeinschaft. Es wäre in unseren freiheitlichen Verhältnissen gut, gleichsam jetzt schon Überlebensvorrat für durchaus mögliche schlechtere Zeiten zu schaffen, nämlich persönliche Glaubensüberzeugung und die Vernetzung von Überzeugten.

3. Gläubigkeit und einbekannte Kirchlichkeit, wie sie unter den sozial widrigen Verhältnissen der Gesellschaften des realen Sozialismus mit ihrem verordneten Atheismus entstehen, gewinnen an Radikalität und Kraft, welche die bei uns dominierende, bürgerlich verdünnte Wohlstandsreligion ernsthaft kritisieren. Solche Kritik wird von bekennenden Christen aus dem Osten auch ausdrücklich vorgetragen.[339] Kirchen in freiheitlichen Gesellschaften können daher bei den verfolgten Schwesterkirchen in die Schule gehen.

4. Aus der Praxis der kommunistischen Machthaber, deren langfristiges Ziel das Absterben von Religion und Kirche ist, kann gelernt werden, was für die (gesellschaftliche) Tradierung und Lebensfähigkeit des christlichen Glaubens wichtig ist. Dazu ist es hilfreich, zu sichten, wer verfolgt, behindert und was vernichtet wird:

– Führende Personen (Bischöfe, Priester, bekennende Alltagschristen) werden entweder physisch (gemordet) oder psychisch (in Anstalten für Geisteskranke) vernichtet, isoliert (eingesperrt oder verbannt), oder durch einen „Rückgratbruch“[340] bzw. durch die Bedrohung der sozioökonomischen Lebensgrundlagen (auch der Angehörigen, z. B. der verheirateten Priester der Orthodoxie) so gefügig gemacht (Friedenspriester), daß sie der staatlichen Kirchenpolitik nicht mehr gefährlich oder gar nützlich sind; verläßliche Personen sind für jede Glaubensgemeinschaft unentbehrlich. Von hier aus ist nach der Bedeutung „signifikant anderer“ Personen[341] in religiösen Organisationen und Vorgängen zu fragen.

339 Vgl. Goritschewa, Von Gott zu reden ist gefährlich.

340 Bulanyi nennt diese Haltung in einem Briefwechsel mit der Glaubenskongregation „kirchlichen Rückgratbruch“: Zulehner, Rechtgläubigkeit, 245–247.

341 Berger, Luckmann, Die gesellschaftliche Konstruktion, 51.

– Heilige Orte (Kirchen, Klöster, Exerzitienhäuser) werden geschlossen, ihre Zahl wird verringert, diese Kirchen „arbeiten“ nicht mehr, werden zu Museen umgestaltet, neue Kirchen können nur selten errichtet werden; Orte und Räume sind für religiöse Vollzüge unentbehrlich.
– Institutionen der Glaubensvermittlung (wie Schulen, Religionsunterricht) werden beseitigt; der Zugang der Kirche zur nachwachsenden Generation wird erschwert. Schätzen wir diese Institutionen hinreichend? Nutzen wir die Chancen, die anderen gewaltsam genommen werden, und gebrauchen wir sie im Kontext nicht nur verbriefter, sondern praktizierter Religionsfreiheit – also nicht als Teil der „machtvollen“ Religionszuweisung?
– Die Kommunikationsmittel werden der Kirche entzogen (Fernsehen, Rundfunk, Printmedien, Zeitschriften, Bücher). Unterschätzen wir nicht manchmal im Kontext schlagseitiger Gemeindetheologie ihre Bedeutung?
– Die Solidarisierung der bekennenden Christen wird unterbunden, da einzelne Personen (Bischöfe) und Gruppen leichter kontrollierbar sind; so spielen Bischofskonferenzen ebenso wenig eine Rolle, wie es z. B. nur lokale, aber nicht regional übergreifende Kirchenstrukturen gibt (wie Verbände oder Vereine, die nicht pfarrgebunden sind). Wie steht es bei uns um das „katholische“ Bewußtsein, wie könnte dieses bei uns praktisch werden?
– Auch innerkirchlich nicht leicht kontrollierbare Gruppen und Bewegungen (charismatische Gruppen, Basisgruppen, Kirche in den Häusern, etwa bei den Baptisten) werden unterdrückt. Dabei bedient sich der Staat gern der ihm hörigen Kirchenleitungen, um diese Unterdrükkung vornehmen zu lassen, wozu Kirchenleitungen ihrerseits leicht zu gewinnen sind, weil es einem wenig charismatischen Kirchenverständnis durchaus naheliegt, nicht nur dem Staat gegenüber berechenbar zu bleiben, sondern eine ähnliche Berechenbarkeit innerkirchlich herzustellen. Hier zeigt sich, daß hierarchische Sozialstrukturen (in Staat und Kirche) oftmals besser zusammenarbeiten als hierarchische und charismatische Strukturen innerhalb der Kirche. Der Kirche gehen dabei freilich Lebendigkeit und Wachstumschancen verloren, während der Gegner der Kirche gewinnt. Gibt es nicht auch bei uns eine übervorsichtige Rücksichtnahme von Kirchenleitungen auf die Erwartungen der zur Zeit Regierenden, und dies auf Kosten von vitalen Gruppen und Bewegungen an der Basis? Und weiter: Ist bei uns die Kirche nicht auch mehr den Mächtigen denn dem Volk gegenüber loyal?

6 FREIHEITLICH-PLURALISTISCHE GESELLSCHAFT

„Pastorale Anweisung der deutschen Bischöfe an die Priester und Mitarbeiter im pastoralen Dienst zur rechtzeitigen Taufe der Kinder:
Die nachkonziliare Erneuerung der Kirche hat unsere Gemeinden zu einer größeren Aufmerksamkeit auf das Taufsakrament geführt. Der neue liturgische Ordo ‚Die Feier der Kindertaufe' vom 6. August 1971 läßt die Bedeutung und den Anspruch des Taufgeschehens besser erkennen. Allerdings wird die Zahl der Eltern größer, die sich nur schwer entscheiden können, für ihr Kind das Sakrament der Taufe zu erbitten. Sie sind geneigt, die Taufe ihrer Kinder hinauszuschieben. Hierfür gibt es unterschiedliche Gründe. Wer in innerer Distanz zur Kirche steht und im Glauben selber unsicher ist, kann auch eine Glaubensüberzeugung nur noch schwerlich vermitteln. So stehen viele Eltern hilflos vor der Aufgabe, ihre Kinder religiös zu erziehen. Klärung und tiefere Begründung werden so zu einer vordringlichen pastoralen Aufgabe. Ein anderer Grund, warum Eltern die Taufe für ihre Kinder nicht erbitten, liegt im Wunsch, die Kinder mögen sich selbst später entscheiden können. Hinter diesem Wunsch steht ein verkürztes Verständnis von Freiheit, mitunter persönliche Unsicherheit im Glauben.
Schließlich löst sich für viele das Ja zu Religion und Christentum im allgemeinen ab vom Ja zur Kirche. Die Taufe wird in dieser Sicht unerheblich und erscheint als Förmlichkeit und als bloßer Ritus. Der Zusammenhang des Glaubens an Jesus Christus mit Sakrament und Kirche muß neu erschlossen werden. Wenn die Eltern eine Hilfe bekommen, ihre Glaubensüberzeugung zu klären und neu zu festigen, besteht eher Aussicht, daß sie auch den vollen Sinn der Taufe für ihr christliches Leben bejahen und die rechte Entscheidung für ihre Kinder treffen werden. Deshalb geben wir den Seelsorgern diese Handreichung mit Darlegungen zur Heilsbedeutung der Taufe und zum Sinn der Kindertaufe sowie einigen Hinweisen auf pastorale Aufgaben in die Hand.“[342]
So beginnt ein pastoraler Text, der typisch ist für die Praxis der Kirche im Kontext einer pluralistischen Gesellschaft. Veröffentlicht wurden diese „Pastoralen Anweisungen“ am 18.6.1979 von der Deutschen Bischofskonferenz.

[342] Amtsblatt Passau, 77–81.

Schon ein erster Vergleich der Überschrift mit dem Titel der Epistola pastoralis des Bischofs Josephus Dominicus Lamberg aus dem Jahr 1726 an seinen Passauer Klerus zeigt markante Unterschiede. Zwar ist das Thema beider Texte gleich; es geht um pastorale Anweisungen zur Taufe. Aber der Autor des Textes von 1979 ist nicht mehr ein einzelner Bischof, sondern ist eine nationale Bischofskonferenz; auch richten sich die Anweisungen nicht mehr allein an den Klerus, sondern an die Priester und Mitarbeiter im pastoralen Dienst. Noch größer ist aber der Unterschied im Grundton der zwei Pastoralanweisungen. Wie 1979 mit den Kirchenmitgliedern umgegangen wird (es geht, wie der Text zeigen wird, um die Förderung einer freien und gläubigen Entscheidung der Leute), wie die gesellschaftliche Situation beurteilt und wie dementsprechend die Taufpastoral konzipiert wird, damit ein der gesellschaftlichen Situation angemessener pastoraler Handlungsstil entworfen wird: All dies geschieht in anderer Weise als 1726. In der Pastoralen Anweisung aus dem Jahr 1979 finden wir alle Aspekte, die uns für die kairologische Analyse interessieren:

– Die Gesellschaft wird als freiheitlich-pluralistische eingeschätzt und als solche pastoral bewertet;

– es wird der neuartige Standort von Religion und Kirche in ihr ausgemacht;

– es wird ein dieser gesellschaftlichen Situation entsprechendes, gegenüber früheren Zeiten verändertes Grundverhältnis der Bürger zur Kirche angenommen;

– von da aus wird eine Praxis der Kirche (hier für die Taufpastoral) entworfen, die sich erheblich von der „obrigkeitlichen Pastoral“ vergangener Zeiten unterscheidet.

(1) Gesellschaft: Markt an Lebenswissen

„Wir leben nicht mehr in einer homogenen Gesellschaft, sondern wir müssen von einer Pluralität der Meinungen... ausgehen“, so die deutschen Bischöfe (2.3). Mit diesem Satz erkennt die deutsche Kirche das Ergebnis einer von ihr nicht gewollten, sondern gegen ihren Willen durchgesetzten gesellschaftlichen Entwicklung an. Die einheitlich-geschlossene „christentümliche Gesellschaft“ besteht nicht mehr. Aus ihr wurde im Zuge der zuvor skizzierten „liberalen Revolution“ eine „offen-pluralistische Gesellschaft“.

1. Das Konzept dieser Gesellschaft ist freiheitlich. Das in der Neuzeit immer stärker respektierte Individuum ist mit einer Reihe von Freiheitsrechten ausgestattet worden: mit der Freiheit, zu denken und zu

meinen, diese Meinung auch öffentlich zu äußern und danach ungestraft leben zu können. Solche Rechte konnten aber faktisch nur wahrgenommen werden, wenn ihnen die gesellschaftlichen Verhältnisse entsprachen. Dazu mußte die Gesellschaft „liberalisiert“ werden mit dem Ziel, den Handlungs- und Entscheidungsspielraum der einzelnen Bürger auszuweiten und zu schützen.

Geschichtlich konnte das – ausgehend von den bestehenden „geschlossen-christentümlichen Gesellschaften“ – nur bedeuten, daß vor allem für nichtkirchliche und auch nichtchristliche Weltsichten und Lebensstile sozialer Raum eröffnet werden mußte. Diesem kulturellen und gesellschaftlichen Ziel verschrieben sich die humanistische „Aufklärung“, das Freidenkertum, aber auch politische Bewegungen, welche die bestehende Gesellschaft in einem heftigen Kulturkampf so umzuformen versuchten, daß zumal für die wichtigen Lebensentscheidungen der Bürger vermehrte Freiheitsgrade geschaffen wurden: Für die Gestaltung der Beziehung zwischen Mann und Frau („Ehe“: Eheschließung, Zivilehe, Ehescheidung, unveröffentlichte Beziehungsformen wie nichteheliche Lebensgemeinschaften), für die schulische Erziehung der Kinder (elterliches Erziehungsrecht, freie Wahl zwischen den bislang monopolisierten Konfessionsschulen und den angestrebten öffentlichen „freien Schulen“) wurden „freiheitlichere Verhältnisse“ geschaffen.

Nicht zu unterschätzen ist der Einfluß der technischen Entwicklung auf die Gestaltung gesellschaftlicher Verhältnisse, insbesondere die Eröffnung von Freiräumen für den einzelnen. Industrielle Arbeitsformen hatten Dorf- und Familienstrukturen gesprengt, wodurch die Sozialkontrolle geringer und der individuelle Spielraum größer wurden. Die naturwissenschaftlich-technische Denkweise des „Alles ist möglich, und (fast) alles ist machbar“ hatte auch auf weltanschauliches Denken übergegriffen: Du darfst (denken und tun), was du (denken und tun) kannst.

Aus all diesen Gründen schwand das Monopol an – kirchlich mitdefiniertem – Lebenswissen, und an seine Stelle trat ein frei zugänglicher weltanschaulicher Markt. Es sollte nunmehr viele „Lebenswissen“ geben, zwischen denen der Bürger frei wählen kann. Der angestrebte und teilweise auch durchgesetzte Wandel der Gesellschaft war von großer Tragweite: War bislang „Leben“ (seine Deutung, seine Stilisierung) eine gemeinsame Sache, wurde Leben nunmehr der wachsenden Verantwortung des einzelnen Bürgers zugewiesen. Der Bürger selbst sollte frei entscheiden können, wie er leben will, welchen Beruf er wählt, mit welchem Partner er auf welche Weise und wie lange sein Leben verbringen will, wie sie / er die Beziehung zu ihr / ihm stilisiert, welchen Sexualstil sie pflegen, wie sie ihre Kinder erziehen, was sie glauben, wie sie sich am Leben ihrer Kirche beteiligen.

2. Solchem sozial etablierten Markt an „Lebenswissen" (also dieser sozialen Struktur) entspricht ein profiliertes Bewußtsein auf seiten des Bürgers: Er hat nicht nur eine freiheitliche Chance zur Wahl (seiner Weltdeutung, seines Lebensstiles), sondern steht unter einem „Zwang zur Wahl" (Peter L.Berger). Wenn und weil sich diese Gesellschaft bei der Deutung des Lebens und bei der Entwicklung des persönlichen Lebensstils zurückhält, ja aufgrund der Option für vermehrte Freiheitsgrade des einzelnen zurückhalten muß, bleibt konsequenterweise möglichst viel an Lebensentscheidung dem einzelnen Bürger überlassen. Für den Bürger folgt daraus, daß er von der „Gesellschaft" keine Vorgaben mehr erwarten kann, sondern sein Leben selbst entwerfen und führen muß.
Identität wird jetzt nicht mehr zugewiesen, sondern muß erworben werden. Sie ist nunmehr auch kein sozial vorgeformter (Zu)Stand mehr, sondern wird zum lebensgeschichtlichen Vorgang. Statt in einen sozial definierten Lebens(zu)-„Stand" eingewiesen zu werden, um in diesem mehr oder minder ein Leben lang zu verharren, sind die Bürger nunmehr gehalten, ihre Lebensgeschichte in eigener Regie zu verfassen. An die Stelle der durch die Geburt in eine bestimmte Familie erfolgten Standeszuweisung tritt die Karriere, der Sozialstatus aufgrund eigener (beruflicher) Leistungen. „Arbeit adelt"; wer es jedoch durch eigenes Versagen oder unglückliche Umstände nicht schafft, der ist nicht mehr bedingungslos getragen vom Gefüge gesellschaftlicher Strukturen. Aufstieg und Absturz sind also gleichermaßen möglich und erfordern fast zeitlebens den Kampf um Macht, Geld und Geltung. Gewiß, dies geschieht nie einsam, individualistisch. Auch heute ist der Prozeß der Menschwerdung ein sozialer Vorgang. Aber der Mutterboden für die Entwicklung der einzelnen Lebensgeschichten ist nun nicht mehr die einheitliche Gesellschaft mit ihrer Kultur, sondern sind vornehmlich die privaten „kleinen Lebenswelten", in denen sich die modernen Bürger (zumindest emotional) vorrangig aufhalten.
3. Die freiheitlich-pluralistischen Verhältnisse verlangen nach Bürgern, die Freiheitskünstler sind. Denn nur solche sind den freiheitlichen Anforderungen, das Leben eigenmächtig gestalten zu müssen, gewachsen. Eine Reihe von Symptomen weist darauf hin, daß nicht alle diesen Anforderungen gerecht werden. Bei einer wachsenden Zahl werden die lebensmäßigen Anforderungen zu lebensgefährdenden Überforderungen. Identitätskrisen entstehen. Es gelingt nicht allen Bürgern, inmitten der neuartigen Vielfalt von Weltdeutungen und Lebensstilen (von „Lebenswissen") einigermaßen mit sich identisch zu bleiben, abgrenzbare Konturen zu erhalten und zugleich mit Anderslebenden in Beziehungen einzutreten, also kommunikativ kompetent zu sein. Dem Bürger wird

somit die Kunst zugemutet, je nach Lebensbereich seine Identität auszubalancieren, zugleich aber nicht zu verlieren. Eben diesen verschiedenartigen Anforderungen bei der Identitätsbildung scheinen viele nicht gewachsen zu sein. Sie schaffen keine zugleich gefestigte und doch austauschfähige Identität. Um dennoch überleben zu können, suchen sie in Gruppen oder bei starken Führern eine Art „Identitätsanleihe". Sie leihen, was sie selbst nicht aufbauen können. Damit schafft die freiheitliche Gesellschaft wider ihre Absichten neue Formen der Abhängigkeit und der Entfremdung. Dazu kommt, daß es gesellschaftliche Kräfte und Gruppen gibt, die an einer Fremdbestimmbarkeit interessiert sind, weil sie zum Beispiel aus dem freien Bürger einen steuerbaren und verläßlichen Konsumenten überflüssig produzierter Güter machen müssen.
Um zu verhindern, daß Bürger an den Freiheitszumutungen der freiheitlich-pluralistischen Gesellschaft scheitern, wurden in Bildung und Beratung Maßnahmen entwickelt, um die Bürger für die freiheitlichen Lebensverhältnisse besser auszurüsten. Bildung soll die autonome Fähigkeit zur eigenständigen Identitätsbildung vorbeugend fördern. Beratung hingegen dient der Wiederherstellung angeschlagener Identität; Beratungsdienste sind somit „Reparaturwerkstätten für gestörte Identität". Zweck solcher Beratung ist es nicht, dem problembelasteten Bürger freiheitliche Lebensarbeit abzunehmen, sondern zusätzliche Freiheitsressourcen zuzuführen. Für außergewöhnliche Notfälle steht zudem ein Arsenal therapeutischer Einrichtungen und Vorgänge zur Verfügung, die das gänzlich handlungsunfähige Individuum eine Zeitlang in soziale Obhut nehmen, neuerlich mit dem Ziel, es langfristig wieder auf eigene Füße zu bringen.

(2) Der gesellschaftliche Standort von Religion/Kirche

„Wir leben nicht mehr in einer homogenen Gesellschaft, sondern wir müssen von einer Pluralität von Meinungen, weltanschaulichen Gruppen und religiösen Bekenntnisformen ausgehen", so die „Pastorale Anweisung" der deutschen Bischöfe aus dem Jahr 1979. Diese Feststellung enthält einen Hinweis auf den von den Bischöfen angenommenen gesellschaftlichen Standort von Religion und Kirche(n).
1. Die christlichen Kirchen haben ihr (weltanschauliches) Monopol verloren. Sie sind jetzt nicht mehr alleinzuständig für die „Produktion religiöser Weltdeutung und sittlicher Imperative". Konkurrenz ist ihnen zugewachsen. Auch in weltanschaulicher Hinsicht ist das Monopol vom Markt abgelöst worden. Es gibt heute nicht nur einen konfessionellen,

auch nicht nur einen religiösen Pluralismus. Vielmehr gibt es neben den religiösen auch ausdrücklich areligiöse Weltdeutungen und entsprechende Lebensstile. Der weltanschauliche Markt ist bunt, es gibt auf ihm reges Treiben, liberale Konkurrenz, und sogar „Kartellierungsvorgänge" mit gleichzeitigen Abgrenzungsbemühungen (etwa in der Ökumene).

2. Die Beseitigung des weltanschaulichen Monopols der christlichen Kirche bzw. einer christlichen Konfession gilt als Voraussetzung für die nunmehr verbriefte Religionsfreiheit der Bürger. Eine solche kann es faktisch nur geben, wenn in einer Gesellschaft nicht eine bestimmte Religion obrigkeitlich zugewiesen wird. Daher war es nötig, die in christentümlichen Zeiten gewachsene Verflechtung mit dem Christentum bzw. einer christlichen Konfession abzubauen. Weltanschaulicher Pluralismus kann sich nur dann gesellschaftlich ausbreiten, wenn die historisch ererbte Verflechtung zwischen Kirche-Staat-Gesellschaft aufgelöst wird. Folgerichtig enthält das kulturpolitische Programm des politischen Liberalismus (bis auf den heutigen Tag[343]) die Forderung nach Trennung von Kirche und Staat, Kirche und Schule, Kirche und Ehe, Kirche und Strafrecht. Religion soll zur Privatsache erklärt werden, sie darf nicht mehr Sache des Staates sein. Die sozialistische Arbeiterbewegung in Deutschland und in der Folge auch in Österreich hat solche kulturpolitischen Kampfformeln schon früh (wie schon erwähnt, unter heftigem Widerstand von Karl Marx) auf dem Parteitag zu Gotha im Jahr 1875 übernommen. Mit den Liberalen zusammen – freilich aus anderen Motiven als sie – kämpften sie um eine „Entkirchlichung der Politik" und eine „Entkirchlichung des Staates".[344] In einem harten Kulturkampf ist es auch gelungen, wichtige gesellschaftliche Institutionen aus dem direkten Einflußbereich der Kirche herauszulösen.

Dieser Prozeß der Entflechtung, damit der Entprivilegierung der Kirchen ist noch keineswegs abgeschlossen; die christlichen Kirchen haben auch heute noch in vielen pluralistischen Gesellschaften begünstigte Positionen inne, als Anstalten des öffentlichen Rechts, durch die Möglichkeit des schulischen Religionsunterrichts, durch die bevorzugte Rolle der Kirchen in den Medien. Allerdings werden heute diese wichtigen Positionen der Kirchen weniger auf dem Weg ererbter Privilegien, als stärker dadurch begründet, daß viele Bürger Kirchenmitglieder sind und deshalb die Kirchen dementsprechende gesellschaftliche Positionen einzunehmen berechtigt sind.

[343] Thesen der F.D.P.

[344] Arbeiterzeitung 36/39 vom 9.2.1924, zitiert nach Zulehner, Kirche und Austromarxismus, 254.

(3) Das vorherrschende Verhältnis der Bürger zu Religion und Kirche

Bei einer solchen tiefgreifenden Veränderung des gesellschaftlichen Kontextes von der „christentümlichen" zur pluralistischen Gesellschaft verändert sich nicht nur der Standort von Religion und Kirche, sondern auch das gesellschaftlich begünstigte und deshalb dominante Verhältnis der Bürger zu Religion und Kirche. Die deutschen Bischöfe bringen dies in ihrer „Pastoralen Anweisung" so zum Ausdruck: *„Allerdings wird die Zahl der Eltern größer, die sich nur schwer entscheiden können, für ihr Kind das Sakrament der Taufe zu erbitten. Sie sind geneigt, die Taufe ihrer Kinder hinauszuschieben."*

Ein solcher Satz wäre in der Pastoralepistel des Passauer Bischofs Josephus Dominicus aus dem Jahr 1726 noch unvorstellbar gewesen. Die Taufe von normal geborenen Kindern wird dort als selbstverständlich vorausgesetzt. Es wird lediglich vermerkt, daß die Pfarrer ohnedies wissen, was sie zu tun haben. Jetzt aber liegt die Regie darüber, ob ein Kind Kirchenmitglied wird, nicht mehr bei der mit dem Staat eng verflochtenen Kirche (und ihren Pfarrern), sondern bei den Eltern. Daher rücken die Eltern und ihre Bereitschaft zur Taufe ihrer Neugeborenen in den Vordergrund. Es ist offenbar auch nicht mehr selbstverständlich, daß die Eltern ihre Kinder taufen lassen.[345]

Für unsere Frage nach dem Verhältnis der Bürger zu Religion/Kirche folgt daraus:

1. Dieses Verhältnis wird heute weniger durch die Erwartungen der Kirche definiert, sondern viel mehr durch das, was die Leute von der Kirche erwarten. Die Regie bezüglich der Kirchenbeziehung liegt nicht mehr bei der Kirche, sondern bei den Bürgern. Die pluralistische Gesellschaft eröffnet auch in religiöser Hinsicht eine Wahl-Möglichkeit.

Darin kommt zum Ausdruck, daß die allgemeinen Freiheitsansprüche auf die Beziehung zu Religion und Kirche ausgeweitet. Die Möglichkeit zur Selbstbestimmung, die zumal im privaten Lebensbereich beansprucht wird, ist auch auf die Religion ausgedehnt. Peter L. Berger spricht daher auch in bezug auf die Religion vom „Zwang zur Häresie", wobei Häresie vom griechischen „hairesis" genommen ist, was soviel wie „Auswählen" bedeuten kann:

[345] Nach einer Statistik der Münchner Heimatmission aus dem Jahr 1974 wurden selbst bei rein katholischen Ehepaaren nur noch 55% der Kinder gleich nach der Geburt getauft, wobei allerdings im Laufe des ersten Lebensjahres 17% „nachgetauft" wurden: Zulehner, Zur Taufe schulpflichtiger Kinder, 154–164. – Weitere „Nachtaufen" gibt es heute zusätzlich am Beginn der Schulzeit, um vom Schulkind „exkommunikatorische Nachteile" fernzuhalten. – Zur Analyse der Taufmotive: Kirche und Priester, 86–88. – Zulehner, Religion, 51f.

„In prämodernen Situationen leben die Menschen in einer Welt religiöser Sicherheit, die gelegentlich durch häretische Abweichungen in Mitleidenschaft gezogen wurde. Im Gegensatz dazu bildet die moderne Situation eine Welt der Unsicherheit, die gelegentlich durch mehr oder weniger brüchige Konstruktionen religiöser Affirmation abgewehrt wird. Tatsächlich läßt sich dieser Wandel noch weit schärfer formulieren: Für den prämodernen Menschen stellt die Häresie eine Möglichkeit dar, für gewöhnlich allerdings eine fernab gelegene; für den modernen Menschen wird Häresie typischerweise zur Notwendigkeit. Oder noch einmal, Modernität schafft eine neue Situation, in der Aussuchen und Auswählen zum Imperativ wird."[346]

2. Auf dem Hintergrund der ehedem „christentümlichen Gesellschaften" (in ihrer konfessionellen Spätform) führt diese historisch neuartige „Wahlmöglichkeit" faktisch, wenn auch nicht notwendig, zu wachsendem Rückzug von den Weltdeutungen und Lebensstilen, wie sie von den Kirchen im obrigkeitlichen Verbund mit dem Staat zugewiesen worden waren.[347]

Die neue gesellschaftliche Situation wird wegen der faktisch negativen Auswirkungen auf die Kirchenbindung der Bürger auffällig nachteilig beurteilt. Unausgesprochen wird unterstellt, daß die „Freiheit zur Wahl" von den Leuten eher gegen die Beteiligung am religiösen Leben der Kirche genützt wird statt dafür. Dabei müßte diese Wahl-Freiheit zumindest prinzipiell nicht schon gleich mit „Säkularisierung des Lebens" und „Glaubensunsicherheit" einhergehen. Wegen der faktischen Koppelung der Freiheit in den pluralistischen Gesellschaften mit dem Rückzug vieler Bürger von religiösen Weltdeutungen und Lebensstilen, wie sie die Kirchen „anbieten", scheint zumal die katholische Kirche trotz ihres Bekenntnisses auf dem II. Vatikanischen Konzil zur Religionsfreiheit ein nicht ungestörtes Verhältnis zu den modernen Freiheitsansprüchen der Bürger zu haben.

Doch kommen die Kirchen um die Möglichkeit der Bürger, auch in religiösen Belangen wählen zu können, nicht herum. Die Mehrzahl der Bürger macht von der religiösen Wahlfreiheit Gebrauch. Die Grundbeziehung zwischen den Bürgern und der (organisierten) Religion ist nicht mehr jene der Zuweisung, sondern die des Auswählens, der „(Aus-)Wahl". So kann – aus der Sicht der Sozialwissenschaften – als Haupttyp

[346] Berger, Der Zwang zur Häresie, 41.

[347] In den „Pastoralen Anweisungen" wird dies auch gesehen. Beklagt werden „innere Distanzierung zur Kirche", „Glaubensverunsicherung" (2.3) bzw. „persönliche Unsicherheit im Glauben" (Einleitung), „Säkularisierung des Lebens" (2.3). Christliches Leben, wie es in der Taufe grundgelegt wird, findet „keinerlei Stütze und Entfaltung in der Umwelt des Kindes" (2.3).

für religiös-kirchliches Verhalten, wie es durch den gesellschaftlichen Standort der Kirche begünstigt wird, der „Auswahlchrist"[348] gelten.

3. Nun ist eine organisierte Religion ein sehr komplexes Gebilde mit vielen „Dimensionen", „Aspekten".[349] Man kann Aussagen über die Welt- und Lebensdeutung (Lehren) unterscheiden von den religiösen Ritualen; ein weiterer Bereich sind die Anweisungen über die Lebensstilisierung (Normen, sittliche Weisungen); dazu kommen die organisatorischen Strukturen der religiösen Gemeinschaft (wie Rollenauffassung der religiösen Führer, des Volkes, Rechtskodex, Finanzierung). Die Bürger können daher ihre Beziehung zur komplexen Wirklichkeit ihrer religiösen Gemeinschaft auch differenziert gestalten: Manche wollen die Riten, aber nicht die Normen; die Lehren interessieren, aber der finanzielle Beitrag stört. Manchem ist der Ortspfarrer oder sein aufgeschlossener Religionslehrer recht, aber er hat Probleme mit den Aussagen Roms über die Sexualität oder die Priesterweihe von Frauen.[350]

Bei aller möglichen Vielschichtigkeit der Beziehung der Bürger zu ihrer komplexen religiösen Gemeinschaft ist die Neigung des Menschen mitzubedenken, Komplexes zu vereinfachen. Die Beziehung zu „sozialen Objekten" wird in erster Linie nicht nach rationalen Einsichten gestaltet. Vielmehr spielen die in den Teilbeziehungen mitschwingenden Gefühlsanteile eine entscheidende Rolle. Diese einander zumeist widerstreitenden Gefühlsanteile werden gleichsam gewogen. Daraus ergibt sich ein positiver oder negativer Überhang. Mithilfe einfacher Distanzmaße (wie Bindungsleitern[351] oder konzentrischer Kreise[352]) läßt sich daher nicht nur Nähe und Distanz gefühlsmäßiger Art erkunden, sondern diese vereinfachte, aus vielen Einzelerfahrungen entstandene Grundbeziehung hat einen hohen prognostischen Aussagewert bezüglich Beteiligung am Glauben und Leben der religiösen Gemeinschaft (wie Kirchenbesuch, Zustimmung zu Glaubenslehren, Akzeptanz von Lebensregeln).

4. Unbeschadet weiterer Differrenzierungsmöglichkeiten erlauben bisherige Forschungen eine grobe Typologiebildung für das Grundverhältnis von Bürgern zu ihrer religiösen Gemeinschaft im Kontext freiheitlich-pluralistischer Gesellschaften:

– Da sind zunächst jene, die *„im Sinn der Kirche religiös"* sind. Ihr persönliches religiöses Wünschen und Tun ist – aufgrund eines regen und vielseitigen Austausches mit ihrer religiösen Gemeinschaft weithin von deren kollektiven Vorstellungen und Erwartungen geformt.

[348] Zulehner, Religion nach Wahl. – Ders., Auswahlchristen, 109–137.
[349] Boos-Nünning, Dimensionen der Religiosität.
[350] Kirchlich distanzierte Christen.
[351] Schmidtchen, Zwischen Kirche und Gesellschaft, 107, 288.
[352] Zulehner, Religion, 57. – Katholiken und Pfarrgemeinde.

– Daneben gibt es viele, die *„religiös in der Kirche"* sind. In ihrem Alltagsleben spielt zwar „Religion" eine gewisse Rolle; sie halten sich auch subjektiv für religiös. Diese „Religiosität" trägt aber Züge, die weniger den Erwartungen der christlichen Kirche entsprechen, sondern mehr den eigenen Gesetzlichkeiten jener Form von Religion, die bereits als „Leutereligion" definiert wurde.[353]

– Eine dritte Gruppe von Bürgern schätzt sich selbst durchaus als religiös ein. Ihre Religiosität ist aber nicht mehr in einer traditionellen religiösen Gemeinschaft zu Hause. Sie ist *„unbehauste Religiosität"*, „vagabundiert". Erwartungen religiöser Gemeinschaften sind ausgeblendet. Das ungebundene Subjekt allein hat die Regie über seine Religiosität, wobei es im Ermessen dieses Subjekts liegt, sich mit dieser oder jener religiösen oder areligiösen Weltdeutung auf dem Markt der Weltanschauungen auseinanderzusetzen, sich eine Zeitlang an diese oder jene Gruppe zu binden, um von dort alsbald wieder weiterzuwandern. Die Zahl dieser unkirchlich Religiösen steigt.[354] Zuwachs gewinnt sie durch die latent hohe Zahl von Kirchenaustritten.[355] Dazu kommen Kinder, die von ihren Eltern nicht mehr getauft werden, die aber dennoch an der in die Kultur nach wie vor eingeschmolzenen Religiosität partizipieren. Einige von ihnen suchen und finden auch für ihre Religiosität neue gesellschaftliche Behausungen: in fernöstlichen Religionen, in psychodelischen Kulten, in religiös aufgeladenen neuen weltlichen Bewegungen (wie linken Parteien[356], anarchistischen Gruppen, in der Ökopaxbewegung, im New-Age[357]).

– Eine vierte Gruppe sind die erklärt *„Areligiösen"*. Sie wählen nicht nur die Kirche, sondern auch die Religion ab. Religion ist ihnen „gleichgültig", manche halten sich für eher nicht religiös, wenige ord-

353 Es ist dies jene Religion, die in ihren Grundzügen menschheitsalt ist, vor allem die Verankerung des bedrohten Lebens in einer bergenden „Wirklichkeit" umfassender und beständiger Art (also in einem „heiligen Kosmos") sucht, und dies in den Ritualen der religiösen Gemeinschaft sinnenhaft „er-fahren" will. „Leutereligiöse" Personen besuchen dann zwar selten die Sonntagsmesse, wünschen aber die heiligen Riten zu den Lebenswenden. Sie halten wenig von den speziellen Lehren und Lebensregeln ihrer Kirche; aber sie bleiben Mitglied ihrer Kirche und zahlen auch dafür, weil Dazugehören selbst noch eine Art Dauerritual ist, indem die Zugehörigkeit zur religiösen Gemeinschaft vergewissert, daß man auch zur bergenden „Welt Gottes" gehört und dort einen letzten Halt in den bewegten Ereignissen des vergänglichen, endlichen Lebens hat: Zulehner, Leutereligion. – Ders., Religion, 37–80.

354 Nach den Ergebnissen der Österreichumfrage 1980 wären dieser Gruppe 21% der Bürger zuzuzählen: Zulehner, Religion, 47.

355 In Österreich sind 1985 32.736 Personen aus der katholischen Kirche ausgetreten, in der Bundesrepublik Deutschland über 75.000. – Zulehner, Wie kommen wir aus der Krise?, 41–43. – Ders., Die katholische Kirche, 114–125.

356 Schmidtchen, Religiöse Legitimation.

357 Schiwy, Der Geist des Neuen Zeitalters.

nen sich eindeutig den „Nichtreligiösen“ zu.[358] Die „Kultur des Unglaubens“ (es fehlt dafür auch noch ein positiver Begriff) ist noch wenig erforscht.[359]

5. Diese grobe Typologie ließe sich durch Hinzuziehen weiterer unterscheidener Merkmale (wie Annäherung und Entfernung, kritische oder unkritische Distanz, usw.) verfeinern. Das würde aber nichts an dem grundlegenden Ergebnis ändern, daß in pluralistischen Gesellschaften die persönliche Religiosität der Bürger und ihre Beziehung zur religiösen Gemeinschaft nicht identisch sind. Dies war zwar nie ganz der Fall, weil Person und Gesellschaft und damit auch das religiöse Subjekt mit seiner religiösen Gemeinschaft stets in einer unaufhebbaren Spannung stehen. Doch ist gerade ein beträchtlicher Abstand zwischen Person und Gesellschaft eigentümlich für die freiheitlich-pluralistische Gesellschaft, deren vielfältiges Angebot an gesellschaftlich tolerierten Lebensstilen auch noch jede weitere persönliche Differenzierung zuläßt und wenig Identifikation mit vorgegebenen Lebensmustern verlangt. Solche Distanz zwischen Person und Gesellschaft kommt auch im Verhältnis von persönlicher Religiosität zur organisierten Religion zum Tragen. Persönliche Religiosität ist eher entkirchlicht, also „privatisiert“. Thomas Luckmann begründet mit diesem Auseinandertreten von Person und Gesellschaft/Kirche, daß die extrem privatisierte Religiosität die dominante Sozialform von Religion in modernen Gesellschaften sein müsse.[360] Manche Entwicklungen (wie Kirchenaustritte, Verweigerung der selbstverständlichen Kindertaufe und anderer herkömmlicher Rituale wie kirchliche Eheschließung) scheinen dafür zu sprechen. Andere Indikatoren (wie das Erwachen neuer religiöser Bewegungen und Gruppen: Aber wie viele Bürger sind von diesen wirklich erfaßt?) sprechen dagegen.

6. Ein weiteres Merkmal der Religions- und Kirchenbeziehung heutiger

[358] In Österreich haben sich 1980 13% als gleichgültig, 6% als wenig religiös sowie 2% als nichtreligiös eingestuft: Zulehner, Religion, 37.

[359] The Culture of Unbelief. – Was „glauben“ die Areligiösen wirklich? Wie deuten sie die Welt? Wie leben sie? Sollte Thomas Luckmann recht haben, wenn er die Religion mit dem Menschsein und seiner Fähigkeit zum Transzendieren gleichsetzt und daher Areligiosität für ein vordergründiges gesellschaftsbedingtes Konstrukt hält? Areligiosität wäre dann lediglich die Ablehnung einer historisch gewachsenen Gestalt von Religion. Stellen denn, so ist weiter zu fragen, nicht auch die Areligiösen dieselben „religiösen Fragen“ wie die Religiösen, auch wenn sie diese anders beantworten? Und ist nicht jede Antwort auf eine religiöse Frage stets religiös, vielleicht nur latent, anonym? Dazu gesellt sich – vor allem im Rahmen der kritischen Auseinandersetzung mit dem Pluralismuskonzept – die gegenläufige Frage, ob im Umkreis des Konsumismus diese religiösen Fragen aus dem Alltags-Bewußtsein der Gesellschaft nicht doch ausgeblendet werden, so daß es eine wachsende Zahl von Bürgern mit einem wirklich säkularistischen Bewußtsein gibt, die ihr Leben ohne die Wohltat der Religion führen. (Berger, Zur Dialektik.)

[360] Luckmann, The Invisible Religion.

Bürger ist die Eingrenzung der Religiosität auf den engen Bereich der „kleinen Lebenswelten" von Familie, Verwandten und Bekannten, und in ihrem Rahmen den Übergängen des Lebens, nämlich Heirat, Geburt und Tod. Die anderen wichtigen Bereiche des Lebens und Zusammenlebens sind dem religiösen Einfluß mehr oder minder verschlossen. Dies gilt ebenso für die Berufs- und Arbeitswelt wie für die Politik. Die öffentlichen Bereiche werden nach zweckrationalen Gesetzen gestaltet. In der Wirtschaft regiert das Gesetz der Produktivität, damit der Zinseszinssteigerung, der Kapitalvermehrung, des technischen Fortschritts. Für konsistent christliches Denken ist in solchen Zusammenhängen kaum Platz. Die Kirchen haben sich dem auch angepaßt, indem im kirchengemeindlichen Alltag die Verkündigung eher auf Individualmoral als auf eine christliche Durchdringung politischer, sozialer oder technischer Lebensbereiche abzielt. Insofern die Politik vorrangig Wirtschaftspolitik ist, ist auch sie kein Ort für Religion. Die Bürger treffen Religion in diesen öffentlichen Bereichen nicht nur nicht an, sondern können dort mit ihr auch nur wenig anfangen, noch mehr, durch Religion wird die Handlungsfähigkeit der Bürger in diesen Bereichen oftmals eher gestört als verbessert. Deshalb werden solche zweckrationalen Bereiche vom Religiösen abgetrennt[361], und auch die Kirchen sollen sich aus ihnen heraushalten.[362] Wenn folglich ein Bürger überhaupt irgendwo religiös sein will, dann in erster Linie in der Freizeit, im Raum der privaten persönlichen Beziehungen, in den kleinen Lebenswelten.

7. Die „Wahl" dieses Ausmaßes an Kirchlichkeit erfolgt nicht willkürlich, sondern ist selbst noch einmal sozial bedingt:[363]

– Für die religiöse „(Aus)Wahl" haben die Kindheit und Jugendzeit eine Grund-legende, wenn auch nicht lebenslang entscheidende Bedeutung. Die Weichen für die religiöse Biographie werden in der familiären Primärsozialisation gestellt.[364]

– Aber auch im Erwachsenenalter gibt es soziale Konstellationen, welche die Wahl weiter beeinflussen, sie erhärten oder verändern. Zumeist sind es Situationen, die der Primärsozialisation ähnlich sind, in denen also intensive Kommunikation mit wichtigen Personen (etwa dem Ehepartner) geschieht, wobei häufig lebensmäßige Erschütterungen, Übergänge und Neuorientierungen eine auslösende Rolle spielen.

361 Die Parole von der Trennung der Kirche von der Politik, der Gewerkschaft, den Parteien hat sich bewußtseinsmäßig in den europäischen Gesellschaften durchgesetzt: Zulehner, Leute-Religion, Kirche und Politik.

362 Kaufmann u.a., Führungskräfte.

363 Zulehner, Religion, 43–45.

364 Vaskovics, Familie und religiöse Sozialisation.

– Wichtig ist die Beziehung zu einer (freigewählten) religiösen Bezugsgruppe, zu christlichen Gemeinschaften. Mit den kleinen Lebenswelten und den signifikanten Personen in ihnen zusammen prägen sie heute nachhaltig Nähe und Distanz, Annäherung und Entfernung zum Glauben und Leben der Kirche.

– Unterschiedlich gewichtig ist „persönliche Überzeugung". Manche treffen ihre lebenswichtigen Entscheidungen mehr unter dem Eindruck der (erwarteten) Resonanz ihrer (unmittelbaren) Umwelt. Wenige setzen auf ihre persönliche, auch im Widerstand gegen ihre Umwelt aufrechterhaltene Überzeugung. Sozialpsychologisch hat die Anpassung erheblich mehr Chancen als der einsame Widerstand. Dies ist die theoretische Grundlage für das pastoralsoziologische Axiom, daß man zuerst angehört – und dann erst glaubt.[365] Wie immer aber das Verhältnis von Innen- und Außenleitung zu bestimmen ist: Zumeist werden Überzeugung und tragende Umwelt in einem wechselseitigen Verstärkungszusammenhang stehen, das eine wird das andere langfristig begünstigen, und zwischen beiden wird es langfristig Angleichungstendenzen geben. So wird der soziale Abweichler bestrebt sein, seine Umwelt nach und nach zugunsten seiner Meinung zu missionieren und auf diesem Weg seine Minderheitsposition abzubauen.

8. Insofern die Umwelt die persönliche „(Aus)Wahl" mitbestimmt, gewinnt die Tatsache Gewicht, daß heute Menschen in einem vielfachen Sinn mobil sind. Die Menschen sind

– geographisch mobil: indem sie reisen, Fremde beherbergen, über Medien Zugang zu fremden Kulturen bekommen;

– sozial mobil: indem sie mehrmals in ihrem Leben den Beruf wechseln (können/müssen), aber auch ihre „kleine Lebenswelt" leichter als früher verlassen (können: Scheidung), dazu vor allem oft mehrmals am Tag unterschiedliche Lebensbereiche durchlaufen, die jeweils verschiedene Lebensstile und Lebensauffassungen begünstigen (wie Büro, Freizeit, Pfarrgemeinderat, Lionsclub, Sauna, politische Versammlung);

– bildungsmäßig mobil: Das Bildungsniveau der modernen Gesellschaften liegt erheblich höher als in früheren Zeiten. Vor allem Mädchen/Frauen profitieren davon. Bildung erzeugt aber eine geistige Beweglichkeit und stärkt die Eigenständigkeit der Person. „Zuweisungen" vielfältiger Art haben weniger Chancen: Die Menschen beanspruchen zumindest, selbst darüber zu entscheiden, wie sie denken und handeln.

[365] Konversionsanalysen bestätigen dies: Berger, Luckmann, Die gesellschaftliche Konstruktion, 172. – Schibilsky, Religiöse Erfahrung. – Zulehner, Umkehr: Prinzip und Verwirklichung, 115–161.

Die Bildung hat die Voraussetzungen für die faktische Wahlfähigkeit der Bürger ausgeweitet.

– Ein Aspekt der Mobilität des Bürgers besteht darin, daß er – oft innerhalb eines einzigen Tages – Lebensbereiche mit verschiedenen Handlungszumutungen durchläuft. Dies hat zur Folge, daß seine „Wahl" häufig nur vorläufig getroffen wird. Sie bleibt bedingt, labil, anpassungsfähig. Das wiederum ist weniger Ausdruck von Unentschlossenheit oder von Verunsicherung. Solches Offenhalten schützt vielmehr die Handlungsfähigkeit der Person. Die ständig wechselnden und oft widersprüchlichen Aufforderungen, zu denken und zu handeln, würden den Menschen zerreißen, hätte er endgültige Entscheidungen getroffen. Eben dieses Martyrium des Pluralismus läßt sich am ehesten vermeiden, wenn man sich weniger nach einer einmal getroffenen Wahl ausrichtet, als in einem dauernd offengehaltenen Wahlvorgang die jeweiligen Kommunikationspartner an seiner Wahl mitbeteiligt. Man hat dann zwar wenig Konturen, dafür aber seine Ruhe. Man bleibt zudem „in". Außenseitertum wird vermieden, und dieses verursacht auch heute hohe soziale Kosten. Zudem läßt sich eine solche Einstellung des Ewig-Vorläufigen auch theologisch positiv legitimieren: Glauben ist keine einmalige Entscheidung, sondern ein lebenslanger Prozeß der Aneignung und Bewährung: Glauben ist ein Lebensweg.

9. Für die Beziehung der Bürger zur religiösen Gemeinschaft ergibt sich daraus eine weitere wichtige Konsequenz: Eine „Aus-Wahl", die labil, vorläufig ist, ist zugleich auch höchst störungsanfällig. Dies öffnet die Möglichkeit, daß die religiöse Gemeinschaft selbst, ihre Art, mit dem Bürger umzugehen, durch Aussagen, Forderungen, Sanktionen und durch handelnde Personen die Nähe und Distanz ihrer Mitglieder mitprägt. Die Bürger können in einer Gesellschaft mit geschützten religiösen Freiheitsgraden auf das Handeln der Kirche flexibel und zudem lautlos reagieren. Sie votieren mit ihren Füßen, indem sie einfach wegbleiben, sich zumindest soweit von ihrer Kirche zurückziehen, daß einerseits ihr Leben durch kirchliche Einsprüche nicht mehr berührt, andererseits die religiöse Gemeinschaft für ihre religiösen Wünsche dennoch erreichbar bleibt. Dies ist allerdings jenen Kirchenmitgliedern nur begrenzt möglich, für die ihre Kirche nicht nur Behausung für die persönliche Religiosität, sondern zugleich Arbeitgeberin ist.

Die Störungen zwischen einer kirchlichen Gemeinschaft und ihren Mitgliedern können vielfältig sein. Zu denken ist an historische Konflikte (wie das Verhältnis Kirche-Sozialismus); oder an gegenwärtige Makro- oder Mikrokonflikte (wie die Verflechtung der Kirche mit fragwürdigen politischen Regimen); die pastorale Machtausübung gegen kleine Leute rund um die Nachfrage nach religiösen Riten (etwa durch die Verweigerung der Taufe von Kindern bei Ausgetretenen), das Unverständnis für die tatsächlichen Lebensfragen der Leute, die innerkirchliche (Teil-) Entmündigung von Laien, zumal Frauen, die mangelnde Beteiligung bei der Suche nach Kandidaten für das Bischofsamt.

Störungsursachen finden sich aber auch auf Seiten der Bürger. Es gibt Zeiten der Annäherung und der Entfernung, der Öffnung und der Verweigerung. Solche Zeiten sind theologisch nicht von vornherein als „gnadenlos“ anzusehen. Die Bibel berichtet von der Erfahrung der Gottferne als Glaubenserfahrung, die das heilende Wirken Gottes nicht ausschließt. Und erst recht darf die zeitweilige oder auch lebenslange Distanz von der Kirche, meist bedingt durch ein biographisch belastetes Verhältnis zu einer ihrer Erscheinungsweisen, nicht mit Gottferne und Gnadenlosigkeit gleichgesetzt werden.

Schließlich ist an gesellschaftliche Störungen zu denken. Wir werden solchen nachgehen, wenn wir im folgenden Kapitel das Pluralismuskonzept kritisch bedenken: In der Alltagskultur herrschen „kollektive Gegenstimmungen“ gegen die religiöse Deutung und Gestaltung des menschlichen Lebens. Dabei ist es durchaus möglich, daß die Kirche selbst durch unbedachte Anpassung an solche „kollektiven Gegenstimmungen“ die religiös Suchenden abstößt.

10. Faßt man alle Analysen über das heute dominante Verhältnis der Bürger zu Religion und Kirche zusammen, dann ergibt sich: Religiosität und Kirchlichkeit sind nicht mehr kollektiv zugewiesen, verordnet. Sie sind ein Moment an der persönlichen Lebensgeschichte, an der Ausbildung einer handlungsfähigen persönlichen Identität, unterliegen daher den Gesetzlichkeiten gegenwärtiger Identitätsbildung. Religiosität wird so vom gesellschaftlich zugewiesenen Zu-Stand zur lebenslangen persönlichen Glaubensgeschichte. Sie wird lebensgeschichtlich erworben und bleibt zugleich ein Leben lang „konversionsanfällig“. Dies betrifft auch das Ausmaß kirchlicher Durchformung solcher persönlichen (A)Religiosität: Eine Kirchenbeziehung, selbst wenn sie unter günstigen Voraussetzungen (immer weniger Bürger finden diese vor) lebensgeschichtlich in der Herkunftsfamilie ererbt und durch frühe Eingliederung in erfahrbare religiöse Gemeinschaft erhalten wird, bleibt zerbrechlich. Rückzug von der Kirchengemeinde ist ebenso (leicht) möglich, wie es auch Belege für eine überraschende Annäherung an Religion und Kirche aufgrund persönlicher Erlebnisse, durch kirchliche Vorgänge oder anziehende Personen (wie etwa Papst Johannes XXIII.) geben kann. Die Beziehung zur Kirche ist also labil und krisenanfällig. Andererseits birgt diese Tatsache auch die Chance in sich, daß in pluralistischen Gesellschaften Menschen sich ihre Glaubensüberzeugung und Kirchenbindung per-

sönlich aneignen und dabei eine Tiefe erreichen, die die problemlose rituelle Beteiligung in früheren Zeiten nicht immer bewirkt haben mag.

(4) Der pastorale Handlungsstil: Pastoral des Gewinnens

Im Zuge des Übergangs von der christentümlichen zur freiheitlich-pluralistischen Gesellschaft hat sich die pastorale Situation tiefgreifend verändert. Dies verlangt nach einer entsprechenden Veränderung des pastoralen Handlungsstils. Denn der aus der vorindustriellen Gesellschaft stammende Stil der „Pastoral der Zuweisung" oder der „obrigkeitlichen Pastoral" erweist sich nicht mehr als situationsgerecht. Die christlichen Großkirchen haben das wenigstens offiziell auch zur Kenntnis genommen.[366]

1. In der pluralistischen Gesellschaft ist die Kirche für die Seelsorge nahezu alleinzuständig. Aufgrund der weithin vollzogenen Entflechtung von Kirche-Staat-Gesellschaft sind viele einst vorhandene Möglichkeiten, über nichtkirchliche Einrichtungen (wie Politik, Zünfte, Ausbildung) die Menschen auch im Sinn der Kirche zu formen, Vergangenheit. Will man den Unterschied zwischen früher und heute in Zahlen ausdrükken, kann man sagen: In einer „christentümlichen Gesellschaft" haben Staat und andere gesellschaftliche Einrichtungen „90 Prozent" der Seelsorge geleistet. Der Bürgermeister, der Richter, der Lehrer waren im Dorf zusammen mit dem Pfarrer Garanten der Christlichkeit. Dem Pfarrer verblieben dabei aber höchstens „10 Prozent", also der wesentlich kleinere Anteil. Er feierte Gottesdienste. Er war auch zuständig für die Sittenpredigt: Seine Visitationsberichte befassen sich oft mit der schlechten Sittlichkeit des Volkes. Für diese Seelsorgsarbeit reichte ein einziger Pfarrer ohne weitere Mitarbeiter leicht aus. Heute sind die Verhältnisse umgekehrt. Staat und nichtkirchliche Institutionen der Gesellschaft tragen vielleicht „10 Prozent" zur seelsorglichen Arbeit bei. Die Hauptlast der „90 Prozent" aber trägt eindeutig die Kirche selbst. Niemand vertritt ihre Anliegen, wenn sie die Arbeit nicht oder schlecht macht.

2. Durch den Wandel von der „christentümlichen" zur „pluralistischen Gesellschaft" ist der Kirche enorm viel an pastoraler Arbeit zugewachsen. Dabei wird von den meisten unreflektiert davon ausgegangen, daß wie einst auch heute die Kirche Großkirche sein soll. Das gilt insbesondere dann, wenn – was zumeist kaum reflektiert wird – die Kirchen in-

[366] Wie der neue pastorale Handlungsstil aussieht, das belegen wir wiederum an: Die deutschen Bischöfe, Pastorale Anweisung.

mitten des gesellschaftlichen Pluralismus Großkirchen bleiben wollen. Dabei wird nämlich leicht übersehen, daß dies unter pluralistischen Verhältnissen wesentlich schwerer, wenn überhaupt erreichbar ist. In früheren Zeiten war die Kirche ja Großkirche in der Gestalt der Volks- und Staatskirche; daß Bürger nur sein konnte, wer zugleich getaufter Christ war, sicherte der jeweiligen Konfession großkirchliche Verhältnisse. Eben diese soziologische Voraussetzung besteht heute nicht mehr. Kirche kann daher die Bürger nicht mehr auf dem Weg obrigkeitlicher Zuweisung zu Christen machen, sondern ist auf den viel mühsameren, zeit- und personenintensiven Weg der freiheitlichen Auseinandersetzung mit den einzelnen Bürgern verwiesen, will sie Großkirche bleiben.[367] Selbst ohne eine theologische Neubesinnung auf die kirchenbildende Aufgabe der Laien ergibt sich allein schon aus der Absicht, in freiheitlichen Verhältnissen Großkirche bleiben zu wollen, die Notwendigkeit, daß mehr Kirchenmitglieder an der Lösung dieser Aufgabe mitwirken, weil dazu die Priester nicht mehr ausreichen. Diese Folgerung wird um so dringlicher, je stärker sich auch in Europa der Priestermangel breitmacht.

Die Lösung der Aufgabe, in freiheitlichen Verhältnissen Großkirche zu bleiben, kann aber nicht nur durch quantitative Vermehrung des Seelsorgspersonals geschehen. Es ist auch ein qualitativ neuer pastoraler Handlungsstil zu entwerfen. Um in freiheitlichen Verhältnissen einen Menschen für die Teilnahme am Glauben und Leben der Kirche zu gewinnen, bedarf es anderer „Methoden", als wir sie in den christentümlichen Zeiten kennengelernt haben. Damals lautete das Prinzip: Teilnahme am Glauben und Leben der Kirche ist Bürgerpflicht. Eingeklagt wurde diese Pflicht vornehmlich durch Staat und Gesellschaft; die Kirche konnte sich zurückhalten. Dabei wäre es unbegründet, anzunehmen, daß im Rahmen solcher Zuweisung kein authentischer christlicher Glaube aufgekommen wäre. Es gibt zahlreiche Belege dafür, daß es in christentümlichen Zeiten viele Menschen mit einer tief verwurzelten Gläubigkeit gegeben hat.

3. Ein tiefer persönlicher Glaube ist auch heute unverrückbares Ar-

[367] Für die Großkirche sprechen nicht nur biblische Gründe (die Kirche ist zu allen Menschen gesandt, sie ist der erfahrungsgestützten Überzeugung, daß im Umkreis des Glaubens an den lebendigen Gott Jesu Christi menschliches Leben gut gelingen kann), sondern auch freiheitliche: Die Großkirche ist die freiheitlichste Sozialform für Kirche. Man kann in ihr auch einmal ungestört hinter der Säule stehen. Sie entspricht daher den Anforderungen der Religionsfreiheit. Wer aber in einer pluralistischen Gesellschaft ernsthaft die Großkirche will, entscheidet sich damit für eine gewaltige Vermehrung der Seelsorgsbemühungen und damit der Personen, die daran beteiligt sind. Folgerichtig wenden sich daher die deutschen Bischöfe in ihrer „Pastoralen Anweisung" nicht mehr nur an den Klerus, sondern „an die Priester und Mitarbeiter im pastoralen Dienst".

beitsziel der Seelsorge. Doch findet sich dieser nicht mehr kulturell begünstigt vor; er wird nicht mehr als „Glaubens-(Zu-)Stand“ sozial hergestellt. Vielmehr ist aus dem „Glaubens-Stand“ eine bewegliche „Glaubens-Geschichte“ geworden. So wie die Ausbildung persönlicher Identität ein lebenslanger Prozeß geworden ist, kennt auch die Glaubensgeschichte Vorgänge des Wachsens, des Entstehens, des Erhaltenwerdens, des Vergehens. Von den Seelsorgsentwürfen wird zu recht vorausgesetzt, daß die Regie über diese persönlichen Glaubensgeschichten bei den einzelnen Leuten selbst liegt.[368]

4. Die Eigenverantwortung des (erwachsenen) Bürgers auch für seine Glaubensgeschichte wird zu einem wichtigen pastoralen Handlungsprinzip. Damit wird ein zentrales Prinzip der freiheitlichen Gesellschaft auch in die pastorale Praxis der Kirche aufgenommen (wobei offen bleibt, ob es auch immer durchgehalten wird). Grundsätzlich soll daher keine Pastoral einer (gewaltsamen) Zuweisung mehr stattfinden, sondern eine Praxis Raum gewinnen, für die es im pastoralen Sprachspiel viele neue Begriffe gibt: begleiten, einladen, motivieren, werben, anbieten, gewinnen. Distanz, die zwischen der Person und der Gesellschaft liegt und die sich in der freiheitlichen Gesellschaft zweifelsfrei zugunsten der Person verschoben hat, wird als solche grundsätzlich auch von der Kirche anerkannt und mit der unabgebbaren Letztverantwortung des einzelnen vor Gott (also mit dem theologischen Begriff des „Gewissens“ sowie der Freiheit der Erwählung jedes einzelnen durch Gott) gerechtfertigt.[369]

5. Das Ergebnis der persönlichen Entscheidung betrifft auch die kirchliche Gemeinschaft. Diese muß um ihrer eigenen Identität willen daran interessiert sein, daß die Entscheidung im Umkreis des von ihr überlieferten Evangeliums getroffen wird. Nicht jede „noch so persönliche Entscheidung“ kann ihr daher recht sein. Dies nötigt die Glaubensgemeinschaft, ohne Beschädigung des freiheitlichen Verhältnisses mit ihren Mitgliedern dennoch die Entscheidung zu beeinflussen. Dazu braucht es eine „Kultur pastoraler Beziehungen“, die sowohl den un-

[368] Die Bischöfe führen dafür auch theologische Gründe an: *„Sicher ist die Taufe darauf angelegt, durch unsere freie Entscheidung beantwortet und angeeignet zu werden. Nur wo wir im Maße unserer Fähigkeit bereit sind, ja zum Ja Gottes zu sagen, kann dieses Ja in uns wirksam werden.“* (2.2)

[369] Der Begriff der (persönlichen) „Entscheidung“ kommt daher in der „Pastoralen Anweisung“ der Bischöfe wiederholt vor, während er in der Pastoralepistel aus dem Jahr 1726 ganz fehlt. Zugleich wird von den Bischöfen 1979 beobachtet, daß diese freie Entscheidung der Bürger – so sehr sie grundsätzlich erwünscht und gefordert ist – keineswegs immer so ausfällt, wie sich das die kirchliche Glaubensgemeinschaft wünscht: *„Die Zahl der Eltern wird größer, die sich nur schwer entscheiden können, für ihr Kind das Sakrament der Taufe zu erbitten.“* (Einleitung) *„Aus der Entscheidung für die Taufe des Kindes als Grundlegung des Glaubenslebens ergibt sich für die Eltern eine klare Verpflichtung.“* (3.1)

aufgebbaren apostolischen Zielen als auch der Freiheit der Bürger gerecht wird. Wir gehen auf eine solche „Kultur pastoraler Beziehungen" nicht weiter ein[370], sondern verfolgen die engere Frage weiter, auf welche Weise die Großkirchen die Entscheidungen ihrer Mitglieder mitzuformen versuchen. Konzipiert wurde dazu eine „Pastoral des Gewinnens"; in einem (vor dem Zufall geschützten) nach Möglichkeit lebenslangen Austausch soll der persönliche Glaube im Sinn der kirchlichen Gemeinschaft geformt werden. Stichworte für eine solche „Pastoral des Gewinnens" sind: Sorge um die religiöse Primärerziehung im Elternhaus, Stabilisierung des in aus gläubigen Familien erhofften persönlichen Glaubens durch kommunikationsfähige Gemeinden, in denen durch Gemeindekatechese der persönliche Glaube weiterentfaltet, Identifikation der Kirchenmitglieder mit der Glaubenswelt durch Mitarbeit in der Gemeinde gefördert und neue Wege der Erwachsenenkonversion erschlossen werden.

(a) Hohe Aufmerksamkeit genießt in den pastoralen Entwürfen die *Familie*, bekommen die *Eltern*. Für die Grundlegung der Glaubensgeschichte sind die ersten Lebensjahre, also die Zeit der religiösen Primärsozialisation im „sozialen Mutterschoß" der Familie (einer wirklichen, einer Kunstfamilie) bzw. der „kleinen Lebenswelt" von grundlegender Bedeutung.[371] Die (Ersatz)Eltern gelten als die ersten religiösen Bezugspersonen der Kinder, diese werden aufgefordert, die bei ihnen liegende Verantwortung für den Start der Glaubensgeschichte des Kindes wahrzunehmen.[372] Insofern zunehmend viele Eltern diese Verantwortung nur zögernd, manchmal auch gar nicht mehr übernehmen (können), soll ihnen seelsorglich Aufmerksamkeit und Zeit gewidmet werden.[373] Da manche Eltern (nicht nur durch unvorhergesehenen Tod)

[370] Zulehner, Kirche – Anwalt, 123–137.

[371] *„Beobachtungen und Einsichten der verschiedenen Wissenschaften vom Menschen zeigen, von welch grundlegender Bedeutung die allerersten Erfahrungen des Kindes für seine gesamtmenschliche Entfaltung und für seine seelisch-geistige Prägung sind. Ein Kind kann seine menschlichen Fähigkeiten nur entfalten in der Geborgenheit einer Familie oder zumindest eines familiären Klimas, das vielfache Anregungen gibt."* (2.3)

[372] Die Gläubigkeit der Eltern soll anläßlich der Bitte um die Taufe eines Neugeborenen gefördert werden: *„Geburt und Taufe eines Kindes sind nach der Trauung nicht selten wieder ein erster Anlaß, sich mit Fragen des Glaubens und des Lebens mit der Kirche zu befassen."* – *"Wenn dabei (d.i.beim Taufgespräch) auch nur ein anfänglicher Austausch über die Verwirklichung des Glaubens im konkreten Leben gelingt, so kann dies doch dazu ermutigen, sich künftig am Leben der Kirche intensiver zu beteiligen. Wer selbst die Gemeinschaft mit Christus in seiner Kirche als den Weg zum Heil erkannt hat, wird diesen Weg auch den ihm anvertrauten Kindern von Anfang an eröffnen wollen. Die Frage nach der eigenen persönlichen Glaubensentscheidung wird zu einem Anruf an die Eltern des Kindes, für das Wachsen seines natürlichen und übernatürlichen Lebens zu sorgen."* (3.2)

[373] Bei der Taufe werden dazu eigene pastorale Vorgänge entwickelt: Die Eltern sollen *„eine Hilfe bekommen, ihre Glaubensüberzeugung zu klären und neu zu befestigen"*. Dann *„besteht*

als religiöse Erzieher der Kinder ausfallen, wird das altkirchliche Institut des Taufpaten mit neuer Bedeutung versehen.[374]

(b) Zur Stabilisierung der im „sozialen Mutterschoß“ „kleiner Lebenswelten“ (Familien) gewachsenen persönlichen Religiosität dienen die (Pfarr)*Gemeinden* mit ihren vielfältigen Bezugsgruppen ebenso wie neuartige außergemeindliche „apostolische Bewegungen“. Diese sind unter freiheitlich-pluralistischen Verhältnissen die unentbehrliche „Plausibilitätsstruktur“ für ein religiöses Lebenswissen unter vielen anderen Lebenswissen.

Die Gesamtgesellschaft, weil nicht mehr (einheitlich) „christentümlich“, fällt ja als sozialer Träger für „christlich-kirchliches Lebenswissen“ aus. Die pluralistische Gesellschaft (mit ihren wichtigen Institutionen wie Politik, Wirtschaft, Schule) fungiert als ganze nicht mehr als „Plausibilitätsstruktur für christlich-kirchliches Lebenswissen“, macht dieses also plausibel, glaubwürdig und daher problemlos lebbar („So macht man es eben!“). Zwar sind als Erbe aus den „christentümlichen Zeiten“ viele Fragmente eines christlich-kirchlichen Lebenswissens in die heutige Kultur immer noch eingeschlossen und stellen eine „soziokulturelle Selbstverständlichkeit“ dar (daß man z. B. Kinder taufen läßt, religiös ist, an ein höheres Wesen glaubt, zu einer Kirche gehört). Eben diese Selbstverständlichkeiten weichen aber heute immer rascher auf (Kirchenaustritte, immer größerer Abstand der Taufe von der Geburt, Anwachsen der areligiösen Anteile in der Bevölkerung, vor allem in den Großstädten). Für die Lebbarkeit des christlichen Lebenswissens ist es daher erforderlich, daß die Kirche selbst zu dieser Plausibilitätsstruktur wird. Die Auflösung der christentümlichen Gesellschaft führt daher auch aus wissenssoziologischen Gründen zu einer neuen Wichtigkeit und Stärkung der kirchlichen Sozialstruktur. Christliches Lebenswissen wird zunehmend „verkirchlicht“, also auf den sozialen Raum der Kirche verwiesen.

Dazu kommt, daß auf dem weltanschaulichen Markt der Lebenswissen das christliche nicht nur in einen mächtigen Konkurrenzdruck geraten ist, sondern daß die Vielfalt von Lebenswissen allein schon auch eine

eher Aussicht, daß sie auch den vollen Sinn der Taufe für ihr christliches Leben bejahen und die rechte Entscheidung für ihre Kinder treffen werden“. (Einleitung) *„Das Taufgespräch ist der geeignete Weg pastoraler Hilfe für die Eltern.“* (3.2)

374 *„Die erneuerte Taufordnung stellt die Erstverantwortung der Eltern für den Glauben ihrer Kinder besonders deutlich heraus. Sie betont jedoch auch die Aufgabe der Paten, die Eltern begleitend zu unterstützen und ihrem Patenkind ergänzende Hilfen zu bieten. Diese Patenaufgabe wird um so wichtiger, je weniger die Eltern in der Lage sind, ihrem Kind die nötige menschliche und religiöse Förderung angedeihen zu lassen. Überdies muß noch das Bewußtsein dafür wachsen, wie wichtig eine familienbezogene Gemeindepastoral und die geistig-sittliche Atmosphäre für das Glaubensleben in den Familien und für die religiöse Entwicklung der Kinder ist.“* (3.9)

relativierende Wirkung besitzt. Dies mindert die Wahrscheinlichkeit, daß das Lebenswissen auch den Alltag nachhaltig bestimmt. Durch Solidarisierung mit Gleichgesinnten kann solche Relativierung gemildert werden. Die Gruppe, die Basisgemeinde, die Pfarrgemeinde, die Kirche werden so zu wichtigen Voraussetzungen dafür, inmitten der Vielfalt vieler Lebenswissen einigermaßen konsistent christlich leben zu können. Es ist somit ein Zeichen „kairologischer Sensibilität", wenn die Kirche (und mit ihr die pastorale Theorie) der letzten Jahrzehnte dem Thema Gemeinde einen hohen Stellenwert zuerkannt hat. Zwar gibt es zur Zeit Anzeichen abnehmenden Interesses für das Gemeindethema. Doch kann dies in der kirchlichen Diskussion auch darauf hinweisen, daß die Gemeinde inzwischen zu den selbstverständlichen Elementen des pastoralen Handlungsstils im Kontext des Pluralismus geworden ist. Daß Gemeindebildung notwendig ist, läßt sich gewiß nicht allein mit pastoralsoziologischen, sondern auch mit pastoraltheologischen Argumenten begründen: Wo immer Menschen mystisch in Gott verwurzelt sind, wächst eine geschwisterliche Gemeinschaft, die von ihrem Gott ermächtigt ist, ein Ort für Leben, Hoffnung, Frieden und Befreiung zu werden.[375] Beide Argumentationsreihen, die pastoralsoziologische und die pastoraltheologische, verstärken einander. So führt christlicher Glaube zur Solidarität mit anderen, also zur Gemeinde. Wo einzelne wahrhaft christlich glauben, entsteht eine Christengemeinde. Umgekehrt begünstigt eine lebendige Christengemeinde das Aufkommen von wahrem christlichen Glauben bei ihren Mitgliedern. Wer gläubig wird, übernimmt (als Folge seiner charismatischen Ausstattung) die Rolle eines Kirchenmitglieds, das die Gemeinde miterbaut und ihre Aktivitäten mitträgt. Umgekehrt wächst, wer mitmacht, in diesen Glauben hinein. Wir werden den pastoralen Realitäten also am ehesten gerecht, wenn wir die theologischen und sozialwissenschaftlichen Erkenntnisse dialektisch ineinander lesen. Einbahnige Handlungskonsequenzen aus dialektischen Zusammenhängen abzuleiten führt meist zu schlechter Praxis. Wer angehört, glaubt. Weil man glaubt, gehört man an. Dies ist die pastorale Variation einer ganz allgemein gegebenen Dialektik von Person und Gesellschaft.
(c) Ist einmal die Wichtigkeit der religiösen Gruppe/Gemeinde und damit der erfahrbaren Kirche erkannt und sind Prozesse der Gemeindebildung in Gang gesetzt, dann stellt sich die Frage, wie (möglichst viele) Bürger mit dem Glauben und Leben der Christengemeinden in Berührung gebracht werden können. In diesem Zusammenhang ist das Institut der *Gemeindekatechese* entstanden. Eine ihrer wichtigen Anliegen

[375] Mehr dazu in: Zulehner, Gemeindepastoral (in Vorbereitung).

besteht darin, „institutionell“, also vor dem Zufall geschützt, Voraussetzungen dafür zu schaffen, daß die (einmal, meist als Säuglinge) getauften Kirchenmitglieder mit der konkret erfahrbaren Kirche in den Gemeinden in einen glaubens- und lebensförderlichen Austausch eintreten können, und dies mehrmals in ihrem Leben. Solche gemeindekatechetischen Vorgänge hat man an jene Situationen geknüpft, in denen viele Kirchenmitglieder von sich aus mit ihrer Kirchengemeinde in Verbindung treten. Das ist der Fall bei den Lebenswenden (Geburt, Heirat, Tod), aber auch in Krankheit, in persönlichen Lebenskrisen, bei Scheidungen.

(d) Inhaltlich geht es bei diesen gemeindekatechetischen Vorgängen um eine Stabilisierung des lebensgeschichtlich gewachsenen persönlichen Glaubens, immer häufiger aber auch um dessen Erstbegründung. *Konversion* (Umkehr) ist daher ein wichtiger Aspekt der Pastoral unter den Verhältnissen des freiheitlichen Pluralismus. Das betrifft zunächst auch jene Bürger, die als Kinder getauft werden und sich dann ein Leben lang um ihren persönlichen Glauben mühen. Konversion wird aber auch deshalb zu einer wichtigen pastoralen Aufgabe in pluralistischen Gesellschaften, weil die Zahl jener Bürger zunimmt, die im Elternhaus nicht mehr in den christlichen Glauben eingewiesen werden.

Solange Glaube ein gesellschaftlich-kirchlich geschützter lebenslanger Zustand ist, bedeutet die biblisch geforderte Umkehr eine Kurskorrektur, die Intensivierung von Vorhandenem, also Vertiefung. Wo aber gesellschaftlich labile Glaubensgeschichten begünstigt werden, erhält das Thema „Umkehr“ eine neuartige Aktualität. Es wird dann eine eigene pastorale Aufgabe, das in der Säuglingstaufe Grundgelegte während der Lebensgeschichte auch zur Entfaltung zu bringen. Die Eltern, aber auch andere Kirchenmitglieder werden dazu in Pflicht genommen. Doch kann die Christengemeinde diese Aufgabe nie ganz abgeben, zumal selbst im günstigen Fall, daß die Eltern die gläubige Geschichte ihres Kindes in Gang bringen, die Wahrscheinlichkeit wächst, daß während der Jugendzeit oder anläßlich der Berührung mit den unterschiedlichen Bereichen unseres gegenwärtigen gesellschaftlichen Lebens rasch verdunstet, was im Kindesalter erworben wurde. Die Umkehr Heranwachsender, ja immer häufiger die Erstbekehrung Erwachsener wird zu einem dringlichen Aufgabenfeld heutiger Pastoral.[376]

[376] Die pastorale Anweisung der deutschen Bischöfe enthält Anhaltspunkte für diese neue Aufgabenstellung. Es werden nicht mehr problemfreie Taufsituationen angenommen, in denen also gläubige, am Leben der Kirche beteiligte Eltern um die Taufe ihres Kindes bitten. Vielmehr wird mit komplizierten Situationen gerechnet: Was ist, wenn die Eltern nicht kirchlich verheiratet sind? (3.5) Was, wenn die Eltern verschiedenen christlichen Konfessionen angehören, oder nur ein Elternteil Christ ist? (3.6) Was, wenn beide Elternteile aus der Kirche

Zur verantwortlichen Inszenierung solcher vielfältiger „Umkehrprozesse für Erwachsene“ stehen der Pastoral heute nicht nur alte kircheneigene Erfahrungen, sondern auch wertvolle human- und sozialwissenschaftliche Erkenntnisse zur Verfügung. Diese bergen gewiß die Gefahr, manipulatorisch (im Sinn von Gehirnwäsche, Interaktion, Verführung) mißbraucht zu werden. Die Hauptfrage ist, wie Umkehrprozesse gestaltet werden können, ohne daß dabei die unantastbare Freiheit der Bürger verletzt wird, und wie dennoch im „sozialen Mutterschoß“ der religiösen Gruppe, der Christengemeinde, eine „gedeihliche Verwandlung des Menschen“ begünstigt wird.

(e) Eine wichtige Form der „Integration“ von Kirchenmitgliedern in das Leben der heutigen Christengemeinden ist *Mitarbeit*. „Wer mitmacht, erlebt Gemeinde.“[377] Dieses Motto drückt plakativ aus, daß durch Partizipation auch Identifikation wächst. Allerdings ist Mitarbeit nicht die einzig mögliche Form der Partizipation. Gemeinden müssen auch Orte sein, wo die Teilnahme in Gottesdienst, Kontemplation, Gebet, in „zweckfreier“ Gemeinschaft gelebt werden kann. Auch der Beitrag zur menschlichen Gestaltung gesellschaftlicher Lebensfelder ist Teil der Partizipation am kirchlichen Leben. Anteilhabe nur in ([inner-] kirchlich-gremialer) Arbeit wäre zu wenig.

(f) Die soziale Unterstützung bewegter persönlicher (Un)Glaubensgeschichten findet bevorzugt im *Freizeitbereich* statt. Dies hat mehrere Gründe. Erstens sind die Menschen in der Berufswelt zeitlich nicht leicht zu erreichen. Zweitens beugt sich die Kirche mit der Eingrenzung ihrer pastoralen Aktivität auf den Freizeitbereich dem Trend der freiheitlichen Gesellschaft, Religion aus den öffentlichen Bereichen in die privaten „kleinen Lebenswelten“ abzudrängen. Das allgemeine Bewußtsein, daß „Religion Privatsache“ sei und daß Kirche und Politik, Kirche und Gewerkschaft nichts miteinander zu tun haben (sollten), stellt eine hohe Barriere für eine pastorale Arbeit in diesen Bereichen dar. Zwar gibt es (zumal in den zu diesem Zweck geschaffenen Verbänden und der Katholischen Aktion) Bemühungen, die Arbeit der Kirche auch dort (in der Arbeitswelt, in den Gewerkschaften) anzusiedeln. Doch wird das dauerhaft und tiefgreifend nur möglich werden, wo die am Ort berufstätigen, überzeugten (Laien)Christen ihr Charisma zur Verkündigung entdecken. Der herkömmlichen Gemeindepastoral im engeren Sinn gelingt das eher selten. Familie und Freizeit bleiben be-

ausgetreten sind (3.7), also für das zu taufende Kind überhaupt keine christliche „Umwelt“ in Aussicht ist? (2.3e) Was ist zu tun, wenn die Eltern in einem Taufgespräch zwar bei ihrer Bitte bleiben, aber nach redlichem Urteil des amtlich verantwortlichen Seelsorgers die Taufe nicht im Sinn der Kirche erbitten?

[377] Wessel, Kellerhof, Wer mitmacht, erlebt Gemeinde.

vorzugter Ort und bevorzugte Zeit für die pastorale Arbeit in den Pfarrgemeinden.
(g) Durch regen Austausch mit den Kirchenmitgliedern und vielfältige Formen der Partizipation ist somit die Kirche in pluralistischen Gesellschaften bemüht, christlichen Glauben in kirchlicher Gestalt in einem lebensgeschichtlichen Vorgang aufzubauen und lebendig zu erhalten. Nicht immer gelingt dies aber, obwohl Bürger durchaus Erwartungen an die kirchliche Gemeinschaft hegen. Damit taucht eine für die Praxis der Kirche in „christentümlichen Verhältnissen" unvorstellbare Möglichkeit auf: der Widerstand gegen eine, die *Abweisung* einer von einem Bürger an die Kirche gerichteten Erwartung, wie z.B. die Verweigerung bzw. der Aufschub einer erbetenen Taufe. Hatte die Kirche früher unter allen Umständen und mit allen Mitteln (notfalls durch die Taufe mittels einer Tauf-Spritze im Mutterschoß[378]) die Taufe aller Neugeborenen erreichen wollen, ja manchmal unter Einsatz harter politischer Mittel erzwungen, so wird heute grundsätzlich die Möglichkeit erwogen und auch realisiert, die Bitte von Eltern nach der Taufe ihres Kindes auszuschlagen, wenn die Voraussetzungen dafür fehlen und auch durch eine intensive pastorale Bemühung nicht geschaffen werden können. Hier gerät die Alltagspastoral vor ein Dilemma: Einerseits sollen möglichst viele für die Kirche gewonnen werden; andererseits mehren sich die Fälle, in denen dies theologisch nicht mehr verantwortet werden kann. Damit ist aber grundsätzlich die Deckungsgleichheit zwischen dem Bürger und dem Christen aufgegeben, die für „christentümliche Verhältnisse" typisch war. Jetzt wird nicht nur faktisch mit dem Auseinanderfallen dieser beiden Rollen (des Bürgers und des Christen) gerechnet; es wird vielmehr angenommen, daß die beiden Rollen bei einer wachsenden Anzahl von Personen unvereinbar bleiben werden.

[378] Zulehner, Denn Du kommst, 18.

7 KRITIK AM PLURALISMUSMODELL

Das Gesellschaftsmodell des freiheitlichen Pluralismus wird nicht nur aus der Perspektive der realsozialistischen Länder (Osteuropas) kritisiert. Es wird auch innerhalb der freiheitlichen Gesellschaften selbst befragt. Dabei gilt die Kritik nicht dem Modell selbst, sondern seiner Realisierung.[379] Beanstandet wird, daß Freiheit zwar zugesichert, „verbrieft", aber faktisch in vielen Bereichen dieser Gesellschaft nicht lebbar ist. Es gebe viele soziale, aber nur wenige faktische Freiheitsgrade. Die freiheitlichen Gesellschaften sagen zwar dem Bürger: „Du hast eine Chance, also nütze sie!" Faktisch aber müßte diese gesellschaftliche Regel paradoxerweise heißen: „Du hast keine Chance, also nütze sie!"[380]

Trifft solche Kritik zu, dann hat sie nachhaltige Auswirkungen auf die Auffassung von der „pastoralen Situation" und den ihr angemessenen „pastoralen Handlungsstil"; denn die Kirche kann dann nicht von einem schon vorhandenen Freiheitsspielraum als gesellschaftlicher Bedingung ihres Handelns ausgehen, sondern muß so arbeiten, daß sie durch ihr Handeln freiheitliche Verhältnisse überhaupt erst herbeiführen hilft. Praxis der Kirche wäre dann nicht Praxis in freiheitlichen Verhältnissen, sondern müßte befreiende Praxis in (noch in vielfältiger, oftmals unerkannter Weise) unfreiheitlichen Verhältnissen werden.

[379] Neben der Kritik am Pluralismusmodell gibt es auch eine konservative Gegnerschaft gegen Pluralismus allgemein: Pluralismus sei wahrheitsfeindlich, erzeuge bei Bürgern Überorientierung und schaffe so massive Identitätskrisen. Von hier aus erheben die konservativen Pluralismusgegner die Forderung nach Pluralismusreduktion, also nach Schließung der gesellschaftlichen Offenheit. Im konservativen Flügel der Kirchen finden diese Pluralismusgegner Anhänger.

[380] So hat es Oltmanns angesichts der Lebenslage vieler Jugendlicher formuliert: Oltmanns, Du hast keine Chance.

(1) „Bürokratische Gesellschaft des gesteuerten Konsums"[381]

Das herkömmliche Pluralismus-Modell geht davon aus, daß die modernen Gesellschaften einen hohen Differenzierungsgrad erreichen, sich also die wichtigsten gesellschaftlichen Institutionen weithin verselbständigt und abgegrenzt haben. So wird für die modernen Gesellschaften nicht nur eine Trennung von Öffentlichkeit und Privatheit, damit von Beruf und Familie behauptet,[382] sondern auch eine relative Eigenständigkeit der öffentlichen Bereiche Wirtschaft, Schule, Politik, Kirche, Medien.

Nun existieren aber diese einzelnen abgrenzbaren institutionellen Bereiche der Gesellschaft nicht nur nicht friedlich nebeneinander, sondern sind auch von unterschiedlichem Gewicht für das gesamte gesellschaftliche Alltagsleben. Zwei Bereiche gelten als besonders prägend: der wirtschaftliche und der bürokratische. Deshalb wird unsere Gesellschaft von ihren Kritikern als „bürokratische Gesellschaft des gesteuerten Konsums" definiert. Daß insbesondere der wirtschaftliche Bereich, also die gesellschaftlichen Vorgänge von Produktion und Konsumption (Herstellung und Verbrauch von Gütern), zentral sind, geht schon aus den Namen hervor, mit denen die freiheitlich-pluralistischen Gesellschaften zusätzlich versehen sind: Industriegesellschaft, Konsumgesellschaft, Überflußgesellschaft.

Ökonomie und Bürokratie[383] prägen den Freiheitsspielraum der Bürger in der Gesellschaft. Freiheit gibt es ja nur konkret, sie ist also stets sozial bedingt und kommt nie als „reine Freiheit", sondern nur graduell vor. Eben diese Freiheitsgrade werden im Kontext der wirtschaftlichen Prozesse und der bürokratischen Kräfte beschränkt. Die vom Pluralismus-Modell verheißenen sozialen Freiheitsgrade verringern sich unter den Zwängen moderner Ökonomie und Bürokratie. Am Verhältnis von Beruf und Familie wird das anschaulich. So stellt die bürgerliche Familie für die moderne Wirtschaft eine unentbehrliche soziale Grundlage dar, weil sie dem Bürger kompensatorisch Freiheitsräume offenhält, die er in der industriellen Produktion nicht finden kann. Ohne die Befriedung der Freiheitsansprüche in den kleinen Lebenswelten wäre der Bürger dieser Gesellschaften nicht bereit, sich den beruflichen Zwängen zu unterwerfen. Die bürgerliche Familie bringt auch jenen Menschentyp hervor, den das moderne wirtschaftliche Management

[381] Lefebvre, Das Alltagsleben.
[382] Kaufmann, Kirche begreifen.
[383] Hoffmann, Erfaßt. – Illich, Entmündigung durch Experten.

braucht.[384] Umgekehrt wirken sich die modernen Arbeitsverhältnisse auf die Stabilität der Ehen und Familien, auf die Ansprüche von Frauen auf eine neue gesellschaftliche Verteilung der Lebenschancen zwischen Männern und Frauen und auf das Heranwachsen der Kinder in den heutigen Familien auch nachteilig aus.[385] Das Familienleben von Führungskräften in der Wirtschaft oder in der Verwaltung, die von den Gesetzlichkeiten der Wirtschaftswelt nachhaltig geprägt sind, ist von dem ihnen abverlangten beruflichen Lebensstil so sehr belastet, daß ein überdurchschnittlich hoher Anteil nicht mehr bereit ist, sich ehelich und familiär zu binden.[386]

(2) Unbemerkter Verlust der Religionsfreiheit

Nicht nur die Familie gehört zu jenen Lebensbereichen, die durch die Dominanz von Ökonomie und Bürokratie betroffen sind; auch auf Religion und Kirche wirkt sie sich nachhaltig aus. Die Annahme, daß es eine Art freien und unbehinderten Markt von „Lebenswissen“ gibt und die christlichen Kirchen sich daher nur bemühen müßten, auf diesem freien Markt ihre Chancen zu nützen, gilt im Rahmen der Kritik am Pluralismus als nicht gegeben.

1. Die neuzeitliche Aufklärung hat den Versuch unternommen, Religion gesellschaftlich zu „funktionalisieren“. So hat die Religionspolitik des absolutistischen Josephinismus, die eine Neuauflage in der Kirchenpolitik der realsozialistischen Länder gefunden hat, die Religion im Kontext der aufklärerischen Sorge um das Wohl der Bürger definiert. Insoweit sie der Glückseligkeit des Volkes dienlich ist, wurde sie zugelassen; was diesem Kriterium nicht standhielt, wurde unterbunden. So hat konsequenterweise Joseph II. aus den Priestern der Kirche staatliche Religionsdiener gemacht, genauer: Diener der staatlich definierten Religion. Wer sich für diese Form der Religion nicht als nützlich ausweisen konnte, wurde am Handeln gehindert. Somit hat der aufgeklärte Herrscher die gesellschaftlich seiner Meinung nach kontraproduktiven beschaulichen Klöster zusperren, ihren Besitz einziehen und für funktionale religiöse Aktivitäten umwidmen lassen. Was hier mit der Religion geschehen ist, kann mit dem Begriff der Umdeutung eingefangen werden. Die Religion wurde den bürgerlichen Bedürfnissen angeglichen, noch mehr, diesen untergeordnet. Einen vergleichbaren

[384] Berger, Berger, In Verteidigung der bürgerlichen Familie, 107–130.
[385] Gilles, Zauner, Arbeitszeitverkürzung.
[386] Kaufmann u.a., Ethos und Religion, 183–203.

Vorgang haben wir bereits in den realsozialistischen Gesellschaften beobachtet: Wo sich Religion nicht ausrotten läßt, wird sie zum Aufbau des „Sozialismus“ in Dienst genommen. Bei einer solchen Umdeutung wird die Identität der christlichen Religion gefährdet. Von der gesellschaftlich geduldeten Religion verbleibt nur, was an ihr den herrschenden (ökonomischen, bürgerlichen, realsozialistischen) Verhältnissen funktional förderlich ist. Was ihnen im Wege steht, wird „ausgeblendet“ oder mit Macht unterdrückt (Zusperren von Klöstern, Auflösung kirchlicher Schulen, Verfolgung von religiösen Dissidenten, Verbot von nicht steuerbaren religiösen Gemeinschaften). Umdeutung und Ausblendung geschehen somit sowohl in realsozialistischen Gesellschaften des Ostens wie in konsumistischen Gesellschaften des Westens.

Aldous Huxley hat schon im Jahr 1932 im 17. Kapitel seines Romans „Schöne Neue Welt“ dieses Schicksal der Religion in den modernen Gesellschaften beschrieben. Der WAR (Weltaufsichtsrat mit dem Namen Mustafa Mannesmann) und der Wilde (ein Mensch aus früheren unzivilisierten Zeiten) sind im Gespräch:

„Kunst, Wissenschaft – euer Glück kommt euch recht teuer zu stehn“, bemerkte der Wilde. „Was habt ihr noch geopfert?“

„Nun, Religion natürlich“, antwortete Mustafa Mannesmann...

„Sie glauben also, daß es Gott nicht gibt?“

„Im Gegenteil, höchstwahrscheinlich gibt es ihn.“

„Also warum... ?“

Der Aufsichtsrat winkte ab. – “Er offenbart sich eben verschiedenen Menschen auf verschiedene Weise. In vormodernen Zeiten offenbarte er sich als das Wesen, das in diesen Büchern beschrieben wird. Heute...“

„Wie offenbart er sich heute?“ fragte der Wilde.

„Durch Abwesenheit. Als wäre er gar nicht da.“

„Das ist eure Schuld.“

„Nennen Sie es die Schuld der Zivilisation. Gott ist unvereinbar mit Maschinen, medizinischer Wissenschaft und allgemeinem Glücklichsein. Man muß wählen. Unsere Zivilisation hat Maschinen, Medizin und Glücklichsein gewählt. Darum muß ich diese Bücher in den Stahlschrank sperren. Sie sind Schmutz und Schund. Die Leute wären empört, wenn... “[387]

2. Ein auffälliges Merkmal der Umdeutung christlicher Religion im Kontext von liberaler Ökonomie ist deren Privatisierung. Da Religion das öffentliche Lebensgeschäft nicht stören darf, wird sie abgedrängt in die privaten Lebensbereiche. Sie wird zuständig für die Krisen des familiären und persönlichen Lebens, dient zur Bewältigung der für das Fort-

[387] Huxley, Schöne Neue Welt, 167, 169f.

schrittskonzept des modernen Wirtschaftens ärgerlichen „Kontingenzerlebnisse" (wie Leid, Tod, persönliche Verzweiflung, Beziehungskrisen). Es wird ihr die Aufgabe zugeteilt, solche störenden und die Arbeits- und Kauffähigkeit des Menschen behindernden Erfahrungen aufzuarbeiten. Moderne bürgerliche Religionstheorien sehen daher in der religiösen Praxis eine „Kontingenzbewältigungspraxis".[388] Religion ist ausgewiesen in die privaten Lebensräume und soll dort dem Bürger jene Lebensprobleme bearbeiten helfen, für welche die Logik der Moderne kein angemessenes Lebenswissen zur Verfügung hat.
3. Im Zuge der bürgerlichen Umdeutung wird Religion spiritualisiert. Sie hat immer mehr mit dem seelischen Innenleben zu tun, weniger aber mit den gesellschaftlichen Verhältnissen, die die Seele krank machen. Sie wird apolitisch, unkonkret, verinnerlicht. Wo die Aufklärung die religiöse Transzendenz nicht verschlossen oder zur innerweltlichen Lebenshilfe umgebogen hat, wird Religion auch eng an die Fragen eines Lebens nach dem Tod gebunden. In kulturpolitischen Auseinandersetzungen um den gesellschaftlichen Standort der Religion in den modernen Gesellschaften war – logisch schlüssig – unentwegt das Argument zu hören, daß Kirche und öffentliches Leben (Wirtschaft, Politik) zu trennen seien und daß es zwischen Kirche und den für das öffentliche Leben verantwortlichen gesellschaftlichen Kräften keinerlei Probleme geben könne, wenn sich beide Teile mit jenen Aufgaben befassen, die ihnen zustehen: der Staat (oder die sozialdemokratische Arbeiterpartei) mit der Ordnung des Diesseits und die Kirche mit den Fragen des Jenseits.[389]

(3) Bewußtseinspolitik

Dieser Standort der Religion in den modernen westlichen Gesellschaften bleibt nicht ohne Auswirkung auf die subjektive Religiosität der Bürger in ihnen. Der einzelne Bürger besitzt zwar verbriefte Religions-

[388] Luhmann, Funktion der Religion. – Lübbe, Säkularisierung. – Ders., Religion. – Mette, Kirchlich distanzierte Christlichkeit.

[389] Zulehner, Kirche und Austromarxismus, 25–132. – In seiner Regierungserklärung im Herbst 1986 umschrieb der Bayerische Ministerpräsident Franz Joseph Strauß seinen Widerstand gegen die Einmischung von Christen in öffentliche Probleme (wie die Errichtung einer Wiederaufbereitungsanlage in Wackersdorf) so: *„Heute wird die christliche Botschaft immer häufiger als innerweltliche Heilslehre mißdeutet. Es kommt zu einer Theologisierung der Politik, tagespolitische Zielsetzungen werden vorschnell moralisch und mit angeblich christlichen Geboten begründet. Dieser Mißbrauch führt zur Polarisierung der Meinungen und macht letzten Endes den in der Demokratie lebenswichtigen offenen Dialog schwierig bis unmöglich."* (Regierungserklärung, München 1986, 117.)

freiheit und hat auf dem Boden des grundsätzlich garantierten Pluralismus nicht nur die Möglichkeit, „seine" Gestalt der Religion (oder Areligion) zu wählen, sondern ist zu dieser Wahl auch genötigt. Die Freiheit der Religion wird grundsätzlich nicht bestritten. Doch ist weiter zu fragen, wie unter den konkret gegebenen gesellschaftlichen Bedingungen einer von Ökonomie und Bürokratie geprägten Gesellschaft diese Freiheit wahrgenommen werden kann:

1. Die industriell-kapitalorientierte Art und Weise, Güter herzustellen und zu verbrauchen, setzt bestimmte Handlungsbereitschaften bei den Bürgern voraus und stellt diese zugleich her. Wirtschaftliche Strukturen begünstigen ein ihnen angemessenes Bewußtsein bei den an diesen Wirtschaftsvorgängen Beteiligten. Zu den Merkmalen unserer (westlichen) wirtschaftlichen Strukturen zählt, daß unter hohem Einsatz von Kapital (Technologie, Maschinen) und Arbeit so viele Güter des primären und gehobenen Bedarfs erzeugt werden können, daß es nicht nur genug Güter, sondern von vielen Gütern einen Überschuß gibt. Um möglichst allen den Zugang zu Luxusgütern zu eröffnen, müssen diese möglichst preisgünstig sein, was durch Massenproduktion zu erreichen ist. Dementsprechend nennen wir unsere westlichen Gesellschaften nicht nur Industrie-, sondern auch Überflußgesellschaften. Als solche funktionieren sie bislang jedoch nur dann, wenn dieser Güterberg nicht nur gekauft, sondern auch verbraucht, konsumiert wird. Dies macht unsere Gesellschaft zur Konsumgesellschaft. Wird nicht ausreichend konsumiert (weil beispielsweise die Kaufkraft der Bürger zu gering ist), kommt das Produktionskarussell ins Stocken. Produktion und Konsumption sind somit eng miteinander verknüpft.

Unsere Wirtschaft braucht folglich einen Bürger, der nicht nur die ökonomischen Mittel besitzt, um kaufen und verbrauchen zu können. Sie benötigt vielmehr einen, der dazu auch bereit ist. Aus der Perspektive der herkömmlichen Überflußwirtschaft konzentriert sich deshalb das Interesse am Bürger auf seine Fähigkeit und Bereitschaft, zu kaufen, zu verbrauchen und wieder zu kaufen. Diese Bereitschaft ist auch deshalb heute leichter zu erreichen, weil die Produktion von Massenartikeln in Arbeitsteilung keinerlei Arbeitssinn zu vermitteln mehr imstande ist. Die Leute arbeiten zwar unter industriellen Bedingungen sehr hart; aber sie finden keinen Sinn und keine Freude mehr dabei. Um die Arbeitsmoral dennoch aufrechtzuerhalten und im Gegenteil die Arbeitsleistung – den Maschinen gerecht – noch zu steigern, bedarf es der Anreize außerhalb der Arbeit, also in der Freizeit. Die Freizeit soll möglichst kraftsparend, konfliktfrei und systemkonform den Menschen die Befriedigung möglichst vieler Bedürfnisse eröffnen. Der Bürger wird daher wirtschaftlich in erster Linie nicht als Arbeitskraft (diese wird zunehmend durch Industrieroboter ersetzbar), sondern vor allem als Kaufkraft benötigt. Er wird konzipiert als Bündel steuer- und befriedigbarer Bedürfnisse. Verkauft werden ihm nicht nur Waren, sondern auch der Wunsch nach Waren, was Ivan Illich imaginäres Kaufen nennt. Durch Werbung und Mode (als eine Art Garantie, daß eine Ware nach einer Saison verläßlich veraltet und ein neues Modell „gefragt" wird) werden die Bürger in Kauflaune gebracht und erhalten. Haben und Sozialprestige werden verknüpft: „Hast Du was, bist Du was!"

Die Kritik am Konsumismus (Pier Paolo Pasolini redet vom Faschismus des Konsumismus[390]) behauptet weiter, daß diese Einbindung des Bürgers in den kapitalorientierten Produktions- und Konsumptionsprozeß nicht ohne Auswirkung auf die „Seele" des Menschen, auf das Bewußtsein des Bürgers bleibt. Struktur und Bewußtsein lassen sich voneinander nicht trennen. Die seit Kindesbeinen an allgegenwärtigen Bemühungen, aus dem Bürger einen verläßlichen und berechenbaren Konsumenten zu machen, hinterlassen im Alltagsbewußtsein der Bürger Spuren.[391] Ihre Aufmerksamkeit wird auf einen engen und begrenzten Bewußtseinsbereich gelenkt. Alltagssprachlich ausgedrückt, steht der Bürger unter dem Anspruch, „viel zu leisten, um sich viel leisten zu können". Diese hohe Aufmerksamkeit auf das Leisten und Haben hat zur Folge, daß aus dem öffentlichen Alltagsbewußtsein andere Themen abgedrängt, „ausgeblendet" werden. Solche „verdrängten" Themen sind Freiheit, Verantwortung, Schuld, Tod, Leid, Krankheit, Alter, Solidarität, die Toten, die Zukunft und das Gericht, und nicht zuletzt eben auch die Religion und Gott. Bewußtseinsmäßig bewegt sich folglich der Mensch in einer sehr engen und begrenzten Welt. Der Bürger dieser Überflußgesellschaften hat viel; menschheitsalte Knappheiten an Gütern des primären und gehobenen Bedarfs sind für eine große Zahl wohl erstmals in der Geschichte überwunden. Doch hat der Bürger sich als Preis dafür neue Knappheiten eingehandelt. Denn knapp sind gesunde Umwelt, sauberes Wasser, reine Luft; knapp ist darüber hinaus aber auch die Fähigkeit des Menschen, sich auf andere hin zu öffnen, knapp sind Treue und Verläßlichkeit. Wir haben viel Brot, sterben aber den Tod am Brot allein, den Tod „strukturell verordneter Beziehungslosigkeit".[392]

[390] Pasolini, Freibeuterschriften.

[391] Legitimiert wurde im Zuge der Entwicklung des Kapitalismus solches Verhalten nicht zuletzt durch eine christlich-pietistische Leistungsethik, die im wirtschaftlichen Erfolg eine Bestätigung für gottgewolltes Handeln sah. Dazu kam noch ein der Nachkriegszeit durchaus angemessenes Arbeitsethos des dauernd fleißig schaffenden Bürgers. Weber, Religionssoziologie, I, 17–206.

[392] Sölle, Die Hinreise.

2. Solchen Analysen über die „freiheitlich-pluralistischen Gesellschaften“ wird entgegengehalten, sie seien vereinfachende theoretische Annahmen. Das Alltagsbewußtsein der Bürger sei hingegen ganz anders. Um so wichtiger ist es, mit verfügbaren forscherischen Methoden diese Kritik zu überprüfen. Solches ist in den letzten Jahren in einigen Studien versucht worden.

(a) So hat eine Untersuchung über die Religion im Leben der Österreicher aus dem Jahr 1980 gezeigt, daß viele Bürger mit einem starken Belohnungsstreben ausgestattet sind (65% stark). Dieses Belohnungsstreben wird inhaltlich definiert durch Sätze wie: „Man muß sich das Leben so angenehm wie nur möglich machen.“ – „Ohne Wohlstand bin ich mit meinem Leben nicht zufrieden.“ – „Der Sinn des Lebens besteht darin, eine angesehene Position zu gewinnen.“ Eng mit diesem Belohnungsstreben verknüpft ist ein ausgeprägt pessimistischer Individualismus. Je stärker einer mit dem Belohnungsstreben ausgestattet ist, desto wahrscheinlicher sagt er auch: „Seine eigenen wichtigen Probleme muß man selbst lösen.“ – „Wichtig ist nur, daß der Mensch glücklich wird. Wie, das ist seine Sache.“ Um so eher stimmt er aber auch „anomischen“ Sätzen zu wie: „Das Leben ist ein einziger Opferweg.“ – „Ich weiß nicht, wozu der Mensch lebt.“ Dieses Zusammenspiel von Belohnungsstreben, Individualismus und Sinnlosigkeit kann als Syndrom der Lebensverarmung begriffen werden. Seine Verbreitung (wohl nicht nur) in der österreichischen Wohlstands- und Überflußgesellschaft zeigt, daß die Annahmen über den Zusammenhang von wirtschaftlichen Strukturen und Alltagsbewußtsein der Bürger begründet sind.[393]

(b) Zu einem vergleichbaren Ergebnis kam die 1985 durchgeführte Studie an Führungskräften der Wirtschaft.[394] Diese ist zwar eine Elitestudie, untersucht also einen ausgewählten, statistisch fast bedeutungslos kleinen Teil der Bevölkerung. Doch ist dieser kleine Teil deshalb für unsere Frage interessant, weil es sich um Personen handelt, die in die wirtschaftlichen Strukturen stark eingebunden sind. Die Ergebnisse bestätigen neuerlich den engen Zusammenhang zwischen ökonomischen Strukturen und der Begünstigung eines angemessenen „ökonomistischen Bewußtseins“ im Umkreis der Strukturen.

Untersucht wurde, welches das Schicksal der Religion bei dieser von der (heutigen) Wirtschaft derart nachhaltig geprägten Personengruppe ist. Dabei wurde theoretisch angenommen, daß das im wirtschaftlichen Berufsfeld begünstigte Bewußtsein ein anderes ist als jenes, das in

[393] Zulehner, Religion, 26–29.
[394] Kaufmann u.a., Ethos und Religion.

christlichen Kirchen hervorgebracht wird. Stehen im kapitalorientierten Wirtschaftsbereich die Prosperität, die Mehrung der Güter und auf diesem Weg die Mehrung des Kapitals (ausgesprochen oder insgeheim) im Vordergrund und wird der Mensch dem Vorgang der Produktion und Konsumption zu-, wenn nicht untergeordnet, so beanspruchen die christlichen Kirchen, aus ihrer gläubigen Sicht des Menschen diesem einen unantastbaren Vorrang vor dem toten Kapital einräumen zu müssen.[395]

Die Ergebnisse zeigen, daß viele zwischen ihrem beruflichen Alltag und ihren christlichen Positionen einen Widerspruch erleben. „Gott ist unvereinbar mit Maschinen“: Huxley behält Recht. Wie aber gehen solche Führungskräfte „bewußtseinspolitisch“ mit dieser Konfliktlage um? Mehrere bewußtseinspolitische Strategien konnten voneinander abgegrenzt werden. Die einen kämpfen um mehr Übereinstimmung zwischen Religion und Wirtschaft: ein schier aussichtsloses Unterfangen. Andere leiden an der erfahrenen Widersprüchlichkeit und suchen diese (etwa mit Erbschuldtheorien) zu deuten. Andere verdünnen die Religion auf ein privates und jenseitiges Glauben an einen überaus blaß-abstrakten „Gott“. Manche entgehen der Spannung, indem sie sich aus besonders religions- und menschenbedrohenden Wirtschaftsbereichen absetzen. Am meisten verbreitet aber ist die Strategie der Trennung: Menschen, die mit dieser Bewußtseinspolitik leben, werden flexibel und entwickeln die Fähigkeit, in den jeweiligen Bezugsgruppen ein entsprechendes Bewußtsein zu entfalten, ein anderes im Betrieb, ein anderes in der Familie, ein anderes im Pfarrgemeinderat. Unter den jüngeren Führungskräften ist schließlich ein „postchristlicher und auch postethischer“ Opportunismus verbreitet: Diese Personen haben sich von der Religion abgewendet und versuchen, „jenseits der Religion“, aber auch jenseits humanistischer Ethik, wie sie für die Aufklärung noch typisch war, für sich aus den vorhandenen Möglichkeiten (im Beruf, in Liebesbeziehungen: sie heiraten kaum noch) das Beste herauszuholen.[396]

Nimmt man die theoretischen Annahmen und die einschlägigen empirischen Befunde zusammen, dann folgt daraus, daß in den industriellen Wohlstandsgesellschaften des Westens Religionsfreiheit zwar verbrieft ist, also auch hinsichtlich der Religion die „sozialen Freiheitsgrade“ hoch sind; in dem von der kapitalorientierten Ökonomie dominierten gesellschaftlichen Alltag wird aber ein Bewußtsein begünstigt und verfestigt, welches für die genuine christliche Religiosität nur wenig Spiel-

[395] Vgl.Johannes Paul II., Laborem exercens.
[396] Kaufmann u.a., Ethos und Religion, 257–286.

raum läßt.[397] Als Christ im Alltag zu bestehen wird also durch die gesellschaftlichen Strukturen mehr erschwert als begünstigt. Die „faktischen Freiheitsgrade" sind (auch) hinsichtlich der christlichen Religion in den „freiheitlichen Gesellschaften des Westens" eingeschränkt. Wer in einer solchen Situation konsequent Christ sein will, kann es nur mit hohen „bewußtseinspolitischen Anstrengungen".

(4) Hoffnungspraxis der Kirchen

Solche kritischen Analysen der „freiheitlich-pluralistischen Gesellschaft" veranlassen uns, auch die Praxis der Kirche in den westlichen Gesellschaften zu überdenken. Es wäre situationsfremd, vom freiheitlichen Pluralismus auszugehen, wenn es diesen nur als gesellschaftliches Handlungsziel, nicht aber in der Realität des gesellschaftlichen Alltagslebens gibt. Es wäre dann wirklichkeitsfremd, mit der liberalen Differenzierungshypothese anzunehmen, daß die abgrenzbaren und doch aufeinander einwirkenden gesellschaftlichen Bereiche (Institutionen) in einem toleranten und freiheitlichen Wettbewerb stünden, sich die ausdifferenzierten Bereiche (wie Schule, Bildung, Familie, Beruf, Kirchen) gegenseitig stützten und förderten: Daß es eine folgenreiche Dominanz des ökonomischen Bereichs gibt und dieser Bereich das Bewußtsein des Bürgers nachhaltig prägt, würde zum Schaden der Pastoral in fahrlässiger Weise übersehen. Auch in religiöser Hinsicht heißt dann nämlich das Prinzip nicht: „Du hast eine Chance (deine Religion zu wählen), also nütze sie!" Vielmehr ist davon auszugehen, daß aus dem gesellschaftlich begünstigten Alltagsbewußtsein der Bürger Religion eher ausgeblendet ist und – soweit sie doch vorkommt – derart umgedeutet wird, daß sie gefahrlos mit den ökonomistischen Ansprüchen vereinbar ist. Die Wahrscheinlichkeit, daß in einer solchen Bewußtseinssituation ein Bürger einigermaßen konsistent christlich glaubt und lebt, ist gering. Vor die biblisch überlieferte Wahl zwischen Gott und dem Mammon gestellt (Lk 16,13), „wählen" viele Bürger – als Opfer einer „geheimen Verführung"[398] – den Mammon. Was dabei verkommt, das ist aber nicht nur die christliche Religion, sondern ist zugleich der wahre Reichtum des menschlichen Lebens. Das paradox formulierte Prinzip heißt dann aber: „Du hast keine Chance (als Christ zu leben), also nütze sie!"

[397] Diese Situation ist freilich teilweise auch eine Folge der Haltung der Kirche, die zu wenig Phantasie und Personen in die Aufgabe investiert (hat), die moderne Wirtschafts- und Alltagswelt in ihrer Vielschichtigkeit oder Problematik christlich zu deuten und zu formen.

[398] Packard, Die geheimen Verführer.

Eine christliche Kirche wird unter solchen situativen Voraussetzungen nicht mehr unbekümmert eine Praxis im Kontext der pluralistisch konzipierten Freiheit betreiben. Vielmehr ist im Kontext einer bürokratischen Gesellschaft des gesteuerten Konsums eine andere Praxis vonnöten. Wesentliche Momente sind: unterbrechen, erzählen und rituell begehen, gemeinsame Entwicklung neuer Lebensstile, Erneuerung der Gesellschaft aufgrund der neuen Erfahrungen:

1. Kirchliche Praxis im Kontext des Konsumismus ist Unterbrechung.[399] Sie ist deshalb so notwendig, weil die (Bewußtseins)Zwänge des verarmten Alltagslebens so stark sind, daß es für den Bürger kaum ein Entrinnen aus ihnen gibt. Deshalb muß der Bürger „ausrasten“, und zwar in des Wortes doppelter Bedeutung: Er muß aufhören, als Rädchen im gesellschaftlichen Betrieb weiterzulaufen, und er muß zur Ruhe kommen. Die Kirche wird daher für Bürger, die sich auf eine solche Unterbrechung einlassen, Freiräume und Freizeiten offenhalten.

2. Ziel dieser Unterbrechung ist es, dem Bürger ein Bewußtsein seiner wahren Lage zu vermitteln. Das geschieht in erster Linie nicht durch theoretische Reflexion. Vielmehr eignen sich dafür die alten gläubigen Hoffnungserzählungen, die in den Kirchen überliefert werden. Das Antiquierte[400], die unverbrauchten alten Erfahrungen, wie sie in den getreu überlieferten biblischen Erzählungen aufgehoben sind, werden in der Situation des verarmten und „verblendeten“ (Offb 3,14–22) Bewußtseins unserer Zeit ein unentbehrlicher Hoffnungsvorrat.[401] In ähnlicher Weise werden die überlieferten Hoffnungsrituale wichtig. Typisch für die Rituale ist es ja, daß menschliche Grundambivalenzen (wie Leben und Tod, Liebe und Haß, Armut und Reichtum) in szenischen „Spielhandlungen“[402] zur Darstellung kommen. Solche Rituale erreichen zugleich tiefe Bewußtseinsschichten des Menschen, wie sie auch teilnehmen am kollektiven Erfahrungsschatz der Menschheit (und der Religionen).[403] Mit diesen „sanften Stilen“ des Erzählens und „Spielens“ (und nicht den „harten Stilen“ der „Pädagogisierung“ und Indoktrination) kann den

[399] Metz, Glaube in Geschichte und Gesellschaft, 150.
[400] Anders, Die Antiquiertheit des Menschen, Bd. 1.
[401] Metz, Erzählungen. – Béguerie, Liturgie et vie. – Zulehner, Kirche – Anwalt.
[402] Moltmann, Die ersten Freigelassenen der Schöpfung. – Buytendijk, Wesen und Sinn des Spiels. – Huizinga, Homo Ludens. – Buytendijk, Der Spieler. – Jünger, Die Spiele. – Rahner, Der spielende Mensch. – Fink, Spiel als Weltsymbol. – Sölle, Phantasie und Gehorsam. – Buhr, Glück und Theologie. – Martin, hier auf Erden. – Cox, Fest der Narren. – Miller, Gods and Games. – Neale, In Praise of Play. – Ruler, Gestaltwerdung Christi. – Gardavsky, Hoffnung aus der Skepsis.
[403] Scharfenberg, Kämpfer, Mit Symbolen leben.

Menschen, die aus einer verarmten Alltagswelt kommen und dort ein verstümmeltes, entfremdetes, ja falsches Bewußtseins entwickeln, der Zugang zu den wahren, bislang nicht wahrgenommenen Hoffnungen erschlossen werden. Ein neues Bewußtsein von sich selbst, von der Würde des Menschen, der unantastbaren Gleichheit und der wahren Freiheit, der Verwiesenheit nicht auf das tote Kapital, sondern aufeinander, und dies alles im Umkreis des Vertrauens auf einen bergenden und befreienden Gott, kann aufkommen.

Der Beschluß der Gemeinsamen Synode der Bistümer in der Bundesrepublik Deutschland „Unsere Hoffnung" aus dem Jahr 1975 leistet eine solche kritische Bewußtseinsarbeit. Das Dokument, das in einer hoffnungsarmen Zeit den Menschen aus dem Glauben begründete Hoffnung machen will, geht davon aus, daß es in unserer Gesellschaft „kollektive Gegenstimmungen" gegen die Hoffnung gibt. Diesen „Gegenstimmungen" werden die Hoffnungsvorräte des überlieferten christlichen Glaubensbekenntnisses der Kirche gegenübergestellt. Dabei soll nicht der christliche Glaube vor dem Tribunal aufgeklärter Vernunft in herkömmlicher apologetischer Weise gerechtfertigt werden. Vielmehr wird aufgezeigt, wie eben der Glaube an Gott, unseren Vater, an die Auferstehung, an das Gericht, an die Vergebung der Sünden eine Quelle von Hoffnung sein kann. Das Glaubensbekenntnis wird auf solche Weise zur befreienden Botschaft:

– Inmitten einer Gesellschaft, die den Menschen als reinen Bedürfnismenschen, ohne Sehnsucht und Trauer, aber auch ohne wahren Trost versteht, leistet die Botschaft vom Gott unserer Hoffnung Widerstand gegen die Anpassung des Menschen an seine Bedürfniswelt.

– In einer Welt, die eine notorische Berührungsangst mit dem Tod hat, hält die Botschaft von der Auferstehung an einer bleibenden Zukunft für die Toten fest und befreit den Menschen zudem von einem Lebensstil krampfhafter Selbstbehauptung.

– In einer Welt, in der es eine Gleichmacherei lediglich in den Fortschrittsträumen gibt, in der faktisch aber die Mächtigen über die Schwachen herrschen, vermittelt der Glaube an ein kommendes Gericht Hoffnung jenen, die Unrecht leiden, und hält den Herren in Erinnerung, daß ihre Herrschaft nicht endgültig ist, wie auch die Knechtschaft der Knechte nicht das letzte Wort hat.

– In einer Gesellschaft, die in ihrem naiven Entwicklungsoptimismus eine gesteuerte und geplante Zukunft schaffen will, die aber den Menschen zerstört, hält der Glaube an das kommende Reich Gottes daran fest, daß die Vollendung des Menschen einerseits endzeitliche Tat Gottes sein wird, daß aber andererseits diese Macht Gottes schon wirksam anwesend ist in den vielen Befreiungsgeschichten der Menschen.

– In einer Welt, in der es einen heimlichen Unschuldswahn in Verbindung mit unheimlichen Entschuldigungsmechanismen gibt, welche die Menschen unfähig macht, miteinander als schuldig Gewordene in authentischen Beziehungen zu leben, wird die Rede von der Vergebung der Sünden eine freiheitsentdeckende Rede.

3. Es wäre zynisch, würde die Kirche die Menschen, die durch kontemplative Vorgänge in ihrem Freiraum ein neues Bewußtsein von der wahren Würde des Menschen gewonnen haben, wieder in den unverändert verarmten Alltag „entlassen". Zu den Aufgaben der Kirche gehört es vielmehr, daß auf dem Boden solchen neuen „wahren Bewußtseins" neue Lebensstile entwickelt und eingeübt werden. Der Ort dafür sind kleine überschaubare solidarische Gruppen und Gemeinschaften, die sich auch „Basisgemeinschaften" nennen. Solche Gemeinschaften wachsen aus zwei Wurzeln: Einerseits solidarisiert wahrer Glaube die Menschen untereinander. Wer glaubt, liebt. Andererseits bedarf es der Gemeinschaft, um gegen den (verführerischen) Druck der verarmten Alltagswelt ein reicheres Bewußtsein von der Würde des Menschen und – gleichsam gegen den gesellschaftlichen Trend schwimmend – einen neuen Lebensstil zu entwerfen und durchzuhalten. Wer sich solidarisiert, hat mehr Chancen. Eine Praxis entsteht, welche die Hoffnung der Menschen nicht in dem Ausmaß niederhält wie der verarmte gesellschaftliche Alltag. Die Kirchen werden ihrer Aufgabe allerdings nur dann gerecht, wenn sie nicht die Hoffnungslosigkeit der Gesellschaft auf dem eigenen Boden verdoppeln.[404]

4. Sinn solcher alternativer, aus der unverbrauchten Tradition der Kirche gespeister Hoffnungspraxis ist es, Hoffnungsquell für die menschlich verarmte Gesellschaft zu werden. Dazu ist es aber erforderlich, daß die in den überschaubaren Lebenseinheiten gemachten Erfahrungen nicht in diesen „begraben", also gleichsam innerkirchlich „privatisiert" werden. Vielmehr sollen die neuen Erfahrungen in die (Neu)Gestaltung der bestehenden Gesellschaft eingebracht werden.

5. Alle genannten Momente an der Praxis der Kirche, wie sie dem Kontext einer bürokratischen Gesellschaft des gesteuerten Konsums entsprechen, erweisen sich mit innerer Notwendigkeit als „politisch". Sie sind eine logische Antwort auf die Lage des menschlichen Lebens in dieser Gesellschaft und beabsichtigen, den Menschen aus der Enge des gesellschaftlich ererbten Bewußtseins herauszuführen (vgl. 1 Petr 1,18) und zu einem anderen Lebensstil zu ermuntern, der wiederum zurückwirkt auf die Erneuerung der überlieferten gesellschaftlichen Verhält-

[404] Unsere Hoffnung, 101.

nisse. Politik wird zu einem unerläßlichen Bestandteil der christlichen Hoffnungspraxis. Wo solche „politische Praxis" der Kirche bedacht wird, entstehen eine entsprechende „politische Theologie"[405] oder eine (europäische) „Befreiungstheologie", wobei es hier nicht auf das Wort, sondern auf die Sache ankommt.

[405] Metz, Politische Theologie, 99–116.

8 ÜBERGANG 2: AUF DEM WEG ZUR NACHINDUSTRIELLEN GESELLSCHAFT?

Seit dem Ende der Siebzigerjahre unseres Jahrhunderts mehren sich die Stimmen, die behaupten, daß unsere Gesellschaften nicht mehr so „weitermachen“ können wie bisher, wenn es überhaupt noch eine menschenwürdige Zukunft geben soll. Die herkömmlichen Gesellschaften müßten einem tiefgreifenden Wandel unterworfen werden. Gefordert wird eine „nachindustrielle Gesellschaft“. Anders könnten die vielfältigen „Challenges“, Herausforderungen von der Zukunft her nicht mehr bewältigt werden. Konstruiert werden könne diese neue Gesellschaft aber nur, wenn zuvor ein tiefgreifender Wandel in den Grundannahmen, in den Paradigmen erfolge. Der sei bereits im Gange und mache die Zeit, in die wir eingetreten sind, zur „Wendezeit“ (Fritjof Capra).
Ein solcher Aufbruch der Menschheit in eine nachindustrielle Zeit berührt die Praxis unserer Kirche unmittelbar, genauer, sollte sie mehr berühren, als es bislang der Fall ist. Oder sollte die Kirche auch heute, wie am Beginn der Industriegesellschaft, so sehr mit der Aufarbeitung der Gegenwart sowie mit innerkirchlichen Problemen beschäftigt sein, daß sie kaum Kräfte frei hat, sich mit den auf uns zukommenden Zukunftsfragen zu befassen?
Wir werden der Auseinandersetzung mit diesen Zukunftsfragen im Rahmen unserer pastoraltheologischen Studien einen eigenen Band widmen. Er wird den Titel „Pastorale Futurologie. Kirche auf dem Weg ins gesellschaftliche Morgen“ tragen. Im vorliegenden Band werden wir in einen praktisch-theologischen Dialog mit jenem Verbund von Wissenschaften eintreten, der sich der Erforschung der Zukunft widmet und seit Ossip K. Flechtheim „Futurologie“ nennt.[406] Hier, im Rahmen der Fundamentalpastoral, greifen wir vorwegnehmend aus dieser „Pastoralen Futurologie“ lediglich jene Erkenntnisse heraus, die wir zur Abrundung der Kairologie benötigen: Zunächst fassen wir die „Challenges“, die Herausforderungen an die bestehenden Gesellschaften zusammen, um sodann auf den geforderten Paradigmenwechsel einzugehen. In welche Richtung die Praxis der Kirche und die dazu erforderliche Sozialgestalt sich weiterentwickeln könnte, das wird die abschließende Frage dieses Kapitels sein.

[406] Flechtheim, Futurologie.

(1) Herausgefordert durch die Zukunft

Wie es mit unseren modernen Gesellschaften weitergehen wird, ob sie eine Zukunft haben und wie diese sein wird: Diese Fragen haben in den letzten Jahrzehnten nicht nur die Zukunfts-Wissenschaft interessiert. Schon etliche Jahrzehnte früher haben sensible Schriftsteller Bilder jener Zukunft entworfen, von der sie meinten, daß sie in der gegenwärtigen Gesellschaft im Kern schon angelegt sei. Dabei sind die „vorgestellten" Zukunftsvisionen vielfältig: Neben Bildern, die eine künftige Menschheit zeigen, die nicht nur die Erde bewohnt und beherrscht, sondern ihren Lebensraum in das Weltall ausgeweitet hat[407], tauchen düstere Vorstellungen von Gesellschaften auf, die zwar materiell wohlständig sind, in denen aber das, was menschliches Leben ausmacht (wie Freiheit, Sünde, Liebe, Schmerz, Tod, Religion) kaum noch vorkommen.[408] Solche gegenläufigen Utopien in der Literatur zeigen bereits, daß es nicht nur eine mögliche Zukunft, sondern mehrere Zukünfte (erfreuliche und unerwünschte) gibt. In welche Zukunft die Menschheit aber gelangen wird, das hängt davon ab, wie die großen Herausforderungen der Menschheit gemeistert werden. Welche es sind, darin sind sich die Zukunftsforscher weithin einig. Unterschiedlich ist allerdings die Einschätzung, ob die Menschen auch bereit und fähig sein werden, diese verfügbaren Ressourcen eher zur Lösung der Zukunftsprobleme statt zu deren Vermehrung zu verwenden. Folgende sind nun die wichtigsten Challenges der Menschheit auf ihrem Weg in die Zukunft:

1. Bedroht ist die Erde durch ein unvorstellbares Arsenal vielfältiger Waffen. Die Welt gleicht einem Pulverfaß, in das unablässig Pulver nachgefüllt wird. Ein gigantischer Rüstungswettlauf findet – trotz vielfältiger Abrüstungsanstrengungen – statt. Manche halten ihn für den einzig gangbaren Weg, um den *Frieden* auf der Welt zu sichern, genauer, um einen Krieg zwischen den Supermächten zu verhindern; kleinere Kriege finden ja andauernd statt. Die Verfechter solchen Rüstungswettlaufs, der dazu dient, das „Gleichgewicht des Schreckens" zu erhalten, verweisen darauf, daß bisher der Ausbruch eines Krieges verhindert werden konnte. Futurologen, Friedensforschungsinstitute, Politologen hingegen warnen, daß die Politik der Abschreckung, über Jahre wirksam, auf Dauer den Frieden nicht sichern könne. Die Anstrengungen zumal der Supermächte gehen dahin, zunehmend unverwundbar zu werden; zugleich soll die Möglichkeit eines begrenzten Atomschlags ge-

[407] Hanke, Aufbruch ins Paradies. – Kahn, Vor uns die guten Jahre. – Friedmann, Machbare Utopien.
[408] Hauser, Science Fiction und Religion.

schaffen werden. Neben diesen strategischen Machtinteressen sind auch die wirtschaftlichen nicht zu übersehen. Verschärft wird die friedenspolitische Lage durch eine eigengesetzliche Technologieentwicklung, die unabhängig von deren Anwendung in den letzten Jahren Vernichtungsmittel von apokalyptischem Ausmaß hervorgebracht hat. Allerdings wird gerade durch diesen technologischen Fortschritt die Sicherheit durch Abschreckung immer geringer. Dazu kommt, daß die Rüstung jene menschheitlichen Ressourcen in der Todesindustrie und Tötungswissenschaft bindet, die nötig wären, um die wahre Ursache von Kriegen abzubauen, nämlich die flagrant ungerechte Verteilung der Lebenschancen zwischen Ost und West, noch mehr aber zwischen Nord und Süd. Der Begründer des Club of Rome, Aurelio Peccei (†1984), konnte daher behaupten, daß zwar die Probleme der Menschheit heute so groß sind wie noch nie zuvor, daß dafür aber auch Lösungsressourcen, Geist und Geld also, zur Verfügung stehen wie noch nie; der Skandal bestehe darin, daß die Hälfte der verfügbaren Lösungsressourcen nicht zur Meisterung der Überlebensprobleme zum Einsatz kommt.

2. Herausgefordert ist die Welt durch die *ökologische Krise*. Die Menschheit ist über Jahrzehnte mit ihrem Lebensraum, unterstützt durch die Möglichkeiten neuer Technologien, derart schonungslos umgegangen, daß das überaus sensible Ökosystem an den Rand des Zusammenbruchs geraten ist. Damit ist aber nicht nur die Lebensgrundlage vieler Pflanzen und Tiere bedroht, sondern in einem damit auch die Lebensgrundlage des Menschen auf dieser Erde. Die Menschheit habe angefangen, wieder von der Erde zu verschwinden.[409]

3. Eine zweite Herausforderung an die Menschheit ist die Suche nach einer gerechteren Verteilung der Lebenschancen zwischen den *Geschlechtern*. Diese Problematik wird die Soziale Frage des dritten Jahrtausends sein, falls wir das erreichen. Zwar können in unseren Gesellschaften auch viele Männer ihre Lebensmöglichkeiten nicht entfalten, weil sie auf den außerhäuslich-beruflichen Bereich festgelegt sind und dort eben nur die „Hälfte" ihrer Möglichkeiten benötigt und entwickelt wird, die mit Leisten, Gewinnen, Erfolgreich-sein, Nach-oben-kommen, Hart-sein, Sich-durchsetzen zu tun hat, während die andere Hälfte un(ter)entwickelt bleibt: das Weinen, das Leiden, die Trauer, das Spielen, die Muße. Unbeschadet solcher „Benachteiligungen des halbierten Mannes" auch in den modernen patriarchal organisierten Gesellschaften sind viele Frauen noch mehr benachteiligt. Ihnen ist, wenn sie eine Familie gründen, der häusliche Bereich zugewiesen. Dies gibt ihnen die Möglichkeit, Eigenschaften zu entwickeln, die den Män-

[409] Ditfurth, Apfelbäumchen, 282.

nern zumeist fehlen. Wenn sie aber aus Eignung und Neigung (weil sie heute dazu auch ausgebildet wurden; weil sie den privaten Lebensbereich überschreiten wollen) oder aus wirtschaftlicher Notwendigkeit berufstätig werden, nehmen sie eine Doppelbelastung auf sich, die nicht wenige persönlich überfordert und zugleich auch die nach wie vor von den Frauen getragenen Familieneinheiten bedroht. Lösungsvorschläge, die Familienarbeit der Frauen gesellschaftlich aufzuwerten und auch finanziell zu honorieren, reichen nicht mehr aus. Viele Frauen suchen (in von Männern getrennten Frauengruppen oder auch mit Männern zusammen) nach einer neuen Rollenauffassung für Frauen und folglich für Männer; zugleich arbeiten sie an der Entwicklung gesellschaftlicher und vor allem wirtschaftlicher Strukturen, die solche neuen Rollenmuster auch faktisch lebbar machen. Auf dem Weg dahin wird es viele Unsicherheiten, psychische Krisen, kaputte Ehen und Familien, beschädigte Kinderbiographien geben. Doch werden solche Symptome die in Bewegung gekommenen Frauen (und Männer) nicht davon abhalten, den schwierigen Weg weiterzugehen.

4. Im Rahmen dieser globalen Challenges gibt es in den hochentwickelten Gesellschaften Herausforderungen anderer Art. Sie kommen vom rasanten Fortschritt der Wissenschaft und ihrer technologischen Auswertung. Der Mensch ist nicht nur der Herr über das Atom geworden – eine Herrschaft, die ihm durch unkontrollierbare Katastrophen freilich unentwegt zu entgleiten droht, wie eine Reihe von Unfällen, vor allem jene von Tschernobyl und Basel gezeigt haben –, er ist auch nicht allein in die Lage gekommen, das Erbgut zu beeinflussen – eine Fähigkeit von bislang noch ungeahnter Reichweite. Er ist durch die Entwicklung hochwertiger *Informationssysteme* in die Lage versetzt, sowohl die Kommunikations- wie die Arbeitswelt tiefgreifend umzugestalten. Immer mehr Industrieroboter ersetzen den Menschen als Arbeiter. Manche meinen, daß auf diesem Weg nicht nur harte Arbeit künftig von Maschinen übernommen werden wird, daß die Menschen immer mehr ohne entfremdende Arbeit leben können, daß aber zugleich die gesellschaftlich verfügbare Arbeit ausgeht. Dies hat weitreichende soziale Folgen. Einerseits stellt sich die Frage, wie die Menschen mit der hinzugewonnenen unstrukturierten Freizeit umgehen werden, ob sie diese für die Entfaltung von mehr Menschlichkeit oder zu mehr verarmendem Konsum, ja vielleicht aus Langeweile in destruktive Formen (Drogen, Kriminalität) umsetzen werden. Arbeit dient ja nicht nur dem Lebensunterhalt, sondern hat eine maßgebliche Funktion für die Entwicklung, Lebensgestaltung und Sinnfindung des Menschen. Zudem erhebt sich die folgenschwere Frage, wie der künftig vornehmlich durch Industrieroboter erwirtschaftete gesellschaftliche Reichtum so auf alle Bür-

ger einer Gesellschaft (bzw. in fernerer Zukunft auf alle Mitglieder der einsgewordenen Menschheit) verteilt werden kann, daß alle davon menschenwürdig leben können. Eine neue Soziale Frage entsteht inmitten des technologischen und ökonomischen Fortschritts. Die Revolution der Informatisierung schafft Verteilungsprobleme. Vorläufig scheint allerdings die Arbeit nicht einfach weniger zu werden; sie verschiebt sich lediglich in den hochmodernen Gesellschaften in den Bereich der (Informations)Technik und der Dienstleistungen. Dabei werden Arbeitskräfte aus dem Markt gedrängt und durch andere mit zumeist höherer Qualifikation ersetzt.
Die Informatisierung bringt aber noch soziale Probleme ganz anderer Art mit sich. Wenn die Vorhersagen stimmen, wird der Bürger von morgen über hochleistungsfähige Kommunikationsmittel verfügen. Er wird dann nicht nur Radio hören und fernsehen, er wird sein eigener Programmdirektor sein, was ihm eine Vielzahl verkabelter Fernsehprogramme sowie ein ausgebauter Videomarkt ermöglichen. Es wird ihm zusätzlich möglich sein, Information über den Bildschirmtext abzurufen und umgekehrt über diese Informationskanäle von seiner Wohnung aus eine Reihe von Erledigungen zu machen, die ihn bislang mit anderen Menschen zusammengebracht haben (wie Einkaufen, Geldgeschäfte, Einholen von wissenschaftlichen Informationen). Andere wiederum werden ihren Arbeitsplatz in ihrer Wohnung haben und über einen Terminal an der Zentraleinheit angeschlossen sein. Wird damit die Sehnsucht nach dem häuslichen Arbeitsplatz inmitten der Familie unverhofft erfüllt? Oder wachsen uns so nicht zahlreiche neue menschliche Probleme zu? Die Informatisierung wird das Beziehungssystem unserer postindustriellen Gesellschaften jedenfalls nachhaltig verändern. Schon heute wird beobachtet, wie die modernen Kommunikationsmittel das familiäre Beziehungsnetz beeinflussen, und zwar mehr negativ als positiv. Das Netz wird verdünnt, die Familienmitglieder sammeln sich nicht mehr rund um den Eßtisch, sondern um den „negativen Familientisch" des Fernsehens. Wie wird die Kommunikation in den Familien aussehen, wenn noch mehr technische Kommunikationsmittel in ihnen verfügbar sein werden? Wird es dann noch weniger direkte Kommunikation geben? Oder wird es aufgrund der Sättigung ein Umkippen geben, und werden die Menschen wieder die Primärbeziehungen suchen?
Die Informatisierung gibt schließlich den Bürokratien die Möglichkeit einer dichten Kontrolle der Bürger. Wird – so fragen daher die Kenner der Entwicklung weiter – nicht in den kommenden Gesellschaften, die wir heute schon Informationsgesellschaften nennen[410], die Steuerungs-

[410] Naisbitt, Megatrends.

möglichkeit des gesellschaftlichen Lebens durch bürokratische Oligarchien in einem bedrohlichen Ausmaß zunehmen? Droht nicht die von den Schriftstellern angekündigte Gesellschaft des „Büros“[411], des allgegenwärtigen „Big Brothers“[412]? Wie immer die Entwicklung ausgeht, feststeht, daß sie offen ist, daß sie der Menschheit also Segen wie Unheil zu bringen vermag.

(2) Paradigmenwechsel

„Wie schon bei der Krise in der Physik der zwanziger Jahre ist die heutige gesamtgesellschaftliche Krise eine Folge der Tatsache, daß wir versuchen, die Begriffe einer längst überholten Weltanschauung – des mechanistischen Weltbildes der kartesianisch-Newtonschen Naturwissenschaft – auf eine Wirklichkeit anzuwenden, die sich mit den Begriffen dieser Vorstellungswelt nicht mehr begreifen läßt. Wir leben heute in einer in allen Aspekten auf globaler Ebene verwobenen Welt, in der sämtliche biologischen, psychologischen, gesellschaftlichen und ökologischen Phänomene voneinander abhängig sind. Um diese Welt angemessen beschreiben zu können, brauchen wir eine ökologische Anschauungsweise, welche das kartesianische Weltbild für uns jedoch nicht bietet.

Es fehlt uns also ein neues „Paradigma“ – eine neue Sicht der Wirklichkeit; unser Denken, unsere Wahnehmungsweise und unsere Wertvorstellungen müssen sich grundlegend wandeln. Die Anfänge dieses Wandels, weg von der mechanistischen hin zur ganzheitlichen Beschreibung der Wirklichkeit, sind bereits überall sichtbar und werden wohl das gegenwärtige Jahrzehnt beherrschen...

Der Ernst und das Ausmaß unserer gegenwärtigen Krise deuten darauf hin, daß dieser Wandel wahrscheinlich zu einer Umgestaltung von beispiellosen Dimensionen führen wird, einem Wendepunkt für unseren Planeten in seiner Gesamtheit...“[413]

Fritjof Capra, der mit diesen Worten das Anliegen seines revolutionären Buches „Wendezeit“[414] zusammenfaßte, wurde damit nicht nur Bestsellerautor, sondern Leitfigur der sogenannten „New-Age-Bewegung“. Capra fordert eine Neuorientierung in der Weltsicht. Er geht davon aus, daß der Wandel schon begonnen hat. Eine neue Art der Wahrnehmung der Wirklichkeit und dementsprechend ein anderer Umgang

[411] Gohde (Heer), Der achte Tag.
[412] Orwell, 1984.
[413] Capra, Weltbild, 2.
[414] Capra, Wendezeit.

mit ihr lassen sich beobachten. Zugleich gehe eine herkömmliche Art, die Welt zu verstehen und zu behandeln, zu Ende. Ein neues Paradigma sei im Kommen und präge die Gestaltung des Lebens auf unserer Erde:

„Dieses neue Weltbild umfaßt das in Entstehung begriffene Systemverständnis von Leben, Geist, Bewußtsein und Evolution, die entsprechende ganzheitliche Auffassung von Gesundheit und Heilen, die Integration der abendländischen und der östlichen Auffassung von Psychologie und Psychotherapie, einen neuen Rahmen für Wirtschaftswissenschaft und Technologie sowie eine ökologische und feministische Perspektive, die ihrem tiefsten Wesen nach spiritueller Natur ist und die tiefgreifende Veränderungen unserer gesellschaftlichen und politischen Strukturen hervorrufen wird.“[415]

Nach Capra haben auch andere Autoren die These von der Wendezeit vertreten, wenngleich in anderen Bildern und Sprachspielen und mit anderen Akzentsetzungen. Marilyn Ferguson zieht astrologische Weisheiten bei, was sie im Untertitel ihres Buches „Persönliche und gesellschaftliche Transformation im Zeitalter des Wassermanns“[416] ankündigt. Neben solchen kosmischen Überlegungen greifen die Autoren der Wendezeit/des „New Age“ auch auf fernöstliche Weisheiten zurück, von denen sie feststellen, daß sie mit der neuen Weltsicht in überraschender Weise konvergieren.[417]

Nach dem Urteil dieser Analytiker der geistigen und gesellschaftlichen Entwicklungen geht offenbar die Zeit der auf die „kartesianisch-mechanistischen Logik“ gegründeten modernen Industriegesellschaften zu Ende. Dies gilt für alle ihre Spielarten, für die freiheitlich-pluralistischen des Westens ebenso wie für die realsozialistischen des Ostens. Beide gelten als Zwillinge ein und derselben Logik, nämlich des Paradigmas des unbegrenzten Fortschritts durch harte Veränderungen der vorfindbaren Wirklichkeit, wobei diese Veränderungen ausschnittweise erfolgt sind, ohne Kenntnis und auch zumeist ohne Rücksicht auf die vielfältigen ökologischen und sozialen Nebenwirkungen. Das Paradigma des Eingriffs, der ausbeuterischen Herrschaft, der harten Veränderung müsse dem sanften Paradigma des „Verschonens“ weichen. Nur so werde die Welt und werde das Leben auf ihr Zukunft haben. Freilich: Nicht alle Autoren halten diesen Paradigmenwechsel noch für möglich; es sei dafür längst zu spät. Die Menschheit sei in ihre letzte Phase eingetreten, in die Phase des Todes, der unweigerlich auf sie zu-

[415] Capra, Weltbild, 2.
[416] Ferguson, Die sanfte Verschwörung.
[417] Capra, Weltbild, 6.

kommt. „Es ist soweit", so der düster-apokalyptische Hoimar von Ditfurth. Was der Menschheit in dieser Lage zu tun bleibe, sei, sich – wie ein unheilbar Kranker – auf das vorhersehbare Ende einzustellen und die verbleibende Zeit menschenwürdig zu nützen. Im Anschluß an ein Wort von Martin Luther schlägt er der todgeweihten Menschheit vor: „So laßt uns denn ein Apfelbäumchen pflanzen."[418]

(3) Und die Praxis der Kirche(n)?

Aus diesen jüngsten Entwicklungen ergeben sich neuartige Herausforderungen an die Praxis der Kirche(n) und eine dieser Praxis angemessene Sozialgestalt. Insofern die Menschheit nämlich – getrieben durch massive Herausforderungen – einen tiefgreifenden gesellschaftlichen und kulturellen Umbruch durchmacht, ändert sich auch der gesellschaftliche Standort von Religion und Kirche, muß sich dementsprechend auch die Praxis der Kirche mitverändern, will sie der neuen Situation gerecht werden.

1. Das Verhältnis der Vertreter der „Wendezeit" zur überlieferten christlichen Religion und ihren Kirchen ist mehrdeutig, tendenziell aber positiv. Gelten doch die Religionen (zumal jene, welche den Verarmungsprozeß der Moderne nicht leichtfertig mitgemacht haben) als Quelle von Lebensweisheiten, die eine ganzheitliche Weltsicht bewahrt haben.[419] Allerdings konkurriert das Christentum diesbezüglich mit anderen Traditionen, der indianischen, der fernöstlichen, der astrologischen. Im Umkreis solcher Weltdeutungsversuche, die nicht selten synkretistisch sind, wird die Kirche weniger auf Rationalität, auf Vernünftigkeit hin befragt, sondern auf den Prüfstand der Herausforderungen von der Zukunft her und der neuen Paradigmen gestellt, was sie also zu den Themen Frieden, Umwelt, Mann-Frau-Verhältnis, Informatisierung, Veränderung der Arbeitswelt sowie zu den dahinterstehenden Annahmen über Leben, Geist, Bewußtsein, Evolution zu sagen hat. Bei dieser Überprüfung schwingen nicht selten die enttäuschten Hoffnungen auf eine lebbare Alltagsweisheit mit, die man der Kirche abgenommen hätte, wäre sie offen dafür gewesen. Solche negativen Kirchenerfahrungen werden dann auf das Christentum übertragen, zumal es sich eben in solchen Kirchenstrukturen faktisch entwickelt hat. Im Zusammenhang mit einer derartig neuen Überprüfung des Christentums wird dann diskutiert, inwieweit es selbst sowohl mitbeteiligt war

[418] Ditfurth, Apfelbäumchen.
[419] Capra, Weltbild.

an der Entwicklung jenes modernen Zeitalters, von dem sich die Anhänger des Neuen Zeitalters abwenden, und inwieweit es von diesem wiederum rückwirkend verändert wurde. Ein der Moderne verhaftetes Christentum wird auf dem Weg in das New Age abgelehnt. Es wird ihm unterstellt, vorgeworfen oder von ihm befürchtet, daß es durch die Anpassung an die Moderne die Kraft und die Fähigkeit verloren hat, den Weg in die Zukunft eröffnen und auf ihm vorangehen zu können.
2. Die christlichen Kirchen sind in der Frage der von der Zukunft herkommenden Challenges gespalten, mehrdeutig und unentschlossen. Diese Einstellung zur „Welt" entstammt der Ansicht, alles Irdische sei gegen das ewige Heil Gottes nur vorläufig, daher auch nebensächlich und bestenfalls Sache der Laien[420], aber jedenfalls nicht Aufgabe der Kirche. Das betrifft die Fragen des Friedens, der Umwelt, die Neudefinition der Geschlechterrollen ebenso wie die Herausforderungen durch die wachsende Informatisierung der Arbeitswelt und der zwischenmenschlichen Kommunikation. Von einzelnen Hirtenworten und offiziellen Aktionen abgesehen, sind es kleine Gruppen am Rand der Kirche, die sich dauerhaft mit den zukunftsträchtigen gesellschaftlichen Bewegungen auseinandersetzen oder sich gar mit ihnen zusammentun: mit der Friedens-, der Umwelt- oder der Frauenbewegung. Zumal die katholischen Kirchenleitungen zeigen große Zurückhaltung, nicht zuletzt wohl wegen ihrer Rücksichtnahme auf die etablierten gesellschaftlichen Kräfte, die durch die neuen Bewegungen zwar beunruhigt, aber in ihrem politischen Führungsanspruch bislang noch nicht ernstlich gefährdet sind. Die Mehrheit der Kirchenmitglieder wie der verantwortlichen Kirchenführer steht daher im Lager derer, die keinen tiefgreifenden Kurswechsel für notwendig halten und die Anwälte der „Wendezeit" eher für unrealistische Träumer einschätzen. Die Vertreter der Aufbruchbewegungen ordnen deshalb die Kirche(n) mehr den Kräften der Vergangenheit als der Zukunft zu. Sie erwarten sich vielleicht von den Weisheiten der Religion, nicht aber von den konkreten Kirchen Unterstützung auf ihrem Weg ins neue Bewußtsein und in neues gesellschaftliches Handeln.
3. Die Kirchen vernachlässigen auf solche Weise ihre Pflicht, Hoffnungspotential auf dem Weg der Menschheit in die Zukunft zu sein, wenn sie sich nicht mehr als bisher mit den Zukunftsproblemen beschäftigen. Sie geraten in die Gefahr, (nochmals) das Aufkommen einer neuen Gesellschaft zu übersehen. Die Zukunft würde dann ohne die

[420] Die Abtrennung des Heils Gottes von der konkreten Welterfahrung schließt zwangsläufig auch die Laien aus ihrer Verantwortung für die Kirche aus; diese bleibt auf die Weihe-Amtsträger beschränkt.

Hoffnungskräfte des Christentums gestaltet werden. Eben dies wäre ein Schaden für die Menschheit. Kommt es doch gerade in der heutigen, die ganze Menschheit so stark fordernden Situation darauf an, daß die Kirche die Jahrtausende alte christliche Lebensweisheit auf die neuen Fragen der Welt hin auslegt und anwendet. Dazu ist es notwendig, daß die christlichen Kirchen rechtzeitig, also schon heute, aufmerksam die Entwicklungen verfolgen und an ihnen mitwirken. Die Zukunftsfragen der Menschheit gehören daher auf die Tagesordnung der Kirchen: in ihren Gremien, in ihrer Bildungsarbeit, in den Hirtenschreiben. Ansätze dazu sind auch vorhanden, gibt es doch Texte von Bischöfen und Bischofskonferenzen zu den Themen Frieden, Arbeit, Geschlechterrollen, Kommunikation, Umwelt. Es darf aber nicht bei Worten bleiben. Der Lebensraum der christlichen Kirchen muß der Ort werden, wo aus einem neuen Bewußtsein eine neue Praxis entstehen kann: im Umgang der Geschlechter miteinander, im Umgang mit der belebten Mitwelt, in der Frage des Friedens. Gegen die Tendenz mancher Christen und nicht weniger Christengemeinden ist zu fordern, daß künftig hin mehr Christen in jene gesellschaftlichen Bewegungen eintreten, die unmittelbar aus den Zukunftschallenges entstanden sind: in die Friedens-, die Ökologie-, die Männer- und die Frauenbewegung. Christen sollen auch an der Entwicklung der Informatisierung zwischenmenschlicher Beziehungen ebenso mitwirken wie an der Lösung der neuartigen sozialen Probleme, die durch die Informatisierung der Arbeitswelt auftreten. Erfreulicherweise gibt es dafür erste Ansätze: So hat die Katholische Sozialakademie Österreichs ein „Grundeinkommen ohne Arbeit“ in die Diskussion gebracht.[421] Ein Teil der organisierten katholischen Frauen kämpft nachhaltig für eine Veränderung der Rolle der Frauen in Gesellschaft und Kirche. Einzelne kirchliche Bildungshäuser haben sich der Ökologieproblematik verschrieben.

4. Will die Kirche solchen Aufgaben morgen mehr als heute gerecht werden, bedarf es auch neuer kirchlicher Sozialformen. Die weithin ins gesellschaftliche Abseits, in den Privatraum abgedrängten Christengemeinden müssen ihr Getto verlassen; es braucht neuartige, mobilere Einheiten von Christen. Für den Christen wäre eine Art Mehrfachmitgliedschaft wünschenswert: auf der einen Seite in einer überschaubaren christlichen Einheit, in der die anstehenden Zukunftsfragen aus dem Licht des Evangeliums untersucht, Lösungswege entworfen und ansatzhaft gegangen werden. Auf der anderen Seite sollten diese Christen in gesellschaftlichen Einrichtungen und Gruppen anwesend sein, um dort

[421] Büchele, Wohlgenannt, Grundeinkommen ohne Arbeit.

ihre im Licht des Evangeliums gewonnenen Erkenntnisse und Erfahrungen einzubringen. Erforderlich ist eine Ent-Privatisierung und Re-Politisierung des Christentums. Die Christen gehören mehr als bisher auf die Marktplätze der Menschheit, auf denen die Zukunft vorbereitet und entschieden wird.

III. TEIL: PRAXEOLOGIE

Ein Mann, der Herrn K. lange nicht gesehen hatte,
begrüßte ihn mit den Worten:
„Sie haben sich gar nicht verändert."
„Oh!" sagte Herr K. und erbleichte.

Bertolt Brecht[422]

[422] Brecht, Geschichten vom Herrn Keuner, 26.

1 ECCLESIA SEMPER REFORMANDA

In den beiden bisherigen Hauptteilen dieser Fundamentalpastoral haben wir die Praxis der Kirche, wie sie heute stattfindet, in einer zweifachen Hinsicht untersucht: Wir haben nach dem dieser Praxis innewohnenden Haupt- und deren ambivalenten Nebenzielen gefragt, um entscheiden zu lernen, wie „zielsicher“ die Praxis der Kirche ist. Sodann haben wir ihren Bezug zur „pastoralen Situation“ erforscht: Nimmt die Kirche die Situation wahr, werden die „Zeichen der Zeit“ aufmerksam gelesen, handelt die Kirche also „situationsgerecht“?

(1) Praxis(weiter)entwicklung

Im Zuge einer solchen kriteriologischen und kairologischen Praxisanalyse lassen sich grundsätzlich verschiedenartige Praxisanteile herausarbeiten: jene, die es zu bewahren gilt, weil sie zielsicher und situationsgerecht sind, und andere, die zu wenig situationsgerecht und zielsicher sind und die es daher zu verändern gilt. Eine Veränderungsbedürftigkeit erwächst aus mehreren Gründen:

– Die Kirche löst ihren Auftrag von Jesus her nie hinreichend ein. Von den Visionen, die ihr in ihren Gründungsurkunden überliefert sind, werden stets nur Fragmente verwirklicht. Unentrinnbare menschliche Begrenztheit, aber auch sündige Verweigerung gegenüber dem Herrn der Kirche sind die Ursachen für den Mangel an „Reich-Gottes-Praxis“, für Spuren eines „ekklesialen Atheismus“. Daraus folgt, daß sich die Kirche stets ihrem Auftrag nähern muß. Es obliegt ihr, „radikaler“ zu werden, an die Wurzeln zurückzukehren und von dort her das Leben der Kirche zu erneuern.

– Das Verhältnis zur Situation wird für gewöhnlich ebenfalls entwicklungsbedürftig sein. Wiederum kann dies aus einer schuldhaften Weigerung der Kirche erwachsen, in den „Zeichen der Zeit“ Gottes Weisung für die gegenwärtige Kirchenpraxis zu erkennen; Kirche wäre dann in einem schuldhaften Sinn weltverschlossen, „weltfremd“. Möglich ist auch eine unbedachte Überanpassung an heillose Anteile der „Welt“, eine unerwünschte „Verweltlichung“ der Kirche. Doch auch ohne sol-

che Schuld stellt sich der Kirche die ständige Aufgabe, sich mit der Situation jeweils neu auseinanderzusetzen und die Situationsgerechtigkeit zu mehren. Weiterentwicklung der Kirchenpraxis wird so zur Daueraufgabe.
Um also in der Praxis zielsicher und situationsgerecht zu bleiben bzw. zielsicherer und situationsgerechter zu werden, braucht es in der Kirche eine Entwicklung, in der die Kirchenpraxis eine neue Form erhält. Kirche ist ständig auf Re-Form angewiesen. Der Kirche war das auch immer bewußt. Sie hat dieses Wissen in die Formel von der „Ecclesia semper reformanda" gekleidet.

(2) Lehre vom Übergang

Der Verlauf kirchlicher Reformen sowie die Reformfähigkeit der Kirche und ihrer Mitglieder sind die Hauptthemen des III. Teils dieser Fundamentalpastoral. Reform verwenden wir hier allgemein im Sinn von Übergängen von einer Praxisgestalt zu einer anderen, also im Sinn von (weiter)entwickeln, erneuern, verbessern oder auch (in Anlehnung an einen sanften ökologischen Begriff) „meliorisieren" (Hermann Stenger). In reformerischem Handeln werden Übergänge von einer ererbten Praxis in eine neugeformte inszeniert. Der erhoffte Ertrag solcher reformerischen Übergänge ist ein Zuwachs an Zielsicherheit und Situationsgerechtigkeit, also mehr Nähe zum Auftrag Jesu und (daher zugleich!) mehr Nähe zum Menschen in dessen konkreter geschichtlich-gesellschaftlichen Situation.[423] Reformzeiten sind also Zeiten des Übergangs. Über solche vielfältigen Übergänge wissenschaftlich zu reflektieren, das ist Aufgabe der Praxeologie.
Diese Aufgabe, sich mit reformerischen Übergängen in der Kirche, deren Verlauf und Voraussetzungen zu befassen, wurde bislang von der Praktischen Theologie vernachlässigt. Zu Recht schrieb Karl Rahner in dem 1972 erschienenen Lexikon der Pastoraltheologie: *„Die Praktische Theologie müßte als normative (dieses Wort vorsichtig und weit verstanden) Wissenschaft zum guten Teil wegen ihrer Hinrichtung auf die freie Geschichte der Kirche der Zukunft Imperative und Weisungen (im Unterschied zu absoluten Normen und Gesetzen) der Kirche und vor allem ihren Amtsträgern anbieten, wenigstens als mögliche und (nach dem Urteil des praktischen Theologen) als wünschenswerte. Dabei ist der Übergang selbst von einem denkbaren, ‚möglichen' Imperativ zu einem wirklichen*

[423] Es ist sinnvoll, die Annäherung an den von Jesus her überlieferten Auftrag als „Erneuerung" und die Arbeit an mehr Situationsgerechtigkeit als „Reform" im engeren Sinn zu bezeichnen.

(vom Theologen angebotenen – und nochmals – von den wirklichen Entscheidungsträgern angenommenen) neuerlich ein Problem der (individuellen und kollektiven) Entscheidung, das zwar unreflektiert in der Praxis immer wieder gelöst, aber bisher kaum einmal wirklich theoretisch reflektiert wird, also selbst nochmals eine Aufgabe der Praktischen Theologie sein müßte."[424]

1. Wir werden im Folgenden nicht konkrete Imperative und Weisungen, also „Handlungsmodelle" für einzelne Praxisfelder (wie Familie, Frieden, Gemeinde) formulieren. Solche Arbeit einer „Speziellen Pastoraltheologie" wird in weiteren geplanten Bänden[425] geleistet. Hier untersuchen wir übergreifende Aspekte des Übergangs, entwerfen wir eine Lehre von der Praxisweiterentwicklung, eine Lehre des Übergangs von der stattfindenden in eine weiterentwickelte, re-formierte Praxis. Wir werden Fragestellungen präzisieren und Bausteine für eine praktisch-theologische Theorie der (Weiter)Entwicklung der stattfindenden Praxis der Kirche zusammentragen. Wir sind uns im klaren, daß wir nur einen ersten Versuch vorlegen, der im praktisch-theologischen Fachgespräch noch der weiteren Entfaltung bedarf, also nach kritischer Auseinandersetzung verlangt.

2. Bei der Entwicklung dieser Lehre vom Übergang treten wir bevorzugt in den Dialog mit angrenzenden Disziplinen der Organisationssoziologie, der Organisationsentwicklung und der Unternehmensberatung ein.[426]

3. Das Material, das wir hier zusammengestellt haben und zur Diskussion stellen, wird in folgenden Einheiten präsentiert:

(a) In einem ersten, noch einleitenden kurzen Abschnitt skizzieren wir in Anlehnung an die Organisationssoziologie knapp den Verlauf eines Reformprozesses und formulieren dabei jene Fragestellungen, die wir dann weiter verfolgen.

(b) Die Teilthemen, die wir in einem zweiten Haupt-Abschnitt aufgreifen werden, sind:

– Was löst Reformen aus?

[424] Rahner, Pastoraltheologie, 394. Auch die lateinamerikanische Befreiungstheologie begreift die Praxeologie als eine Theorie der Praxisveränderung, vgl. Boff, Theologie und Praxis. – Ders., Mit den Füßen am Boden. – Ders., Boff, Wie treibt man Theologie der Befreiung?

[425] Zulehner, Pastorale Futurologie. – Ders., Übergänge. – Ders., Gemeindepastoral.

[426] Dieser praxeologische Teil der Fundamentalpastoral ist in Kommunikation mit Unternehmens- und Organisationsberatern entstanden. Der Dialog wurde begonnen in der Annahme, daß für die Entwicklung kirchlicher Organisation und Institution die Erfahrungen anderer Organisationen und sozialer Systeme wichtig sind: Halek-Institut für Management Training, Jagdschloßgasse 16, 1130 Wien.- Observe. Forschungsinstitut für Organisations- und Institutionsberatung, Josefstädterstr. 27/12, 1080 Wien. – Vgl. Lay, Krisen und Konflikte. – Rogers, Diffusion of innovations. – Schein, Organizational Culture and Leadership.

– Woher kommt der Widerstand gegen Reformen, und welche Bedeutung hat dieser Widerstand für den Verlauf eines Reformprojekts?
– Wie können Reformideen verbreitet werden?
– Wer ist Reformsubjekt, und welche Rolle spielen die amtlichen Entscheidungsträger?
– Was kann aus dem Scheitern eines Reformprojekts gelernt werden?
(c) In einem letzten Abschnitt überlegen wir, wie die für Reformer unentbehrliche Tugend des Christenmutes gelernt werden kann.

(3) Reformverlauf

Reformen in sozialen Systemen verlaufen in typischen Phasen:[427]
(a) Am Beginn einer Reform stehen wenige (Denk-) Pioniere. Sie haben entweder die *Vision* von einer besseren Praxis ihrer Organisation oder/und leiden (deshalb) unter den vorfindbaren Verhältnissen in ihr. In ihrer Organisation sind sie zunächst in der Minderheit, sie sind Außenseiter: „Kein Vernünftiger kann eine solche Veränderung wollen", heißt es. Reformer werden oft abqualifiziert, stigmatisiert und diffamiert. Denn alles Neue ist für die bestehende Ordnung und die Erhalter dieser Ordnung bedrohlich: Veränderung soll ja geschehen, was viele Mitglieder an sich schon beunruhigt. Die Kritik der Innovatoren stört zudem den eingefahrenen Ablauf des Handelns und mindert Arbeitsleistungen.
(b) Nach und nach sammeln sich um den Reformer und seine Ideen Anhänger. Gleichzeitig formieren sich Gegenbewegungen. Der Widerstand gegen die Reformabsicht wächst. Es kommt zu Konflikten zwischen diesen verschiedenen Gruppen und Bewegungen. Die Reformer unterschätzen zumeist den *Widerstand*, der zwar auf der inhaltlichen Ebene argumentativ vorgetragen wird, tatsächlich aber tief in emotional-affektiven Schichten liegt.
(c) Die Reformidee wird in der Organisation weiter *verbreitet*. Das kann auf verschiedene Weisen erfolgen.
(d) Die Reform findet Anhänger unter den *Entscheidungsträgern*. Dies führt zu einer sozialen Um- und Abwertung des Widerstands. Durch die Annahme der Reformidee durch die Autorität kann die Bereitschaft bisheriger Reformgegner wachsen, auf den neuen Kurs miteinzuschwenken. In dieser Phase ist eine Rückkehr zum Alten immer noch möglich.

[427] Lay, Krisen und Konflikte. – Rogers, Diffusions of innovations. – Schein, Organizational culture and Leadership. – Selvini-Palazzoli u.a., Hinter den Kulissen der Organisation.

(e) Ein Teil der inszenierten Reformen setzt sich schließlich durch. Dadurch geraten die bisherigen Gegner der Reform in eine ähnliche Lage, in der sich die Reformer anfangs befunden haben: Jetzt gelten sie als Außenseiter. „Kein Vernünftiger wird so veraltet denken." Ein anderer Teil der erwünschten Reformen „scheitert". Für starke Organisationen ist solches Scheitern eine Quelle wertvoller Einsichten („*learnings*").

Diese erste typologische Beschreibung eines Reformverlaufs erlaubt uns, jene Fragen zu präzisieren, die uns im Rahmen einer praktisch-theologischen Praxeologie interessieren: Was ist der Ursprung für Reformen in sozialen Systemen?[428] Warum greift nur ein Teil der Mitglieder einer Institution die Neuerungsidee auf, der andere Teil hingegen nicht? Wo kommt der Widerstand gegen Reformen her? Wie ist dieser Widerstand im Blick auf das Gelingen von Reformen zu beurteilen? Handelt es sich um destruktiven, also schädlichen Widerstand, oder gibt es nicht auch kreativen Widerstand, der dem Reformprozeß nützt? Wie können Mitglieder für die Reform gewonnen werden? Wie können ihre Widerstände dagegen abgebaut werden? Wer ist das verantwortliche Subjekt von Reformen? Wer sollte es sein? Welche Rolle spielen Entscheidungsträger in Reformprozessen? Was geschieht mit den Reformern, wenn der Reformprozeß auf halbem Weg abgebrochen wird? Was kann aus dem Scheitern von Reformprojekten für weitere Reformen gelernt werden? Was ist schließlich das Schicksal derer, die zunächst zur Mehrheit gehörten und den herkömmlichen Zustand verteidigt haben, die aber im Lauf der erfolgreichen Reform selbst zu Außenseitern werden, wenn sie sich nicht selbst mitzuverändern bereit sind? Diesen Fragen gehen wir nunmehr nach. Dabei werden wir nicht nur grundsätzlich über den Reformprozeß reflektieren, sondern zugleich die gegenwärtige kirchliche Entwicklung mitbedenken, die von der Auseinandersetzung mit dem Reformprojekt des II. Vatikanischen Konzils geprägt ist.

[428] Kuhn, Die Entstehung des Neuen.

2 DER REFORMPROZESS

(1) Auslösung von Reformen

„Finden Sie, daß man in der Kirche energischer Reformen vorantreiben sollte, oder finden Sie das nicht?“ Aufgrund der Antworten auf diese Frage konnte je ein Drittel der Welt- und Ordenspriester im deutschen Sprachraum als Reformer bzw. als Reformgegner[429] eingestuft werden.[430]

(a) Quellen der Reformbereitschaft

Nähere Analysen dieser Daten legen jene Quellen frei, aus denen die Bereitschaft von amtlichen Kirchenmitgliedern zu Kirchen-Reformen heute gespeist wird:

1. Die Reformbereitschaft von Priestern im deutschsprachigen Raum ist abhängig vom Lebensalter[431], vom Einsatzort[432] sowie von der Dienst-

[429] Bei diesem Ergebnis darf nicht übersehen werden, daß der Begriff „Reformen“ zeitbedingt zu verstehen ist: Es handelt sich um die Reformen, die nach dem II. Vatikanischen Konzil in die Wege geleitet worden waren. Es gibt heute aber ähnliche Veränderungsprozesse in der Kirche, die zwar nicht die Ziele des vatikanischen Reformkonzils verfolgen, sondern diese eher ablehnen und an deren Stelle eigene Ziele setzen, die aber ähnlich verlaufen wie Reformprozesse. Gemeinsam sind beiden Veränderung und die Gesetzlichkeiten ihres Ablaufs.

[430] 33 % bekannten sich im Jahr 1971 für weitere energische Reformen, 25 % sprachen sich dagegen aus. Eine starke Mittelgruppe von 39 % plädierte für „teils, teils“; 3 % gaben keine Antwort. Zu einem ähnlichen Ergebnis kam die gleichfalls 1971 durchgeführte Österreichische Priesterbefragung: 34 % der Priester haben eine hohe Reformbereitschaft. Kirche und Priester, 160. Die befragten Priester verteilen sich auf der fünfteiligen Index-Skala so:

7 %	27 %	24 %	30 %	12 %
1	2	3	4	5
stark	. . . . .	. . . . .	. . . . .	schwach
Reformbereitschaft				

[431] Bei den unter Dreißigjährigen waren in Österreich 1971 69% sehr reformwillig, bei den über 60jährigen hingegen nur 15%. Es ist fraglich, ob die nachrückende Priestergeneration ähnlich reformoffen ist.

[432] Unterdurchschnittlich wenig Reformbereitschaft gab es in Dörfern unter 2000 Einwohnern (25%), überdurchschnittlich viel hingegen in Städten über 100000 Einwohnern.

verwendung.[433] *Lebensgeschichtliche* Voraussetzungen (Alter, physische und geistige Mobilität) prägen somit die Reformbereitschaft ebenso wie die *Umstände*, unter denen die Arbeit verrichtet wird (Einsatzort, Dienstverwendung, Kontext der Arbeit).[434]

2. Die Reformbereitschaft ist bei jenen Personen überdurchschnittlich groß, die von *Konflikten* betroffen sind. Die Wahrnehmung von Kon-

[433] In Deutschland zeigen Priester in der Schwesternseelsorge die geringste Reformwilligkeit (Schmidtchen, Priester in Deutschland, 94). Überdurchschnittlich (der Durchschnitt war bei 34%) reformfreudig hingegen waren in Österreich 1971: Jugendseelsorger (54%), Religionsprofessoren (54%), Kapläne (51%), Priester in der Erwachsenenbildung (50%). Unter dem Durchschnitt wiederum lagen Priester mit höheren Leitungsaufgaben: Pfarrer und Dechanten (25%), Priester in Leitung und Verwaltung (23%). Die Reformbereitschaft wird offensichtlich durch jenen Personenkreis mitgeformt, mit dem jemand lebt und mit dem er beruflich zusammenarbeitet.

Daß die Dienstverwendung einen Einfluß auf die Reformbereitschaft hat, ist so zu erklären: Durch die Dienstverwendung wird der Personenkreis definiert, mit dem eine Person beruflich zusammen ist. Die Kommunikation mit diesen Personen prägt die Wahrnehmung der Wirklichkeit. Wissenssoziologisch ausgedrückt: Die Wirklichkeit, die einer bewußtseinsmäßig „bewohnt", wird in der Kommunikation mit anderen Personen „konstruiert". Wer mit jungen Menschen kommuniziert, wird (wie ein Jugendseelsorger) mehr Reformbereitschaft entwikkeln als jemand, der mit älteren Ordensfrauen zusammenlebt.

[434] Franz X. Kaufmann hat das Kommunikationsfeld von Bischöfen beschrieben und daraus Folgerungen für ihre Handlungsdisposition abgeleitet: *„Bischöfe leben normalerweise in kirchlicher Umgebung. Ihre engsten Mitarbeiter gehören dem geistlichen Stand an oder sind Laien mit starker Kirchenorientierung. Zumeist sind sie von ihm oder seinem Vertreter als Arbeitgeber abhängig. Bischöfe verbringen die wenige Freizeit, die ihnen neben ihren Amtsgeschäften verbleibt, überwiegend ebenfalls in der Gesellschaft von Klerikern oder kirchenorientierten Laien. Sie haben daher nur ausnahmsweise Gelegenheit zu einer intensiven informellen Kommunikation mit Personen, deren Interessenszentrum auf ganz anderen Gebieten als demjenigen der Kirche liegt. Hierin unterscheidet sich ihre Umwelt ganz entscheidend von der Mehrzahl der übrigen Kirchenangehörigen.*

Am ehesten dürfte ein Kontakt mit der nicht kirchenzentrierten Denkweise in der gegenwärtigen Gesellschaft sich im familiären Bereich eines Bischofs ereignen. Es hängt daher in erheblichem Maße von der Herkunft eines Bischofs ab, welche nichtkirchlichen Wirkungsbereiche und Wirklichkeitsbestimmungen ihm zugänglich sind.

Bischöfe haben einen geregelten und zumeist vollen Terminkalender, den sie nur in beschränktem Maß selbst bestimmen können. Der überwiegende Teil ihrer Arbeit besteht in sich wiederholenden, weitgehend formalisierten Tätigkeiten (z. B. Firmreisen, Visitationen, Gottesdienste, Arbeitsbesprechungen mit Mitarbeitern, Sitzungen) von geringen geistigem Anregungsgehalt. An den Bischof werden in diesen formalisierten Situationen immer wieder Gehalte ähnlicher Art herangetragen, die nur ein sehr reduziertes Spektrum der Wirklichkeit repräsentieren. Dieses Spektrum ist zudem durch kirchliche Bezüge gefiltert.

Bischöfe haben wenig Kontakt mit dem pastoralen Alltag. Sie kommen zwar viel in ihrer Diözese herum, jedoch in der Regel in amtlicher Funktion. Das Erscheinen des Bischofs bewirkt selbst bereits eine außergewöhnliche Situation, so daß es ihm auch bei gutem Willen nur inkognito möglich wäre, alltägliche Kontakte mit der ‚Basis' aufzunehmen. Da dem Bischof trotz aller Säkularisierung auch heute noch ein spezieller Rang als Repräsentant der Kirche zugesprochen wird, fällt es ihm schwer, die Welt anders denn als ‚Bischof', also in einer bestimmten Rolle, zu erleben – es sei denn über die Massenmedien, welche wiederum nur einen sehr spezifischen Ausschnitt aus der gesellschaftlichen Wirklichkeit in einer bestimmten Form repräsentieren, die mit dem Alltagsleben der Menschen wenig zu tun hat. Im übrigen dürfte der durchschnittliche bischöfliche Konsum von Massenmedien deutlich unterhalb der gesellschaftlichen Durchschnitte liegen." Kaufmann, Kirche begreifen, 16f.

flikten hängt davon ab, welche alternativen Szenarien zur vorfindbaren Situation jemand besitzt; wer viele Träume, *Visionen*, Utopien hat, wird die vorfindbare Situation kritischer und leidvoller erleben.
Die in der heutigen Kirche reformproduktiven Konflikte sind vielfältig. Sie stehen wiederum entweder mit der persönlichen Lebenssituation oder mit der beruflichen Tätigkeit in Verbindung.[435] Zu den persönlichen Konflikten, die bei Priestern einen starken Reformimpuls auslösen, gehört der Zölibatskonflikt. Dazu kommen das Defizit an sozialer und materieller Belohnung sowie widrige Berufsumstände.
In hohem Grad reformproduktiv ist der „pastorale Grundkonflikt"[436]. Auf diesen gehen wir näher ein, weil er eng mit der Zielsicherheit und Situationsgerechtigkeit der Kirchenpraxis zusammenhängt und zudem die heute schwelenden Auseinandersetzungen zwischen den „Konservativen" und „Progressiven" in der Kirche um das vatikanische Pastoralkonzil speist.

(b) Der pastorale Grundkonflikt[437]

„Was belastet Ihrer Meinung nach heute das Leben der Kirche?
Was belastet Sie derzeit in Ihrem Leben?"[437]

	Typ A	Durchschnitt	*Typ B*
unsichere Glaubensverkündigung	88%	74%	43%
schwindender Glaubensgeist	82%	70%	49%
Unsicherheit durch Experimente	88%	53%	12%
lebensferne Predigt	36%	53%	84%
kirchliche Ehe- und Sexualmoral	24%	41%	84%
Unsicherheit durch neuere Theologie	53%	42%	13%
Stellungnahmen des Papstes	7%	41%	91%
keine freimütige Glaubensauseinandersetzung in der Kirche	19%	32%	67%
magischer Anschein liturgischer Handlungen	4%	16%	61%

	„Typ A"	*„Typ B"*
Krisendiagnose:		
Die Kirche ist	verweltlicht	weltfremd
Handlungsoption:	keine weiteren „Reformen"	weitere energische „Reformen"
Reformbereitschaft:	niedrig	hoch

[435] Dies entspricht der in der amerikanischen Konfliktforschung üblichen Unterscheidung zwischen „real" (Konflikte auf der Sachebene) und „personal conflicts" (Konflikte auf der Beziehungsebene).
[436] Vgl. Kirche und Priester, 147–158.
[437] Kirche und Priester, 165.

Gemeinsam ist den Befragten das Wissen um die kritische Lage der Kirche im heutigen Europa. Die einschlägigen Zahlen über Kirchenaustritte, Rückgang des Kirchenbesuchs, Auflösung der bisherigen Beichtpraxis, Mangel an Priestern und Ordensberufen belegen diese krisenhafte Situation zu eindeutig, als daß sie bestritten werden könnte. In der Beurteilung der kritischen Lage der Kirche zeichnen sich aber zwei gegensätzliche Positionen ab, die wir als Typ A und Typ B bezeichnen. Die beiden Grundtypen unterscheiden sich erheblich in der Frage, worin die Krise ihre Ursachen hat und wie sie zu lösen ist: Der Typ A ist entschieden gegen die bisherigen oder zumindest gegen weitere Reformen. Der Typ B hingegen vertritt eine Lösung durch weitere Reformen. Beide Lösungen, die reformerische und der Widerstand gegen sie, haben mit der *Beurteilung des Verhältnisses zwischen Kirche und Welt* zu tun. Zugleich tauchen aber unter dem Stichwort „Unsicherheit" auch *lebensgeschichtliche Aspekte* auf: Die Kirchenkrise werde durch „unsichere Glaubensverkündigung" oder wegen der „Unsicherheit durch Experimente" oder „Unsicherheit durch neuere Theologie" verursacht.

(c) Die reformerische Lösung

1. Wer für (weitere) Reformen plädiert, geht *„sachlich"* davon aus, daß die Ursache der Krise in der „Weltfremdheit" der Kirche zu suchen ist. Dabei unterstellt er, daß es in dieser „Welt", in die sich die Kirche zu wenig einläßt, sehr viel gibt, was die Kirche annehmen könnte, beispielsweise in der Arbeiter-, der Frauen- oder der Friedensbewegung. Läßt sich die Kirche nicht noch mehr als bisher auf die sich zudem rasch wandelnde Welt ein, dann wächst die Entfremdung zwischen Kirche und Welt weiter. Noch mehr Menschen werden der Kirche den Rücken kehren. Die Krise der Kirche wird dann nicht vermindert, sondern nur noch vergrößert. Der auf dem II. Vatikanischen Konzil begonnene Reformprozeß muß daher entschlossen fortgesetzt werden. Reformen sind in allen Bereichen des kirchlichen Lebens erforderlich: im Lehrbereich (Theologie, Verkündigung, Katechese), in der Liturgie (mehr Rücksicht auf die Bilder und Symbole der gegenwärtigen Kultur), im Bereich sittlicher Normen (Rüstung, Umwelt, Geschlechterrollen, Arbeitswelt), im Bereich der kirchlichen Organisation (Amt und Autorität, Partizipation).
2. Unterstützt wird die Reformoffenheit des Typs B durch *„persönliche"*, lebensgeschichtlich gewachsene Dispositionen: Reformer finden wir unter den jüngeren Kirchenmitgliedern eher als unter den älteren; sie leiden offenkundig auch nicht so sehr wie die Reformverweigerer un-

ter Verunsicherungen: Reformen bedrohen sie nicht, sondern verheißen vielmehr die Verringerung von lebensmäßigen und beruflichen Konflikten.

(2) Widerstand gegen Reformen

(a) Die antireformerische Lösung

Wie die Reformbereitschaft, so hat auch der Widerstand gegen Reformen „sachliche" wie „persönliche" Aspekte.
Die Reformgegner unterstellen *„sachlich"*, daß gerade die moderne Welt, der sich die katholische Kirche auf dem II. Vatikanischen Konzil geöffnet hat, nicht viel Gutes an sich hat. Sie ist eine im Verfall begriffene Gesellschaft, säkularistisch-gottlos und permissiv-amoralisch, damit aber zukunftslos. Indem sich die Kirche auf diese verfallende Gestalt der Welt mit ihrer morbiden Kultur eingelassen hat, wurde sie selbst in einem für ihr Überleben bedrohlichen Maß „verweltlicht". Traditionalisten wie Neokonservative[438] beurteilen nun die moderne Welt nur in negativen Kategorien. Gottlosigkeit und Verfall der Autorität und der Sitten sind die bekämpften Hauptübel. Sich mit dieser gott-, autoritäts- und sittenlosen Welt eingelassen zu haben, ist die historische Schuld des Konzils. Nicht Gottes Geist drang von der Kirche in die Welt, sondern der Ungeist der Welt gelangte in die Kirche. Ein wiederholt zitiertes Bild ist das Eindringen des Rauches des Satans in die Kirche. Nehemia wird zitiert:

„Ihr seht selbst, in welchem Elend wir leben:
Jerusalem liegt in Trümmern,
und seine Tore sind abgebrannt.
Gehen wir daran und bauen wir die Mauern Jerusalems wieder auf!
So machen wir unserer Schande ein Ende."
(Neh 2,17)

So ist rückblickend zu bedauern, daß die Reformen des Konzils geschehen sind. Entschieden abzulehnen und zu bekämpfen ist, was unter Berufung auf das Konzil nach diesem an weiteren Reformen geschehen ist und was Reformer über die Beschlüsse des Konzils hinaus noch weiter zu verändern planen. Die Reformen haben in den letzten Jahrzehnten die Lage der Kirche schon zu sehr verschlechtert. Wo immer es geht,

[438] Conservative Catholicism. – Die Kirche und ihre Konservativen.

sind daher Veränderungen rückgängig zu machen und weitere zu verhindern. Dazu ist es nötig, die Schlüsselstellen der Kirche mit Personen zu besetzen, die den antireformerischen Kurs wirksam durchsetzen. Gelingt dies nicht, muß im äußersten Fall mit der als reformistisch bezichtigten Kirche gebrochen werden. Mit dem verbleibenden Rest der Guten ist ein neuer Anfang zu machen. Die Traditionalisten unter der Führung von Alterzbischof Lefebvre sind den Weg ins Getto gegangen; sie haben sich 1988 in ein Schisma begeben. Die Neukonservativen hingegen handeln gezielt im Rahmen der Kirche. Dazu haben sie über Bischofsernennungen in den letzten Jahren viele Schlüsselstellen in der Kirche erobert.

Charakteristisch für sie (wie im übrigen auch für viele Reformer) ist die Aufteilung der Kirchengeschichte in eine vor- und eine nachvatikanische Zeit, das ist eine Zeit vor und nach den Reformen.[439] War vorher die Kirche diszipliniert und in Ordnung, so ist sie nachher in eine Krise geraten. Die Möglichkeit wird nicht bedacht, daß die Lage der Kirche ohne Reformen noch schlechter sein könnte, weil die Entfremdung zwischen Kirche und Welt zum Bruch zwischen beiden und zur sektenhaften Gettoisierung der Kirche geführt hätte: ein Weg, den Neokonservative zur Zeit im Gefühl eines heroenhaften Märtyrertums eingeschlagen haben. Der Kampf gegen die verkommene Welt und die ihr verfallene Reformkirche konzentriert sich auf das Thema der Sexualität (voreheliche Sexualität, verantwortete Elternschaft: Humanae vitae), und hier wieder im besonderen auf die Abtreibung. Der Kampf gegen die Abtreibung ist Symbol für die Ablehnung der gesamten Kultur. An deren Stelle soll – in enger Zusammenarbeit mit den „Wendekreisen" der Gesellschaft[440] – eine „Gegenkultur" errichtet werden. In diesem Zusammenhang machen sie auch Papst Johannes Paul II. zu einem „kulturellen Helden", der – anders als die schlechten Bischöfe und die von ihnen gedeckten (Moral)Theologen[441] – sich von der modernen westlichen Kultur deutlich abgrenzt und auch innerkirchlich der Forderung nach weiteren Reformen widersteht.[442]

[439] Gegen eine solche Aufteilung wehrt sich entschieden Kardinal Ratzinger: Ratzinger, Zur Lage des Glaubens.

[440] Zulehner, Im Haus der Kirche sind viele Wohnungen.

[441] Die Kritik der Traditionalisten und der Neokonservativen wird immer mehr zu einer Kritik an den Bischöfen, denn die „Krise der Kirche ist eine Krise der Bischöfe": May, Die Krise der Kirche.

[442] Conservative Catholicism, 10.

(b) Reformer und Antireformer

Reformer und Antireformer gehen also gemeinsam davon aus, daß die gegenwärtige europäische Kirche in einer Krise ist. Sie unterscheiden sich aber grundlegend in der Krisendiagnose und den Handlungskonsequenzen, die aus ihr zu ziehen sind. Die Reformer meinen, die Kirche handelt zu wenig situationsgerecht. Sie kritisieren die Lebensferne der Liturgie und die Weltfremdheit kirchlicher Moral. Die Reformgegner hingegen vermissen die Zielgebundenheit kirchlichen Handelns. Sie beklagen Glaubensschwund und Verunsicherung. Die Reformer argumentieren kairologisch, die Reformgegner kriteriologisch. Genau besehen wünschen die Reformgegner auch „Reformen", nennen diese aber nicht so. Sie sagen Erneuerung, Rückkehr zum Alten, zur Tradition, zu den unverrückbaren ewigen Wahrheiten.

Die wahre Lage der Kirche ist freilich komplexer, als sie von den extremen Lagern der Kirche beurteilt wird. In der gegenwärtigen Kirchenpraxis gibt es nämlich sowohl Defizite in der Zielsicherheit wie in der Situationsgerechtigkeit. Die von manchen „liberalen" Reformern betriebene Auseinandersetzung mit der modernen Welt übersieht, daß diese viele Unheilsanteile hat. Die Reformgegner wiederum sind mit ihrer Politik der Abgrenzung von der allzu negativ beurteilten Kultur dabei, die Kirche zu einer gettohaften Minderheitskirche, soziologisch besehen zu einer Sekte umzuformen. Beides, die unbedachte Überanpassung an die negativen Anteile der modernen Kultur wie die Abschottung von ihren guten Anteilen werden dem Auftrag Jesu, Salz dieser Erde und Licht dieser Welt zu sein, nur unzulänglich gerecht.

Die oftmals heftigen Auseinandersetzungen zwischen den Reformern und deren Gegnern binden viele Kräfte der Kirche, die sie für die Evangelisierung der Welt auf dem Weg in eine bedrohte Zukunft dringend benötigt. Dieser unnötige Kräfteverschleiß könnte vermieden werden, wenn Reformer und Reformgegner sehen lernten, daß der andere jeweils eine wichtige Anfrage an die gegenwärtige Kirchenpraxis vertritt. Der Reformer ist in hohem Maße aufmerksam für die Situationsgerechtigkeit, der Reformgegner hat zumeist mehr Sinn für die Zielsicherheit und leistet deshalb Widerstand gegen Reformen.

(c) Die Defender-Rolle

Widerstand gegen Reformen kann also aus Gründen, die mit Ziel und Verlauf eines Reformprozesses zu tun haben und die deshalb *„sachliche Gründe"* genannt werden sollen, positive Funktionen besitzen. Sozialwissenschaftlich werden Personen, die für die Entwicklung einer Organisation nützlichen Widerstand leisten, „defender“ genannt. Einige Formen des für die Organisationsentwicklung günstigen Widerstands gegen Reformen tragen wir zusammen:

1. Wenn Reformgegner um die Zielsicherheit der Kirche, um ihre Treue zur Tradition also, besorgt sind und deshalb gegen Reformen Widerstand leisten, sind sie auf die *Integrität* der Kirche bedacht. Sowohl ein Konflikt wie die daraus folgende Reform spielen sich in Teilbereichen ab, doch betreffen diese Teilbereiche wegen der vielfältigen Verflechtungen zumal in differenzierten Großorganisationen das gesamte System. Der Reformer kann dann zwar eine für einen Teilbereich gute Lösung vorsehen, dabei aber die Auswirkungen der Lösung auf das gesamte System übersehen. Es gibt Personen mit einem Blick für größere Zusammenhänge, die diese vor anderen und für andere erkennen und zum Wohl der Gesamtorganisation Widerstand leisten.[443]

2. Widerstand wächst, wenn die von den Veränderungen Betroffenen das Gefühl haben, weder die Richtung noch das *Tempo* der Reform mitgestalten zu können. Wieder richtet sich der Widerstand nicht gegen die geplante Reform selbst, sondern gegen die Umstände des Reformierens. Bei den betroffenen Leuten entsteht dabei ein Gefühl von Ohnmacht, aber auch von Manipulation. Dagegen wehren sie sich zu Recht.[444]

[443] Ein innerkirchliches Beispiel ist die in den letzten Jahren erfolgte Einstellung einer großen Zahl von pastoralen Experten in den reichen Kirchen Mitteleuropas. Zur Erfüllung von pastoralen Arbeiten, die sich in den letzten Jahrzehnten entwickelt haben, sind diese vielen Männer und Frauen gewiß ein Zugewinn. Doch wächst die Einsicht, daß die Vermehrung der Experten wider deren Absichten die Unmündigkeit des Volkes eher fortschreibt als behebt. Der Widerstand gegen die Reformen, welche die Großkirchen von einer Klerus- zur Expertenkirche umgewandelt haben, wird stärker. (Kaufmann, Laientheologen. – Heller, Zulehner, Jenseits der Klerus- und Expertenkirche.)

[444] So ist es wichtig, bei Fortbildungsveranstaltungen mit den Leuten gemeinsam die Arbeitsweise zu bestimmen, damit nicht das Gefühl aufkommt, man wolle sie manipulieren. Zumindest ein Teil der Leute wird darauf mit Abwehr reagieren. Bereits vor jeder Bildungsmaßnahme wird man Phantasie in folgende Fragen investieren müssen: Ist es sinnvoll, Fortbildung nur mit einer einzigen pastoralen Berufsgruppe zu organisieren? Was bedeutet es für Art und Inhalte einer solchen Veranstaltung, wenn Pfarrer, Pastoralreferent/inn/en unter sich sind? Ist es sinnvoll, geschlechtlich homogene Gruppen zu bilden?
Es ist auch nicht ratsam, Gottesdienstzeiten ohne Beteiligung der Leute zu ändern oder neue Formen der Taufvorbereitung nur zu dekretieren. Die Verantwortlichen von Ehevorbereitungskursen werden in ihrer Arbeit mit den Ehepaaren massiv dadurch behindert, daß diese zur Teilnahme ohne Mitsprachemöglichkeit mehr oder minder genötigt werden. Dabei wird hier nicht die Notwendigkeit von Ehevorbereitungstagen bestritten. Auch richtet sich der Widerstand vieler nicht gegen die Arbeit der Verantwortlichen, wie nachträgliche Feedbacks zeigen.(Heller, Zulehner, Ehepastoral.) Widerstand wird vielmehr gegen die Verordnung solcher Tage an erwachsene Paare (zu Recht wiederum) geleistet. Daß nicht nur die gewöhnlichen Kirchenmitglieder so reagieren, sondern auch Pfarrer, zeigt der lautlose Widerstand vieler gegen die Dekretierung der priesterlichen Kleiderordnung. Bekanntlich erließ die Deutsche Bischofskonferenz eine Kleiderordnung für Kleriker, die eine Vergeudung

Es gibt Personen, die den Widerstand der Leute gegen den Stil der Reformen organisieren, also Anwälte der Ohnmächtigen und von Innovatoren Manipulierten sind. Auch sie kämpfen nicht gegen die Reformen, sondern gegen die Entfremdung der Reformer vom Volk und gegen einen nicht immer vermiedenen manipulativen und deshalb menschenverachtenden Stil. Sie lehnen auch das Argument ab, daß eine verordnete Reform doch weniger Zeit und Geld koste und daher insgesamt der Organisation nütze. Sie lassen sich von ihrer widerständigen Arbeit auch nicht durch das Argument abhalten, daß bei einer Beteiligung der Leute die Durchführung der fälligen Reform in Gefahr ist. Solche Art von methodischer Opposition ist langfristig ein wertvoller Dienst am Erfolg von Reformen. Sie stellt sicher, daß die Menschen zur Reform nicht gezwungen, sondern für sie gewonnen werden: Dies erhöht die Chancen, daß die Reform auch angenommen wird. Sie sichern, daß die Reform am Ende nicht jene der Experten, sondern der Betroffenen selbst ist.[445]

3. Erwünschter Widerstand gegen Reformen kann aufkommen, wenn zur Zeit die für Reformen *erforderlichen „Mittel“* nicht ausreichend zur Verfügung stehen. Sowohl das Entwickeln wie die Verbreitung von neuen Deutungs- und Handlungsmustern unter den Mitgliedern kosten Phantasie, Kraft, Lebensenergie, Zeit und Geld. Lernen ist eine aufwendige Angelegenheit.[446] Nun kann es aber sein, daß eine Institution zur Zeit mit so vielen Überlebensaufgaben befaßt ist, daß sie für Reformen keine Ressourcen freihat.[447]

4. Widerstand gegen Reformen erwächst aus der oft zu *geringen Beweglichkeit großer Organisationen*, auf neue Herausforderungen angemessen zu reagieren. Veränderungen geschehen zumal in hierarchisch

kirchlicher Autorität darstellte. Eine Uniformierung der Kleriker ist heute nicht mehr durchsetzbar.

445 Metz, Wenn die Betreuten sich ändern.

446 Vgl. die theologischen Überlegungen zum Lernen und Lehren in der Kirche bei Boff, Kirche: Charisma und Macht. – Allgemein: Vester, Neuland des Denkens.

447 So erwuchs der Kirche im 19.Jahrhundert in der Sozialen Frage in kurzer Zeit eine enorme pastorale Herausforderung: Die Städte wuchsen in ganz Europa rasch, weil die brotlosen Landarbeiter und Handwerker in die Fabriken zogen, die in den Dörfern rund um die alten Städte angesiedelt waren. Die traditionelle Seelsorgsorganisation wurde allein mit der riesigen Zahl von zugewanderten Kirchenmitgliedern nicht fertig. Zudem fand die Kirche aus politischen wie weltanschaulichen Gründen keinen Zugang zur wichtigsten Sammelbewegung des Industrieproletariats, der Sozialdemokratie. Zusammen mit den Liberalen bekämpfte diese in einem harten Kulturkampf die geschichtlich gewachsenen gesellschaftlichen Privilegien der Kirche. Um diese zu schützen, wurde viel Kraft und Energie in die Verteidigung der überkommenen Kirchenform investiert. Die Kirche hatte deshalb kaum Zeit, Personen und Phantasie frei, um sich mit der himmelschreienden Not des Proletariats genügend auseinanderzusetzen. Der Skandal der Kirche des 19.Jahrhunderts hat auch damit zu tun, daß sie für die fälligen pastoralen Reformen zu wenige Kräfte freihatte: Swoboda, Großstadtseelsorge.

strukturierten Organisationen nur langsam. Auch die Kirche hat als soziales Groß-System eine hohe Beharrungskraft. Veränderung bedeutet in der Regel eine Einbuße an Macht und Einfluß für diejenigen, die am Status quo Interesse haben. Warum sollen Privilegien abgegeben werden? Unter welchen Bedingungen lassen sich bürokratisch-hierarchische Organisationen, die zudem keiner geeigneten Effizienzkontrolle unterliegen, überhaupt ändern? Aus der Systemtheorie[448] kann man lernen: Wer den Wandel nicht will, überträgt ihn eigens gegründeten Kommissionen und Räten. Man legt so den Wandel strukturell lahm.[449]

5. Oft fehlt es bei den Leuten, die für eine Reform gewonnen werden sollen, an einer *ausreichenden Kenntnis jenes Problems*, das durch die Reform gelöst werden soll; dessen Ursachen sind ihnen nicht hinlänglich bekannt, genaue Daten fehlen, auf Argumente wird zu wenig Wert gelegt. Auch so wächst Widerstand gegen Reformen.[450]

6. Widerstand gegen Reformen wächst, wenn die *Innovatoren selbst zu wenig Vertrauen* genießen. Ist aber der Reformer nicht vertrauenswürdig, haben seine innovatorischen Vorschläge eine nur geringe Chance, angenommen zu werden. Auch solcher Widerstand richtet sich nicht gegen die Reform, wohl aber gegen die Person des Reformers. Man umgeht die Reform, indem man den Reformer kritisiert.[451]

[448] Selvini-Palazzoli u.a, Hinter den Kulissen der Organisation. – Dies., Paradoxon und Gegenparadoxon.

[449] Wider den Geist des Konzils dienen Pfarrgemeinderäte auch dazu, die herrschende pfarrerzentrierte Kirchenstruktur aufrechtzuerhalten. (Dazu die typologischen Arbeiten von: Zerfaß, Predigt im Prozeß der Gemeinde. – Steinkamp, Gemeindestruktur und Gemeindeprozeß.) Zwar hat der Pfarrgemeinderat ein demokratisches Image, doch wird die Mündigkeit des gläubigen Gottesvolkes nicht ernst genommen. Das Vetorecht des Pfarrers behindert echte Partizipation, und zwar nicht dadurch, daß es faktisch angewendet wird: Vielmehr fördert allein das Wissen um die Einspruchmöglichkeit des Pfarrers einen „vorauseilenden Gehorsam". (Ringel, Die österreichische Seele.) Dies kann die Dynamik von Pfarrgemeinderatsmitgliedern lähmen. Man hat nach außen hin Handlungs- und Wandlungsspielräume geschaffen, ohne daß sich de facto etwas ändert. In basisgemeindlichen Kirchenstrukturen verzichtet daher der Pfarrer von vornherein darauf, von diesem Vetorecht Gebrauch zu machen. (Honsel, Der rote Punkt.)

[450] So haben nach dem II. Vatikanischen Konzil manche Pfarrer die liturgischen Reformen kommentarlos über Nacht „eingeführt". Der Sinn dieser Reformen ist vielen bis heute nicht zugänglich gemacht worden. Aus einer solchen scheinbaren „Sinnlosigkeit" erklärt sich mancher Widerstand von einfachen Leuten gegen diese Reform der liturgischen Feiern. (Liturgie – ein vergessenes Thema der Theologie? – Emminghaus, Die Messe.)

[451] In einer Priesteruntersuchung war an verschiedenen Stellen des Fragebogens sowohl nach der Wertschätzung von theologischen Reformern wie nach der Beurteilung ihrer Reformvorschläge gefragt worden. Allerdings waren diese Neuerungsvorschläge nicht mit den Namen der Neuerer markiert. Während nun viele der Reformvorschläge für gut befunden wurden, stießen die zugehörigen Personen auf Ablehnung. Treten dann aber Vorschlag und Person verbunden auf, geht zumeist die Ablehnung der Person auf den Reformvorschlag über. Deshalb ist ernsthaft zu prüfen, welche Auswirkungen es haben kann, sich bei Reformen auf umstrittene Theologen oder Amtsträger zu berufen. Auch in der befreiungstheologischen Debatte ist es besser, den Einsatz der Christen gegen Unterdrückung mit der Bibel (Ex 3,9;

(d) Reformunfähigkeit

Widerstand gegen Reformen hängt nicht nur mit dem Ziel und Verlauf von Reformen, sondern auch mit der (Un)Fähigkeit von Menschen zusammen, mit Veränderungen umzugehen. Dies sind die *„persönlichen Gründe"* des Widerstands gegen Reformen.

1. Widerstand gegen Reformen entsteht, wenn das Sicherheitsbedürfnis des Menschen verletzt wird. Jeder Mensch hat einen Bedarf nach Sicherheit, Verläßlichkeit, festem Boden, starken Wurzeln, nach Beheimatung. Wir fühlen uns nicht nur bei anderen Menschen zu Hause, sondern auch in ererbten Lebensmustern und in gewohnten Lebensvorgängen der Organisationen, denen wir angehören. Wir kennen uns dann aus, sind handlungssicher. Die Wiederholung vertrauter Formen kommt diesem Wunsch des Menschen nach Stabilität entgegen. Wir benötigen tragende Ordnungen, eine vorhersehbare Zukunft. Die Festigkeit der Ordnung, in der wir leben, wird noch dadurch erhöht, daß wir sie als Teil einer „heiligen Ordnung"[452] verstehen. Unser Leben spielt sich dann in einer Wirklichkeit ab, die fest, stabil und unveränderlich ist. Der Zugehörigkeit zu einer solchen umfassenden Ordnung versichern wir uns durch heilige Rituale.

Reformen bedrohen diese festgefügte (und oft religiös legitimierte) Wirklichkeit. Sie verursachen unweigerlich Destabilisierung. Zumal Veränderungen im religiösen Bereich verunsichern das Gefühl, in einer unantastbar festen Welt zu leben. Das Sicherheitsbedürfnis wird enttäuscht. Angst kommt auf. Vor allem gegen solche Angst richtet sich der Widerstand, er weitet sich aber unbemerkt auf die geplanten Reformen aus. Wer auf diese tiefsitzende Angst der Menschen nicht Rücksicht nimmt, verschuldet das Scheitern fälliger Reformen. Dabei wird in solchen Fällen nicht unbedingt die Reform abgelehnt, sondern der Angriff auf das Sicherheitsbedürfnis abgewehrt.[453]

2. Erbitterter Widerstand gegen Reformen erhebt sich von Personen,

22,20) zu belegen denn mit Karl Marx. (Fournet-Betancourt, Der Marxismusvorwurf. – Huber, Bemerkungen zum Marxismusverdacht. – Nell-Breuning, Marxismus zu leicht genommen. – Boff, Boff, Wie treibt man Theologie der Befreiung?)

[452] Berger, Zur Dialektik. – Ders., Auf den Spuren der Engel.

[453] Widerstand dieser Art ist häufig bei Fortbildungskursen von Seelsorgern zu beobachten, die ihre Ausbildung vor dem II. Vatikanischen Konzil erhalten haben; in abgewandelter Weise gibt es diesen Widerstand auch bei den Mitgliedern von Traditionalistengruppen. Die Anhänger von Erzbischof Lefebvre unter den kleinen Leuten haben zumeist keine Ahnung von den Gründen, mit denen der Erzbischof die Reformen des II. Vatikanischen Konzils ablehnt. Ihnen geht es darum, in der von ihren Vätern und Müttern als Kinder gelernten Form der Religion verweilen zu können. Diese lebensgeschichtlich alten Formen sind nachweislich überaus fest, weil sie in einem Vorgang der Verinnerlichung (Internalisierung) Bestandteil der eigenen Identität sind. Zudem sind sie nicht allein rational vermittelt, sondern durch Ritualisierung

die zu „Fundamentalismus“, „Dogmatismus“ und „Fanatismus“ neigen.[454] Anteile einer solchen Haltung trägt jeder mehr oder weniger ausgeprägt in sich. Dies fördert in breiten Kreisen Sympathie für Reformgegner, Mitläufertum mit diesen, aber auch emotional aufgeladene Ablehnung von Reformprojekten.
Fundamentalisten, Dogmatiker und Fanatiker haben Eigenschaften, die zwar grundsätzlich positiv sind, bei ihnen aber in eine negative Gestalt umkippen: Unerschütterlichkeit wird zur Halsstarrigkeit, ideale Einstellung zu Verbohrtheit, Meinungstreue zu Unbeweglichkeit, konsequente Haltung zu Kompromißunfähigkeit, Linientreue zu mangelnder Flexibilität, Glaubensfestigkeit zu fehlender Offenheit. Charakteristisch ist der Hang zu einfachen Ideen, zu Eindeutigkeit. Die Welt wird nach einem Einzelwert eingerichtet: Ordnung, Antikommunismus, Papsttreue können solche zentralen Leitwerte sein. Die Identifizierung mit einem absoluten Ideal ist stark.
Psychodynamisch verbirgt sich dahinter folgende persönliche Eigenheit: Der für den erwachsenen Menschen immer anwesende Zweifel an der Gültigkeit der vertretenen Ideen wird durch eine Überfestigkeit kompensiert, die aber nicht aus innerer Einsicht, sondern von Autoritäten bezogen wird. Dementsprechend wird wenig Wert auf persönliche Urteilsbildung, auf Eigenverantwortung und Gewissen gelegt.[455] Gering entwickelt ist die Fähigkeit zu offenen zwischenmenschlichen Beziehungen. Die abstrakte Wahrheit zählt mehr als das Einzelschicksal, in das einzufühlen schwerfällt. Kränkbarkeit und Humorlosigkeit sind Ausdruck für das mangelnde Selbstwertgefühl. Widerstand gegen Reformen wird auf solchem psychischen Hintergrund oftmals als regressive Erpressung ausgeübt. Er nimmt dann die Gestalt simulierter Kränkung an. Der Reformer bekommt dabei (von Reformgegnern) das Gefühl vermittelt, nicht dem Wachstum der Kirche zu dienen, sondern eher einen Verantwortlichen zu kränken („Mach mir doch nicht solche Schwierigkeiten!“).
Im Umkreis einer solchen Haltung haben es Reformen schwer. Sie werden als Bedrohung der autoritätsgestützten „Wahrheit“ erlebt und daher vehement verworfen. Der Umgang mit dieser Art von Reformgegnern ist überaus schwierig. Zur persönlichen Veränderung sind sie kaum in der Lage, weil sie jegliche Introspektion in ihr Ich verweigern. Das Unfertige und Böse wird nach außen projiziert: auf die verfallende

und Symbolisierung in den emotionalen Schichten des Menschen verwurzelt. Sie verleihen daher auch das Gefühl von Geborgenheit und hoher Sicherheit.

454 Hole, Fanatismus, Dogmatismus, Fundamentalismus.

455 Solche Christen sagen dann beispielsweise: Sobald der Papst für Ministrantinnen eintritt, bin ich auch dafür.

Kultur, die Bischöfe, die versagen, auf die (Moral)Theologen. Gelangen diese Personen in Machtpositionen, sind sie in ihrem Sinn sehr effizient, weil machtorientiert. Hat man sie zum Gegner, kann man mit ihnen nicht verhandeln, sondern sich nur durch juristische Maßnahmen schützen. Diskussionen über grundlegende Themen (wie „die" Wahrheit, „die" Treue zum Papst) sind zwecklos. „Die Psychopathen sind immer da. In guten Zeiten begutachten wir sie, in heißen Zeiten beherrschen sie uns."[456] Im Blick auf die bedrohte Zukunft der Menschheit hat Günter Hole formuliert: „Nicht die Halbherzigen und die Kompromißler machen die Welt kaputt, sondern die Konsequenzler."[457] Und in der Kirche?

(3) Reformideen ausbreiten

Reformideen entstehen in einzelnen Personen. Der Weg von den Anfängen bis zur Reform einer Organisation (eines Pfarrgemeinderates, einer Ortskirche, der Gesamtkirche) ist lang. Um auf diesem Weg voranzukommen, ist es vonnöten, die Reformidee in der Organisation zu verbreiten und Anhänger für sie zu gewinnen. Wenn eine größere Zahl von Personen von ihr erfaßt wird, entsteht eine Reformbewegung.
Zur Verbreitung von Reformideen stehen drei Modelle zur Verfügung:[458]

(a) Neues Wissen

1. Ein erstes Reform-Modell setzt auf die Verbreitung von neuem Wissen. Vorausgesetzt wird, daß jeder Mensch vernünftig ist und vernünftigen Einsichten folgt. Durch Erziehung, Bildung und forschungsgestützte Argumente wird den (Kirchen)Mitgliedern einsichtig gemacht, daß die vorgeschlagenen Reformen vernünftig sind.
Innerhalb dieses ersten Modells gibt es Variationen je nach dem, wem das vernünftige Wissen mitgeteilt werden soll: einer maßgeblichen Elite, den machthabenden Entscheidungsträgern, einem verantwortlichen Funktionärskader oder der breiten Masse.[459]

456 Kretschmer, Geniale Menschen.
457 Hole, Fundamentalismus, 56–85.
458 Vgl. Chin u.a., General Strategies, 43 ff. – Vorauszuschicken ist, daß auch jene „Bewegungen", die in ihrer Zielrichtung noch nicht ausgereift sind, der Reform dienlich sein können. Denn jede Form der Veränderung destabilisiert und erhöht die Wahrscheinlichkeit, daß überhaupt eine zielführende Reform in Gang kommt. Auch ein Auto läßt sich im Fahren leichter steuern als im Stand. Im Rahmen dieser noch ungerichteten Bewegung kann dann überlegt werden, wie die freigesetzten Kräfte kanalisiert und gelenkt werden können.
459 So setzten einst die Jesuiten und setzt heute Opus Dei auf die mächtigen Eliten. Weite Kir-

2. Wer eine Reform auf dem Weg der Wissensvermittlung betreibt, wird die angestrebten Veränderungen nicht nur mit Worten erklären, sondern in symbolischen Handlungen zur Darstellung bringen. Reformer benützen dazu Zeichen und Zeichenhandlungen, mit deren Hilfe die gegenwärtigen Verhältnisse kritisiert und die Zukunft schon gegenwärtig gesetzt wird.[460] Auch die kirchliche Praxis wird (etwa in der Ökumene) nicht allein durch theologische Argumente verändert, sondern durch entsprechende Zeichenhandlungen.

(b) Wandel in den Grundhaltungen

Ein zweites Reform-Modell hält den Menschen nicht nur für vernünftig, sondern auch für abhängig von soziokulturellen Normen. Veränderung kann daher dauerhaft nur erreicht werden, wenn ein Wandel in den normativen Orientierungen geschieht. Diese liegen nicht allein an der rationalen Oberfläche, sondern sind in tieferen emotionalen und unbewußten Schichten verankert. Sie haben sich in frühen Lebensjahren in intensivem Austausch mit „signifikant anderen" ausgebildet und sind in späteren Jahren nur im Zuge einer tiefgreifenden „Konversion"[461] umformbar. Grundsätzlich wäre es nun möglich, manipulative Reformlaboratorien einzurichten, in denen die Menschen unmerklich und doch zugleich wirksam „reformiert" werden. Doch widerspricht solch manipulatives Reformieren („Bekehren") der Freiheit und Würde des Menschen; das II. Vatikanische Konzil hat sich gegen manipulatives Handeln dieser Art in seinem Dekret über die Religionsfreiheit prinzipiell ver-

chengebiete auf der südlichen Hälfte der Erde wiederum setzen auf das Volk. (Boff, Die Neuentdeckung der Kirche. – Hartmann, Christliche Basisgruppen.) In der Zeit nach dem Konzil wurde in geldstarken Kirchengebieten die Erneuerung über die pastoralen Experten erhofft. Heute hingegen werden direkte Wege der Volksförderung probiert. (Zulehner, Fischer, Huber, „Sie werden mein Volk sein".)

460 Symbolische Handlungen begleiten in den alttestamentlichen Texten die Prophetenauftritte:
– Achias teilt seinen Mantel in zwölf Stücke, um das Auseinanderfallen des Zwölfstämmeverbandes deutlich zu machen (3 Kön 11,29ff).
– Der Prophet Hosea heiratet eine Dirne. Zeichenhaft stellt er in seiner Ehe das gebrochene Verhältnis des Volkes zu seinem Gott dar (Hos 1,3).
– Der Prophet Jesaja geht nackt und barfuß durch die Stadt Jerusalem. Mit dieser beschämenden Zeichenhandlung will er ausdrücken, daß Juda an der Schande Ägyptens partizipiert, wenn es sich mit Ägypten verbündet (Jes 20,1–6).
– Jeremia wirft einen Tontopf in Scherben, um das strafende Handeln Gottes an seinem Volk anzukündigen (Jer 19,1ff).
Auch in unseren Tagen gibt es solche prophetischen Zeichenhandlungen. Die beiden Jesuiten Berrigan etwa drangen mit Freunden in eine Atombombenfabrik ein und verspritzten Blut über diese todesstiftenden Vernichtungswerkzeuge.

461 Zur „Konversion": Schibilsky, Religiöse Erfahrung. – Zulehner, Umkehr: Prinzip und Verwirklichung.

wahrt. Die für Reformen tiefgreifende normative Neuorientierung darf daher nur in einem frei gewählten Prozeß der „Re-Education“ geschehen.[462]
Solch freiheitlicher „Re-Education“ dienen in der heutigen Kirche Beratungsdienste wie Gemeinde- oder Organisationsberatung. Sie betreiben keine Identitätszuweisung, sondern fördern die Fähigkeit und Bereitschaft der Clienten zu frei gewählter Veränderung. Menschenwürdiges Leben gilt nicht als wohlgemeint manipuliertes Leben, sondern als Werk des Freiheitskünstlers. Daraus folgt eben auch, daß der Mensch an seiner eigenen „Re-Education“ teilnehmen muß, wenn er überhaupt neugeformt werden soll. Gleiches trifft auf die Reformierung kirchlicher Bereiche zu: Sie kann nur im freien Zusammenwirken mit den Betroffen geschehen.

(c) Coercive power

Das dritte Reform-Modell setzt auf Ausübung von „coercive power“, von nötigender Macht. Auf den Veränderungsprozeß üben jene einen starken Einfluß aus, die „soziale Macht“ besitzen, also die (politische und/oder auch wirtschaftliche) Möglichkeiten haben, ihre Auffassungen sozial durchzusetzen.
1. Diese soziale Macht kann legitim sein.[463] Die von ihr getragene Reform ist eine „Reform von oben“. Wird eine solche Reform gewaltsam verordnet, dann muß sie insofern mit eigenwilligen Widerständen rechnen, als die Reaktion der Betroffenen auf eine gewaltsam verordnete Reform häufig defensiv ist. Die Betroffenen haben ja keine Wahl, dem „diktierten“ Wandel zu entrinnen, was Ohnmacht, aber auch Angst und Furcht auslöst. Es entsteht eine Gefangenenlager-Mentalität. Politische, wirtschaftliche und auch moralische Sanktionen (Schuld und Schande) können angedroht und müssen befürchtet werden. „Reformen von oben“ können aber auch gewaltlos inszeniert werden. Auch die legitime Autorität, die an Reformen interessiert ist, kann sich bei der Durchsetzung ihrer Reformabsichten freiheitlicher Methoden (wie Bildung, normative Re-Education) bedienen. Das Dilemma, das aus der Doppelbotschaft von

462 Vgl. Chin u.a., General Strategies. – Diesem Weg zur Reform widersprechen die Versuche von religiösen Gemeinschaften und Gruppen, den Menschen manipulativ, an seiner Freiheit und Mitwirkung vorbei, zu verändern. Jugendsekten wird das ebenso nachgesagt wie manchen spirituellen Bewegungen, denen am Erfolg ihrer Arbeit mehr liegt als an der Würde und Freiheit des Menschen. (Vgl. Rey, Gotteserlebnisse im Schnellverfahren. – Singer, Coercive persuasion.)

463 Weber, Wirtschaft und Gesellschaft, 122–176.

Verordnung und Freiwilligkeit entsteht, ist jedoch nicht aufzulösen.[464]

„Reformen von oben" finden wir gehäuft in jenen religiösen Gemeinschaften, die – wie die katholische Kirche – eine festgefügte soziale Machtpyramide besitzen. Das wichtigste Beispiel aus der jüngeren Kirchengeschichte sind das II. Vatikanische Reformkonzil und die ihm folgenden regionalen Synoden. An ihnen kann man studieren, wie einerseits solche zugewiesenen Reformen von oben zumindest formal erfolgreich plaziert werden können (es gibt zum Beispiel fast überall die vom Konzil vorgesehenen Strukturen der Laienpartizipation; die liturgische Reform hat sich weithin durchgesetzt und wurde auch akzeptiert). Andererseits zeigen die Reformergebnisse deutlich, daß auch zwanzig Jahre nach dem Konzil weite Bewußtseinslandschaften vom Geist der Konzilsreform noch nicht erfaßt sind.[465] Es bedarf großer Anstrengungen, eine Reform von oben durchzuführen. Partizipatorische Reformmodelle, welche von allem Anfang an mit einer breiten Beteiligung der Betroffenen rechnen, wo das Reform-Programm, seine Ziele und auch das Reform-Tempo von den Betroffenen mitbestimmt werden, kosten zwar mehr Zeit und Geld, sind auch in ihrem Ergebnis offener, aber aufs Ganze gesehen wirksamer. Am Entstehen von Hirtenbriefen zu Frieden und Rüstung kann dies belegt werden: Während die europäischen Bischöfe mehr der Arbeit von Experten und den Kommissionsberatungen hinter verschlossenen Türen getraut und einen fertigen Hirtenbrief veröffentlicht haben, ohne sich ausreichend um dessen Rezeption zu kümmern (was ein gewisses Desinteresse an seiner Wirksamkeit erkennbar macht), haben die amerikanischen Bischöfe zwei Entwürfe öffentlich diskutieren lassen. Dieses Hirtenwort hatte seine Wirksamkeit schon im partizipatorischen Entstehungsprozeß gefunden.[466]

2. Eine Variante dieses Modells, über soziale Macht Reformen durchzusetzen, besteht darin, daß Innovatoren versuchen, die Machtinhaber für ihre Reformidee zu gewinnen. Auf solche Weise streben Reformer eine Teilnahme an der legalen Macht an.[467]

[464] „Reform von oben" muß daher in hohem Maße Überzeugungsarbeit leisten. Dieser Vorgang heißt in der Fachsprache „Akzeptanzbeschaffung".

[465] Vgl. den Band: Katholische Kirche – wohin?, in dem exemplarisch einige Problemfelder solcher Beharrungstendenzen zu finden sind.

[466] Diese Praxis haben die amerikanischen Bischöfe bei einem weiteren Hirtenbrief geübt, der sich mit den wirtschaftlichen Verhältnissen befaßt: „Die Armen müssen Maßstab sein." – Zur theologischen Relevanz der Entstehung von Hirtenbriefen: Kamphaus, Sprechen lernen.

[467] So haben die großen europäischen Theologen (Rahner, Küng, Ratzinger) auf dem II. Vatikanischen Konzil als Berater von Konzilsbischöfen ein hohes Maß an Beteiligung an der konziliaren Entscheidungsmacht gefunden. Reformideen, die vor dem Konzil über Jahrzehnte hin-

3. Neben der legitimen Machtausübung durch Eliten und der Beteiligung der Innovatoren an der legalen Macht gibt es den Aufbau von Gegenmacht. Diese schaffen sich gesellschaftliche Gruppen, die Reformen wider die herrschende Machtelite durchdrücken wollen, sich dabei aber ähnlicher Machtspiele bedienen wie die Inhaber der Macht.[468]
4. Anders, als über die Gegenmacht Reformen durchzudrücken, wählen immer mehr Reformer den „gewaltlosen Weg".[469] Dieser spielt gesellschaftspolitisch im Umkreis der Religionen eine große Rolle und findet wegen der Bedrohung durch die angehäuften Vernichtungspotentiale in der Hand der Mächtigen und wegen der langfristig nachteiligen Auswirkungen von gewaltsamen Veränderungen (Gewalt schafft immer auch Gegengewalt) immer mehr Anhänger.[470] Auch für Reformen in der Kirche bietet sich der gewaltlose Weg an.

(4) Reformsubjekt

Bei der Durchführung eines Reformprojekts ist es nicht belanglos, wer verantwortliches Reformsubjekt ist, genauer: wer ermächtigt ist, folgende, für den Verlauf des Reformprozesses wichtige „reformpolitische" Entscheidungen zu treffen:
– Welche Daten sollen gesammelt werden? Es geschieht stets eine von Interessen geleitete Auswahl![471]
– Wie sollen diese Daten interpretiert werden? Der Spielraum von Interpretationen ist nachweislich groß.[472]

weg unterdrückt worden waren, fanden auf diesem Weg eine Chance, die kirchliche Wirklichkeit nachhaltig zu prägen.

468 Gegengewalt aufzubauen versuchen kirchliche Reformgruppen, indem sie sich als „Kirche von unten" organisieren. Diese „Kirche von unten", die wider ihre eigenen Reformabsichten die alte Sozialform der Kirche dadurch festschreibt, daß sie sich selbst „nach unten" definiert und damit denen „oben" einen festen Platz zuweist, ist in gegenabhängiger Weise ein als solcher kaum erkannter Zwilling der „Kirche von oben". – Ein differenziertes Dokument zur „Kirche von unten" stammt von Pottmeyer, „Vertraulich! Nur zur persönlichen Kenntnis ... " – Zu den ekklesiologischen Implikationen: Wohlmuth, „Kirche von unten".

469 Goss-Mayr, Der Mensch vor dem Unrecht.

470 Zu verweisen ist hier auf die großen gewaltarmen Reformer Mahathma Gandhi (Gandhi, Freiheit ohne Gewalt.) und Martin Luther King (King, Testament der Hoffnung. – King, Die Kraft der Schwachen. – King, Ein Traum.), aber auch auf Erzbischof Romero (Romero, Die notwendige Revolution. – Ders., Blutzeuge.), dem Camillo Torres entgegenzusetzen ist, der zur Verwirklichung seiner christlichen Politutopie auf Gewalt setzte. (Stehle, Der Weg der Gewalt. – Rosier, Revolution in der Sackgasse, 169–191. – Torres, Revolution als Aufgabe des Christen.)

471 Die polnischen Bischöfe haben beispielsweise das Zählen von Kirchenbesuchern untersagt: Vielleicht deshalb, um kirchenpolitisch unerwünschte Verhältnisse nicht ans Licht kommen zu lassen?

472 So meinen die einen, es gebe heute in Europa einen dramatischen Pfarrermangel. Andere

– Je nach Datenauswahl und Interpretation ergeben sich verschiedenartige Reformvorschläge. Unterschiedliche „Zukünfte“ werden möglich. Welche Kirchenzukunft wird zur verbindlichen Orientierung für die Praxis gewählt?[473]
– Sodann ist über die vorhandenen Ressourcen zu entscheiden. Und weil diese Ressourcen an Zeit, Geld, Personen, Phantasie begrenzt sind, muß es gegebenenfalls eine Reihung unter durchaus unstrittigen Reformanliegen geben.[474]
– All diese Teilfragen spitzen sich in der grundsätzlichen Frage zu: Soll aufgrund der vorausgegangenen Teilentscheidungen eine Reform eingeleitet werden oder nicht?
– Nicht unwichtig ist schließlich, wie der Ertrag der Reformbemühungen beurteilt wird. Von dieser Beurteilung der Reform hängt es ab, auf welchem Weg die Entwicklung der Kirchenpraxis weitergefördert wird.[475]

(a) Betroffene und Verantwortliche

Auszugehen ist davon, daß für die anstehenden Entscheidungen die Verantwortlichen einer Organisation, in der Kirche also die Amtsträger, zuständig sind. In einer Ethik amtlicher Fürsorglichkeit wird diesen Amtsträgern aufgetragen, sich tatkräftig um das Wohl aller Mitglieder zu sorgen. Auch Reformen werden so für das Volk konzipiert. Solchem

hingegen verweisen auf das 19. Jahrhundert oder auch auf die riesigen Kirchengebiete etwa in Lateinamerika und kommen zum Schluß, daß vergleichsweise in Europa nach wie vor ein enormer Priesterüberschuß, also nur ein „relativer Pfarrermangel“ gegeben sei, während es immer weniger engagierte Christen gebe.

473 Während die einen die rasche Ersetzung der fehlenden Pfarrer durch viri probati oder auch feminae probatae, zumindest aber durch sonstige „nichtpriesterliche Bezugspersonen“ (Greinacher, Das Problem der nichtordinierten Bezugspersonen. – Zulehner, Heller, Priestermangel und Pfarrerschwemme.) fordern, sind andere mit solchen raschen Lösungen zurückhaltend (wenn sie diese auch nicht ausschließen), weil sie befürchten, daß das bloße Ersetzen fehlender Priester die dringlich erforderliche Entwicklung eines Kirchenbewußtseins bei den Kirchenmitgliedern behindern werde.

474 So kann man sich in einer Diözese durchaus darüber einig sein, daß eine neuerliche Diözesansynode oder ein Katholikentag gut wäre. Aber angesichts anderer dringlich anstehender Probleme verzichtet man darauf.

475 Die verschiedenen Bilanzen zwanzig Jahre nach dem II. Vatikanischen Konzil (Kirche im Wandel. – Katholische Kirche – wohin? – Nur der Geist macht lebendig. – Schlußdokument der Außerordentlichen Bischofssynode 1985. – Ratzinger, Zur Lage des Glaubens. – König, Der Weg der Kirche.) haben gezeigt, daß die einen genug oder gar zuviele Reformen feststellen, während andere mit dem bisher Erreichten sehr unzufrieden sind. Man habe zwar (oft genug halbherzig) Strukturen verändert, aber der Geist selbst sei unverändert geblieben. (Möglicherweise – und systemtheoretisch spricht einiges dafür – hat sich hier und dort der Geist geändert, doch die Strukturen sind unangetastet geblieben. So steht ja immer noch eine Kurienreform aus, die der Realität, Weltkirche und Weltchristentum geworden zu sein, Rechnung trägt. Vgl. Bühlmann, Von der Kirche träumen. – Walf, Das neue Kirchenrecht.)

paternalistischen Amtsstil wird heute das Prinzip entgegengestellt: „Keine Entscheidung ohne die von der Entscheidung Betroffenen": Analog dazu läßt sich auch verlangen: „Keine Reform ohne die von der Reform Betroffenen."

Erfahrungen aus der Organisationsentwicklung sprechen für dieses Prinzip. Ein Unternehmens- und Organisationsberater faßt seine mehrjährigen Erfahrungen so zusammen:

„Gelingt es, daß in einem Beratungsprozeß alle Beteiligten
– das Problem verstehen
– Zusammenhänge und Hintergründe von Entscheidungen erkennen
– die Möglichkeit haben, ihre Meinung zu äußern, auch wenn sie Minderheiten angehören
– Lösungen finden, bei denen sich niemand als Verlierer fühlt
– an der Planung, Entscheidung und Durchführung der Aufgabe beteiligt sind,
dann ist die Chance groß, daß sich Vertrauen entwickelt und die Teilnehmer die gefundene Problemlösung akzeptieren bzw. mitverantworten. Damit ist eine emotionale und sachliche Basis geschaffen, auf der tragfähige Veränderungsprozesse erfolgen können. Diese so simplen Voraussetzungen helfen, Energien zu bündeln, Kräfte zu konzentrieren und so jede Organisation langfristig leistungsfähiger, humaner und lebendiger zu machen.

In Organisationen, in denen
– nur wenige ‚das Sagen' haben
– viel verschleiert, wenig informiert wird
– die Mitarbeiter nicht um ihre Meinung gefragt werden
– Kritik als Demotivation abgewertet oder sogar bestraft wird
– die Mitarbeiter nur auf der Sachebene Kontakt miteinander haben,
kann keine vertrauensvolle Beziehung zwischen Menschen entstehen. Dies hat in der Regel zur Folge, daß auf der Sachebene Entscheidungen boykottiert werden, indem die Mitarbeiter oftmals passiven Widerstand leisten.

Solche Organisationsstrukturen blockieren und demotivieren die Mitarbeiter und behindern die Leistungsfähigkeit einer Organisation. Unter solchen Bedingungen werden Energien zum Teil nutzlos verschleudert oder überhaupt nicht frei. Es wird Mißtrauen und Angst ausgelöst, was angepaßtes Verhalten und Lustlosigkeit verstärkt.

Die Kreativität und das vorhandene Potential des einzelnen werden so nicht genutzt, wodurch das Wachstum aller Betroffenen und somit auch der Organisation behindert bzw. verhindert wird."[476]

[476] Birmelin, Struktur – Prozeß – Vertrauen, 118f.

Die Beteiligung der von einer Reform Betroffenen ist insbesondere deshalb unabdingbar, weil die verantwortlichen Amtsträger nicht immer in erforderlichem Maße Zugang zu jenen Leiden haben, die Reformimpulse freisetzen. Zwar sind Fälle denkbar, in denen Betroffenheit und Verantwortung zusammentreffen. Dies ist für einen Reformprozeß eine günstige Konstellation.[477]

Häufiger werden aber jene Fälle sein, in denen Betroffenheit und Verantwortung auseinanderfallen. Dann sind die Verantwortlichen (zunächst) ohne jene Betroffenheit, die aus eigener leidvoller Erfahrung kommt.[478] Personen, die für das Gemeinwohl der Kirche Verantwortung tragen, wird daher zunächst die Fähigkeit abverlangt, sich von Konflikten anderer Kirchenmitglieder betreffen zu lassen. In der Psychologie wird diese Fähigkeit „Empathie" genannt und gilt als unverzichtbarer Baustein pastoraler Kompetenz.[479] Für Verantwortliche in der Kirche, die ihre Praxis am Tun Jesu Christi messen, wird ein Text aus dem Hebräerbrief zu einem Spiegel der Selbsterkenntnis: *„Wir haben ja nicht einen Hohenpriester, der nicht mit uns leiden könnte (sympathein) in unseren Schwächen, sondern einen, der wie wir in allem versucht worden ist..."* (Hebr 4,15), und: *„Er kann mit den Unwissenden und Irrenden leiden (metripathein), da auch er der Schwachheit unterworfen ist..." (Hebr 5,2).*[480]

Wer zu solcher Empathie fähig ist, wird sich in das Elend der Betroffenen einfühlen. Er wird dann eine Wahl, eine Schlüsselentscheidung zugunsten der Betroffenen vornehmen. Die Verantwortlichen der Kirche gehören mit Bevorzugung auf die Seite der an Lebenschancen Armen. Diese Option, die aus Aufmerksamkeit und Betroffenheit erwächst, bildet die Grundlage dafür, daß die Verantwortlichen auch Ressourcen an Geld, Personen, Macht, Phantasie freisetzen, daß sie vor allem aber Bereitschaft zur Veränderung der konfliktproduktiven Verhältnisse zugunsten der Betroffenen entwickeln.

[477] Wenn ein Finanzkammerdirektor die Statistiken über den Kirchenaustritt liest, dann wird ihn dies in seiner Verantwortung für die ökonomische Seite der kirchlichen Institution massiv betroffen machen. Er wird sich dann leicht für ein angemessenes (innovatorisches) Handeln entscheiden.

[478] Ein Bischof kann nicht die pastorale Notlage aller Gemeinden oder gar aller Kirchenmitglieder kennen. Für die Ehelosen ist es ohne beraterische Schulung allein aufgrund der eigenen Lebenserfahrung schwierig, die Probleme einer Ehe angemessen zu beurteilen. Die Verantwortlichen unserer Kirche können auch nicht hinlänglich ermessen, was eine „Laisierung" lebensmäßig macht, wie ein Priester ohne Amt lebt und auch leidet. Ebenso schwierig ist es für jene, die in reichen Verhältnissen groß geworden sind, um die Lebensnot der Kriegsgeneration bei uns oder um die himmelschreiende Not der Armen der einen Menschheit zu wissen.

[479] Rogers, Die nicht-direktive Beratung. – Tausch, Tausch, Wege zu uns. – Dies., Gesprächspsychotherapie.

[480] Gärtner, Leiden.

Ein Moment an einer solchen Option zugunsten der Leidenden ist aber der Wille, diese an den leidmindernden Reformen zu beteiligen. Dies ist um so dringlicher, weil die Fähigkeit, sich vom Leid der Menschen betreffen zu lassen, oftmals begrenzt ist und bleiben muß. Auch deshalb haben die Betroffenen das unveräußerliche Recht, ihr eigenes Lebensschicksal selbstmächtig bestimmen zu können. Die amtlich Verantwortlichen können und dürfen daher nicht allein für oder über die Betroffenen entscheiden, sondern haben die Betroffenen in den Reformprozeß wirksam einzubinden. Darin liegt der Sinn der theologischen Formel, daß wir nicht eine Kirche *für* das Volk, sondern eine Kirche *des* Volkes zu sein haben.[481]

Den von leidvollen Konflikten Betroffenen steht daher ein Recht auf Beteiligung an den sie betreffenden Entscheidungen zu. Sie haben ein Anrecht auf soziale „Macht“, um ihre Lage verantwortlich verändern zu können. Es ist menschenunwürdig, wenn sie sich ohnmächtig erleben und der (wenn auch oft wohlwollenden) Bereitschaft Verantwortlicher ausgeliefert sind: deren Empathiebegabung, deren Bereitschaft, aus Betroffenheit auch ein innovatives Handeln zugunsten der Betroffenen abzuleiten. Die Betroffenen selbst müssen daher zusammen mit den für das Gemeinwohl Verantwortlichen zu Subjekten der Veränderung werden.[482]

Sobald die Kirche die Betroffenen im eigenen Haus an den Entscheidungen mitbeteiligt, kann sie sich in glaubwürdiger Weise für die Partizipation der Betroffenen auch im gesellschaftlichen Leben starkmachen: für die Partizipation der Asylanten, der Gastarbeiter, der Arbeitsplatzlosen, der von der Atomindustrie sich bedroht fühlenden Eltern, der vielen Betroffenen im Armenhaus unserer Welt. In dem Ausmaß, als Kirche auf eigenem Boden solche Partizipation der Betroffenen (in Basisgemeinden, in Vereinen und Verbänden) fördert, wird sie dies auch im gesellschaftlichen Bereich einklagen können.[483]

---

481 Die pastoralen Dienste in der Gemeinde.

482 Dies würde für die Verantwortlichen der Kirche bedeuten, daß sie nicht für, sondern mit Geschiedenen und Alleinerziehenden, mit wiederverheirateten Geschiedenen erarbeiten, wie ihre lebensgeschichtlich gewachsene konfliktreiche Situation befriedigend weiterzuentwickeln ist. Es würde bedeuten, daß die Eheleute selbst an der Formulierung der Ehemoral in der Ehe mitbeteiligt sind: Wenn Lebenspläne zerbrechen.

483 Diese Kluft gilt es etwa im Bereich der Menschen-/Christenrechte zu überwinden. – Menschenrechte in der Kirche. – Jensen, „Christenrechte in der Kirche“.

(b) Berufene und Unberufene

Solcher Kirchenpraxis, möglichst viele Kirchenmitglieder, vornehmlich die von Konflikten und Leid Betroffenen, an den Entscheidungen zu beteiligen, stehen ererbte theologische Auffassungen im Weg. Eine solche gilt es zu verarbeiten, soll es künftig zu einer ernsthaften Zusammenarbeit von Verantwortlichen und Betroffenen bei Reformen kommen.

1. Ererbt ist in der katholischen Kirche eine Aufteilung der Kirchenmitglieder in Befugte und Unbefugte, in solche, die für die Praxis der Kirche verantwortlich sind, und andere, für welche diese Verantwortung wahrgenommen wird, in solche, die eine Ordination erhalten, aus der (wider die Bibel) eine Subordination der anderen abgeleitet wird. Eine solche Aufteilung zwischen amtlich verantwortlichen und verantwortungs-losen Kirchenmitgliedern wird ausdrücklich oder insgeheim durch die herkömmliche Amtstheologie begründet: Hat nicht Christus, der von Gott alle Gewalt erhalten hat, diese an das hierarchisch gestufte Amt weitergegeben, an den Papst, die Bischöfe und deren Priester? Die Priester sind dann gleichsam das den Gläubigen zugewandte Gesicht einer umfassenden Hierarchie.[484] Übertragen wird diese Amtsgewalt durch sakramentale Weihe. Wer ohne Weihe ist (was bei Frauen in der katholischen Kirche heute der Fall ist), nimmt auch an der Verantwortung nicht teil. Personen ohne Amt und Weihe gelten dann nicht als Subjekt der kirchlichen Entscheidungen, sondern als deren Objekt: Für, über und manchmal auch gegen sie wird entschieden. Ihre Aufgabe besteht, wie es ein altes Tauflied sagt, darin, „die Kirche zu hören".[485] So ist die Kirche gespalten in Personen (vorwiegend Männer) mit amtlicher Verantwortung und Kirchenmitglieder, die an der Verantwortung nicht partizipieren.[486]

2. Diese herkömmliche Amtstheologie und die damit verbundene Verteilung von Verantwortung und Zuständigkeit in der Kirche und ihre Rechtfertigung wurden in der ekklesiologischen Diskussion der letzten Jahre mit dem Begriff des Christomonismus[487] belegt. Gestalt und Praxis der Kirche werden in einer solchen christomonistischen Ekklesiolo-

[484] Brosseder, Priesterbild in der Predigt, 252.

[485] "Fest soll mein Taufbund immer stehen... Ich will die Kirche hören. Sie soll mich allzeit gläubig sehen und folgsam ihren Lehren." – Gotteslob, Diözesananhang für das Erzbistum Köln, Nr. 964. In diesem Kirchenlied wird die faktische Kirchenspaltung in Lehrende und Lernende, in „Befehlende" und „Folgende", in solche, die Kirche sind, und jene, die sie besuchen, hymnisch besungen.

[486] Zulehner, Heller, Pfarrerschwemme und Priestermangel.

[487] Tillard, Die theologischen Grundlinien, 127. – Pottmeyer, Der eine Geist. – Farantos, Die Lehre vom Heiligen Geist. – Kreck, Grundfragen der Ekklesiologie.

gie ausschließlich von Jesus Christus und seinen konkreten historischen Weichenstellungen her begründet. Fragwürdig an einer solchen Theologie ist nicht, was sie sagt, sondern, was sie nicht sagt. Theologen und ihnen verbundene kirchliche Erneuerungsbewegungen (vor allem der charismatischen Bewegung kommt diesbezüglich Bedeutung zu) haben im Rahmen einer „trinitarischen" Lehre von der Kirche darauf hingewiesen, daß die Kirche nicht nur Kirche Jesu Christi, sondern zugleich auch Tempel seines Heiligen Geistes ist. Dieser Geist Jesu Christi ist aber jedem Kirchenmitglied gegeben. Dadurch werden die Kirchenmitglieder Söhne und Töchter Gottes und untereinander Brüder und Schwestern. Mit der Berufung zur geschwisterlichen Kirchengemeinschaft, durch die eine fundamentale Gleichheit in der grundlegenden Kirchenberufung begründet wird, ist auch die Berufung zur Ekklesiogenese mitgegeben. Jede und jeder hat von Gottes Geist eine Begabung, die dem Aufbau sowie der ständigen Erneuerung der Gemeinde nützt, also auch nützen können soll. Daher gibt es, ausgehend von einer Lehre von der Kirche, die das Wirken des Heiligen Geistes berücksichtigt, kein Kirchenmitglied, das ohne „geistliche Berufung" wäre, keines, das nicht berufen wäre, Kirche mitaufzubauen und Verantwortung für das Handeln der Kirche zu übernehmen: damit natürlich auch Verantwortung für die Fortentwicklung der Kirchenpraxis. Eine trinitarische Ekklesiologie kennt daher nicht den Gegensatz zwischen Berufenen und Unberufenen. Sie kennt nur Berufene. Die in der Berufung zum Amt (die sich zu Unrecht allein auf die Christologie stützt) gründende Sonderberufung kann nur im größeren Umkreis der Berufung aller und im Dienst der Berufung aller verstanden werden. Daraus folgt nicht, daß die amtliche Verantwortung einfachhin von der Verantwortung aller abzuleiten ist. Aber ebensowenig ist die Verantwortung auch der Kirchenmitglieder, darunter der ganz kleinen Leute in der Kirche, von den amtlichen Verantwortungsträgern ableitbar.

Die Amtsträger haben diese Verantwortung nicht zu delegieren, sondern ihre Aufgabe ist es, die einzelnen „geistlich Berufenen" in der Kirche mystagogisch so vor das Geheimnis ihres Lebens zu bringen, das der erwählende Gott selbst ist, daß sie unter seinen Augen und in seinem Herrschaftsbereich die Frage stellen lernen, was Gott ihnen will, damit seine Kirche auferbaut werden und handlungsfähig sein kann.[488] So gibt es in der Kirche nur Beteiligte, gibt es nur Menschen mit einer unvertretbaren und eigen-willigen und zugleich am gemeinsamen Wohl der Kirche ausgerichteten Autorität.[489]

[488] Zulehner, Fischer, Huber, Sie werden mein Volk sein.
[489] Schelkle, Ihr alle seid Geistliche. – Boff, Kirche: Charisma und Macht.

Diese Position wird von der Kirche heute amtlich, gestützt auf das II. Vatikanische Konzil, vertreten. Unter Berufung auf die Dogmatische Konstitution über die Kirche[490] heißt es im 1983 veröffentlichten Neuen Kirchenrecht: „*Unter allen Gläubigen besteht auf Grund der Wiedergeburt in Jesus Christus eine wahre Gleichheit an Würde und Tätigkeit, durch die gemäß der je eigenen Situation und Begabung alle am Aufbau des Leibes Christi zusammenwirken.*"(CIC cn.208)

Ausführlich haben dazu die Deutschen Bischöfe anläßlich der Bischofssynode über die Laien (1986) Stellung genommen: „,*Das Licht der Völker', dieses Einleitungswort von Lumen Gentium, weist nicht auf die Kirche, sondern auf Jesus Christus hin. Von ihm her ist die Kirche zu sehen, von ihm her hat sie ihren Bestand, ihre Sendung, ihre Bedeutung. Seine Heilssendung für die Menschheit nimmt er wahr in der Kirche und durch die Kirche; sie ist sozusagen der Spiegel, der das Licht Christi auffängt und es weiterstrahlt in die Welt. Aus ihr, aus den Völkern ist sie zusammengerufen, um in Jesus Christus geeint zu werden. Und gerade als solche ,Communio', als das ,aus der Einheit des Vaters und des Sohnes und des Heiligen Geistes geeinte Volk' (LG 4), ist sie wesensnotwendig ,Missio', Heilszeichen und Heilswerkzeug für die Welt (vgl. LG 1).*

Communio und Missio sind somit die Grundvollzüge aller, welche die Kirche sind (vgl. besonders LG 10 und 32). Verschiedenheit und Mannigfaltigkeit ihrer Verwirklichung bedeuten gemäß der vom Konzil (LG 12) unterstrichenen paulinischen Charismenlehre Fülle und Reichtum: Die unterschiedlichen Gaben und Dienste, die der Kirche vom einen Geist gegeben sind, dienen sowohl ihrem inneren Aufbau (Communio) als auch ihrer Sendung nach außen (Missio)..."[491]

Das Dokument der Deutschen Bischöfe fordert sodann, „*Kirche nicht als zusammengesetzt aus in sich stehenden Blöcken – hierarchische Amtsträger und Laien, Weltchristen und Ordenschristen – zu sehen, sondern die Unterscheidungen auf das Gemeinsame zurückzubeziehen und vom Gemeinsamen her zu lesen.*

Die Ämter Christi, des Priesters, Propheten und Königs, sind auf die ganze Kirche, auf all ihre Glieder bezogen und werden je auf ihre Weise auch von allen Gliedern ergriffen und wahrgenommen (vgl. LG 10–13 und 34–36). Und so, wie die kirchlichen Vollzüge von Communio und Missio wesenhaft miteinander verbunden sind und ständig ineinandergreifen, so erwächst auch aus der Teilhabe an den Ämtern Christi für alle ohne Ausnahme die Aufgabe, sowohl am Aufbau der Kirche wie auch an ihrer Sendung in die Welt mitzuwirken. Es gibt ,kein Glied, das nicht An-

[490] Lumen gentium.
[491] Der Laie in Kirche und Welt. – The way forward for the Church.

teil an der Sendung des ganzes Leibes hätte' (PO 2). Alle sind – wie auch die 'Lineamenta' im Anschluß an LG 33 ausdrücklich betonen – 'zur aktiven und verantwortlichen Beteiligung an der einen Heilssendung der Kirche aufgerufen.' ... Darum ist auf der Linie des Konzils die gemeinsame Berufung aller neu ins Bewußtsein zu rufen sowie in Lehre und Praxis neu anzuerkennen. Es muß deutlich werden, daß erst auf dem Boden dieser gemeinsamen Berufung die qualitativ unterschiedenen Gnadengaben, die besonderen Aufgaben und Dienste, darunter auch die des geistlichen Amtes erwachsen."[492]

Die verschiedenen Strukturierungsprinzipien (das trinitarische, das pneumatologische und das christologische) sind bei der Fortentwicklung der Kirchenpraxis schöpferisch miteinander zu verbinden. Diese Verbindung kann aber nicht so geschaffen werden, daß man dem christologischen Prinzip das Amt und dem Geistprinzip die Laien zuordnet. Die ererbte Spaltung zwischen Amt und Laien wird dadurch nicht überwunden, sondern lediglich auf einer anderen Ebene festgeschrieben. Theologisch ist eine solche Zuordnung nicht haltbar. Es geht nicht an, das Amt „geist-los" und die Laien ohne Christusbezug zu definieren. Amt und Laien sind, wie die Kirche selbst, an deren Grundamt alle in eigener Weise teilnehmen, trinitarisch begründet.[493] Die Beteiligung aller Berufenen am Grundamt der Kirche zu fördern gehört daher zu den wichtigsten Reformprojekten der heutigen Kirche. Geschichtlich ist das zu sehr in den Hintergrund getreten und hat dazu geführt, daß es heute viele von innerkirchlichen Konflikten Betroffene ohne Teilnahme an kirchlichen Entscheidungsprozessen gibt.

In einer solchen Situation, in der die brachliegenden „geistlichen Kirchen-Berufungen" gefördert werden müssen, um die amtliche Verantwortung zu bangen, das ist unangebracht. Je mehr Kirchenmitglieder ihre Berufung annehmen, desto pluraler und dynamischer wird die Kirche werden, um so mehr Amtsbedarf entsteht dabei. Die Sorge um das Amt kann dann Ausdruck der Weigerung sein, soziale Macht und Verantwortung im Sinn der biblischen und vatikanischen Ekklesiologie zu

---

492 Die Einsicht in die unvertretbare Berufung aller Kirchenmitglieder hat sprachliche Konsequenzen. Denn der eingespielte Begriff des „Laien" erweist sich zunehmend als untauglich und irreführend. Er schreibt in seiner heutigen Verwendung die Zweiteilung der Kirchenmitglieder in Berufene und Unberufene fest. Laien aber sind – im Sinn des Konzils (LG 31) – alle Christgläubigen, die durch die Taufe in Christus „einverleibt" sind. *„In diesem Sinn kommt auch jedem Amtsträger und jedem Ordensmitglied der Ehrenname des Laien zu."* – Der Laie in Kirche und Welt.

493 Vgl. Pottmeyer, Amt als Dienst – Dienst als Amt. – Ders., Der eine Geist. – Boff, Eine alternative Struktur: Charisma als Organisationsprinzip, in: Kirche: Charisma und Macht, 267–284. – Congar, Der Heilige Geist. – Ders., Die christologischen und pneumatologischen Implikationen.

teilen. Nicht das Amt ist in Gefahr, wohl aber geht es um die Diskussion und Praxis eines bestimmten Amtsstils.[494]

(c) Amt und Reform

Auf einige Aufgaben, die sich bei einer reformerischen Praxisentwicklung Amtsträgern stellen, gehen wir noch näher ein.

1. Visionen verbreiten

Die wichtigste Aufgabe für die Führung einer Gemeinschaft besteht darin, Visionen und daraus Hoffnung und Vorwärtsdrang zu entwickeln. Visionen sind die wahre Grundlage der Autorität der Führung.[495] Dabei sollen dies Visionen sein, in denen die Mitglieder der Gemeinschaft selbst vorkommen können: bewohnbare Visionen also.[496] Solche Visionen können jedoch nicht verordnet werden, sondern werden in einem permanenten Dialog verbreitet. Dieser setzt häufige Begegnung zwischen Mitgliedern und Führung voraus. Für die Führung ergibt sich daraus der Stil des „management by walking around". Die Verbreitung einer Vision in der Gemeinschaft kann wirksam dadurch unterstützt werden, daß die Führung einzelne, der Vision angemessene symbolische Handlungen setzt.[497]

[494] Es sind also Formen der Ausübung amtlicher Verantwortung zu entwickeln, welche die wahre Gleichheit an Würde und Tätigkeit nicht verletzen oder erst gar nicht aufkommen lassen. Gerade die Würde der kleinen Leute in unserer Kirche, ihr Zutrauen zu sich selbst und zu ihren Charismen ist in unserer Kirche in bedrohlichem Maße unterentwickelt. Eben diese Begabungen aber fehlen der Kirche. Sie könnte weitaus reicher und handlungsfähiger sein, würde dieser „Kirchenschatz" an reichen und vielfältigen Begabungen gehoben werden. Vgl. Zulehner, Fischer, Huber, „Sie werden mein Volk sein." In diesem Buch ist ein Weg beschrieben, die „Schätze unserer Kirche zu heben".

[495] Bennies, Führungskräfte, 86–105.

[496] Visionen können auch Utopien oder Träume genannt werden. Das in Lateinamerika entstandene Axiom trifft hier zu: Wer keinen Mut zum Träumen hat, hat auch keine Kraft zum Kämpfen. (Zulehner, Kirche – Anwalt.) Bereits in der alttestamentlichen Literatur hieß es: Ein Volk ohne Vision geht zugrunde. (Sölle, Ein Volk ohne Vision.) Visionen haben eine dreifache Bedeutung:
- Sie geben Orientierung für künftig erwünschtes Handeln;
- Sie befähigen zur kritischen Wahrnehmung der gegenwärtigen Lage;
- Zu Motiven umgeformt, bewegen sie uns, Schritte auf dem Weg in Richtung des in der Vision geschauten Zieles zu machen.

Damit eine Vision diese Wirkungen für den Reformprozeß entfalten kann, muß sie mit der leidproduktiven Situation des Reformers so konkret vermittelt werden, daß der Reformer sich in jener veränderten Wirklichkeit wiederfindet, in der der leidschaffende Konflikt beseitigt ist. Wird die Vision mit der leidvollen Situation nicht vermittelt, bleibt die Vision also von der konfliktgeladenen Situation zu weit entfernt, entmutigt sie und trägt zur Verhärtung des Status quo bei.

[497] Wenn also beispielsweise die Vision einer armen Kirche verbreitet werden soll, dann ist es eine hochwirksame Unterstützung und zugleich eine außergewöhnliche symbolische Handlung,

Haben die gegenwärtigen Kirchenführer (Pastoralamtsleiter, Generalvikare, Bischöfe, eine Konferenz der Europäischen Bischöfe, eine Bischofssynode) bewegende Visionen, und verbreiten sie diese auch in angemessener Form? Im Buch Samuel ist vom Amtsträger Eli zu lesen: *„Der junge Samuel versah den Dienst des Herrn unter der Aufsicht Elis. In jenen Tagen waren Worte des Herrn selten; Visionen waren nicht häufig. Eines Tages geschah es: Eli schlief auf seinem Platz; seine Augen waren schwach geworden, und er konnte nicht mehr sehen...“* (1 Sam 3,1f.). Und die Elis heute?

2. Anwälte der Tradition

1. Nach herkömmlicher Auffassung kommt den kirchlichen Amtsträgern die Aufgabe zu, Anwälte der unversehrten apostolischen Tradition zu sein. Damit wird ihnen die Rolle zugewiesen, die tragenden Werte der Organisation zu schützen. Auf diese Weise geraten sie Reformideen gegenüber in eine zurückhaltende, prüfende Position. Diese Zurückhaltung gegenüber Reformen mit dem Ziel, die Integrität der Organisation zu wahren, wirkt sich bei der Durchführung erforderlicher Reformen positiv aus: Amtsträger übernehmen damit faktisch die „defender-Rolle“. Indem sie auf die Integrität der Überlieferung achten und zudem prüfen, wie sich Teilreformen auf den Gesamtzustand der Kirche auswirken[498], stellen sie sicher, daß Reformen die Identität der Kirche nicht beschädigen, sondern schöpferisch weiterentfalten.
2. Ein Amt, das sich der historisch gewachsenen Identität verpflichtet weiß, wird diese nicht museal zu bewahren, sondern reformerisch lebendig zu erhalten versuchen.[499] Amtsträger sind also nicht ängstliche Wächter über die Tradition, sondern ihre schöpferischen Anwälte.[500] Hier kommt zum Tragen, daß die Identität einer Institution nicht gegen den Wandel, sondern nur in und durch diesen zu wahren ist. Der Versuch, Identität ohne Wandel zu wahren, führt zur Erstarrung. Als Anwälte der Tradition (und damit der Identität der Kirche) werden Amtsträger ein hohes Interesse für die kreative Weiterentwicklung der Institution (in die jeweils wandelnden Verhältnisse hinein) haben.[501]

wenn Kardinal Paulo Evaristo Arns das erzbischöfliche Palais verkauft, in ein einfaches Haus zieht und mit dem Geld für die Armen Unterkünfte errichten läßt. – Albus, Paulo Evaristo Arns.

498 Reformen, die nur einen Teil des Systems, damit nur einen Teil der Beteiligten erreichen, schaffen möglicherweise mehr neue Spannungen, als durch die partielle Reform beseitigt werden können.

499 Schillebeeckx, Das kirchliche Amt. – Greshake, Priestersein.

500 Anwalt des Glaubens, nicht ängstlicher Wächter.

501 Innerkirchlich lassen sich zur Zeit dazu gegenläufige Tendenzen beobachten. Walbert Bühlmann hat einige Beispiele dafür in einem Brief an den Papst zusammengetragen:

3. Wenn der Wahrung einer lebendigen Identität die bedachte Unterstützung von Reformen mehr als deren ängstlich-vorbeugende Verhinderung dient, dann hat dies Auswirkungen auf den Amtsstil. Zur Unterstützung erforderlicher Reformen hat das Amt mehrere Möglichkeiten:

– Das Amt hält den geistigen und sozialen Raum für kreative Reformideen offen. Daß dies geschieht, zeigt sich daran, daß Vielfalt aufkommen kann. Wo Amt ein Klima erzeugt, in dem Pluralität nicht gefördert, sondern unterdrückt wird, schadet dies auch den innovatorischen Kräften der Organisation. Daß dabei dem Amt die durchaus herausfordernde Aufgabe zukommt, inmitten der Pluralität die organisatorische Einheit zu wahren, bleibt unbestritten. Das Ziel amtlichen Handelns ist aber nicht Uniformität, sondern ist Unipluriät: Einheit in der Vielfalt. Einheit auf Kosten der Pluralität schadet der Entwicklung und Lebendigkeit der Organisation.[502]

– Amtsinhaber fördern die für die Lebendigkeit der Organisation unverzichtbaren Reformen auch dadurch, daß sie die innovatorische Intelligenz der Kirche fördern. Es gehört zur „Führung mit neuer Autorität"[503], die Intelligenz einer Gemeinschaft zu mobilisieren. Manche

"Heiliger Vater!... Noch ein Wort über die römische Kurie. Große Zentren der Administration, seien es politische oder kirchliche, haben immer die Tendenz zur Restauration und zur Entfaltung von Macht. Leute in solchen Zentren wissen es immer besser als der gewöhnliche Bürger und der gewöhnliche Christ. Die Geschichte lehrt uns, daß Rom zur Zeit der protestantischen Reformation, statt deren echte Anliegen aufzunehmen, sich um so mehr im traditionellen und hierarchischen Denken verfestigte und zur Zeit des Modernismus, statt die notwendigen Bestrebungen zur Harmonisierung zwischen Glaube und Wissenschaft kritisch zu prüfen und im Wesen zu bejahen, diese Bestrebungen selber im Keim erstickte. So blieben die Probleme aufgestaut und haben erst im II. Vatikanum ihre theologische und pastorale Lösung gefunden. Die Kurie aber scheint gegenüber dem Konzil nie große Sympathie gehabt zu haben. Sie wissen, daß die Schemata, die von römischen Theologen und von der Kurie für das Konzil vorbereitet wurden, wenig taugten und von den Bischöfen und Theologen total überarbeitet werden mußten. Ich habe den Eindruck, daß die Kurie nachträglich versuchte, sich nun doch wieder durchzusetzen und alles neu in den Griff zu bekommen. Ich könnte aus persönlicher Erfahrung und aus meinem Wissen aus den sechs Kontinenten vieles berichten, wie einzelne Stellen der römischen Kurie das Konzil zwar dem Buchstaben nach erfüllten, nicht aber dem Geiste nach (es wurden z.B. mehrere Kommmissionen von Fachleuten ernannt, aber diese haben keinerlei Funktion, werden nicht ernst genommen), und wie man immer noch in verschiedenen Instanzen auf unwissenschaftliche, unchristliche, unmenschliche Weise vorgeht, mit Autorität ohne Kompetenz (wobei ich die persönliche Liebenswürdigkeit der meisten Kurienbeamten nicht leugnen möchte)." Bühlmann, Von der Kirche träumen, 70–71.

502 Zu diesem für die kirchliche Entwicklung so wichtigen Problem: Einheit und Vielfalt. – Fries, Rahner, Einigung der Kirchen. – Neuner, Kleines Handbuch der Ökumene.

503 „Führen mit neuer Autorität" zählt zu den wichtigsten Projekten der Organisationsentwicklung: Halek-Institut für Management-Training. Im Kontext einer solchen Einsicht stellt sich die Frage, wie die Fort- und Weiterbildung kirchlicher Spitzenfunktionäre geschehen kann. Inwieweit könnte hier von den Erfahrungen der Managementberatung in der freien Wirtschaft gelernt werden?

Amtsträger haben im Gegensatz dazu (aus Angst? aus schlechten Erfahrungen? wegen persönlicher Eitelkeit und Überheblichkeit mancher Theologen?) ein gestörtes Verhältnis zur theologischen Intelligenz. Weltliche Unternehmensberatung behauptet, daß die Intelligenz einer Gemeinschaft von den Führenden dann ausgebootet wird, wenn sie selbst keine ausreichende Führungskompetenz besitzen.

– Zur erwünschten Förderung von Reformen eignen sich auch *Institute*, die die Entwicklung analysieren, die gewonnenen Daten interpretieren, vorhandene innovatorische Praxismodelle sichten sowie kreativ Reformmodelle entwerfen.[504] Reformförderlich sind mit diesen Instituten zusammenwirkende „change agents", die innovatorische Prozesse auslösen und begleiten können.

3. Amtsverweigerung

Es gibt eine Verweigerung von Führung, eine „Amts-Verweigerung" durch Amtsträger. Solche Amtsträger kümmern sich nicht um eine Vision für die Praxis jenes Kirchengebietes, für das sie bestellt sind, oder sie haben eine Vision, können diese aber nicht wirksam verbreiten, weil ihnen beispielsweise das Vertrauen des Kirchenvolkes fehlt; oder sie stehen nicht in einem permanenten Dialog mit den Mitgliedern der Gemeinschaft, sind daher auch nicht in der Lage, die Wirklichkeit angemessen „wahr"-zunehmen. Sie leiden nicht an den negativen Aspekten der Institution, haben daher auch keine „Sym-pathie" mit den an der Institution leidenden Mitgliedern. Sie ermutigen nicht zu Innovationen. Der Umgang mit denen, die innovatorisch etwas riskieren und dabei Fehler machen, ist destruktiv; die Bereitschaft, aus deren Fehlern zu lernen, fehlt.

Einer gedeihlichen Amtsausübung in der Kirche ist auch die verbreitete Auffassung hinderlich, daß amtliche Macht von Haus aus verwerflich, weil der Gegensatz zur Partizipation aller, sei. Auch daraus wird eine Art Amtsverweigerung abgeleitet. Dieser „Machtverzicht" wird von kirchlichen Amtsträgern dann noch spirituell umgedeutet als ein „allen alles werden", verkommt dabei aber in ein „Führen" ohne Beeinflussung. *„Resignativer Verzicht auf Führung hat Ohnmacht zur Folge, nicht*

[504] Viele ökonomisch gar nicht so gut ausgestattete Ortskirchen leisten sich kirchensoziologische Forschungsinstitute und Pastoralinstitute, nicht aber die geldstarke Kirche in der Bundesrepublik Deutschland. Die Gemeinsame Synode 1975 hatte zwar ein Pastoralinstitut gefordert, dieses wurde aber nie eingerichtet. Wie kann aber eine Kirche auf die Dauer auf ihre eigenen pastoraltheologischen Charismen derart fahrlässig verzichten?
Ein Gegenbeispiel dazu sind jene deutschen Diözesen, die in den letzten Jahren Gemeinde- und Praxisberater ausgebildet und sich auf diese Weise eine stattliche Zahl von pastoralen Innovatoren herangebildet haben.

kraftvolles Dasein für andere. Auf der Ebene überpfarrlicher Strukturen erzeugt solche Verweigerung kreativer Führung eine immer stärkere Einengung durch Vorschriften, Regelungen, Formalismen. Ängstlichkeit gebiert bürokratische Strukturen, personale Führung und Autorität werden ersetzt durch defensive Verwaltungsvorschriften. Erstarrung und Lähmung sind dann nicht mehr weit."[505]

Ins Positive gewendet, lassen sich folgende Anforderungen an Personen mit Führungsaufgaben stellen:

„*1. Steuerung sozialer Prozesse: Das hervorragendste Kennzeichen von Führung ist es, Menschen und Gruppen auf ein Ziel hin zu beeinflussen. Dazu ist es erforderlich, Gespür für andere zu entwickeln, auf Menschen zuzugehen, ihre Arbeit zu integrieren, für einen offenen Informationsaustausch zu sorgen und durch das eigene Verhalten keinen Anlaß für Spannungen und Aggressionen zu liefern.*

2. Systematisches Denken und Handeln: Führen in komplexen zwischenmenschlichen Situationen setzt die Fähigkeit voraus, Probleme zu erkennen und analysieren zu können. Dazu bedarf es eines gewissen Maßes an logisch-abstraktem Denkvermögen, der Fähigkeit, neue Alternativen zu entwickeln, ökonomisch und rationell zu arbeiten, Entscheidungen vorzubereiten und auch zu fällen (statt sie vor sich herzuschieben), Arbeitsziele zu setzen, zu planen und sie kontinuierlich zu überprüfen.

3. Aktivität: Andere führen bedeutet immer auch, zur Übernahme der Führungsrolle zu stehen und sie auch wahrzunehmen, Anstöße zu geben, andere zu motivieren, eine innere arbeitsbezogene Einstellung zu haben, selbständig zu urteilen und zu handeln, Ziele nicht aus den Augen zu verlieren, sich nicht durch Rückschläge entmutigen zu lassen.

4. Ausdruck: Führen ist in hohem Maße ein sprachschöpferischer Vorgang. Führende sind darauf angewiesen, ihre Vorstellungen, Ideen, Ziele, Wertgehalte verständlich mitzuteilen und andere dafür zu gewinnen."[506]

4. Rekrutierung der Amtsträger

Der reformfreundlichen Amtsausübung steht die Persönlichkeitsausstattung mancher Amtsträger im Wege. Hinderlich ist vor allem der Mangel an Pluralitätstoleranz, der vornehmlich bei Personen mit einer „ideologischen Persönlichkeitsstruktur" anzutreffen ist. Die Persönlichkeits-Ausstattung solcher Menschen hängt zusammen mit der Angst vor dem Überschwemmtwerden durch Triebimpulse; auf unbewußte

505 Stenger, Pastorale Kompetenz, 40.
506 Berkel, Eignungsberatung.

Weise schützen sie sich vor diesen. Angstabwehr und Schutz eines schwachen Ichs treffen zusammen. Die mächtigen Triebimpulse (Macht- und Geltungswünsche, sexuelle Impulse, destruktive Aggressionen) werden nicht wahrgenommen, sondern verdrängt. Auf diesem Weg wird ein wirklichkeitsfremdes Ichbild aufgebaut, dem ein ebenso realitätsleeres Weltbild entspricht. Die eigentlich handlungsbestimmenden Interessen bleiben der „ideologischen Persönlichkeit" unbekannt. Die Wirklichkeit, in der sie lebt, ist zumeist eine Teilwelt: Einige Bereiche werden ausgeklammert, andere übermäßig aufgebauscht. Für die Fähigkeit, innovatorischem Handeln Raum zu schaffen, ist es hinderlich, daß die Denkfiguren solcher Personen erstarren. Kompromisse zu schließen, eine ganzheitliche Sichtweise zu entwickeln, sich auf Lernprozesse einzulassen, auf langwierige Entscheidungs- und Reifungsprozesse, das gelingt nur schwer. Weil das eigene Ich schwach und verletzlich ist, wird auch Kritik von ihm in aggressiver Weise ferngehalten. Im schützenden Gegenzug wird diese Kritik auf die Gegner bezogen: Sie werden schlechtgemacht. Persönliche Nähe wird vermieden, Prinzipien hingegen werden ebenso hochgehalten, wie es auch eine Neigung gibt, Andersdenkende aggressiv zu verurteilen.[507] Die Wahrheit zählt mehr als die Liebe. Solchen Personen fehlt die Fähigkeit zu wachstumsorientierten Reformen. Dies aber schadet langfristig der Lebendigkeit der Organisation.[508]

Drängen nicht zur Zeit in den pastoralen Dienst bevorzugt Personen mit einer solchen „ideologischen Persönlichkeitsstruktur"? Bilden diese nicht zudem zu oft das Reservoire, aus denen höhere kirchliche Entscheidungsträger ausgewählt werden? Ihr hart-näckiges(!) Eintreten für das Überkommene wird leichtfertig als besondere Treue zur Tradition ausgelegt. Dabei gilt die Treue mehr den (er)starr(t)en Formen als den lebendigen Werten der Überlieferung. Es wäre für die lebendige Weiterentwicklung der Kirche gut, würden in ihr Personen an verantwortliche Positionen gelangen, die glauben und vertrauen können. *„Dieses Können enthält die Fähigkeit zur mitmenschlichen Teilhabe und Teilnahme, zum Wirklichkeitsverständnis, zur Spannungstoleranz, zum Suchen nach Antworten und Lösungen, zu Empfindungen der Ebenbürtigkeit und Solidarität."*[509]

Die Auswahl von Amtsträgern, die zur „Führung mit neuer Autorität" fähig sind, bedarf besonderer Aufmerksamkeit. Es ist fahrlässig und für

[507] Vgl. Stenger, Pluralitätstoleranz.

[508] Ein Dilemma kirchlicher Organisation besteht darin, daß die Spitzenämter auf Lebenszeit „besetzt" werden, ganz im Gegensatz zu den selbstverständlichen Wechseln bei den zahlreichen Ordensgemeinschaften.

[509] Stenger, Pastorale Kompetenz, 40.

die Entwicklung der Kirche schädlich, lediglich mit Hilfe einiger restriktiver Kriterien („Ist ohne Einschränkung für Humanae vitae; hat sich ablehnend zur Priesterweihe verheirateter Männer und von Frauen geäußert; ist in der Frage der Zulassung wiederverheiratet Geschiedener rigoros auf der offiziellen Linie Roms und ist zu keinen pastoralen Zugeständnissen in dieser Frage bereit“) einen Kandidaten auszuwählen, ohne Rücksicht darauf, ob diese Person auch zur Führung einer Großorganisation geeignet ist. Man schadet damit sowohl dieser Person wie der Gemeinschaft. Es hilft dann zumeist auch nicht viel, die auf solchem Weg erwählten Kandidaten nachträglich führungsmäßig zu schulen. Weltliche Unternehmen gehen den umgekehrten Weg: Sie trainieren in breiter Zahl Personen für Führungsaufgaben. Wer sich dabei als führungsbegabt erweist, hat eine Chance, auch eine Führungsaufgabe übertragen zu bekommen. Weltliche Unternehmen können es sich einfach nicht leisten, die Erreichung der gesetzten Aufgabe durch schlechtes Führungspersonal zu gefährden. Sie bekämen die Rechnung bald serviert. Bei der Kirche ist dies insofern etwas anders, als sich schlechte Führung nicht unmittelbar, sondern erst langfristig rächt.[510] Natürlich kann Gott auch auf krummen Linien gerade schreiben: Seine Kirche geht wegen ungeeigneter Führungskräfte nicht gleich zugrunde. Doch entbindet solche Glaubenszuversicht nicht davon, die der Kirche gegebenen Führungscharismen aufzuspüren, zu entfalten und der Kirche zugute kommen zu lassen.

(d) Reformbegleiter

Sobald eine Organisation an Identitätswahrung durch Weiterentwicklung (Innovationen, Reformen) interessiert ist und dieses Interesse nicht dem freien Spiel der Kräfte und damit mehr oder weniger dem historischen Zufall überlassen bleibt (was nie völlig zu vermeiden sein wird), wenn also der innovatorische Prozeß auch geplant wird, dann gewinnen Personen an Bedeutung, die als Experten für soziale Wandlungsprozesse gelten und in der amerikanischen „Changing-Forschung“ mit dem Berufstitel „change agent“ belegt werden.[511] Im deutschsprachigen Raum gibt es für diese Berufsgruppe mehrere Bezeichnungen: Managementberater, Organisationsberater, Organisationsentwickler. In den Kirchen heißen sie Gemeindeberater.[512]

[510] Im Unterschied zu anderen Organisationen werden kirchliche „Funktionäre“ nicht entlassen oder abgewählt. Auch dann nicht, wenn ihre erworbenen und zugewiesenen Kompetenzen zu den Erfordernissen der Religiosität in einem asymmetrischen Verhältnis stehen. Damit wird langfristig aber die Lebensfähigkeit und Lebendigkeit der ganzen Institution gefährdet.

[511] Kelly, The Expert as Historical Actor.

[512] Vgl. Adam, Schmidt, Gemeindeberatung.

Die Arbeit dieser Reformberater besitzt mehrere Dimensionen:[513]
1. Sie ist nur in Zusammenarbeit mit den Betroffenen zu leisten. Manipulative Strategien scheiden aus. Beratung heißt Verzicht auf „coercive power", also auf Nötigung in ihren verschiedenen Variationen der Verordnung, des Zwangs, der Manipulation, der „geheimen Verführung". Ausgeübt wird vielmehr „value power", die sich aus Vertrauen, Wertschätzung der Freiheit der Betroffenen sowie aus Expertenwissen zusammensetzt.
2. Zu den Aufgaben des Reformbegleiters zählt es, eine gediegene Analyse und gründliche Interpretation der in ihr gewonnenen Daten sicherzustellen. Er hat diese Analyse zwar nicht für die Betroffenen zu leisten. Doch wird er ihnen den Zugang zu bewährten Analyseinstrumentarien eröffnen und theoretische Deutungsmodelle zur Verfügung halten. Darüber hinaus wird er die an Reform Interessierten mit Handlungsmodellen bekannt machen, in denen schon Erfahrungen zur geplanten Reform aufgehoben sind, bzw. bei deren kreativem Entwurf mithelfen.
3. Bei Reformvorgängen wird häufig die Kontrolle vergessen. Dies hat einerseits seinen Grund darin, daß die zu verändernden „Variablen" nicht eindeutig definiert werden. Gibt es aber keine kontrollierbaren Variablen, dann ist auch eine Kontrolle dessen, was im Zuge geplanten Wandels erreicht wurde, nicht möglich. Weil Wandel einer lebendigen Organisation ein Dauerprozeß ist, der sich in Phasen abspielt und neben Wachstumsschüben auch Zeiten der Ruhe kennt (man ackert auch ein Feld nicht das ganze Jahr über um, wenn man etwas ernten will), sind für einen geplanten Reformprozeß und die Kontrolle des Erreichten nur kybernetische Modelle sozialen Wandels angemessen: Der Weg verläuft also von einer Situation A zur Situation B, die ihrerseits wiederum Ausgangspunkt einer Weiterentwicklung zur Situation C ist, wobei diese Entwicklungen keineswegs fortschrittslinear verlaufen müssen.[514]

[513] Vgl. Bormann, Elemente einer Handlungstheorie der Beratung.
[514] Der Verzicht auf Kontrolle vermindert die Wirksamkeit von Reformbemühungen. Die Absicht eines bischöflichen Hirtenwortes zum Frieden ist es, die Friedenspolitik zu beeinflussen. Ein solches Hirtenwort wird um so wirksamer sein, je aufmerksamer die Rezeption dieses Hirtenwortes verfolgt und je konsequenter seine Forderungen in Erinnerung gehalten und ihre Erfüllung kontrolliert werden. Das Hirtenwort der Deutschen Bischöfe „Gerechtigkeit schafft Frieden" hat dazu drei konkrete Kriterien formuliert, unter denen für eine „Galgenfrist" eine Abschreckung moralisch noch toleriert werden kann. Eben diese Galgenfrist wird aber nicht konkreter befristet. Für das Hirtenwort und seine reformerische Wirksamkeit wäre es gut gewesen, hätten sich die Bischöfe verpflichtet, beispielsweise fünf Jahre nach der Veröffentlichung sich wieder zu Wort zu melden, um Bilanz zu ziehen. Weil dies nicht geschehen ist, haben die Bischöfe selbst dazu beigetragen, daß ihre Herausforderungen vergessen werden bzw. von denen, welchen ein solches Hirtenwort politisch unangenehm ist, „vergessen

4. Die Arbeit der Reformberater ist um so wirksamer, je mehr sie von der legitimen Autorität unterstützt wird. Diese Unterstützung schafft ein günstiges Klima für ihre Arbeit. Sie bringt aber auch Nachteile mit sich. Denn Reformberatung gerät dann leicht in den Verdacht, nicht den Interessen der Betroffenen, sondern der Kirchenleitung zu dienen, also nicht im Dienst der freigewählten und damit erwünschten, sondern von verordneten (und vielleicht unerwünschten) Reformen zu stehen. Der Verdacht kann sich einstellen, daß über die Reformberater Informationen an die Vorgesetzten gelangen, die denen schaden, welche Beratung zu ihrem eigenen Nutzen wünschen.[515]

(5) Learnings

Wenn ein Reformprojekt gelingt, geraten die ursprünglichen Gegner der Reform in eine neuartige Situation. Sie sind nunmehr in derselben Lage wie die Reformer am Beginn des Reformprozesses. Einige von ihnen haben zwar durch kreativen Widerstand gegen Teilaspekte des Reformprojekts oder durch Kritik an der Reformmethodik zu deren Gelingen indirekt beigetragen. Auch sie stehen aber vor der Aufgabe, mit dem Reformergebnis leben zu lernen.

– Diese Aufgabe ist menschlich nicht einfach. Sie setzt voraus, mit dem Reformergebnis „einverstanden" zu werden, es für die Kirche oder eine Gemeinschaft in ihr als verbindlich anzunehmen. Solches wird gewiß leichter fallen, wenn im Zuge der Reform nicht allzu tiefe menschliche Verletzungen verursacht worden sind. Eine wichtige Aufgabe

gemacht" werden können. Das Totschweigen von Reformideen ist für diese schlimmer als der Widerstand gegen sie. Denn Widerstand sorgt zumindest für ihre Verbreitung.

515 Das Interesse der Verantwortlichen in den Diözesen an Gemeindeberatung ist daher zwiespältig. Auf der einen Seite gibt es ein aufrichtiges Bemühen, Gemeinden in schwierigen pastoralen Situationen (wenn z.B. das Verhältnis zwischen der Pfarrgemeinde und dem Pfarrer so verfahren ist, daß die Arbeit faktisch blockiert ist) zu Hilfe zu kommen. In Zeiten tiefgreifenden pastoralen Umbruchs reichen oftmals die vorhandenen Ressourcen an Phantasie und Personen nicht aus, um ohne Zufuhr von solchen Ressourcen über einen Reformberater mit neuen Situationen fertigzuwerden. Doch gibt es auch andere Interessen der Kirchenverantwortlichen an der Gemeindeberatung. Da hat eine Diözese zu wenige Pfarrer zur Verfügung. Folglich bleiben einige Pfarreien ohne Pfarrer am Ort. Sie werden einem Nachbarpfarrer zur „Verwaltung" übergeben. Pfarrverbände werden gebildet. Dies alles geschieht nicht mit, sondern zumeist gegen den erklärten Willen der Leute. Daher stoßen diese Notreformen auf erbitterten Widerstand der Gemeindevertreter. In solchen administrativ verordneten neuen Situationen erinnern sich Generalvikare gern der Gemeindeberater. Sie sollen die zusammengelegten Pfarreien durch Beratung dazu bringen, mit ihrer neuen Situation einverstanden zu sein und das eben Bestmögliche daraus zu machen. Nun ist nicht zu leugnen, daß es Pfarrgemeinden geben wird, die solch eine Beratung von sich aus wünschen. Gemeindeberatung, wie sie sich zur Zeit selbst versteht, läßt sich aber nicht im Dienst bloß verordneter und nicht selbstgewählter Reformen betreiben.

bleibt den Personen, von denen wir viel zu unbedacht sagen, sie seien die „Verlierer“ oder „Unterlegenen“, sie hätten eine „Niederlage“ einstecken müssen. Sie können jene Werte in Erinnerung halten, die durch die aus der Reform hervorgehende Kirchenpraxis in den Hintergrund gedrängt werden.[516]

– Es gibt freilich auch Reformgegner, die sich mit der Reform, die sie nicht verhindern konnten, nicht abfinden. Manche von ihnen verlassen die Kirche (wie die Altkatholiken nach dem I. Vatikanischen Konzil) oder kapseln sich in einem schismatischen Getto ein, von wo aus sie die Reformkirche bekämpfen (wie dies die Traditionalisten des Alterzbischofs Lefebvre tun).

2. Reformen können aber auch scheitern. In diesem Fall ist es wichtig, was mit den learnings, den auch in einem mißglückten Reformprojekt steckenden und für die Kirche guten Erfahrungen geschieht. Mehrere Umgangsweisen mit solchen learnings lassen sich beobachten:

– Das Reformprojekt wird als gescheitert verurteilt. Der Reformer wird öffentlich diffamiert. Seine berufliche Karriere bekommt einen Knick. Er verbleibt zwar in der Kirche, wird aber versetzt, oder es wird sein Zuständigkeitsbereich beschnitten. Damit wird allen Nachahmern ein deutliches Signal gegeben, daß Reformen dieser Art unerwünscht sind.

– Das mißglückte Reformprojekt, sein Anliegen, sein Verlauf und sein Scheitern werden sachlich und nüchtern untersucht. Das Augenmerk gilt aber erstrangig nicht dem Scheitern. Die Kirche interessiert sich vielmehr für die Erkenntnisse, die ihr aus dem gescheiterten Projekt zuwachsen können. Das gescheiterte Reformprojekt wird Anlaß zu einem kollektiven Lernvorgang, in dem für die erforderliche Reform ein besseres Projekt entwickelt werden kann.

Eine Kirche, die in einer solch lernfreudigen Weise handelt, wird den Mut und die Risikobereitschaft des gescheiterten Reformers symbolisch (durch eine Auszeichnung, durch ein Geschenk, eine Ehrung) belohnen. Veränderungsbereitschaft wird so in der Kirche stimuliert, und es wäre ein Schwächezeichen der Kirche, leistete sie sich nicht mutige Mitglieder, die Fehler machen (dürfen).

[516] Das Christentum kann heute eine solche Aufgabe in der Menschheit wahrnehmen. Gegen seinen Willen wurden die neuzeitlichen Reformen durchgeführt. Die Kirche hat sich damit abgefunden, blieb aber dennoch zu einigen Grundpositionen in kritischer Distanz: zur Transzendenzarmut des modernen Menschen, zum leichtfertigen Umgang mit dem empfindlichen zwischenmenschlichen Beziehungssystem, zur Mißachtung des Lebensrechtes Wehrloser (Behinderter, Ungeborener). Heute, da die neuzeitliche Welt an einen kritischen Punkt gelangt ist, können die antiquierten Werte des Christentums (wenn sie die Kirche nicht selbst vergessen oder verraten hat) der tödlich bedrohten Menschheit als Hoffnungswissen zur Verfügung gehalten werden. Zulehner, Pastorale Futurologie. – Anders, Die atomare Bedrohung.

(6) Erfahrungsregeln

Wir fassen unsere Überlegungen zu Innovationsprozessen und zum Widerstand gegen diese in einigen praktischen Regeln zusammen:

1. Wenn es einen gemeinsamen Beschluß über das Reformprojekt gibt, hat dieses bessere Chancen.
2. Reformen gelingen um so eher, je mehr die Betroffenen das Gefühl haben, daß die Reform ihre eigene Angelegenheit ist und nicht etwas, was ihnen von außen aufgezwungen wird.
3. Wenn das Reformprogramm Hoffnung auf eine bessere Kirchenpraxis macht und die Betroffenen hoffen können, durch die Reform (beruflich und/oder persönlich) entlastet zu werden, fördert dies den innovatorischen Vorgang.
4. Für innovatorische Prozesse ist es günstig, wenn die Betroffenen an den diagnostischen Anstrengungen teilnehmen, in der Definition des zu lösenden Problems übereinstimmen und das Gewicht dieses Problems fühlen.
5. Reformanliegen, die Autonomie und Sicherheit der Betroffenen bedrohen, haben wenig Chancen.
6. Stimmt das Reformprojekt mit den überkommenen Idealen und Werten der Kirche überein, hat es mehr Aussicht auf Erfolg.
7. Der Widerstand gegen Reformen wird um so geringer sein, je mehr wohlwollende Unterstützung die Reform bei den Verantwortlichen der Organisation genießt. Gut für den Verlauf von Innovationen ist es, wenn die am Prozeß Beteiligten (die Betroffenen, die Verantwortlichen, die Reformberater) Gefühle der Akzeptanz, der Unterstützung, des Vertrauens und der Zuverlässigkeit entwickeln können.
8. Unterstützt wird der Reformprozeß durch einen fairen Dialog mit dessen Gegnern: Ihre Argumente sind zu prüfen und zu berücksichtigen, unnötige Ängste sind abzubauen.
9. Widerstand wird gemindert, wenn die Reformer zu erkennen geben, daß ihre Pläne mißverstanden werden können, und dafür vorsorgen, daß eine mißliebige Rezeption der Reformpläne hintangehalten wird.
10. Erleichtert werden Reformen auch dadurch, daß Korrekturen möglich bleiben.

3 CHRISTENMUT LERNEN

Für die Fortentwicklung der Menschheit in eine gute Zukunft braucht es heute Menschen mit Zivilcourage, mit Bürgermut.[517] Zur Weiterentwicklung der Kirchenpraxis, zu Reformen also, sind Personen mit Christenmut vonnöten.[518] Es reicht nicht aus, daß die Kirche als ganze sich als „ecclesia semper reformanda“ bekennt. Ihre Reformbereitschaft muß sich in Personen konkretisieren, die sich für die fälligen Reformen der Kirche verantwortlich wissen. Da aber Reformer am Beginn eines Reformprozesses stets einer „kognitiven Minderheit“ angehören, Reformer auch die ererbten Handlungsweisen stören und daher in der Regel unerwünscht sind, eignen sich als Träger der Reformen nur Personen mit Christenmut. Christenmut brauchen in der heutigen Kirche all jene, die sich gegen den Zielverlust der Kirche wehren und sich mühen, verlorene Zielsicherheit durch Erneuerung wiederzugewinnen. Christenmut brauchen aber ebenso die anderen, die sich gegen den Situationsverlust wehren, also Widerstand leisten gegen eine freiwillige Gettoisierung der Kirche, gegen die Verweigerung eines Dialogs mit der sich rasch entwickelnden Weltgesellschaft. All diese Personen (wachsame Kirchenmitglieder, unter ihnen die amtlichen Wächter: Amtsträger und Theologen) müssen tauglich sein, gegen eine Mehrheit zu ihrer Überzeugung zu stehen und ihrem Gewissen gemäß zu handeln.

Solche Tauglichkeit ist die Tugend des Christenmutes. Sie trägt viel von den Kardinaltugenden in sich, voran von der Tapferkeit, aber auch von der Gerechtigkeit, der Klugheit und der Besonnenheit.[519] Tugenden sind nicht angeboren. Sie werden durch tugendhaftes Handeln erworben und gestärkt. Christenmut ist daher durch entsprechendes Handeln lernbar.

1. Wesentlich für die Tugend des Christenmutes ist es, nicht gegen andere zu kämpfen, sondern für die als gut erkannten Werte und Überzeugungen einzutreten. Dies erfordert, daß der Reformer Visionen besitzt, die ihn bewegen. Zugleich wird er sich sachkundig machen: die

[517] Singer, Zivilcourage. – Battke, Psychische Voraussetzungen.
[518] Karrer, Kirche – Schule der Zivilcourage?
[519] Gründel, Welche Tugenden braucht der Christ heute?

Konflikte und ihre Ursachen kennenlernen, die Rechtfertigungssysteme analysieren, mit denen die bestehenden Verhältnisse legitimiert werden, und auch kundig werden in den Methoden, die sich für die geplante Reform am besten eignen.

2. Das Ringen um die persönliche Überzeugung (z.B.für ein Reformanliegen) soll möglichst gewaltarm[520] geschehen.

3. Ein wichtiges Moment am gewaltlosen Streit für die Überzeugung ist die Höflichkeit. Man muß, so Max Frisch, dem anderen die Wahrheit so hinhalten, daß er in sie hineinschlüpfen kann. Diesen Grundsatz verletzt, wer den anderen zum „Verlierer" macht.

4. Reformen sind ein Angriff auf die bestehenden Verhältnisse, Gegen-Systeme. Diese werden im Gegenzug gegen Innovatoren aggressiv. Reformer haben daher als Reaktion auf ihre innovatorischen Impulse mit einer „Rückwelle" zu rechnen. Der besonnene und kluge Reformer wird sich fragen, was er aushalten kann; inwieweit seine Berufung, Reformer zu sein, bedroht ist, wenn er zum jetzigen Zeitpunkt für seine Reform sich starkmacht; ob er langfristig nicht mehr verändern kann, wenn er zunächst einmal auf einen weiteren Impuls verzichtet, weil er zur Zeit die Rückwelle nicht verkraften kann.[521]

5. Ganz wichtig ist, das jetzt mögliche persönliche Maß an Christenmut zu finden. Weil Christenmut gelernt werden muß, die Tugend des Christenmutes sich also nur nach und nach ausbildet, darf sich der Reformer nicht mehr an widerständig-reformerischem Handeln zumuten, als er eben zur Zeit aushält.[522]

[520] Als gewaltlose Aktionen gelten:
– der *Dialog*, in dem die Wahrheit des Gegners erkundet, die eigene Mitschuld am Unrecht aufgedeckt, die Wahrheit über das Unrecht bezeugt und konstruktive Vorschläge zur Eindämmung des Unrechts gemacht werden;
– die *direkte Aktion*, durch die der Dialog in die breite Öffentlichkeit verlagert wird; Formen sind: „Kundgebungen durch Massenmedien (Radio, Fernsehen, Presse – in demokratischen Staaten begrenzt möglich), Flugblätter, Wandzeitungen, Demonstrationen, Schweigemärsche, Mahnwachen, Transparente, Straßentheater; die Bürgerrechtsbewegung in den USA entwickelte Sit-ins und Walk-ins (das gemeinsame Betreten von Lokalen, die der Rassentrennung unterworfen sind, durch Schwarze und Weiße); in Lateinamerika werden verschiedene Formen der Darstellung der Problematik durch Gesten und Handlungen der betroffenen Bauern und Arbeit im Kampf um Land, Wasser, Schulen, Straßen und so fort angewandt" (Goss-Mayr, Der Mensch vor dem Unrecht, 79);
– *ziviler Ungehorsam* und Verweigerung der Kooperation in der Form von Streiks, Boykotts, Fasten usw. mit dem Ziel, die Handlungsfähigkeit des Unrechtssystems zu lähmen;
– *Entwicklung konstruktiver Programme* beispielsweise durch Modelle (z. B.für soziale Verteidigung).

[521] Reformern ergeht es nicht selten wie einem Luftballon. Er wird unter Wasser gedrückt. Dort hat er mehrere Möglichkeiten: Entweder geht ihm die Luft aus, oder er versucht, dort wieder hochzukommen, wo er hinuntergedrückt wird, was meistens nicht gelingt. Bleibt schließlich noch der Weg, an einer anderen Stelle aufzutauchen: Zulehner, Helft den Menschen leben, 53f.

[522] So war es in der Auseinandersetzung um die Ernennung eines Wiener Weihbischofs für man-

6. Wer Christenmut lernen will, wird sich darauf besinnen, was diesem entgegensteht. Der stärkste Widerstand entspringt der in früher Kindheit gelernten Bereitschaft zu einer Anpassung, die von vielen als „Gehorsam" mißverstanden wird. Kommt wahrer Gehorsam vom Sich-Einhören in die Erfordernisse des Lebens, in die berechtigten Erwartungen einer Gemeinschaft, der Mitmenschen, in die Absichten Gottes mit mir, so ist der Anpassungsgehorsam Ausdruck der Angst vor dem Verlust von Zuwendung, damit vor der Trennung von Menschen, die uns wichtig sind. Kinder lernen zumeist, sich anzupassen und in diesem fragwürdigen Sinn gehorsam zu sein. „Eigen-Sinn" wird bei vielen nicht entwickelt, sondern schlechtgemacht; vor allem drohen Eltern dem „eigen-sinnigen" Kind mit dem Entzug unentbehrlicher Liebe. Aus Angst davor „gehorcht" das Kind. Erwachsen geworden, behalten viele Menschen dieses Muster bei.[523] In pedantischer Genauigkeit erfüllen sie ihre Pflicht, tun, was von ihnen verlangt wird. Was solche „gehorsamen" Menschen gelernt haben und auch üben, verlangen sie schließlich von anderen. Sie setzen auf „Autorität", Disziplin und Ordnung und bezichtigen jeden, der sich nicht unterordnet, des Ungehorsams, ja der

che schon sehr viel, an einem Wortgottesdienst teilzunehmen, während einige wenige sich zutrauten, einen Menschenteppich zu bilden, über den der Weihbischof auf dem Weg zum Dom schreiten mußte. Zulehner, Im Haus der Kirche sind viele Wohnungen, 12.

523 Die sozialpsychologische Versuchsreihe von Salomon E. Asch zeigt, wie weit diese Einstellung in der Bevölkerung verbreitet ist: *„Eine Gruppe von Leuten, etwa 7 oder 9, sind in einem Zimmer versammelt. Der Versuchsleiter informiert sie, daß sie die Aufgabe haben, die Länge von Linien zu bestimmen. Daraufhin zeigt er ihnen zwei weiße Karten. Auf der einen ist eine vertikale schwarze Linie aufgezeichnet. Die Länge dieser Linie dient als Vergleichsmaßstab; auf der anderen Karte sind drei vertikale Linien von verschiedener Länge aufgeführt. Die Versuchspersonen können nun sagen, welche von den drei verschieden langen Linien derjenigen gleichkommt, die auf der ersten Karte aufgeführt ist. Eine von den drei Linien hat genau dieselbe Länge wie diejenige auf der ersten Karte. Die anderen sind grundsätzlich davon verschieden.*
Die Versuchspersonen geben nun ihre Antworten in der Reihenfolge ab, in der sie in dem Raum sitzen. Bei der ersten Fragerunde geben alle Personen die gleiche Linie als identisch mit der Vergleichslinie an. Dann wird ein zweiter Satz von Karten vorgeführt mit derselben Experimentalstruktur, aber mit geänderten Maßen. Und wieder ist die Gruppe einheitlich in ihrem Urteil. Beim dritten Versuch tritt nun folgendes ein: Eine Person aus der Gruppe stimmt nicht mit der Wahl der anderen überein. Bei einem weiteren Versuch widerspricht diese Person wiederum dem allgemeinen Urteil, während die anderen bei der Einheitlichkeit ihres Urteils bleiben. Der Abweichler gerät in Verwirrung und wird unsicher. Er zögert jetzt bei seiner Antwort.
Was jedoch der Abweichler nicht wußte, war, daß vor dem Experiment alle anderen Gruppenmitglieder vom Versuchsleiter instruiert worden waren, gemeinsam und einheitlich ein falsches Maß anzugeben. Das Versuchsobjekt ist also die abweichende Person. Sie wird nämlich in eine Position hineinmanövriert, in der sie zwar die richtige Meinung vertritt, diese aber auf eine Majorität von (falschen) Meinungen stößt, die ihrerseits einheitlich ist. Das einzelne abweichende Individuum steht also zwei verschiedenen Einflüssen gegenüber: einerseits der Wahrnehmung der eigenen Sinne, die ihm die richtige Lösung sehr klar aufzeigt; und andererseits der einheitlichen Meinung der Gruppenmajorität, die eine abweichende Meinung vertritt. Mit anderen Worten: Das Individuum muß öffentlich ein Urteil abgeben, das mit dem Urteil der überwältigenden Majorität seiner Gruppe nicht übereinstimmt." (Wössner, Soziologie, 68ff.)

Rebellion.[524] Um Christenmut zu lernen, ist es nötig, diese „Gehorsams-Bereitschaft“ auch in sich selbst wahrzunehmen. Denn die Ängste vor dem Liebesentzug, vor der Isolation in oder aus der Gemeinschaft gehören zu den leidvollen Erfahrungen jedes Reformers.
7. Solidarisierung mit Gleichgesinnten hilft, die Reformangst zu mindern. Die Fähigkeit, einer „kognitiven Minderheit“ anzugehören und handlungsfähig zu bleiben, nimmt zu, wenn die abweichende Meinung mit anderen geteilt wird.[525] Die Sammlung von Reformanhängern in Bewegungen dient daher nicht nur der Verbreitung und Durchsetzung der Reformidee, sondern schafft eine den Reformer tragende „supportgroup“. Basisgemeinden sind in der heutigen Weltkirche ein Ort, von dem aus Reformer kirchlich wie gesellschaftlich handeln können.
8. Keine Gruppe kann alle Ängste aufheben. Der Reformer braucht daher die Fähigkeit, Einsamkeit auszuhalten. Es kann sogar vorkommen, daß in Gruppen reformerischer Eros erlahmt. Zuviel von jenem Leidensdruck kann abgeschöpft werden, der zu reformerischem Handeln motiviert.
9. Solche Einsamkeit wird um so eher aushalten, wer in Verbindung mit den tragenden Werten lebt. Ein Reformer, der sich von Gott gehalten weiß, der seine Reformarbeit in der Spiritualität des Magnifikats oder im Sinn der Exerzitien des heiligen Ignatius als konkreten Willen Gottes für sich erkennt, wird auch alleingelassen noch eine hohe Standfestigkeit entwickeln.

[524] So nannte der Kurienkardinal Stickler Christen, die ihren Unwillen über die Ernennung eines Weihbischofs in Wien zum Ausdruck brachten, Rebellen. Die Presse vom 1.4.1987.

[525] Dies zeigt der zweite Teil der Versuchsreihe von Salomon E.Asch: 123 Personen standen einer Majorität gegenüber, die bewußt ein falsches Urteil abgab. Bei dem irregeführten Subjekt waren zwei Reaktionsarten möglich: Es konnte unabhängig bleiben und das Urteil der Majorität verwerfen; es konnte seine eigene Wahrnehmung übergehen und das Urteil der Majorität annehmen. Von 123 Personen ging nun ein beträchtlicher Prozentsatz auf das Urteil der instruierten Majorität ein. Wenn ein einzelner unter gewöhnlichen Umständen allein den Vergleich anstellt, liegt die Fehlerquelle bei 1%. Sind einzelne aber bei ihrem Urteilen einer andersurteilenden Gruppenmajorität ausgesetzt, war nur ein Viertel der irregeleiteten Versuchspersonen vollkommen unabhängig und stimmte der irrigen Mehrheit nie zu. 37% hingegen schlossen sich dem (falschen) Urteil der Majorität an. Als Gründe gaben sie nachträglich an: Die Majorität hat recht, ich habe unrecht. Vielleicht hat sich die Mehrheit optisch getäuscht: Aber ich wollte das Ergebnis der Gruppe nicht stören. – Zu den Voraussetzungen, inmitten einer nichtchristlichen Gesellschaft in der Position einer kognitiven Minderheit ein Christ zu sein (Schmidtchen spricht von „unwahrscheinlichen Kirchgängern“): Schmidtchen, Zwischen Kirche und Gesellschaft, 80–87. – Zulehner, Religion, 66f.
Ein anderes Ergebnis erbrachten Versuchsanordnungen, in denen die Majorität keine einheitliche Meinung besaß. Sobald in der Gruppe nur eine einzige Person ist, mit der die Versuchsperson die durch eigenes Urteil gewonnene Meinung teilt, kann dem Anpassungsdruck viel leichter Widerstand geleistet werden. Die Versuchspersonen beugten sich nur noch ein Viertel mal so oft dem (falschen) Urteil der Majorität. Dem „Gleichgesinnten“, der mit ihm zusammen von der Meinungsmajorität abwich, wurde das Gefühl der Zuneigung und des Vertrauens entgegengebracht. (Wössner, Soziologie, 71.)

10. Die Ablehnung, die Reformer oftmals gerade von ihrer eigenen Kirche erfahren, die lebendiger zu gestalten sie beabsichtigen, macht es nötig, aufmerksam zu bleiben für Treue und Loyalität zur Kirche. Die Bindung an die Kirche wird dann fest sein, wenn die Kirche nicht nur als menschliche Institution, sondern als „Anwesen Gottes" selbst geglaubt wird, und wenn die eigene Reformarbeit als eine „geistliche Berufung" zum Aufbau des heiligen Volkes Gottes verstanden wird.

11. Christenmut werden jene leichter aufbringen, die nichts mehr werden wollen bzw. es nicht mehr nötig haben, an sozialen Aufstieg zu denken. Altbischöfe reden daher oft christenmütiger als residierende Bischöfe.

12. Wer solchen Christenmut übt, wird die Erfahrung neuer Freiheit machen. Er wird über das Stadium „falschen Gehorsams" hinauswachsen und ein eigenständiger Christ werden, der zu seiner unvertretbaren Berufung durch Gott steht. Solche gestandenen Männer und Frauen sind Grund zur Zuversicht, daß sich die Kirche in eine gute Zukunft hinein entwickeln wird.

ZUSAMMENFASSENDE THESEN ZUR FUNDAMENTALPASTORAL

0 ZUGÄNGE

1. Der Fundamentalpastoral geht es um die Erkundung der Fundamente der Praxis, des Handelns unserer Kirche(n), so wie dieses heute stattfindet, mit dem Ziel, dieses Handeln weiterzuentwickeln.
Die Fragen nach
– *der Zielsicherheit,*
– *der Situationsgerechtigkeit und*
– *der Weiterentwicklung der Kirchenpraxis*
werden in den Themenfeldern Kriteriologie (Lehre von den Zielen bzw. Kriterien), der Kairologie (Lehre von den Situationen) und der Praxeologie (Lehre von der Weiterentwicklung der Praxis; Lehre vom Übergang, von den Reformen) behandelt.
2. Die Hauptfragestellungen der Fundamentalpastoral werden veranschaulicht
(a) am Beispiel einer mittelalterlichen Buchmalerei: im Blick auf die Praxis Jesu, der sich dem „ausgesetzten Menschen" zuwendet, indem er Maß nimmt am Handeln Gottes (Mt 8,1–4). Von da aus erhebt sich als wichtigste Anfrage an die Kirchenpraxis: Ist sie „Jesus-gemäß"?
(b) an Beispielen des Kirchen- und Seelsorgealltags: Befragt wird die Praxis nach ihren vielfältigen Zielen (Haupt- und Nebenzielen) im Vergleich von früher und heute, von heute und morgen. An konkreten Beispielen wird die Frage formuliert, wie Kirchenpraxis weiterentwickelt werden kann.
3. Alltägliche Pastoraltheologie betreiben Personen, die über ihr Handeln in der Kirche nachdenken. Diese Art der Pastoraltheologie ist so alt wie die eben immer auch reflektierte Praxis der Kirche selbst. Wissenschaftlich wird solche Praxisreflexion seit mehr als 200 Jahren betrieben. Der Entstehungsort dieser Pastoraltheologie ist Wien. 1774 ist ihr Geburtsjahr. Sie hat seitdem mehrere Entwicklungsphasen durchlaufen:
– *eine untheologisch-pragmatische,*
– *eine bibeltheologische und*
– *eine ekklesiologische.*

I KRITERIOLOGIE

1 Ziellosigkeit und ihre Folgen

1. Ziele geben dem Handeln von Menschen und Gemeinschaften Orientierung. Werden die Ziele unklar oder gehen sie verloren, kommt es zu Orientierungskrisen. Diese erschweren das Handeln oder machen es ganz unmöglich. Ist die Handlungsfähigkeit gefährdet, ist auch die Identität bedroht. Orientierungskrisen werden zu Identitätskrisen. Bei Mitgliedern einer Institution entstehen Orientierungskrisen, wenn entweder die Institution selbst (beispielsweise im Zuge einer reformerischen Umorientierung) in einer Orientierungskrise steckt, oder aber wenn das Mitglied zu den durchaus vorhandenen Zielen der Institution (aus vielfältigen Gründen) keinen Kontakt hat.
2. Orientierungskrisen führen entweder zu vielfältigen Formen des Des-Engagements oder setzen sich um in Versuche, die verlorene Handlungsfähigkeit durch Orientierungsarbeit (Zielvergewisserung) wiederzugewinnen bzw. zu verbessern. Im Folgenden wird Orientierungsarbeit geleistet.

2 Das unverrückbare Hauptziel

1. Die christliche Praxis (der Kirchen) ist „auftragsgebunden". Hauptkriterium für diese Praxis sind die Praxis Jesu, sein Leben und Wirken, sein Tod und seine Auferstehung. Das Evangelium von Jesus Christus ist jenes Kriterium, das die Kirche tradiert und das sie permanent selbst richtet und aufrichtet, also auch ihre Praxis ausrichtet: Evangelisierung ist daher ein bleibendes Leitwort für die Praxis christlicher Kirchen. Jesus Christus wird von der Glaubensgemeinschaft der Kirche erinnert als das Heil der Welt, als das unwiderrufliche Ja Gottes zu den Menschen, in dem das Reich Gottes angebrochen ist, der also truglos Gottes Willen interpretiert und erfüllt, nämlich die Sehnsucht Gottes danach, daß das Leben der Menschen heil wird, und das vor und nach dem Tod, indem er selbst für uns zur Gabe wird.
2. Diese ererbte Definition des Hauptzieles erfährt in der jeweiligen geschichtlich-gesellschaftlichen Situation angemessene Akzentuierungen. Die Konkretisierung des Hauptzieles kirchlicher Praxis geschieht somit situativ, steht im jeweiligen kulturellen und historischen Kontext. Aufgabe einer praktisch-theologischen Kriteriologie ist es daher, nicht die in den Gründungsurkunden (Bibel) und in der Tradi-

tion (Dogmen) festgelegten Handlungsziele zu wiederholen, sondern kritisch nach den je heutigen Reformulierungen und der Verdichtung ihrer Ergebnisse in den Schlüsselworten des in seiner Grundrichtung freilich unverrückbaren Hauptzieles christlich-kirchlicher Praxis zu fragen.

3. Solche Versuche der Kontextualisierung des Hauptzieles christlicher Praxis, die sich in Schlüsselworten ausdrücken, finden im Leben eines jeden einzelnen Christen statt (jeder hat „sein" Jesusbild, seine „liebste Jesusbegebenheit"). Wir stoßen auf sie auch bei einzelnen Gruppen und Christengemeinden, wir entdecken sie nicht zuletzt auch auf der Ebene der großen Konfessionen und ihrer weltweiten Einrichtungen (Weltrat der Kirchen, Vatikan).

4. So greift das II. Vatikanische Konzil auf den biblischen Zentralbegriff des Volkes Gottes zurück: Von diesem Begriff her versteht sich die Kirche als ein von Gott aus der Menschheit herausgerufener Teil, an dem sichtbar und vorangetrieben wird, was Gott mit allen vorhat. In den auf das Konzil folgenden nationalen und diözesanen Synoden sowie in vielen „Pastoralplänen" tauchen weitere Schlüsselworte auf: Hoffnung, Frieden, Leben. In Lateinamerika hat sich auf der Linie des Konzils in den zwei großen Kirchenversammlungen von Puebla und Medellin das Schlüsselwort Befreiung durchgesetzt und ist seitdem aus der weltweiten Diskussion um die Kontextualisierung des ererbten Hauptzieles der Kirche nicht mehr wegzudenken.

3 Nebenziele

(1) Institutionalisierung

Die Kirche macht(e) im Zuge der verläßlichen Überlieferung des Ursprungsereignisses (des Jesusereignisses) einen differenzierten und immer noch andauernden Institutionalisierungsprozeß durch: Es bildeten sich festumschriebene Glaubenssätze, sittliche Lebensregeln, liturgische Handlungsmuster und Organisationsformen. Dieser institutionelle Aspekt des lebendigen Ereignisses Kirche steht, wie jede Institution, in Gefahr, das Ereignis, für deren lebendige Fortsetzung durch die Geschichte die Institution Sorge trägt, zu behindern. Was dabei im schlimmsten Fall entsteht, ist eine ereignislose Institution. Institution zu werden ist nicht Hauptziel der Kirche. Dennoch ist Institutionalisierung mit dem Zweck der verläßlichen Überlieferung ein unverzichtbares Nebenziel der Kirchenpraxis. Wegen der Nachteile der Institutionalisierung muß dieses Nebenziel als ambivalent eingeschätzt werden. Für die verantwortete Praxis der Kirche folgt daraus, den Prozeß der Institutionalisierung so zu betreiben, daß die Vorteile genützt und die Nachteile eingedämmt werden.

(2) Befriedung religiöser Erwartungen

1. Die „Befriedung der religiösen Erwartungen" der Leute („Leutereligion") wird dadurch zum Nebenziel kirchlichen Handelns, daß die Menschen mit ihren religiösen Erwartungen Subjekte der Kirchenpraxis sind und so diese Praxis mitbestimmen.
2. Solche Leutereligion ist Teil des Unterfangens des Menschen, mit den Herausforderungen seines Lebens fertigzuwerden. Sie entspringt der Ambivalenz seines Lebens, die besonders an den Lebensübergängen ins Bewußtsein tritt. Der Leutereligion wird die „Funktion" zugewiesen, die Lebenshoffnungen (unter dem „heiligen Baldachin der Religion") zu schützen und die Lebensbedrohungen (durch den „heiligen Schild der Religion") abzuwehren. Sie kann diese Erwartungen dadurch erfüllen, daß sie das zwiespältige Leben des Menschen in eine „heilige Welt Gottes" einordnet und so in einem tiefgründigen Sinn „in Ordnung" bringt. Die Merkmale der „heiligen Welt Gottes" (heil, ganz, unbegrenzt, „heilig") gehen auf das bedrohte Leben über und lassen dieses an den guten Merkmalen des „heiligen Kosmos" teilnehmen. Erfahrbar wird solche Ein-Ordnung in die sinnenhaft unzugängliche Welt Gottes durch die sinnlichen Rituale, die in unserer Kultur von den Großkirchen verwaltet werden.
3. Der Kirchengemeinschaft gelingt es nicht ausreichend, die der biblischen Lebensweisung widersprechenden religiösen Erwartungen der Leute zu evangelisieren. Dies führt dazu, daß es in den Großkirchen heute mehrere Typen von Kirchenmitgliedern gibt: Neben ganz wenigen Areligiösen gibt es Kirchenmitglieder, die religiös in der Kirche, und andere, die religiös im Sinn der Kirche sind. Dazu kommen die Religiösen außerhalb der Großkirchen und die Areligiösen.
4. Gemessen an der Botschaft des Evangeliums erweist sich die Leutereligion als zwiespältig. Zwar sind die Anliegen und Fragen der Leutereligion dieselben wie jene des Evangeliums. Die Antworten der biblischen Tradition und die von ihr vorgesehen Heilswege unterscheiden sich jedoch von den Heilswegen der Leutereligion. Gegenüber dem Hauptziel der Kirche, die Menschen mit dem Evangelium Jesu Christi bekanntzumachen und sie zu gewinnen, ihr Leben an ihm auszurichten, erweist sich damit der die Kirchenpraxis mitformende Wunsch vieler Kirchenmitglieder nach Befriedung ihrer religiösen Erwartungen als ambivalent.

(3) Religion als Beruf

1. Die (schon in der Kindheit erworbene) „Leutereligion" kann ein maßgebliches Motiv sein, einen religiösen Beruf zu ergreifen. Wie sehr dies auch in die berufliche Praxis eingeht, hängt davon ab, was mit der Kindheitsreligiosität auf dem Weg zum religiösen Beruf geschieht. Wird die während der Kindheit erworbene „Leutereligion" nicht evangelisiert, ist zu erwarten, daß sie auch die berufliche Praxis nachhaltig mitformt. Insofern sich die Leutereligion aber zum Evangelium zwiespältig verhält, kann dieser Zwiespalt auch die berufliche Praxis prägen. Das Hauptziel der Evangelisierung und das Nebenziel der Befriedung „leutereligiöser" Wünsche können einander verstärken, sie können aber auch miteinander in Konflikt geraten.

2. Die Praxis von Personen mit einem religiösen Beruf innerhalb der Kirche wird nicht allein vom Hauptziel der dienstgebenden Kirche (in der Form des Auftrags zur Evangelisierung) geprägt, sondern es fließen in sie auch die drei menschlichen Grundwünsche nach Ansehen, Macht und (ökonomischer) Sicherheit ein. Wie die „Leutereligion", so sind auch die drei Grundwünsche gegenüber dem Hauptziel der kirchlichen Praxis ambivalent.

3. Wie sehr allgemeinmenschliche Grundwünsche in die Praxis religiöser Berufe in der Kirche eingehen, zeigt sich an der Suche der Hauptamtlichen nach einem angemessenen Sozialprestige in Gesellschaft und Kirche sowie an dem zunächst in der Gesellschaft und nunmehr auch in der Kirche zunehmend diskutierten Phänomen der Expertokratie. Sowohl die Suche nach dem Sozialprestige wie die Wahrnehmung der Expertenmacht können zu einer Gestaltung des religiösen Berufs führen, die einer am Hauptziel der Kirche orientierten Berufsausübung (Dienst am Evangelium, Dienst in einem geschwisterlichen Volk mit einer wahren Gleichheit an Würde und Tätigkeit bei allen Kirchenmitgliedern, Förderung der Subjektwerdung der Kirchenmitglieder) widerstreiten.

II KAIROLOGIE

1 Einübung in kairologisches Denken und
2 Sozialwissenschaftliche Begriffsübungen

1. Die Grundfrage kairologischer Praxisanalyse ist, ob die Kirche „situationsgerecht", also der jeweiligen sich entwickelnden gesellschaftlichen Situation entsprechend, ihren ererbten Auftrag erkennt und ausführt. Angenommen wird eine wechselseitige Beziehung zwischen der pastoralen Situation und dem pastoralen Handlungsstil.
2. Die Klärung der Situation erfolgt in mehreren Schritten:
(a) Untersucht wird die gesellschaftliche Lage des Lebens („Gesellschaft"): Wie wird in ihr Leben gedeutet und gestaltet? Wieviele Lebenswissen stehen dafür zur Verfügung? Auf welche Weise wird eine Beziehung zwischen gesellschaftlich verfügbaren Lebenswissen und den einzelnen Bürgern hergestellt? Wie ist das Verhältnis von Person und Gesellschaft?
(b) Zu klären ist, welches der gesellschaftliche Standort von Religion/Kirche in der jeweiligen Gesellschaft ist.
(c) In Verbindung damit wird ein dominantes, gesellschaftlich begünstigtes Verhältnis zwischen den Bürgern und Religion/Kirche erkennbar.
3. „Gesellschaft" ist keine statische Größe, sondern wandelt sich stetig. Thema kairologischer Arbeit ist daher nicht nur die Gesellschaft in sich, sondern der Wandel der Gesellschaft und damit der Wandel in der „pastoralen Situation" und damit wiederum verknüpft der Wandel im „pastoralen Handlungsstil". Die kairologische Analyse erfordert folglich auch pastoralgeschichtliche Arbeit.
4. Für die vergangenen zweihundert Jahre lassen sich mehrere unterschiedliche Gesellschaftstypen/pastorale Situationen/pastorale Handlungsstile abgrenzen. Diese Typen haben das pastorale Geschehen nacheinander geprägt; wir finden sie aber heute noch nebeneinander und miteinander in Konkurrenz.

3 „Christentümliche Gesellschaften"

Vor dem Aufkommen der Industriegesellschaften gab es „christentümlich-geschlossene Gesellschaften".
– In ihnen war ein einziges Lebenswissen monopolisiert und wurde den einzelnen Bürgern zugewiesen. Aus unserer Perspektive beschrieben,

wurde Identität zugewiesen und gesellschaftlich stabilisiert. Leben war, bildlich gesprochen, ein „Großunternehmen in öffentlicher Hand".

– Der „gesellschaftliche Standort" von Religion/Kirche ist als enge Verflechtung von Kirche-Staat-Gesellschaft zu begreifen. Diese reicht in die Zeit der mittelalterlichen Christenheit zurück, erfuhr eine Zuspitzung in den nachreformatorischen Zeiten, in denen Thron und Altar aus Überlebensinteressen einander näherrückten. Aus dieser einträchtigen Nähe wurde die einseitige Umarmung der Kirche durch die aufgeklärten absolutistischen Staaten (Josephinismus).

– Das dominante Verhältnis der Bürger zur Kirche ist als zugewiesene, verordnete Kirchlichkeit zu charakterisieren. Bürger konnte nur sein, wer Kirchenmitglied war und im staatlich geschützten Ausmaß sich am Glauben und Leben seiner Kirche/Konfession beteiligte. Andersdenkende waren zunächst als zugleich religiöse wie politische Abweichler verfolgt und fanden erst im Zuge der Aufklärung und der Liberalisierung gesellschaftliche Duldung.

– Dieser pastoralen Situation angemessen war der pastorale Handlungsstil: Die enge Verflechtung von Kirche-Staat-Gesellschaft brachte der Kirche eine hohe Mitgliederzahl; Volk und Kirchenvolk waren identisch. Eine so verstandene Volkskirche (die ihrer inneren Struktur nach aber nicht Kirche des Volkes, sondern Kirche für das Volk war) war zugleich Staatskirche. Die Christen an den Schlüsselstellen der politischen Macht waren Hauptträger der Pastoral. Mit ihnen zusammen sorgte der Klerus dafür, daß das Leben der Kirche in den Pfarreien vollzogen, der Glaube vertieft wurde und die Moral gewahrt blieb. Das Volk war in Staat und Kirche gleichermaßen untertan und wurde von den paternalistischen weltlichen und geistlichen Obrigkeiten versorgt.

4 Übergang 1: Von den vorindustriellen zu den industriellen Gesellschaften

Schon im Schoße dieser geschlossenen „christentümlichen Gesellschaften" bahnte sich im Bereich der Philosophie, der Naturwissenschaft und der Technik eine tiefgreifende Umwälzung der bestehenden Ordnungen an (Übergang 1). Das dem liberal-aufgeklärten Denken zugetane Bürgertum erkämpfte sich als dritter Stand eine gesicherte politische Stellung in dieser ständischen Gesellschaft. Die ökonomische Revolution brachte die industriellen Produktionsmittel und veränderte auch die Produktionsweise. Die damit verbundene soziale Umschichtung in der Gesellschaft führte zu einer weiteren Erschütterung der vorindustriell-ständischen Feudalgesellschaft. Die auch von der Kirche zunächst geteilten Bestrebungen, die aufgebrochene Soziale Frage im Rahmen der ständischen Gesellschaft zu lösen und die Arbeiterschaft als vierten Stand in sie einzufügen, scheiterten. Die nach und nach vom Marxismus dominierte Arbeiterbewegung trug maßgeblich zur Überwindung der vorindustriellen Gesellschaft bei. Je nach Vorherrschaft des liberalen oder des sozialen Moments bei der Umformung der vorindustriellen Gesellschaft in eine industrielle bildeten sich auf dem gemeinsamen Boden der industriellen Technologien und ihrer kulturellen Annahmen im Osten und im Westen verschiedene Gesellschaftstypen.

5 Realsozialistische Gesellschaften

Nach der russischen Oktoberrevolution des Jahres 1917 haben sich in Osteuropa und alsbald in anderen Erdteilen „Gesellschaften des realen Sozialismus" entwickelt.

– Typisch für diese ist der Versuch, neuerlich ein bestimmtes, sozialistisch-atheistisches Lebenswissen zu monopolisieren. Der (auch für die früheren christentümlich-geschlossenen Gesellschaftsverhältnisse charakteristische) Versuch wird weiterhin unternommen, mit allen zur Verfügung stehenden gesellschaftlichen Mitteln (Familie, Erziehung, Schule, Propaganda, Medien, berufliche Karriere, neue Rituale an den Lebensübergängen) dem Bürger (notfalls mit massiven Repressionen) eine gesellschaftlich vordefinierte „sozialistische" Identität zuzuweisen. Abweichler werden ausgesondert oder psychisch zerstört. Dieser Versuch findet seine Grenze in einem für die Komplexität der modernen Industriegesellschaften auch des Ostens typischen „latenten Pluralismus", der zunehmend anerkannt wird.

– Der gesellschaftliche Standort von Religion/Kirche ist in diesen von der atheistischen Gegenkirche, der kommunistischen Partei, dominierten Gesellschaft ähnlich wie jener der Atheisten in den ehedem „christentümlichen Gesellschaften". Sie werden entweder völlig unterdrückt oder an den Rand der Gesellschaft gedrängt, auf jeden Fall aber kontrolliert, notfalls für den Aufbau des Sozialismus in Dienst genommen.

– Das dominante Verhältnis der Menschen zur Religion/zu den Kirchen wird von der Religionspolitik der kommunistischen Parteien nachhaltig mitbestimmt. Sozial begünstigt wird der sozialistische Mensch, der nicht als Christ definiert wird. Da aber die Menschen nicht so schnell, wie es die Parteilehre will, von der Religion ablassen, entsteht eine privatisierte Religion: Es sei denn, daß (wie in Polen) es in der Geschichte keine Allianz der Kirche mit den Mächtigen gab, sondern die Kirche stets auf der Seite des Volkes stand und sich deshalb auch heute als eine Art volksgetragene Opposition gegen ein gewaltsam errichtetes politisches System darstellt. Überzeugte Atheisten sind jedenfalls in den meisten „atheistisch konzipierten" Ländern des Ostens in der Minderheit. Der wahre kirchengebundene Christ ist eine soziale Ausnahme.

– Die Handlungsweise der Kirche(n) in vielen Ländern des realen Sozialismus ist geprägt durch eine andauernde Grenzsituation zur Illegalität und zur Verfolgung. Vor allem jene Teile der Kirche, die sich der Absicht der kommunistischen Behörden nicht beugen, sich für den Aufbau des „Sozialismus" in Dienst nehmen zu lassen (weil sie einen Identitätsverlust der Kirche befürchten), müssen in den gesellschaftlichen Untergrund gehen. Dies macht die Kirchen für junge Menschen anziehend, die sich den dogmatistischen Parteibürokratien und ihren Versuchen der Zuweisung von Lebenswissen widersetzen. Die Kirchenleitungen wiederum versuchen, sich durch eine flexible Politik der kleinen Schritte der Kirche einen kleinen Handlungsspielraum zu erhalten oder neu zu verschaffen: Dies tun sie in der Hoffnung, daß nach Zeiten der Bedrängnis für die Kirche wieder bessere Zeiten kommen werden und es für die heutigen Christen genug sei, zumindest für diese späteren Zeiten das Evangelium in der Gesellschaft gegenwärtig erhalten zu haben.

6 Freiheitlich-pluralistische Gesellschaften

Eine andere Entwicklung haben die Industriegesellschaften im Westen genommen. Sie gelten als „freiheitlich-pluralistische" Gesellschaften.

– In ihnen gibt es kein Monopol, sondern einen Markt an Lebenswissen. Dem freiheitlich konzipierten Bürger wird Lebenswissen nicht mehr zugewiesen, sondern der Bürger muß selbst sein Leben entwerfen und verantworten. Der Freiheitskünstler ist gefordert. Leben ist (wie einst in den geschlossenen Gesellschaften) kein Großunternehmen in öffentlicher Hand mehr, sondern ein „Kleinstunternehmen in privater Hand".

– Von solchen gesellschaftlichen Strukturen ist der gesellschaftliche Standort der Kirche/Religion mitgeprägt. Die vom Liberalismus und später aus anderen Gründen auch von den marxistisch geformten Sozialisten mitgetragene Kulturpolitik hat zur wachsenden Entflechtung von Kirche-Staat-Gesellschaft geführt. „Säkularisierung" war das ideenpolitische Programm und meinte die Trennung von Kirche und Staat, Kirche und Schule, Kirche und (Straf-)Recht. Die privilegierte Position der Kirche(n) sollte aufgelöst werden. Dennoch behielt bislang die Kirche in vielen westlichen Gesellschaften eine durchaus einflußreiche, wenn auch umstrittene Position als Körperschaft öffentlichen Rechts.

– Der Struktur des Pluralismus entspricht als Bewußtsein der „Zwang zur Wahl". Insofern die Gesellschaft dem einzelnen seine Identität nicht mehr vorfertigt, muß er sie selbst erwerben und erhalten. Diese Gesetzlichkeit gilt nun auch für die Ausbildung der religiösen Identität. Der Bürger muß (eingebunden in seine Bezugsgruppen) wählen, was er glaubt, wie er lebt, zu welcher Kirche er gehört, in welchem Ausmaß er teilnimmt. Dominant ist somit der Auswahlchrist. Aus dem einst zugewiesenen und kulturell gestützten Glaubens(zu)-Stand wird eine labile, konversionsanfällige religiöse Lebensgeschichte. Veränderungen (Konversionen) werden immer wahrscheinlicher. Trifft ein Bürger eine Wahl zugunsten des christlichen Glaubens, dann muß er diese privat getroffene Entscheidung in einem schwierigen Balanceakt den Handlungszumutungen der vielfältigen gesellschaftlichen Lebensbereiche (wie Wirtschaft, Politik) anpassen, was ihm viel Lebensenergie abverlangt. Viele ersparen sich solche Anstrengungen und ziehen sich religiös auf jene Positionen zurück, mit denen sie im öffentlichen Leben keine Konflikte zu erwarten haben. Aus ihrer Kirche treten sie deshalb aber nicht gleich aus. Was dann in den Kirchen dominiert, sind nicht die im Sinn des Evangeliums Religiösen, sondern ist eine Art bürgerliche „Leutereligion".

– Der pastorale Handlungsstil der Kirchen ist von der in der Geschichte gewachsenen Option geprägt, auch in nicht mehr „christentümlichen Verhältnissen" Großkirche bleiben zu wollen. Dies erfordert aber viel stärker kirchliche Eigenarbeit und zugleich auch andere pastorale Handlungsstile, als es für die Erhaltung der Großkirche in „christentümlichen Zeiten" nötig war. Der Bürger ist zur Annahme des Evangeliums in einem langen Sozialisationsprozeß zu gewinnen; seine nur in komplexen und störungsanfälligen evangelisatorischen Vorgängen entstehende Entscheidung ist zudem in einer nicht vom Christentum geprägten Gesellschaft zu erhalten. Die Kirche wird in einer solchen gesellschaftlichen Lage als eigenständige „Plausibilitätsstruktur" für ein sozial abweichendes Lebenswissen wichtig. Das Thema der Gemeindlichkeit prägt die pastorale Konzeption. Dazu kommen die den Gesetzlichkeiten des weltanschaulichen Marktes abgewonnenen Bemühungen, die (funktionale) Lebensnot-Wendigkeit des christlichen Lebenswissens hervorzukehren und nachzuweisen. Dieser Nachweis geschieht weniger durch ausgeklügelte Apologetik, sondern durch Kirchengemeinden, in denen der christliche Lebensstil anschaulich wird. Die Kirchen haben für diese ihre Arbeit unter freiheitlich-pluralistischen Verhältnissen viel Phantasie entwickelt und konnten trotz drastischer Einbrüche im Glaubensbewußtsein und in der Teilnahme Erfolge verbuchen. Wo Kirchen über ausgiebige wirtschaftliche Mittel verfügen, haben sie für ihre pastoralen Konzepte viele theologisch gebildete Experten in Dienst genommen, was die Entwicklung der Kirchen in Richtung auf bürokratisch gesteuerte religiöse Dienstleistungsbetriebe begünstigt hat. Aus der mittelalterlichen Kleruskirche wurde die neuzeitliche Expertenkirche.

7 Kritik am Pluralismusmodell

Ob es diese „freiheitlich-pluralistische Gesellschaft“ auch faktisch gibt, wird von ihren Kritikern bezweifelt.

– Zwar besitzen westliche Gesellschaften hohe soziale Freiheitsgrade, doch gebe es viele Anhaltspunkte dafür, daß diese verbriefte Freiheit faktisch nicht lebbar ist. So sieht die Kritik konkret aus: Das entscheidende, die gesellschaftlichen Verhältnisse prägende Moment ist nicht die Freiheit, sondern die Wirtschaft. Der ökonomische Bereich ist bestimmend, damit Produktion und Konsumption, was der Gesellschaft auch ihre Namen verliehen hat (Industrie-, Überfluß-, Verbrauchergesellschaft). Dieser ökonomische Bereich prägt das Leben in allen anderen Bereichen. Er formt das Alltagsbewußtsein der Bürger, das konzentriert ist auf das „Leisten, um sich viel leisten zu können“. Der Mensch wird in dieser Gesellschaft, die um die Produktion und Konsumption kreist, als Bündel steuer- und befriedigbarer Bedürfnisse definiert.

– Der „gesellschaftliche Standort“ von Religion/Kirche ist davon nachhaltig betroffen: Religion wird entweder so umgedeutet, daß sie den Vorgang der Produktion und Konsumption mit seinen Auswirkungen auf den Menschen nicht stört, oder sie wird aus dem öffentlich kontrollierten Bewußtsein ausgeblendet.

– Das bestimmt auch das dominante Verhältnis der Leute zur Religion. Die gut gesteuerte geheime Verführung zum Kaufen und Verbrauchen, der „Zwang zum Habenmüssen“ engt jene Welt ein, die die Bürger dieser Konsumgesellschaften bewußtseinsmäßig bewohnen, und erschwert ihnen den Zugang zu den transzendenzreichen „Welten“ der Religionen und Kirchen.

– In solchen gesellschaftlichen Verhältnissen ist ein „pastoraler Handlungsstil“ angemessen, der widerständig ist gegen eine Verkürzung des Menschen auf das Haben und Leisten und der ihm die Möglichkeit einer Bewußtseinserweiterung ebenso eröffnet wie die Fähigkeit fördert, gegen die destruktiven Verhältnisse politisch widerständig zu werden. Bausteine eines solchen erwünschten Handlungsstils sind: Unterbrechung des verarmten Alltags in von der Kirche freigehaltenen Räumen und Zeiten; Kontemplation der alten Hoffnungsbilder in den Erzählungen und Ritualen der Religion; Entwicklung von alternativen Lebensstilen; Einbringen dieser neuen Lebensstile in das gesellschaftliche Leben. Kirchenpraxis in Gesellschaften des bürokratisch gesteuerten Konsums bewegt sich somit zwischen den Polen Mystik und Politik, Kontemplation und Aktion.

8 Übergang 2: Auf dem Weg zur nachindustriellen Gesellschaft

Die Industriegesellschaften des Ostens wie des Westens stehen vor neuartigen Zukunfts-Challenges. Sie sind bedroht durch das atomare Vernichtungspotential, durch den Zusammenbruch der Biosphäre, den Streit um eine Neuverteilung der Lebenschancen zwischen Frauen und Männern; durch die Auswirkungen der technologischen Revolution auf die wichtigen gesellschaftlichen Bereiche der Kommunikation, der Arbeit und der Biologie. Diese Herausforderungen werden nur dann zu lösen sein, wenn handlungsleitende Paradigmen der fortschrittsorientierten Industriegesellschaften (mechanistisches Weltbild, unbegrenzte Machbarkeit und Fortschritt) verändert werden. Der Übergang in eine nachindustrielle Gesellschaft kündigt sich an. – In einem solchen gesellschaftlichen Wandel von noch unabsehbarem Ausmaß wird sich der gesellschaftliche Standort der Kirche ebenso mitverändern wie das Grundverhältnis der Bürger zur Religion. Wird die Kirche inmitten solcher Veränderungen genügend kairologische Aufmerksamkeit besitzen, um auch einen angemessenen, zukunftsorientierten Handlungsstil zu entwickeln?

III PRAXEOLOGIE

1 Ecclesia semper reformanda

Die Kirche, deren Praxis die Pastoraltheologie wissenschaftlich reflektiert, um zu deren Weiterentwicklung beizutragen, versteht sich als „ecclesia semper reformanda". Dies hat mehrere Gründe: Es besteht stets eine Kluft zwischen dem ererbten Auftrag und der Praxis, wie sie stattfindet, sei es aus Unvermögen, sei es aus Schuld. Deshalb ist ständige Reform im Sinn der Annäherung an den Auftrag erforderlich, damit das Handeln zielsicher bleibt (bzw. wird). Zudem wandelt sich die Situation der Gesellschaft, in die die Kirche verwoben ist, andauernd und heute zunehmend rasch. Selbst wenn also die Kirche sich nicht schuldhaft vor der Gesellschaft verschließt, stellt sich ihr doch die Aufgabe einer ständig neuen Inkulturation, um situationsgerecht zu handeln. Die pastoraltheologische Reflexion auf die Reform der Praxis der Kirche nennen wir Praxeologie. Sie ist eine Lehre von der Praxis(weiter-)entwicklung, eine Lehre vom Übergang. Insofern die Praxis der Kirche im dialektischen Spannungsfeld von Struktur (Organisation, System) und Person sich entwickelt, haben auch die erforderlichen Reformen in der Kirche einen strukturellen und einen personellen Aspekt.

2 Der Reformprozeß

1. Reformen in sozialen Systemen verlaufen (zumeist) in mehreren Phasen. Ausgelöst werden Reformen durch Konflikte, die Leidensdruck erzeugen, oder durch Visionen. Um die Reformideen sammeln sich Personen zu Bewegungen, die diese zu verbreiten und durchzusetzen trachten. Die Bewegungen lösen Gegenbewegungen aus. Der Widerstand, der gegen die Reformen entsteht, hat für deren Gelingen auch positive Funktionen. Im Verlauf eines Reformprozesses kommt den Entscheidungsträgern eine wichtige Rolle zu. Sie üben ihre Autorität dann am ehesten zugunsten der erforderlichen Reformen aus, wenn sie selbst die reformerischen Visionen teilen und sie im System persönlich verbreiten. Sie fördern die erforderlichen Reformen auch dadurch, daß sie Personen (die Intelligenz) und Institutionen fördern, die durch Forschung, Bildung und Beratung Reformen unterstützen. Scheitert ein Reformprojekt, dann sollte ein System aus dem Scheitern der Reform lernen. Setzt sich aber eine innovatorische Idee durch, dann geraten die

„Gegner der Reform“ in eine ähnliche Minderheitssituation, in der sich die Verfechter der Reform anfangs befunden haben.

2. Auszugehen ist davon, daß alle Kirchenmitglieder Subjekte der Praxis der Kirche und ihrer Weiterentwicklung, gegebenenfalls ihrer Reformen sind. Dabei kommt den Kirchenmitgliedern, die von akuten Konflikten leidvoll betroffen sind, eine besondere Rolle zu, weil gerade sie innovatorisches Potential sind; ihre Leiden und Visionen sollen fruchtbar werden für die Fortentwicklung der kirchlichen Praxis, und zwar in einer Weise, die ihr eigenes Leid mindert und zugleich solches Leid anderen erspart.

3. Im Rahmen dieser Verantwortung aller allein läßt sich die besondere amtliche Verantwortung einzelner als Dienst an der Verantwortung aller bestimmen. Hauptsinn solcher amtlicher Verantwortung ist die Förderung der Beteiligung und Verantwortung aller. Die Charismen jedes Kirchenmitgliedes kommen zum Zug, wo amtliche Verantwortung im biblischen Sinn ausgeübt wird. Amtliche Verantwortung wird dann zum Dienst an der Ekklesiogenese durch alle, was für den praktischen Kirchenalltag heißt: durch möglichst viele, was wiederum bedeutet: durch mehr als bisher.

4. Die Mitglieder der Kirche sind für die erforderlichen Reformen mit Reformbereitschaft unterschiedlich ausgestattet. Diese Reformbereitschaft hängt von sozialen Merkmalen, von der Wahrnehmung des pastoralen Grundkonflikts sowie von der Persönlichkeitsstruktur ab.

3 Christenmut

Die Fähigkeit, sich persönlich für Reformen einzusetzen, ist ebenso wenig verbreitet wie die dazu erforderliche Tugend des Christenmutes. Solcher Christenmut ist lernbar. Jene, die ihn in dem ihnen möglichen reformerischen Handeln zeigen, sind Hoffnung dafür, daß auch künftig die Kirche ihrem Auftrag in unserer Zeit, so gut sie kann, gerecht wird.

LITERATURVERZEICHNIS

A

Adam, I., Schmidt, E. R., *Gemeindeberatung*. Ein Arbeitsbuch zur Methodik, Begründung und Beschreibung der Entwicklung von Gemeinden, Gelnhausen 1977.

Adams, U., Haas, Th., *Kirche unter den Armen*. Erfahrungen aus der Sozialarbeit, Köln 1984.

Ahrens, N., *„Gott ist Brasilianer, doch der Papst ist Pole"*. Hintergründe der Theologie der Befreiung, Bornheim-Merten 1986.

Albertz, R., *Schalom und Versöhnung*. Alttestamentliche Kriegs- und Friedenstraditionen, in: Friede ist der „Weg zum Frieden". Dienst der Versöhnung als Auftrag der christlichen Gemeinde, hg. v. T. Strohm u. a. (Themen der Praktischen Theologie) – Theologia Practica 18(1+2/1983), 16–29.

Albus, M., *Paulo Evaristo Arns*. Ich trage keinen Purpur, Düsseldorf ³1989.

Alfaro, J., *Gott schützt* und befreit die Armen, in: Concilium 22(1986), 343–348.

Amberger, J., *Pastoraltheologie*, 3 Bde., Regensburg 1850/57.

Amtsblatt für das Bistum *Passau* 109(1979).

Anders, G., *Die Antiquiertheit des Menschen*, 2. Bd. Über die Zerstörung des Lebens im Zeitalter der dritten industriellen Revolution, München 1980.

Anders, G., *Die atomare Drohung*. Radikale Überlegungen, München 1986.

Andras, E., *Die Kirche in Ungarn*, in: Religionsfreiheit und Menschenrechte. Bilanz und Aussicht, hg. v. P. Lendvai, Graz 1983, 150–164.

Andras, E., *Die ungarische Kirche im Spannungsfeld von Loyalität und Opposition*, in: Stimmen der Zeit 109(1984), 89–98.

Annuarium statisticum ecclesiae, hg. v. Secretaria Status. Rationarium generale ecclesiae, Vatikan 1985.

Anthologia Graeca, hg. v. H. Beckby, Bd. 4, München 1958.

Anwalt des Glaubens, nicht ängstlicher Wächter. Grundperspektiven des seelsorglichen Dienstes in Kirche und Gesellschaft, hg. v. S. Laszlo, Eisenstadt 1981.

Arens, H., Richardt, F., Schulte, R., *Die Predigt vom menschenfreundlichen Gott*. Gebote und Leid als Prüfsteine der Verkündigung, München 1980.

Arnold, F., *Der Glaube, der dich heilt*. Zur therapeutischen Dimension des christlichen Glaubens, Regensburg 1983.

Ärztliches Handeln zwischen Paragraphen und Vertrauen, hg. v. F.-X. Kaufmann, Düsseldorf 1984.

Asch, S. E., *Opinions and Social Pressure*, in: Scientific America 193(1955), 31 ff.

Audet, J.-P., *Priester und Laie* in der christlichen Gemeinde. Der Weg in die gegenseitige Entfremdung, in: H. Deissler, H. Schlier, J.-P. Audet, Der priesterliche Dienst, I.: Ursprung und Frühgeschichte (Quaestiones disputatae 46), Freiburg 1970, 115–175.

Azevedo, M., *Communautés ecclésiales de base*. L'enjeu d'une nouvelle manière d'être Eglise, Paris 1986.

B

Baarlink, H., *Die Eschatologie* der synoptischen Evangelien, Beiträge zur Wissenschaft vom Alten und Neuen Testament 120, Stuttgart 1986.

Bach, H. -L., *Heilung und Heil*, Heilung und Erlösung. Eine Untersuchung der theologisch-soteriologischen Implikationen der Seelenheilkunde von S. Freud und C. G. Jung, Münster 1980.

Barth, K., *„jahal"*, in: Theologisches Wörterbuch zum Alten Testament III, Stuttgart 1982, 603–610.

Bateson, G., Anthropologische, psychologische, biologische und epistemologische *Perspektiven,* Frankfurt [4]1983.

Bateson, G., *Geist und Natur.* Eine notwendige Einheit, Frankfurt [4]1984.

Battke, M., *Psychische Voraussetzungen* für die Fähigkeit zur Zivilcourage, in: Diakonia 18(1987), 294–305.

Bauer, J. B., *Hoffnung*, in: Bibeltheologisches Wörterbuch, I., Graz 1967, 736–741.

Baumgartner, I., *Seelsorgliche Kompetenz* als pastoralpsychologisches Bildungsziel. Ein theoretischer und empirischer Beitrag zur pastoralpsychologischen Ausbildung von Seelsorgern, Schriften der Universität Passau 3, Passau 1982.

Bäumler, F. C., *Kommunikative Gemeindepraxis.* Eine Untersuchung ihrer Bedingungen und Möglichkeiten, München 1984.

BDKJ-Aktion zur Diözesansynode, Wernau 1985.

Beck, D., *Krankheit als Selbstheilung.* Wie körperliche Krankheiten ein Versuch zu seelischer Heilung sein können, Frankfurt 1984.

Becker, H., *Außenseiter.* Zur Soziologie abweichenden Verhaltens, Frankfurt 1973.

Beeson, T., *Mit Klugheit und Mut.* Die religiöse Situation in Osteuropa, Freiburg 1979.

Befragte Katholiken. Zur Zukunft von Glaube und Kirche. Auswertungen und Kommentare zu den Umfragen für die Gemeinsame Synode der Bistümer in der Bundesrepublik Deutschland, hg. v. K. Forster, Freiburg 1973.

Befreiende Theologie. Der Beitrag Lateinamerikas zur Theologie der Gegenwart, hg. v. K. Rahner u. a., Stuttgart 1977.

Befreiungstheologie als Herausforderung. Anstöße – Anfragen – Anklagen der lateinamerikanischen Theologie der Befreiung an Kirche und Gesellschaft hierzulande, hg. v. H. Goldstein, Düsseldorf 1981.

Béguerie, P., *Liturgie et vie.* Cours de Centre Jean-Bart, Paris o. J. (1968/69).

Béguerie, P., *Liturgie und Leben*, in: Lebendige Seelsorge 29(1978), 304–308.

Beinert, W., *Heil und Heilung* durch den Glauben der Kirche. Systematisch-theologische Überlegungen, in: Hilft Glaube heilen?, 64–83.

Bennies, W., Nanus, B., *Führungskräfte.* Die vier Schlüsselstrategien erfolgreichen Führens, Frankfurt [3]1987.

Bennies, W., *Theory and Method* in Applying Behavorial Science to planned organisational Change, in: The Journal of Applied Behavorial Science I, Nr. 4(1965), 337–359.

Berger, B. u. Berger, P., *In Verteidigung der bürgerlichen Familie*, Frankfurt 1984.

Berger, P. L., *Auf den Spuren der Engel.* Die moderne Gesellschaft und die Wiederentdeckung der Transzendenz, Frankfurt 1970.

Berger, P. L., *Zur Dialektik* von Religion und Gesellschaft. Elemente einer soziologischen Theorie, Frankfurt 1973.

Berger, P. L., *Der Zwang zur Häresie.* Religion in einer pluralistischen Gesellschaft, Frankfurt 1980.

Berger, P. L., *Einladung zur Soziologie.* Eine humanistische Perspektive, Olten 1969.

Berger, P. L., Luckmann, T., *Die gesellschaftliche Konstruktion der Wirklichkeit.* Eine Theorie der Wissenssoziologie, Frankfurt 1969 (Fischer Taschenbuch 6623, Frankfurt 1984).

Berger, P. L., Luckmann, T., *The social Construction* of Reality. A Treatise in the sociology of Knowledge, New York 1967.

Berger, P. L., *The sacred Canopy.* Elements of a sociological Theory of Religion, New York 1969.

Berkel, K., *Eignungsberatung*, in: Eignung für die Berufe der Kirche. Klärung – Beratung – Begleitung, hg. v. H. Stenger, Freiburg 1987, 135–194.

Bermúdez, F., Goldstein, H., *Kirche in den Katakomben.* Zeugnisse des Martyriums in Guatemala, Fribourg 1986.

Besier, G., *Seelsorge und Klinische Psychologie.* Defizite in Theorie und Praxis der „Pastoralpsychologie", Göttingen 1980.

Beyerhaus, P., *Die Rolle der neuen „Volkstheologien"* in der ökumenischen Diskussion, in: Theologisches, 195–197, o. Jg. (1986), 7145–7152, 7217–7223, 7277–7280.

Beyerhaus, P., *Theologie als Instrument der Befreiung.* Die Rolle der neuen „Volkstheologien" in der ökumenischen Diskussion, Gießen 1986.

Bibel und Befreiung. Beiträge zu einer nichtidealistischen Bibellektüre v. G. Casalis u. a., Freiburg 1986.

Bigo, P., *L'église* et la révolution du tiers monde, Paris 1974.

Birmelin, R., *Struktur – Prozeß – Vertrauen.* Skizzen einer Organisationsentwicklung, in: Erfahrungen lebendigen Lernens. Grundlagen und Arbeitsfelder des TZI. Aspekte themenzentrierter Interaktion, hg. v. R. Birmelin u. a., Mainz 1985, 118–128.

Biser, E., Das *Heil als Heilung.* Aspekte einer therapeutischen Theologie, in: Heilkraft des Heiligen, hg. v. J. Sudbrack u. a., Freiburg 1975, 102–139.

Biser, E., *Theologie als Therapie.* Zur Wiedergewinnung einer verlorenen Dimension, Heidelberg 1985.

Boff, C., *Die „Institutionen" Lateinamerikas* auf Europa übertragen. Ein „Brief" von Clodovis Boff, in: Herder Korrespondenz 39(1985), 177–183.

Boff, C., *Eine Kirche in Bewegung.* Biblische Grundlagen der Basisgemeinden, in: Evangelische Kommentare 19(1986), 640–644.

Boff, C., *Mit den Füßen am Boden.* Theologie aus dem Leben des Volkes, Düsseldorf 1986.

Boff, C., *Theologie und Praxis.* Die erkenntnistheoretischen Grundlagen der Theologie der Befreiung, Mainz, München [2]1984.

Boff, C. u. L., *Wie treibt man Theologie der Befreiung?*, Düsseldorf 1986.

Boff, L., *Aus dem Tal der Tränen* ins Gelobte Land. Der Weg der Kirche mit den Unterdrückten, Düsseldorf [3]1986.

Boff, L., *Die befreiende Botschaft.* Das Evangelium von Ostern, Freiburg 1987.

Boff, L., *Die Kirche als Sakrament* im Horizont der Welterfahrung. Versuch einer Legitimation und einer struktur-funktionalistischen Grundlegung der Kirche im Anschluß an das II. Vatikanische Konzil, Paderborn 1972.

Boff, L., *Die Neuentdeckung der Kirche.* Basisgemeinden in Lateinamerika, Mainz 1980.

Boff, L., *Jesus Christus, der Befreier.* Die Grundlegung der Befreiungstheologie, Freiburg 1986.

Boff, L., *Kirche: Charisma und Macht.* Studien zu einer streitbaren Ekklesiologie, Düsseldorf 1985.

Boff, L., *Kreuzweg der Auferstehung.* Bilder von Nelson Porto, Düsseldorf [2]1986.

Boff, L., *Mensch geworden*. Das Evangelium von Weihnachten, Freiburg 1986.
Boff, L., *Pueblas Herausforderung* an die Franziskaner, hg. v. d. Missionszentrale der Franziskaner, Bonn 1979.
Boos-Nünning, U., *Dimensionen der Religiosität*. Zur Operationalisierung und Messung religiöser Einstellungen, Mainz 1972.
Bopp, J., *Psycho-Kult* – kleine Fluchten in die großen Worte, in: Die Therapie-Gesellschaft. Kursbuch 82, Berlin 1985, 61–74.
Bormann, J., *Elemente einer Handlungstheorie der Beratung* der kirchlichen Organisation Pfarrverband. Entwickelt und dargestellt am Beispiel der Beratung des Pfarrverbandes Saarbrücken II, St. Ottilien 1986.
Böckenförde, E. W., *Religionsfreiheit* als Aufgabe der Christen. Gedanken eines Juristen zu den Diskussionen auf dem Zweiten Vatikanischen Konzil, in: Stimmen der Zeit 90(1965), 199–212.
Böhringer, H., *Innere Heilung*, in: Geistesgaben heute, hg. v. H. Mühlen, Mainz 1982, 86–95.
Brandl, G., *Nächstenliebe* – Ausgangspunkt der Erneuerung. Die zehn Gebote aus individualpsychologischer Sicht, Luzern 1980.
Brandner, J., Zulehner, P. M., *Lebe*! Das Anliegen Gottes als Schwerpunkt der Pastoral seiner Kirche, Freising 1981, ²1982.
Braulik, G., *Sage was du glaubst*. Das älteste Credo der Bibel – Impuls in neuester Zeit, Stuttgart 1979.
Braulik, G., *Zur deuteronomistischen Konzeption* von Freiheit und Frieden, in: J. A. Emerton, Congress Volume Salamanca, Leiden 1985, 29–39.
Brecht, B., Geschichten vom Herrn Keuner, Frankfurt 1971.
Brosseder, H., *Das Priesterbild in der Predigt*. Eine Untersuchung zur kirchlichen Praxisgeschichte am Beispiel der Zeitschrift „Der Prediger und Katechet" von 1850 bis zur Gegenwart, München 1973.
Brunner, S., *Woher? Wohin?* Geschichten, Gedanken, Bilder und Leute aus meinem Leben, Wien ³1890.
Buber, M., *Die Erzählungen der Chassidim*, Zürich ¹⁰1987.
Buhr, H., Das *Glück* und die *Theologie*, Stuttgart 1969.
Bultmann, R., *„elpis"*, in: Theologisches Wörterbuch zum NT II, Stuttgart 1967, 515–530.
Buytendijk, F. J. J., *Der Spieler*, in: Das Menschliche, Stuttgart 1958, 208–229.
Buytendijk, F. J. J., *Wesen und Sinn des Spiels*, Berlin 1934.
Büchele, A., Wohlgenannt, L., *Grundeinkommen ohne Arbeit*. Auf dem Weg zu einer kommunikativen Gesellschaft, Wien 1985.
Bühlmann, W., *Von der Kirche träumen*. Ein Stück Apostelgeschichte im 20. Jahrhundert, Graz 1986.
Bühlmann, W., *Weltkirche*. Neue Dimensionen. Modell für das Jahr 2001, Graz ³1987.
Bulanyi, G., *Kirchenordnung*, Manuskript o. J.

C

Camara, D. H., *Gott lebt in den Armen*, Olten-Freiburg 1986.
Capra, F., *Wendezeit*. Bausteine für ein neues Weltbild, Bern ⁷1984.
Capra, F., Wir brauchen ein neues *Weltbild*, in: Trendwende 2, 1983.
Cardenal, E., *Das Evangelium der Bauern* von Solentiname, 2 Bde., Wuppertal 1979.
Casalis, G., *Für Menschen – unmöglich!*, in: Concilium 22(1986), 349–356.

Cassirer, E., *Philosophie* der symbolischen Formen, Darmstadt ²1953.
Cassirer, E., *Was ist der Mensch?*, Stuttgart 1960.
Cassirer, E., *Wesen des Symbolbegriffs*, Darmstadt 1965.
Chin, R. u. a., *General Strategies* for Effecting Changes in Human Systems, in: Planning of Change, hg. v. W. G. Bennies u. a., London 1970.
Christliche Basisgemeinden in den Ländern Osteuropas, in: Probleme des Friedens, hg. v. d. deutschen Sektion von Pax Christi 18, 4/1983.
Christliche Freiheit und Befreiung. Eine Instruktion der Glaubenskongregation, in: Herder Korrespondenz 40(1986), 227–244.
Chronik eines neuen Lebens in der Sowjetunion, hg. v. pro fratribus, Koblenz 1977.
Claessens, D., *Rolle und Macht*, München 1968.
Combe, A., *Kritik der Lehrerrolle*. Gesellschaftliche Voraussetzungen und soziale Folgen des Lehrerbewußtseins, München 1971.
Congar, Y., *Der Fall Lefebvre*, Freiburg 1977.
Congar, Y., *Die christologischen und pneumatologischen Implikationen* der Ekklesiologie des II. Vatikanums, in: Kirche im Wandel, 111–123.
Congar, Y., *Der Heilige Geist*, Freiburg 1986.
Congar, Y., *Die Kirche als Volk Gottes*, in: Concilium 1(1965), 5–16.
Conservative Catholicism in North-America: Pro-Life Activism and the Pursuit of the Sacred, Pro Mundi Vita, Dossier 36, Brüssel 1987.
Cousins, N., *Der Arzt in uns selbst*, Reinbek 1981.
Cox, H., *Fest der Narren*, Stuttgart 1970.
Csoklich, F., *Neue Zeichen der Zeit*. Der 14. Österreichische Katholikentag in Wien, in: Herder Korrespondenz 37(1983), 465–470; 470–484.
Custos, quid de nocte? Österreichisches Geistesleben seit der Jahrhundertwende, hg. v. K. Rudolf u. a., Wien 1961.
Cviic, C., *Die katholische Kirche in Jugoslawien*, in: Religionsfreiheit und Menschenrechte, 215–232.

D

Dahl, N. A., *Das Volk Gottes*. Eine Untersuchung zum Kirchenbewußtsein des Urchristentums, Darmstadt 1963.
Dahrendorf, R., *Homo sociologicus*. Ein Versuch zur Geschichte, Bedeutung und Kritik der Kategorie der sozialen Rolle, Köln ⁸1969.
Daiber, K. F., *Grundriß der Praktischen Theologie als Handlungswissenschaft*. Kritik und Erneuerung der Kirche als Aufgabe, München 1977.
Das Leben des ungeborenen Kindes. Zur aktuellen politischen Diskussion, Bonn 1986.
Das Lehramt der Kirche und der Schrei der Armen. Analysen zur Instruktion der Kongregation für die Glaubenslehre über einige Aspekte der „Theologie der Befreiung“, hg. v. H.-J. Venetz u. a., Münster 1985.
Daß Gott den Schrei seines Volkes hört. Die Herausforderung der lateinamerikanischen Befreiungstheologie, hg. v. W. Seibel, Freiburg 1987.
Dem Leben trauen. Impressionen. Bilder. Impulse. 88. Deutscher Katholikentag vom 4.-8. 7. 1984 in München, hg. v. Zentralkomitee der Deutschen Katholiken, Paderborn 1984.
Der Dienst der Kirche im Krankenhaus. Krankenhausseelsorge, hg. v. Österreichischen Pastoralinstitut, Wien 1984.
Der Laie in Kirche und Welt. Stellungnahme der Deutschen Bischöfe zur Bischofssynode 1987, in: Herder Korrespondenz 40(1986), 323–332.

Deretz, J., Nocent, A., *Konkordanz* der Konzilstexte, Graz 1968.
Deselaers, P., *Jahwe – der Arzt* seines Volkes. Das Buch Tobit als Paradigma biblischer Soteriologie, in: Geist und Leben 55(1982), 294–303.
Deutscher, I., *Die sozialistische Konzeption* vom Menschen, Frankfurt ^{4}1978.
Die bleibende Bedeutung des Zweiten Vatikanischen Konzils, hg. v. F. König, Düsseldorf 1986.
Die Deutschen Bischöfe, *Das Lebensrecht des Menschen* und die Euthanasie (Hirtenschreiben der Deutschen Bischöfe 4), Bonn 1975.
Die Deutschen Bischöfe, *Dem Leben dienen*. Zur Situation nach der Änderung des § 218 (Hirtenschreiben der Deutschen Bischöfe 21), Bonn 1979.
Die Deutschen Bischöfe, *Gerechtigkeit schafft Frieden* (Hirtenschreiben der Deutschen Bischöfe 34), Bonn 1983.
Die Deutschen Bischöfe, *Menschenwürdig sterben* und christlich sterben (Hirtenschreiben der Deutschen Bischöfe 17), Bonn 1978.
Die Deutschen Bischöfe, *Wähle das Leben*. Hirtenwort der am Grabe des heiligen Bonifatius versammelten Deutschen Bischöfe (Hirtenschreiben der Deutschen Bischöfe 31), Bonn 1982.
Die Deutschen Bischöfe, *Zur Neuregelung des § 218* (Hirtenschreiben der Deutschen Bischöfe 6), Bonn 1976.
Die Deutschen Bischöfe, *Zur Novellierung des § 218*. Empfehlungen für Seelsorger und Religionslehrer (Hirtenschreiben der Deutschen Bischöfe 8), Bonn 1976.
Die Deutschen Bischöfe, *Zur Seelsorge an Behinderten* (Hirtenschreiben der Deutschen Bischöfe 10), Bonn 1976.
Die Evangelisierung in der Gegenwart und in der Zukunft Lateinamerikas. Dokument der III. Generalkonferenz des lateinamerikanischen Episkopats in Puebla, 13. Februar 1979 (Stimmen der Weltkirche 8), Bonn 1979.
Die Friedensgebete von Assisi, Freiburg 1987.
Die Kirche – Volk Gottes auf dem Weg. Brief des Bischofs von Hildesheim Dr. Josef Homeyer an die Gemeinden zur Vorbereitung einer neuen Diözesansynode, Hildesheim 1987.
Die pastoralen Dienste in der Gemeinde, in: Gemeinsame Synode der Bistümer in der BRD. Beschlüsse der Vollversammlung, Freiburg 1976, 581–636.
Die Rezeption des Zweiten Vatikanischen Konzils, hg. v. J. Pottmeyer u. a., Düsseldorf 1986.
Die soziale Botschaft der Kirche von Leo XIII. bis Johannes XXIII.,hg. v. J. Schasching, Innsbruck ^{2}1963.
Die Theologie der Befreiung: Hoffnung oder Gefahr für die Kirche? hg. v. J. B. Metz mit Beiträgen von P. E. Arns u. a., Düsseldorf 1986.
Die Volksreligiosität – Kontinuität und Veränderung, hg. v. W. Piwowarski, Breslau 1983, 21–25.
Dienst am Frieden. Stellungnahme der Päpste, des II. Vatikanischen Konzils und der Bischofssynode. Von 1963 bis 1980 (Verlautbarungen des Apostolischen Stuhls 23), Bonn 1980.
Diskussion über die „Theologie der Hoffnung“, hg. v. W. -D. Marsch, München 1967.
Ditfurth, H. v., So laßt uns denn ein *Apfelbäumchen* pflanzen. Es ist soweit, Zürich 1985.
Dreitzel, H. P., *Das gesellschaftliche Leiden* und das Leiden an der Gesellschaft, Stuttgart 1968.
Drewermann, E., *Angst und Schuld*, Bd. 1: *Psychoanalyse und Moraltheologie*, Mainz 1982; Bd. 2: *Wege und Umwege der Liebe*, Mainz 1983; Bd. 3: *An den Grenzen des Lebens*, Mainz 1984.

Drewermann, E., *Heil und Heilung*. Eine Meditation über das Verhältnis von Psychotherapie und Seelsorge, in: Angst und Schuld (Psychoanalyse und Moraltheologie, Bd. 1), Mainz 1982, 179–189.

Drewermann, E., *Das Markusevangelium*, 2 Bde., Olten 1987/1988.

Drewermann, E., Neuhaus, I., *Gott heilt*. Eine tiefenpsychologische Meditation; Tobit. Eine biblische Legende, Freiburg 1986.

Drewermann, E., Neuhaus, I., *Voller Erbarmen* rettet er uns. Die Tobit-Legende tiefenpsychologisch gedeutet, Freiburg 1985.

Drewermann, E., *Strukturen des Bösen*, Paderborn 1988.

Du sollst in Freiheit leben. Eine neue Dimension der 10 Gebote, hg. v. H. A. Gornik, Freiburg 1986.

Durch die Armen herausgefordert. Eine interfranziskanische Botschaft, in: Herder Korrespondenz 36(1982), 548–552.

Durkheim, E., *Die elementaren Formen* religiösen Lebens, Frankfurt 1981.

Dussel, E., *Das Exodus-Paradigma* in der Theologie der Befreiung, in: Concilium 23(1987), 54–60.

Dussel, E., *Die Gezeiten des Evangeliums*. Wenn die evangelisierten Armen zu Evangelisatoren werden, in: Concilium 22(1986), 382–388.

Dussel, E., *Populus Dei* in populo pauperum, in: Concilium 20(1984), 469–476.

Dürr, L., *Die Wertung des Lebens* im alten Testament und im antiken Orient, Münster 1926.

E

Ecker, K., *Heilungsdienst* in der Gemeinde, in: Geistesgaben heute, hg. v. H. Mühlen, Mainz 1982, 101–112.

Eicher, P., *„Er ist unser Friede"*. Von der Sicherheitsmoral zum Friedenszeugnis, in: Das Evangelium des Friedens. Christen und Aufrüstung, München 1982, 42–102.

Einheit und Vielfalt in der Katholischen Kirche, in: Pastoraltheologische Informationen, hg. v. Beirat der Konferenz der deutschsprachigen Pastoraltheologen und der Fachgruppe Praktische Theologie der Wissenschaftlichen Gesellschaft für Theologie, 2/1985.

Eisenberg, J., *Naturwissenschaft* – Humanität – Religion; kein Gegensatz in der Medizin, in: Hilft Glaube heilen?, 145–164.

Eliade, M., *Die Religion und das Heilige*, Salzburg 1985.

Eliade, M., *Kosmos und Geschichte*, Reinbek 1966.

Emminghaus, J. H., *Die Messe*. Wesen – Gestalt – Vollzug, Stuttgart ^{3}1983.

Engelhardt, P., *Hoffnung*, in: Neues Handbuch theologischer Grundbegriffe, Bd. 2, München 1984, 196–206.

Erneuerung der Kirche. Stabilität als Chance?, hg. v. J. Matthes, Gelnhausen 1975.

Eschatologie im Alten Testament, hg. v. H. D. Preuss, Darmstadt 1978.

EWNT = Exegetisches Wörterbuch für Neues Testament, hg. v. H. Balz u. G. Schneider, Stuttgart 1980.

Exeler, A., *Wege einer vergleichenden Pastoral*, in: Evangelisation in der Dritten Welt. Anstöße für Europa, hg. v. L. Bertsch u. a., Freiburg 1981, 92–121.

Exeler, A., *In Gottes Freiheit leben*. Die Zehn Gebote, Freiburg ^{3}1984.

Exodus, ein Paradigma mit bleibender Wirkung, in: Concilium 23 (1/1987).

F

Farantos, M., *Die Lehre vom Heiligen Geist* im Bekenntnis der Kirche zum Dreieinigen Gott, in: Tutzinger Studien 2/1981, 65–75.

Feneberg, R., *„Ich bin der Herr, dein Arzt"*. Unsere Schwäche wird zur Stärke, in: Entschluß 41(1986), 4–5.

Feneberg, R., *Gerechtigkeit schafft Frieden*. Die katholische Friedensethik im Atomzeitalter, München 1986.

Ferguson, M., *Die sanfte Verschwörung*. Persönliche und gesellschaftliche Transformationen im Zeitalter des Wassermanns, Basel [2]1982.

Figl, J., *Säkularisierung*, in: Neues Handbuch theologischer Grundbegriffe, Bd. 4, München 1985, 84–94.

Fingerlos, M., *Versuch einer Pastorallehre*. Einleitung, München 1805.

Fink, E., *Spiel als Weltsymbol*, Stuttgart 1960.

Flechtheim, O. K., *Futurologie*. Der Kampf um die Zukunft, Köln [2]1971.

Ford, B. J., *Der Experten-Kult*, Wien 1966.

Foucault, M., *Die Geburt der Klinik*. Eine Archeologie des ärztlichen Blicks. Anthropologie, hg. v. W. Lepenius u. a., Frankfurt 1976.

Fournet-Betancourt, R., *Der Marxismusvorwurf* gegen die lateinamerikanische Theologie der Befreiung, in: Stimmen der Zeit 203(1985), 231–240.

Frankemölle, H., *Friede und Schwert*. Frieden schaffen nach dem Neuen Testament, Mainz 1983.

Frankemölle, H., Häring, H., Lell, J., *Kirche/Ekklesiologie*, in: Neues Handbuch theologischer Grundbegriffe, Bd. 2, München 1984, 292–331.

Frankl, V. E., *... trotzdem Ja zum Leben sagen*. Ein Psychologe erlebt das Konzentrationslager, München 1977.

Freidson, E., *Dominanz der Experten*. Zur sozialen Struktur medizinischer Versorgung, München 1975.

Freire, P. *Pädagogik der Unterdrückten*, Stuttgart 1971.

Freire, P., Betto, F., *Schule, die Leben heißt*. Befreiungstheologie konkret. Ein Gespräch, München 1986.

Freire, P., *Dialog als Prinzip*. Erwachsenenalphabetisierung in Guinea Bissau, Wuppertal 1980.

Freire, P., *Erziehung als Praxis der Freiheit*. Beispiele zur Pädagogik der Unterdrückten, Reinbek 1982.

Freire, P., *Pädagogik der Solidarität*. Für eine Entwicklungshilfe im Dialog, Wuppertal 1974.

Friedmann, Y., *Machbare Utopien*. Absage an geläufige Zukunftsmodelle, Frankfurt 1977.

Frielingsdorf, K., Stöcklin, G., *Befreiende Erfahrungen* in Positano, Mainz 1983.

Frielingsdorf, K., *Zehn Jahre Positano*. Bericht über ein Modell therapeutischer Seelsorge, in: Stimmen der Zeit 204 (1986), 417–424.

Fries, H., *Kirche*, in: Handbuch religiöser Gegenwartsfragen, hg. v. U. Ruh u. a., Freiburg 1986, 303–307.

Fries, H., Rahner, K., *Einigung der Kirchen* – reale Möglichkeiten (Quaestiones disputatae 100), Freiburg [4]1983.

Fries, H., *Theologische Überlegungen* zum Verhältnis von Hoffnung und Utopie, in: Christlicher Glaube in moderner Gesellschaft 23, Freiburg 1982, 72–86.

Fromm, E., *Die Seele des Menschen*, Stuttgart 1979.

Fuchs, O., Die *Praktische Theologie* im Paradigma biblisch-kritischer Handlungswissenschaft zur Praxis der Befreiung, in: Theologie und Handeln, 209–244.

Fuchs, O., *Ist der Begriff der Evangelisierung eine Stopfgans?*, in: Katechetische Blätter 112(1987), 498–514.

Führen mit neuer Autorität, hg. v. Halek Institut für Management Training, Mskr., Wien o. J.

Füssel, K., *Theologie der Befreiung*, in: Neues Handbuch theologischer Grundbegriffe, Bd. 4, München 1985, 200–211.

G

Gagern Frh. v., F. E., *Heilung* der persönlichen Geschichte, in: Geistesgaben heute, hg. v. H. Mühlen, Mainz 1982, 96–100.

Gandhi, M., *Freiheit ohne Gewalt*, übers. u. hg. v. K. Klostermeier, Köln 1968.

Garcia-Mateo, R., Die *Befreiungstheologie* und die Scholastik. Zum Dialog zwischen den Befreiungstheologen und ihren Kritikern, in: Stimmen der Zeit 203(1985), 748–754.

Garcia-Mateo, R., *Die Methode* der Theologie der Befreiung. Zur Überwindung des Erfahrungsdefizits in der Theologie, in: Stimmen der Zeit 204(1986), 386–396.

Gardavsky, V., *Hoffnung aus der Skepsis*, München 1970.

Gärtner, B. E., *Leiden*, in: Theologisches Begriffslexikon zum Neuen Testament, Bd. II/1, hg. v. L. Coenen u. a., Wuppertal 1969, 876–884.

Gehlen, A., *Urmensch und Spätkultur*, Wiesbaden 1986.

Gemeinsame Synode der Bistümer in der Bundesrepublik Deutschland. Beschlüssse der Vollversammlung, Freiburg 1976.

Genewein, C., Sporken, P., *Menschlich pflegen*. Grundzüge einer Berufsethik für Pflegeberufe, Düsseldorf 1985.

Geschenk der Armen an die Reichen. Zeugnisse aus dem gewaltfreien Kampf der erneuerten Kirche in Lateinamerika, hg. v. H. Goss-Mayr, Wien 1979.

Gesprächsseelsorge. Theologie einer pastoralen Praxis, hg. v. O. Bärenz, Regensburg 1980.

Gewalt und Gewaltlosigkeit im Alten Testament, hg. v. N. Lohfink (Quaestiones disputatae 96), Freiburg 1983.

Ghermani, D., *Die Lage der Kirche in Rumänien*, in: Religionsfreiheit und Menschenrechte, 203–214.

Giftschütz, F., *Leitfaden* für die in den k. k. Erblanden vorgeschriebenen deutschen Vorlesungen für die Pastoraltheologie, Wien 1787.

Gilles, A., Zauner, F., *Arbeitszeitverkürzung*, Köln 1979.

Girard, R., *Das Ende der Gewalt*. Analyse des Menschheitsverhängnisses, Freiburg 1983.

Glassel, H., *Wie Osteuropa kommunistisch wurde:* Ungarn, in: Informationsdienst des kath. Arbeitskreises für zeitgeschichtliche Fragen e. V., hg. v. A. Beckel u. a., 136/1985, 60–68.

Glatzel, N., *Soziologische Aspekte* der Seelsorgerrolle, in: Stimmen der Zeit 9(1971), 31–42.

Goddijn, H. u. W., *Kirche als Institution*. Einführung in die Religionssoziologie, Mainz 1963.

Goddijn, H. u. W., *Sichtbare Kirche*, Ökumene und Pastoral. Einführung in die Religionssoziologie, Wien 1967.

Gohde H. (F. Heer), *Der achte Tag*. Roman einer Weltstunde, Innsbruck 1950.

Goldbrunner, J., *Sprechzimmer und Beichtstuhl*. Über Religion und Psychologie, Freiburg 1965.

Goldstein, H., *Befreiungstheologie*, in: Handbuch religiöser Gegenwartsfragen, 43–47.
Goritschewa, T., Einkehrtag im Stift Göttweig. *Tonbandaufzeichung* vom 29. 9. 1984.
Goritschewa, T., *Von Gott zu reden ist gefährlich*. Meine Erfahrungen im Osten und im Westen, Freiburg 1984.
Goss, H., *Friede*, in: J. B. Bauer, Bibeltheologisches Lexikon, Graz 1967, 436–440.
Goss-Mayr, H., *Der Mensch vor dem Unrecht*. Spiritualität und Praxis gewaltloser Befreiung, Wien 1976.
Gott will von freien Menschen angebetet werden. Das neue Dokument der Glaubenskongregation, in: Christ in der Gegenwart 38(1986), 131–132.
Graf, A., *Kritische Darstellung des gegenwärtigen Zustandes der praktischen Theologie*, Tübingen 1841.
Greinacher, N., *Das Problem der nichtordinierten Bezugspersonen* in katholischen Gemeinden, in: Gemeindepraxis, 236–256.
Greinacher, N., *Das Theorie-Praxis-Problem* in der Praktischen Theologie, in: Praktische Theologie heute, hg. v. F. Klostermann u. a., Mainz 1974, 103–118.
Greinacher, N., *Frohbotschaft für die Armen*. Theologie darf nicht die Reichen legitimieren, in: Evangelische Kommentare 19(1986), 637–640.
Grelot, P., *Aussatz*, in: Wörterbuch zur biblischen Botschaft, hg. v. X. Leon-Dufor, Freiburg 1967, 42f.
Greshake, G., *Priestersein*. Zur Theologie und Spiritualität des priesterlichen Amtes, Freiburg 1982.
Gründel, J., *Welche Tugenden braucht der Christ heute*, in: Diakonia 18(1987), 316–322.
Gutiérrez, G., *Theologie der Befreiung*. Mit einem Vorwort von J. B. Metz, Mainz [8]1985.
Gutiérrez, G., *Die historische Macht der Armen*, Mainz, München 1986.
Gutiérrez, G., *Theologie der Befreiung*, in: Stimmen der Zeit 204(1986), 829–833.

H

Haas, J., *Friede aus Liebe*. Friede als Auf-Gabe der Oblaten des hl. Franz von Sales, in: Jahrbuch für salesianische Studien 19, Eichstätt 1985, 181–200.
Hallwirth, R., *Die lateinamerikanische Theologie der Befreiung und der Papst aus Europa*. Versuch einer vergleichenden Gegenüberstellung, Diplomarbeit, Wien 1987.
Handbuch der Pastoraltheologie. Praktische Theologie der Kirche in ihrer Gegenwart, hg. v. F. X. Arnold u. a., Bd. 1–5, Freiburg 1964–1972.
Hanke, F. G., *Aufbruch ins Paradies*. Jetzt beginnt die Herrschaft der Vernunft, Wien 1973.
Hartmann, G., *Christliche Basisgruppen* und ihre befreiende Praxis. Erfahrungen im Nordosten Brasiliens, Mainz 1980.
Hasenhüttl, G., *Freiheit in Fesseln*. Die Chance der Befreiungstheologie – Ein Erfahrungsbericht, Olten 1985.
Hauser, L., *Science Fiction und Religion*, in: Materialdienst der Evangelischen Zentrale für Weltanschauungsfragen 48/1985, 31ff.
Häring, B., *Die Heilkraft der Gewaltfreiheit*, Düsseldorf 1986.
Häring, B., *Vom Glauben, der gesund macht*. Ermutigung der heilenden Berufe, Freiburg 1984.
Heidenreich, H., *Evangelisierung in Europa*, in: Pastoraltheologische Informationen 1 (1988), 25–39.

Heim, E., *Krankheit als Krise und Chance*, Stuttgart 1980.
Heinen, W., *Liebe* als sittliche Grundkraft und ihre Fehlformen, Tübingen ²1959.
Helfert, D. J., *Darstellung der Rechte*, welche in Ansehen der heiligen Handlungen dann der heiligen und religiösen Sachen sowohl nach kirchlichen als nach Österreichisch-bürgerlichen Gesetzen stattfinden, Prag ³1943.
Heller, A., *„Berühre mich!"* – Gemeinde als lebensstiftender Berührungsraum, in: Diakonia 13(1982), 184–188.
Heller, A., *Stärke* aus akzeptierter Schwäche. Zur Teamfähigkeit im Krankenhaus, in: Krankenpflege als Teamarbeit, hg. v. Katholischen Berufsverband für Pflegeberufe e. V., Mainz 1986, 13–24.
Heller, A., Zulehner, P. M., *Ehepastoral* heute auf dem Weg ins Morgen. Plädoyer für eine Pastoral mit den Betroffenen, in: Die christliche Frau 2/1986, 17–19; 25f.
Heller, A., Zulehner, P. M., *Jenseits der Klerus- und Expertenkirche*. Zur Zukunft der Laientheologen, in: Nur der Geist macht lebendig, 119–129.
Hempel, J., *Heilung* als Symbol und Wirklichkeit im biblischen Schrifttum, Göttingen ²1965.
Henkys, R., *Kirche in der Deutschen Demokratischen Republik*, in: Religionsfreiheit und Menschenrechte. Bilanz und Aussicht, hg. v. P. Lendvai, Graz 1983, 165–179.
Herr, T., *Arbeitgeber Kirche* – Dienst in der Kirche. Biblische und theologische Grundlagen, Paderborn 1986.
Herrmann, W., *Die Angst der Theologen* vor der Kirche. Gegen den Praxisverlust der Theologie, Stuttgart 1973.
Hirtenworte zu Krieg und Frieden. Die Texte der katholischen Bischöfe der BRD, DDR, Österreichs, Schweiz, Ungarn, Vereinigten Staaten von Amerika, Köln 1983.
Hoffmann, G. E., *Erfaßt* – registriert – entmündigt, Frankfurt 1979.
Hoffmann, P., *Hoffnung*, in: Theologisches Begriffslexikon zum NT II/1, Wuppertal 1969, 722–728.
Hoffmann, P., Pieper, J., *Hoffnung*, in: Handbuch theologischer Grundbegriffe 1, München 1962, 698–706.
Hoffnung. Einmalige *Illustrierte* zum Österreichischen Katholikentag 1983, Wien 1982.
Hole, G., *Fundamentalismus*, Dogmatismus, Fanatismus. Der Konsequenzzwang in der Persönlichkeitsstruktur und die Chance der Toleranz, in: Pluralismus in Gesellschaft und Kirche – Ängste, Hoffnungen, Chancen, hg. v. P. M. Zulehner, Freiburg 1988, 56–85.
Holl, A., *Der Priester als heiliger Außenseiter.* Theologische Marginalien zur Untersuchung, in: Lindner, T., Lentner, L., Holl, A., Priesterbild und Berufswahlmotive. Ergebnisse einer sozialpsychologischen Untersuchung bei den Wiener Mittelschülern, Wien 1963, 137–179.
Holl, A., *Der letzte Christ*. Franz von Assisi, Frankfurt 1982.
Honsel, B., *Der rote Punkt*. Eine Gemeinde unterwegs, Düsseldorf 1983.
Huber, E., *Bemerkungen zum Marxismusverdacht* und -vorwurf, in: Lebendiges Zeugnis 40(1985), 68–73.
Huizinga, J., *Homo Ludens*. Vom Ursprung der Kultur im Spiel, Hamburg 1956.
Hutter, M. J., *Religiöse Symbolik und Seelsorge*. Zur Funktion und Interaktion religiöser Symbole in ausgewählten Werken neuerer evangelikaler Seelsorgeliteratur, Bern 1985.
Huxley, A., *Schöne Neue Welt*, Frankfurt 1980.

I

Illich, I., *Das Zeitalter der Expertenherrschaft*, in: Christliche Markierungen, hg. v. F. Dotter u. a., Wien 1979, 171–188.

Illich, I. u. a., *Entmündigung durch Experten*. Zur Kritik der Dienstleistungsberufe, Reinbek 1979.

J

Jacobs, P. F., *An examination* of the motif „Life as a result or reward", in: Book of Deuteronomy, Ann Arbor 1975.

Jensen, A., Sanfte Verschwörer. Das Komitee *„Christenrechte in der Kirche"*, in: Katholisch und rebellisch, 120–138.

Johannes Paul II., *„Die Herausforderung annehmen"*. Ein Brief des Papstes an die Brasilianische Bischofskonferenz, in: Herder Korrespondenz 40(1986), 277–282.

Johannes Paul II., *Aperite portas redemptori* (Verlautbarungen des Apostolischen Stuhls 6), Bonn 1979.

Johannes Paul II., *Catechesi Tradendae* (Verlautbarungen des Apostolischen Stuhls 12), Bonn 1979.

Johannes Paul II., *Laborem exercens* (Verlautbarungen des Apostolischen Stuhls 32), Bonn 1981.

Johannes Paul II., *Reconciliatio et paenitentia* (Verlautbarungen des Apostolischen Stuhls 60), Bonn 1984.

Johannes Paul II., *Redemptionis Donum* (Verlautbarungen des Apostolischen Stuhls 55), Bonn 1984.

Jugend, Kirche und Veränderung. Ein pastoraler Entwurf zum Aufbau der Zivilisation der Liebe, hg. v. Lateinamerikanischen Bischofsrat, Sachbereich Jugend, Bogota 1984.

Jungmann, J. A., *Missarum sollemnia*. Eine genetische Erklärung der römischen Messe, Wien 1962.

Jüngel, E., Rahner, K., Seitz, M., *Die Praktische Theologie zwischen Wissenschaft und Praxis*, München 1968.

Jünger, F. G., *Die Spiele*. Ein Schlüssel zu ihrer Bedeutung, Frankfurt 1953.

K

Kahn, H., *Vor uns die guten Jahre*. Ein realistisches Modell unserer Zukunft, Wien 1977.

Kakar, S., *Schamanen, Heilige und Ärzte*. Psychotherapie und traditionelle indische Heilkunst, München 1984.

Kamphaus, F., *Die Einführung der Priester* in den Gemeindedienst, in: Diakonia 12(1981), 47–50.

Kamphaus, F., *Priesterausbildung in der Gemeinde*. Das „Ahlener Experiment", in: Diakonia 12(1981), 278–280.

Kamphaus, F., *Sprechen lernen*. Erfahrungen mit einem Hirtenbrief im Prozeß der Subjektwerdung von Gemeinden, in: Pastoraltheologische Informationen 1(1984), 265–278.

Karrer, L., *Kirche – Schule der Zivilcourage?*, in: Diakonia 18(1987), 323–331.

Kasper, W., Lehmann, K., *Die Heilssendung der Kirche in der Gegenwart*, Einleitungsfaszikel des Pastorale. Handreichung für den pastoralen Dienst, hg. v. d. Konferenz der deutschsprachigen Pastoraltheologen, Mainz 1970.

Katholiken und Pfarrgemeinde, IKSE-90, Essen 1976.

Katholische Kirche – wohin? Wider den Verrat am Konzil, hg. v. N. Greinacher u. a., München 1986.

Kaufmann F. X., Kerber, W., Zulehner, P. M., *Ethos und Religion* bei Führungskräften. Eine Studie im Auftrag des Arbeitskreises für Führungskräfte in der Wirtschaft, München 1986.

Kaufmann, F. X., *Kirche begreifen.* Analysen und Thesen zur gesellschaftlichen Verfassung des Christentums, Freiburg 1979.

Kaufmann, F. X., *Laientheologen* – eine Herausforderung an die kirchlichen Ämter, die Gemeinden und die Betroffenen, in: Die Zukunft der Laientheologen/innen, Manus., 6–27.

Kehl, M., *Kirche als Institution.* Zur theologischen Begründung des institutionellen Charakters der Kirche in der neueren deutschsprachigen katholischen Ekklesiologie (Frankfurter Theologische Studien, 22), Frankfurt 1976.

Keller, M., *„Volk Gottes" als Kirchenbegriff*, Zürich 1970.

Kelly, G., *The Expert as Historical Actor*, in: The Planning of Change, hg. v. W. G. Bennies u. a., London 1970, 14–28.

Kerstiens, F., *Die Hoffnungsstruktur* des Glaubens, Mainz 1969.

Kerstiens, F., *Hoffnung*, in: Herders Theologisches Taschenlexikon, 3, Freiburg 1982, 298–305.

Kerstiens, F., *Hoffnung*, in: Sacramentum mundi, Freiburg 1968, 726–735.

Kerstiens, F., *Praxis der Befreiung*, Zürich 1984.

King, M. L., *Ein Traum* lebt weiter, ausgew. u. eingel. v. S. Schauß, Freiburg 1986.

King, M. L., *Testament der Hoffnung.* Letzte Reden, Aufsätze und Predigten, Gütersloh ^{5}1983.

King, M. L. sen., *Die Kraft der Schwachen.* Geschichte der Familie King, Gütersloh 1984.

Kirche als Communio, Communio als Missio, in: Herder Korrespondenz 40(1986), 325–329, 329–331.

Kirche im Wandel. Eine kritische Zwischenbilanz nach dem Zweiten Vatikanum, hg. v. J. Alberigo u. a., Düsseldorf 1982.

Kirche und Befreiung. Veröffentlichung des Studienkreises Kirche und Befreiung, Aschaffenburg 1975.

Kirche und Arbeiterschaft. Ein Beschluß der Gemeinsamen Synode der Bistümer in der Bundesrepublik Deutschland, hg. v. L. Bertsch u. a., Freiburg ^{2}1976.

Kirche und Priester zwischen dem Auftrag Jesu und den Erwartungen der Menschen. Ergebnisse der Umfragen des Instituts für kirchliche Sozialforschung Wien über „Religion und Kirche in Österreich" und „Priester in Österreich", bearb. v. P. M. Zulehner, Wien 1974.

Kirchlich distanzierte Christen. Zur Pastoral an den sogenannten „Fernstehenden". Texte der Pastoralkommission Österreichs für die Seelsorger, Pfarrgemeinderäte und Apostolatsgruppen, hg. v. A. Kirchmayr, Zur Psychischen Situation von Theologiestudenten, in: Diakonia 13(1982), 337–346.

Klappert, B., *Biblisch-theologische Standortbestimmung* zur Friedensfrage, in: Schritte zum Frieden. Theologische Texte zu Frieden und Abrüstung, hg. v. U. Weidner, Wuppertal 1983, 267–314.

Kleinheyer, B., *Riten um Ehe und Familie*, in: Gottesdienst und Kirche. Handbuch der Liturgiewissenschaft, hg. v. H. B. Meyer u. a., Bd. 8, Regensburg 1984, 67–156.

Kloppenburg, B., *Die neue Volkskirche*, Aschaffenburg 1981.
Klostermann, F., *Gemeinde – Kirche der Zukunft*. Thesen, Dienste, Modelle, 2 Bde., Freiburg 1974.
Klostermann, F., *Kirche – Ereignis und Institution*. Überlegungen zur Herrschafts- und Institutionsproblematik in der Kirche, Wien 1976.
Knobloch, S., *Missionarische Gemeindebildung*. Zu Geschichte und Zukunft der Volksmission, Passau 1986.
Knoch, H. G.,*Wirst du* an den Toten Wunder wirken?, Regensburg 1977.
Koch, H. G., *„Ich will euch Zukunft und Hoffnung geben"* . Der 85. Deutsche Katholikentag in Freiburg, in: Herder Korrespondenz 32(1978), 523–552.
Koch, K., *Aufstand der Hoffnung*. Die befreiende Lebenskraft christlicher Feste, Freiburg 1986.
Koehldorfner, P., *Praxiswandel durch Mehrheitsbeschlüsse?* Exemplarische Analyse der Texterstellung auf der Gemeinsamen Synode der Bistümer in der BRD (1971–1975), Würzburg 1980.
Kontinent der Hoffnung. Beiträge und Berichte zu Puebla, hg. v. H. Schöpfer, Mainz 1979.
Kontroverse um Befreiungstheologie, in: Orientierung 48(1984), 98–102.
Kopecky, F., *Moraltheologie* im aufgeklärten theresianisch-josephinischen Zeitalter. Der Beitrag behördlicher Verordnungen zum Entstehen „moderner" Moraltheologie, Wien 1988.
König, F., *Der Weg der Kirche*. Ein Gespräch mit G. Licheri, Düsseldorf 1986.
Kreck, W., *Grundfragen der Ekklesiologie*, München 1981.
Kremer, J., *anastasis*, in: Exegetisches Wörterbuch für Neues Testament. Bd. 1, hg. v. H. Balz u. G. Schneider, Stuttgart 1980.
Kremer, J., *Die Osterevangelien*. Geschichten um Geschichte, Klosterneuburg ^{2}1981.
Kretschmer, E., *Geniale Menschen*, Berlin 1931.
Kriele, M., *Befreiung* und politische Aufklärung. Plädoyer für die Würde des Menschen, Freiburg 1986.
Krusche, P., *Die Berufsperspektiven* im Studium der Praktischen Theologie, in: Einführung in die Praktische Theologie, hg. v. R. Zerfaß u. a., München 1976, 95–109.
Kuhn, T., *Die Entstehung des Neuen*. Studien zur Struktur der Wissenschaftsgeschichte, hg. v. L. Krüger, Frankfurt 1978.

L

Lamberg, J. D., *Epistola pastoralis*, Passau 1726.
Lanczkowski, G., *Heilung in außerchristlichen Religionen*, in: Hilft Glaube heilen?, 14–30.
Langendörfer, H., *Pazifismus*, in: Handwörterbuch religiöser Gegenwartsfragen, 348–352.
Langer, S. K., *Philosophie* auf neuem Wege, Frankfurt 1965.
Langer, W., *Hoffnung erfahren lassen*, in: Christlich pädagogische Blätter 96(1983), 96–104.
Lay, R., *Krisen und Konflikte*. Ursachen, Ablauf, Überwindung, München 1980.
Le Bras, G., *Etudes de la sociologie religieuse*, 2 Bde., Paris 1955.
Leeds, R., *The Absorption of Protest*. A Working Paper, in: The Planning of Change, hg. v. W. G. Bennies u. a., London 1970, 104–208.
Lefebvre, H., *Critique* de la vie quotidienne, Paris 1959.

Lefebvre, H., *Das Alltagsleben* in der modernen Welt, Frankfurt 1972.
Lefebvre, M., *Offener Brief* an die ratlosen Katholiken, hg. v. d. Priesterbruderschaft S. Pius X., Wien 1986.
Leuba, J. -L., *Institution und Ereignis*, Göttingen 1957.
Lexikon der Pastoraltheologie, hg. v. F. Klostermann u. a., Freiburg 1972.
Libertatis conscientia. Instruktion der Kongregation für die Glaubenslehre über die christliche Freiheit und die Befreiung vom 22. März 1986 (Verlautbarungen des apostolischen Stuhls 70), Bonn 1986.
Libertatis nuntius. Instruktion der Kongregation für die Glaubenslehre über einige Aspekte der „Theologie der Befreiung" vom 6. August 1984 (Verlautbarungen des Apostolischen Stuhls 57), Bonn 1984.
Limbeck, M., *Aus Liebe zum Leben*. Die zehn Gebote als Weisungen für heute, Stuttgart ^{2}1983.
Lindner, T., Lentner, L., Holl, A., *Priesterbild und Berufswahlmotive*. Ergebnisse einer sozialpsychologischen Untersuchung bei den Wiener Mittelschülern, Wien 1963.
Linn, M. u. D., *Beschädigtes Leben heilen*. Was Gebet und Gemeinschaft helfen können, Graz 1981.
Liturgie – ein vergessenes Thema der Theologie?, hg. v. K. Richter (Quaestiones disputatae 107), Freiburg 1986.
Loewit, K., *Geheimsprache Sexualität*, Innsbruck 1988.
Lohfink, G., *Gottes Taten gehen weiter*. Geschichtstheologie als Grundvollzug neutestamentlicher Gemeinden, Freiburg 1985, 9–43.
Lohfink, G., *Wie hat Jesus Gemeinde gewollt?* Zur gesellschaftlichen Dimension des christlichen Glaubens, Freiburg 1982.
Lohfink, N., *„Ich bin Jahwe, dein Arzt"* (Ex 15,26). Gott, Gesellschaft und Gesundheit in einer nachexilischen Pentateuchbearbeitung, in: „Ich will euer Gott werden". Beispiele biblischen Redens von Gott, Stuttgart 1981, 11–73.
Lohfink, N., *Befreiung*. Alttestamentliche Erwägungen im Hinblick auf die Theologie der Befreiung, in: ders., Unsere großen Wörter. Das Alte Testament zu Themen dieser Jahre, Freiburg 1977, 92–110.
Lohfink, N., *Charisma. Von der Last der Propheten*, in: ders., Unsere großen Wörter. Das Alte Testament zu Themen dieser Jahre, Freiburg 1977, 241–251.
Lohfink, N., *Der Geschmack der Hoffnung*. Christsein und christliche Orden, Freiburg 1983.
Lohfink, N., *Gottesvolk*. Alttestamentliches zu einem Zentralbegriff im konziliaren Wortfeuerwerk, in: ders., Unsere großen Wörter. Das Alte Testament zu Themen dieser Jahre, Freiburg 1977, 111–126.
Lohfink, N., *Kohelet*, Würzburg 1980.
Lohfink, N., *„Option für die Armen"*. Das Leitwort der Befreiungstheologie im Lichte der Bibel, in: Stimmen der Zeit 110 (1985), 449–464.
Lohfink, N., *Zukunft*. Zur biblischen Bezeugung des Ideals einer stabilen Welt, in: ders., Unsere großen Wörter. Das Alte Testament zu Themen dieser Jahre, Freiburg 1977, 172–189.
Lorenzer, A., *Das Konzil der Buchhalter*. Die Zerstörung der Sinnlichkeit. Eine Religionskritik, Frankfurt 1981.
LThK = Lexikon für Theologie und Kirche, hg. v. J. Hofer u. K. Rahner, Bd. 1–10, Herder ^{2}1957–1965.
Lubac de, H., *Zwanzig Jahre danach*. Ein Gespräch über Buchstabe und Geist des Zweiten Vatikanischen Konzils, München 1985.
Luchterhand, O., *Organe des Staates zur Kontrolle der Kirchen*. Die Religionsauf-

sichtsbehörden in kommunistischen Staaten, in: Herder Korrespondenz 38(1984), 263–268.

Luckmann, T., *Das Problem der Religion* in der modernen Gesellschaft. Institution, Person und Weltanschauung, Freiburg 1963.

Luckmann, T., Döring, H., Zulehner, P. M., *Anonymität und persönliche Identität*, in: Christlicher Glaube in moderner Gesellschaft 25, Freiburg 1980, 5–38.

Luckmann, T., *The Invisible Religion*, New York 1967.

Luhmann, N., *Funktion der Religion*, Frankfurt 1977.

Lummer, F., *Berufseinführung* für Priester und Pastoralassistenten in der Diözese Passau. Praktisch-theologische Reflexion eines kirchlichen Handlungsmodells, St. Ottilien 1986.

Lübbe, H., *Religion* nach der Aufklärung, Graz 1986.

Lübbe, H., *Säkularisierung*. Geschichte eines ideenpolitischen Begriffs, Freiburg 1965.

Lübbe, H., *Zeit-Verhältnisse*. Zur Kulturphilosophie des Fortschritts, Graz 1983.

M

Macht und Ohnmacht auf den Philippinen. Kirche der Befreiung als einende Kraft, hg. v. F. Köster u. a., Olten 1986.

Malinowski, B., *Magic, Science and Religion*. And other Essays, New York 1954.

Margies, W., *Heilung durch sein Wort*. Die geistliche Behandlung seelischer und körperlicher Krankheiten. Schriftenreihe der Geschäftsleute des vollen Evangeliums. Internationale Vereinigung, Urbach [3]1980.

Marsch, M., *Heilen*. Biblische Grundlagen des Heilungsauftrages der Kirche, Salzburg 1983.

Marsch, M., *Was ihr dem Geringsten getan habt*. Heilung durch die Armen, Zürich 1985.

Marti, K., *Gottesbefragung*. Der 1. Johannesbrief heute, Stuttgart [3]1982.

Martin, G. M., „Wir wollen *hier auf Erden* schon ... “, Stuttgart 1970.

Marx, K., Engels, F., *Briefwechsel*, 4 Bde., Berlin 1950

Marx, K., Engels, F., *Gesamtausgabe*, hg. v. Institut für Marxismus-Leninismus beim ZK d. KPdSU u. v. Institut für Marxismus-Leninismus beim ZK d. SED., Abt. 1, Bd. 1, Berlin 1975.

Mathieu, V., *Nova Spes*. Ein Programm für die Zukunft des Menschen, Graz 1986.

Matthes, J., Einführung in die Religionssoziologie, Bd. 2: *Kirche und Gesellschaft*, Hamburg 1969.

May, G., *Die Krise der Kirche ist eine Krise der Bischöfe*, St. Augustin 1987.

Mayer-Scheu, J., *Krankenhausseelsorge* im Wandel. Anfragen an Seelsorge und Medizin in kirchlichen Krankenhäusern, Kevelaer 1986.

Mayer-Scheu, J., *Seelsorge im Krankenhaus*, Mainz 1974.

Mayer-Scheu, J., *Vom „Behandeln“ zum „Heilen“*. Die Aufgabe von Theologie und Seelsorge im Krankenhaus, in: Vom Behandeln zum Heilen, 74–180.

McAll, K., *Familienschuld und Heilung*, Salzburg 1986.

McGilvray, J., *Die verlorene Gesundheit*. Das verheißene Heil, Stuttgart 1982.

McManus, J., *Die heilende Kraft* der Sakramente und des Gebetes, Salzburg 1985.

McNutt, F., Shlemon, B. L., *Heilendes Gebet*. Anstöße für Gebetsgruppen, Graz 1984.

McNutt, F., *Beauftragt zu heilen*. Eine praktische Weiterführung, Graz 1986.

McNutt, F., *Die Kraft zu heilen*. Das fundamentale Buch über Heilen durch Gebet, Graz 1976.

Medellin-Deutsch. Die Kirche in der gegenwärtigen Umwandlung Lateinamerikas im Lichte des Konzils. Beschlüsse der II. Generalversammlung des Lateinamerikanischen Episkopats. Medellin 24. August bis 6. September 1968, hg. v. Adveniat, Essen 1970.

Menschenrechte in der Kirche, hg. v. M. Pilters u. a., Düsseldorf 1980.

Menschenwürdig sterben und christlich sterben (Hirtenschreiben der Deutschen Bischöfe 17), Bonn 1978.

Mesters, C., *Abraham und Sarah*, Neukirchen-Vluyn 1984.

Mesters, C., *Die Botschaft des leidenden Volkes*, Neukirchen-Vluyn 1982.

Mette, N., *Kirchlich distanzierte Christlichkeit*. Eine Herausforderung für die praktische Kirchentheorie, München 1982.

Mette, N., Praktische Theologie als Handlungswissenschaft. Begriff und Problematik, in: Diakonia 10(1979), 190–203.

Mette, N., *Theorie der Praxis*. Wissenschaftsgeschichtliche und methodologische Untersuchungen zur Theorie-Praxis-Problematik innerhalb der praktischen Theologie, Düsseldorf 1978.

Mette, N., Von der Anwendungs- zur Handlungswissenschaft. Konzeptionelle Entwicklungen und Problemstellungen im Bereich der (katholischen) praktischen Theologie, in: Theologie und Handeln, 50–63.

Mettner, M., *Frieden*, in: Neues Handbuch theologischer Grundbegriffe, Bd. 1, München 1984, 404–431.

Metz, J. B., *Aufstand der Hoffnung*. Das Synodendokument „Unsere Hoffnung" als Aufruf zur messianischen Erneuerung der Kirche, in: Imprimatur 15(1982), 309–319.

Metz, J. B., *Erzählungen*, in: ders., Glaube in Geschichte und Gesellschaft, Mainz ^{2}1978, 181–203.

Metz, J. B., *Glaube in Geschichte und Gesellschaft*. Studien zu einer praktischen Fundamentaltheologie, Mainz 1977.

Metz, J. B., *Jenseits bürgerlicher Religion*. Reden über die Zukunft des Christentums, München 1980.

Metz, J. B., *Unsere Hoffnung*. Ein Bekenntnis zum Glauben in dieser Zeit, in: Synode – Ende oder Anfang. Ein Studienbuch für die Praxis in der Bildungs- und Gemeindearbeit, hg. v. D. Emeis u. a., Düsseldorf 1976, 53–75.

Metz, J. B., *Unterbrechungen*. Theologisch-politische Perspektiven und Profile, Gütersloh 1981.

Metz, J. B., *Zeit der Orden*? Zur Mystik und Politik der Nachfolge, Freiburg 1977.

Miller, D. L., *Gods and Games*. Toward a Theology of Play, New York 1970.

Missalla, H., *Gerechtigkeit und Frieden*, in: Handbuch religionspädagogischer Grundbegriffe 2, 755–759.

Mitterhöfer, J., Die *römischen Instruktionen* zur Theologie der Befreiung, in: Theologisch-praktische Quartalsschrift 134(1986), 347–357.

Modler, P., *Zeit der Volkstheologen? Replik*, in: Orientierung 50(1986), 117–119; 157–158.

Moltmann, J., *Die ersten Freigelassenen der Schöpfung*. Versuche über die Freude an der Freiheit und das Wohlgefallen am Spiel, München 1971.

Moltmann, J., *Theologie der Hoffnung*. Untersuchungen zur Begründung und zu den Konsequenzen einer christlichen Eschatologie, München 1964.

Mussner, F., *„Volk Gottes" im NT*, in: Praesentia Salutis, hg. v. F. Mussner, Düsseldorf 1967, 244–252.

Mussner, F., *Theologie der Freiheit* nach Paulus, Freiburg 1976.

Müller, J., *Der pastoraltheologisch-didaktische Ansatz in Franz Stephan Rautenstrauchs „Entwurf zur Errichtung der theologischen Schulen"*, Wien 1969.

Müller, J., *Sakramente* – Zeichen, Feste christlicher Hoffnung, in: Christlich Pädagogische Blätter 96(1983), 92–96.
Müller, W., *Bürgertum und Christentum*, in: Christlicher Glaube in moderner Gesellschaft 18, Freiburg 1982, 5–58.

N

Nagel, E., *Friedensethik*, in: Handwörterbuch religiöser Gegenwartsfragen, 119–124.
Naisbitt, J., *Megatrends*. 10 Perspektiven, die unser Leben verändern werden, Bayreuth 1984.
Neale, R. E., *In Praise of Play*. Toward a Psychology of Religion, New York 1969.
Nees, A., *Die erste Gemeinsame Synode* der Bistümer in der Bundesrepublik Deutschland (1971–1975). Ihre innere Rechtsordnung und ihre Stellung in der Verfassung der katholischen Kirche, Paderborn 1978.
Nell-Breuning, O. v., *Marxismus zu leicht genommen*, in: Stimmen der Zeit 203 (1985), 87–91.
Neuenzeit, P., *hoffen*, in: Handbuch religionspädagogischer Grundbegriffe 1, 414–418.
Neufeld, T., *Auf dem Weg zu Friede und Gerechtigkeit*. Franziskanisch orientierte Impulse, in: Wort und Antwort 27(1986), 63–64, 95–96, 127–128.
Neuner, P., *Kleines Handbuch der Ökumene*, Düsseldorf [2]1987.
Nientiedt, K., *Basisgemeinden*, in: Handwörterbuch religiöser Gegenwartsfragen, 38–42.
Nitsche, H., *Zwischen Kreuz und Sowjetstern*. Zeugnisse des Kirchenkampfes in der DDR (1945–1981), Aschaffenburg 1983, 130–141.
Nohl, P. -G., *Nachdenken über mich*. Chancen im Kranksein, Göttingen 1984.
Noppel, C., *Aedificatio Corporis Christi*, Freiburg 1936.
Nouwen, H. J., *The wounded healer*. Ministry in contemporary society, New York 1972.
Nur der Geist macht lebendig. Zur Lage der Kirche in Deutschland nach 20 Jahren Konzil und 10 Jahren Synode, hg. v. M. Albus u. a., Mainz 1985.

O

Ökumenischer Rat der Kirchen – Zentralausschuß, Mission und Evangelisation. Eine ökumenische Erklärung, Hamburg [6]1982, 33.
Oltmann R., *Du hast keine Chance*, also nütze sie. Eine Jugend steigt aus, Reinbek 1980.
Oraison, M., *Berufsfindung* und Berufung. Soziale und psychologische Grundlagen, Frankfurt 1972.
Oraison, M., *Psychologie* des heillosen Lebens, Mainz 1969.
Oraison, M., *Vocation*, Phénomène humain, Paris 1970.
Orwell, G., 1984, Berlin [4]1987.
Osadczuk, B., *Weißer Adler, Kreuz und rote Fahne*. Chronik der Krisen des kommunistischen Herrschaftssystems in Polen (1956 – 1982), Zürich 1982.
Oschlies, W., *Kirche und Religion in Bulgarien*, in: Religionsfreiheit und Menschenrechte, 180–202.
Ott, G. H., *Barmherzigkeit am Krankenbett*. Grenzbereiche und Axiome ärztlichen Handelns , in: Evangelische Kommentare 19 (1986), 631–634.
Otto, G., *Grundlegung der Praktischen Theologie*, München 1986.

Otto, R., *Das Heilige*. Über das Irrationale in der Idee des Göttlichen und sein Verhältnis zum Rationalen, Breslau ³1919.
Österreichische Parteiprogramme 1868–1966, hg. v. K. Berchtold, München 1967, 138.
Österreichischer Katholikentag 1983: „Hoffnung leben – Hoffnung geben“. Besuch von Papst Johannes Paul II. in Österreich. Eine Dokumentation, hg. v. A. Kraxner u. a., Graz 1984.

P

Packard, V., *Die geheimen Verführer*. Der Griff nach dem Unbewußten in jedermann, Frankfurt 1981.
Päschke, B., *Befreiung von unten lernen*. Zentralamerikanische Herausforderung theologischer Praxis, Münster ²1987.
Pasolini, P. P., *Freibeuterschriften*. Die Zerstörung der Kultur des einzelnen durch die Konsumgesellschaft, Berlin 1978.
Pastorale Konferenz Prälatur Infanta. Provinzen Nord-Quezonn und Aurora, 1. bis 6. August 1983, in: Begegnung mit Infanta. Aufforderung zu vergleichender Pastoraltheologie, Wien 1985, 15–17.
Paul VI., *Evangelii nuntiandi*. Apostolisches Schreiben über die Evangelisierung in der Welt von heute (Verlautbarungen des Apostolischen Stuhls 2), Bonn 1975.
Perspektiven unserer Hoffnung. Plattform Österreichischer Katholikentag 1983, hg. v. A. Kraxner u. a., Wien 1984.
Pesch, O. H., *Die Zehn Gebote*, Mainz 1976.
Pesch, R., Von der *„Praxis des Himmels“*. Kritische Elemente im Neuen Testament, Graz 1971.
Pesch, R., *Zwischen Karfreitag und Ostern*. Die Umkehr der Jünger Jesu, Zürich 1983.
Peukert, H., *Was ist eine praktische Wissenschaft?* Handlungstheorie als Basistheorie der Humanwissenschaften: Anfragen an die Praktische Theologie, in: Theologie und Handeln, 64–79.
Peukert, H., *Wissenschaftstheorie, Handlungstheorie, Fundamentale Theologie*, Frankfurt 1978.
Pfliegler, M., *Die religiöse Situation*, Graz 1948.
Pieper, J., *Über die Hoffnung*, München 1935.
Pis, Z., *„Jugendweihe – die weltliche Firmung“*, in: ID 124/1983, 19–27.
Pissarek-Hudelist, H., *Volk Gottes/Kirche*, in: Handbuch religionspädagogischer Grundbegriffe 2, 728–736.
Piwowarski, W., *Die patriotische Massenreligiosität*, in: Volksfrömmigkeit in Europa. Beiträge zur Soziologie popularer Religiosität aus 14 Ländern, hg. v. M. Ebertz u. a., München 1986, 154ff.
Plate, M., *Das deutsche Konzil*. Würzburger Synode, Bericht und Deutung, Freiburg 1975.
Pottmeyer, H.-J., *„Vertraulich! Nur zur persönlichen Kenntnis...“* Auszüge aus einem geheimen Bischofskonferenz-Gutachten über die „Initiative Kirche von unten“, in: Publik-Forum 14/1986, 23–24.
Pottmeyer, H.-J., *Amt als Dienst – Dienst als Amt*, in: Lebendige Seelsorge 33(1982), 153–158.
Pottmeyer, H.-J., *Der eine Geist* als Prinzip der Einheit der Kirche in Vielfalt. Auswege aus einer christomonistischen Ekklesiologie, in: Praktische Theologie. Texte

zum Werden und Selbstverständnis der evangelischen Theologie, hg. v. G. Krause, Darmstadt 1972.
Praktisch theologisches Handbuch, hg. v. G. Otto, Stuttgart ²1975.
Praktische Theologie heute, hg. v. F. Klostermann u. a., München 1974.
Praktisches Wörterbuch der Pastoral- Anthropologie. Sorge um den Menschen, hg. v. H. Gastager u. a., Wien 1975.
Preuß, H. D., *Jahweglaube und Zukunftserwartung*, Stuttgart 1968.
Priester zwischen Anpassung und Unterscheidung. Auswertung und Kommentare zu den im Auftrag der Deutschen Bischofskonferenz durchgeführten Umfragen unter allen Welt- und Ordenspriestern in der BRD, hg. v. K. Forster, Freiburg 1974.
Priester zwischen Anpassung und Unterscheidung, hg. v. K. Forster, Freiburg 1974.
Prophetische Diakonie. Impulse und Modelle für eine zukunftsorientierte Pastoral, hg. v. H. Erharter u. a. (Ferdinand Klostermann zum 70. Geburtstag), Wien 1977.

R

Rad, v. G., *„Gerechtigkeit" und „Leben"* in der Kultsprache der Psalmen, in: Festschrift Alfred Bertholet zum 80. Geburstag. Gewidmet von Kollegen und Freunden, hg. v. W. Baumgartner u. a., Tübingen 1950, 418–437.
Rahner, H., *Der spielende Mensch*, Einsiedeln 1952.
Rahner, K., *Das Konzil – ein neuer Beginn*. Vortrag beim Festakt zum Abschluß des II. Vatikanischen Konzils im Herkulessaal der Residenz in München am 12. Dezember 1965, Freiburg 1966.
Rahner, K., *Der Friede Gottes* und der Friede der Welt, in: Schriften zur Theologie VIII, Einsiedeln 1967, 687–707.
Rahner, K., *Grundkurs* des Glaubens. Einführung in den Begriff des Christentums, Freiburg 1976.
Rahner, K., *Pastoraltheologie*, in: Handbuch der Pastoraltheologie V, Freiburg 1972, 393–395.
Rahner, K., *Strukturwandel der Kirche* als Aufgabe und Chance, Freiburg 1972.
Rahner, K., *Über die bleibende Bedeutung des Zweiten Vatikanischen Konzils*, München 1985.
Rahner, K., *Vergessene Wahrheiten* über das Buß-Sakrament, in: Schriften zur Theologie II, Einsiedeln 1955, 143–183.
Rambosek, L., *„Hoffnung leben – Hoffnung geben"*. Vorbereitungs-Endspurt zum Österreichischen Katholikentag, in: Herder Korrespondenz 37(1983), 327–331.
Rambosek, L., *„Zur Hoffnung befreit"*. Zur Vorbereitung des Österreichischen Katholikentages 1983, in: Herder Korrespondenz 35(1981), 360–363.
Ratzinger, J., *Das neue Volk Gottes*. Entwürfe zur Ekklesiologie, Düsseldorf ²1970.
Ratzinger, J., *Der Weltdienst der Kirche*. Auswirkungen von Gaudium et spes im letzten Jahrzehnt, 16. Juni 1975, in: Zehn Jahre Vaticanum II, hg. v. A. Bauch u. a., Regensburg 1976, 36–53.
Ratzinger, J., *Die christliche Brüderlichkeit*, München 1960.
Ratzinger, J., *Freiheit und Befreiung*. Die anthropologische Vision der Instruktion „Libertatis conscientia", in: Internationale Katholische Zeitschrift 15(1986), 409–424.
Ratzinger, J., *Zur Lage des Glaubens*. Ein Gespräch mit V. Messori, München 1985.
Rautenstrauch, S., *Entwurf zur Entwicklung* der theologischen Schulen in den kaiserlichen und königlichen Erblanden, Wien 1776.
Reding, M., Der politische Atheismus, Graz 1957.

Reese, T., *The Selection of Bishops*, in: America 25. August 1984, 65–72.
Reichenberger, A., *Pastoralanweisung* nach den Bedürfnissen unseres Zeitalters, 2 Bde., Wien 1805/08.
Reifenberg, H., *Fundamentalliturgie*. Grundelemente des christlichen Gottesdienstes. Wesen – Gestalt- Vollzug, 2 Bde., Klosterneuburg 1978.
Religion in den Gegenwartsströmungen der deutschen Soziologie, hg. v. T. Luckmann, München 1983.
Religion des Bürgers. Zivilreligion in Amerika und Europa, hg. v. H. Kleger u. A. Müller, München 1986.
Religionsfreiheit und Menschenrechte. Bilanz und Aussicht, hg. v. P. Lendvai, Graz 1983.
Rey, K. G., *Gotteserlebnisse im Schnellverfahren*. Suggestion als Gefahr und Charisma, München 1985.
Richter, H. E., *Lernziel Solidarität*, Reinbek 1974.
Riegger, P. J., *Corpus Iuris Ecclesiastici*, Bohemici et Austriaci, Wien 1770.
Ringel, E., *Die Österreichische Seele*. Zehn Reden über Medizin, Kunst, Politik und Religion, Wien 1984.
Rogers, C. R., *Die nicht-direktive Beratung*. Counseling und Psychotherapy, München 1972.
Rogers, E. M., *Diffusion of innovations*, New York ^{3}1983.
Rohner, H. T., *Erneuerung von unten*. Kirchliche Basisgemeinden in Brasilien. Ein Erfahrungsbericht, Mödling 1986.
Romero, O. A., *Blutzeuge* für das Volk Gottes, mit einem Vorw. v. N. Greinacher, Olten 1986.
Romero, O. A., *Die notwendige Revolution*. Mit einem Beitrag von Jon Sobrino über den Märtyrer der Befreiung, Mainz 1982.
Rosier, I., *Revolution in der Sackgasse*. Ein Lagebericht aus Lateinamerika, Freiburg 1970.
Rotbuch, 2, Berlin 1968.
Rotzetter, A., *Impulse für eine Friedensstrategie* bei Franz von Assisi. Theologische Einordnung und Aktualisierung, hg. v. d. Missionszentrale der Franziskaner, Bonn 1983.
Ruh, U., *„Umkehr zum Leben"*. Der 20. Deutsche Evangelische Kirchentag in Hannover, in: Herder Korrespondenz 37 (1983), 323–326.
Ruh, U., *Säkularisierung*, in: Christlicher Glaube in moderner Gesellschaft 18, Freiburg 1982, 59–100.
Ruler, van A. A., *Gestaltwerdung Christi* in der Welt. Über das Verhältnis von Kirche und Kultur, Neukirchen 1956.
Rutz, O., *Obrigkeitliche Seelsorge*. Die Pastoral im Bistum Passau von 1800–1918, Passau 1984.

S

Sailer, J. M., *Vorlesungen aus der Pastoraltheologie*, Ges. Schriften, Bde. VI-VIII, München 1789.
Saint-Dizier, J., *Ich bin geheilt*. Lebensweg eines Alkoholikers, Wuppertal 1981.
Scanlan, M., *Die Augen* gingen ihnen auf. Sakramente und innere Heilung, Graz 1986.
Schaefer, H., *Dein Glaube* hat dich gesund gemacht, Freiburg 1984.
Schaefer, H., *Der natürliche Zusammenhang* von Gesundheit und Gläubigkeit, in: Hilft Glaube heilen?, 86–117.

Scharbert, J., *Segen*, in: Bibeltheologisches Wörterbuch, II, hg. v. J. B. Bauer, Graz 1967, 1240–1245.

Scharfenberg, J., Kämpfer, H., *Mit Symbolen leben*. Soziologische, psychologische und religiöse Konfliktbearbeitung, Olten 1980.

Scheffczyk, L., *Christlicher Glaube und Befreiung*. Zur Instruktion über einige Aspekte der „Theologie der Befreiung", in: Kongregation für die Glaubenslehre, Instruktion über einige Aspekte der „Theologie der Befreiung", Stein a. Rhein 1984, 30–44.

Schein, E. H., *Organizational Culture and Leadership*. A Dynamic View, London 1985.

Schelkle, K. H., *Ihr alle seid Geistliche*, Einsiedeln [3]1966.

Schibilsky, M., *Religiöse Erfahrung* und Interaktion. Die Lebenswelt jugendlicher Randgruppen, Stuttgart 1976.

Schick, E., *Christus ja, Kirche nein?* Die Antwort des Epheserbriefes, Kevelaer 1986.

Schillebeeckx, E., *Das kirchliche Amt*, Düsseldorf 1981.

Schipperges, H., *Der Arzt von morgen*. Von der Heiltechnik zur Heilkunde, Berlin 1980, 51–84.

Schipperges, H., *Die Vernunft des Leibes*. Gesundheit und Krankheit im Wandel, Graz 1984.

Schipperges, H., *Gesundheit – Krankheit – Heilung*, in: Christlicher Glaube in moderner Gesellschaft 10, Freiburg 1980, 51–84.

Schiwy, G., *Der Geist des Neuen Zeitalters*. New-Age-Spiritualität und Christentum, München 1987.

Schlegelberger, B., Sayer, J., Weber, K., *Von Medellin nach Puebla*. Gespräche mit lateinamerikanischen Theologen, Düsseldorf 1980.

Schlußdokument der Außerordentlichen Bischofssynode 1985 und Botschaft an die Christen in der Welt (Verlautbarungen des Apostolischen Stuhls 68), Bonn 1985.

Schmidbauer, W., *Die hilflosen Helfer*. Über die seelische Problematik der helfenden Berufe, Reinbek 1977.

Schmidbauer, W., *Helfen als Beruf*. Die Ware Nächstenliebe, Reinbek 1983.

Schmidt, H. H., *schalom*. Frieden im Alten Orient und im Alten Testament, Stuttgart 1971.

Schmidtchen, G., *Gottesdienst in einer rationalen Welt*. Religionssoziologische Untersuchungen im Bereich der VELKD, in Verbindung mit dem Institut für Demoskopie Allensbach, Freiburg 1973.

Schmidtchen, G., *Priester in Deutschland*. Forschungsbericht über die im Auftrag der Deutschen Bischofskonferenz durchgeführte Umfrage unter allen Welt- und Ordenspriestern in der Bundesrepublik Deutschland, Freiburg 1973.

Schmidtchen, G., *Religiöse Legitimation* im politischen Verhalten. Wandlungen und Motive im Wahlverhalten der Katholiken, in: Kirche – Politik – Parteien, hg. v. A. Rauscher, Köln 1974, 57–103.

Schmidtchen, G., *Was den Deutschen heilig ist*. Religiöse und politische Strömungen in der Bundesrepublik Deutschland, München 1979.

Schmidtchen, G., *Zwischen Kirche und Gesellschaft*. Forschungsbericht über die Umfragen zur Gemeinsamen Synode der Bistümer in der Bundesrepublik Deutschland. In Verbindung mit dem Institut für Demoskopie Allensbach, Freiburg 1972.

Schmitt, K. H., *Evangelisierung*, in: Handbuch religionspädagogischer Grundbegriffe 1, 170–174.

Schnackenburg, R., Die Kirche als Volk Gottes, in: Concilium 1(1985), 47–51.

Schnackenburg, R., *Die Kirche im Neuen Testament*. Ihre Wirklichkeit und theologische Deutung. Ihr Wesen und Geheimnis, Freiburg 1981.

Schrage, W., *Heil und Heilung* im Neuen Testament, in: Evangelische Theologie 46(1986), 197–214.
Schulz, H.-M., *Eine Gemeinde spricht über ihren Glauben*. Predigt als Wegbegleitung, Mainz 1983.
Schupp, F., *Glaube – Kultur – Symbol*. Versuch einer kritischen Theorie sakramentaler Praxis, Düsseldorf 1974.
Schuster, H., *Die Geschichte der Pastoraltheologie*, in: Handbuch der Pastoraltheologie, Bd. 1, Freiburg 1970, 40–92.
Schüch, J., *Handbuch der Pastoraltheologie*, Linz 1865.
Schüngel-Straumann, H., *Der Dekalog* – Gottes Gebot?, Stuttgart 1973.
Schütz, A., Luckmann, T., *Strukturen der Lebenswelt*, Neuwied 1975.
Schwager, R., *Für Gerechtigkeit und Frieden*. Der Glaube als Antwort auf die Anliegen der Gegenwart, Innsbruck 1986.
Schwarz, A., *Pastoraltheologie und Kerygmatik*, in: Die Katholisch-Theologische Fakultät der Universität Wien 1884–1984. Festschrift zum 600-Jahr-Jubiläum, hg. v. E. Suttner, Berlin 1984, 247–272.
Schwendenwein, H., *Franz von Sales* in der Entwicklung neuer Formen des Ordenslebens, Eichstätt 1966.
Seeber, D. A., *Leben als Transzendenzersatz*, in: Herder Korrespondenz 21(1987), 53–55.
Seeber, D. A., *Schwellenerfahrungen* mit der Postmoderne. Das 13. Humanismusgespräch in Salzburg, in: Herder Korrespondenz 40(1986), 518–521.
Seeber, D. A., *Was ist aus dem Konzil geworden?*, in: Herder Korrespondenz 36(1982), 469–471.
Sellin, G., *„Auferstehung ist schon geschehen"*. Zur Spiritualisierung apokalyptischer Terminologie im Neuen Testament, in: Novum Testamentum XXV 3(1983), 220–237.
Selvini-Palazzoli, M., Broscolo, L., Ceccini, G., Prata, G., *Paradoxon und Gegenparadoxon*. Ein Therapiemodell für die Familie mit schizophrener Störung, Stuttgart [4]1985.
Selvini-Palazzoli, M. u. a., *Hinter den Kulissen der Organisation*, Stuttgart [2]1985.
Sie leben im Herzen des Volkes. Lateinamerikanisches Martyrologium, hg. v. Instituto Historico Centroamericano, mit einem Vorwort v. J. B. Metz, Düsseldorf 1984.
Sievernich, M., *Frohe Botschaft* für die Armen. Was ist und was will die lateinamerikanische „Theologie der Befreiung"?, in: Stimmen der Zeit 203(1985), 735–747.
Simon, G., *Die katholische Kirche in der Sowjetunion*, in: Religionsfreiheit und Menschenrechte, 88–106.
Singer, K., *Zivilcourage* als Chance zur Veränderung unserer bedrohten Welt, in: Wovon wir leben – woran wir sterben, hg. v. H. Rothbucher u. a., Salzburg 1988, 92–109.
Singer, M., *Coercive persuasion* und die Probleme der Ex-Kult-Members, in: Neue Jugendreligionen, hg. v. M. Müller-Küppers u. a., Göttingen 1979, 111–114.
Sölle, D., *Die Hinreise*, Stuttgart 1975.
Sölle, D., *Ein Volk ohne Vision geht zugrunde*. Sprüche Salomons 29,18. Anmerkungen zur deutschen Gegenwart und zur nationalen Identität, Wuppertal 1986.
Sölle, D., *Wählt das Leben*, Stuttgart 1980.
Sölle, P., *Phantasie und Gehorsam*, Stuttgart 1968.
Statistisches Handbuch der Republik Österreich 35(1984), hg. v. Österreichischen Statistischen Zentralamt, Wien 1984.
Statistisches Jahrbuch 1984 für die Bundesrepublik Deutschland, hg. v. Statistischen Bundesamt, Wiesbaden 1985.

Stehle, E., *Der Weg der Gewalt.* Camilo Torres, Aschaffenburg 1975.
Steiner, F., Verantwortung für alle. „1946–1948“: Katholische Jugend entwickelt neue Spiritualität in der Kirche, in: „Dokumente“ 30 Jahre KAB, Wien 1980.
Steinkamp, H., *Gemeindestruktur und Gemeindeprozeß.* Versuch einer Typologie, in: Gemeindepraxis, 77–88.
Steinkamp, H., *Subjekte oder Sorgenkinder?* Kirchliche Jugendarbeit in der Bundesrepublik Deutschland im Spiegel des Dokuments „Jugend, Kirche und Veränderung“ des Lateinamerikanischen Bischofsrats, in: Katechetische Blätter 111(1986), 656–663.
Steinkamp, H., *Zum Beispiel: Wahrnehmung von Not.* Kritische Anfragen an den gegenwärtigen Entwicklungsstand einer praktisch-theologischen Handlungstheorie, in: Theologie und Handeln, 177–186.
Steinkamp, H., *Zum Verhältnis von Pluralität und Macht in sozialen Systemen*, in: Pastoraltheologische Informationen 5(1985), 285–293.
Stenger, H., *Pastorale Kompetenz* und personale Identität. Ein pastoral-anthropologischer Entwurf, in: Eignung für die Berufe der Kirche. Klärung – Beratung – Begleitung, hg. v. H. Stenger, Freiburg 1987, 31–134.
Stenger, H., *Pluralitätstoleranz* – ein psychologischer Aspekt pastoraler Kompetenz, in: Einheit und Vielfalt, 294–308.
Strack, H. L., *Kommentar zum Neuen Testament* aus Talmud und Midrasch, München 1963.
Stuhlmacher, P., *„Er ist unser Friede“*, in: ders., Versöhnung. Gesetz und Gerechtigkeit. Aufsätze zur biblischen Theologie, Göttingen 1981, 224–245.
Suenens, L. -J., *Ich-Kult* und christlicher Glaube, Salzburg 1985.
Swoboda, H., *Großstadtseelsorge.* Eine pastoraltheologische Studie, Regensburg 1909.
Symbol und Glaubensvermittlung. Themenheft der Zeitschrift Lebendige Seelsorge 37(1986), H. 2/3.
Symbole und Mythen. Symbolhandlungen. Themenheft der Zeitschrift kunst und kirche 1/1986, 3/1986, Linz.

T

Taufe und Erstkommunion. Hilfen für die Vorbereitung und Feier der Taufe im Erstkommunionalter, hg. v. Deutschen Katecheten Verein, München 1984.
Tausch, A. M., Tausch, R., *Gesprächspsychotherapie.* Einfühlsame hilfreiche Gruppen- und Einzelgespräche in Psychotherapie und alltäglichem Leben, Reinbek [8]1981.
Tausch, A. M., Tausch, R., *Wege zu uns.* Menschen suchen sich selbst zu verstehen und anderen offener zu begegnen, Reinbek 1983.
Texte zur Katholischen Soziallehre. Die sozialen Rundschreiben der Päpste und andere kirchliche Dokumente. Mit einer Einführung v. O. v. Nell-Breuning, hg. v. Bundesverband der Katholischen Arbeitnehmerbewegung Deutschlands, Kevelaer 1975.
The Culture of Unbelief, hg. v. R. Caporale u. a., Berkeley 1971.
The Planning of Change, hg. v. W. G. Bennies u. a., London 1970.
The way forward for the Church, in: The Tablet 20. September 1986, 981f.
Theologie der Befreiung und Marxismus, hg. v. P. Rottländer, Münster 1986.
Theologie der Befreiung, hg. v. K. Lehmann, Einsiedeln 1977.
Theologie des Volkes, hg. v. A. Exeler u. a., Mainz 1978.

Theologie und Handeln. Beiträge zur Fundierung der Praktischen Theologie als Handlungstheorie, hg. v. O. Fuchs, Düsseldorf 1984.

Thesen der F. D. P. „Freie Kirche im Freien Staat". Beschluß des 25. Bundesparteitages der F. D. P. in Hamburg vom 30. September bis 2. Oktober 1974.

Thils, G., *Christentum ohne Religion?*, Salzburg 1969.

ThWAT = Theologisches Wörterbuch zum Alten Testament, hg. v. A. J. Botterweck u. H. Ringgren, Stuttgart 1970.

Tillard, J. M. R., *Die theologischen Grundlinien* der Konvergenzerklärung über die Eucharistie, in: Thurian, M., Ökumenische Perspektiven von Taufe, Eucharistie und Amt, Frankfurt-Paderborn 1983, 124ff.

Tomka, M., *Die Tradierung des Glaubens*, in: Concilium 18(1982), 280–283.

Tomka, M., *Religiöser Wandel in Ungarn*, in: Religion und sozialer Wandel, hg. v. H. Bogensberger u. a., Linz 1986, 85–118.

Tomsky, A., *Der Katholizismus in der Tschechoslowakei,* in: Religionsfreiheit und Menschenrechte, 120–149.

Torres, C., *Revolution als Aufgabe des Christen*. Mit einem Vorwort v. D. Sölle, Mainz ^{4}1981.

Tödt, H. E., *Frieden*, in: Christlicher Glaube in moderner Gesellschaft 13, Freiburg 1981, 79–119..

Tucker, R., Karl Marx. Die Entwicklung seines Denkens von der Philosophie zum Mythos, München 1963.

U

Umfrage unter Priesteramtskandidaten. Studien- und Lebenssituation, Amtsverständnis, Berufsmotive, Einstellung zu Kirche und Gesellschaft, hg. v. G. Schmidtchen, mit einem Nachwort v. K. Forster, Freiburg 1975.

Unsere Hoffnung. Ein Bekenntnis zum Glauben in dieser Zeit, in: Gemeinsame Synode der Bistümer in der Bundesrepublik Deutschland. Beschlüsse der Vollversammlung, Freiburg 1976, 71–111.

Utopie und Befreiung, hg. v. F. Hengsbach u. a., Aschaffenburg 1976.

V

Vandervelde, E., *Alkohol, Religion, Kunst*. Drei sozialistische Untersuchungen, Jena 1907.

Vanier, J., *Gemeinschaft*. Ort des Festes und der Versöhnung, Salzburg 1983.

Vanier, J., *Heilende Gemeinschaft*. Beziehungen zwischen Behinderten, Salzburg 1984.

Vaskovics, L., *Familie und religiöse Sozialisation,* Wien 1970.

Venetz, H.-J., *So fing es mit der Kirche an*. Ein Blick in das Neue Testament, Zürich 1981.

Verheyen, E., *Das goldene Evangelienbuch von Echternach*, München 1963.

Verpaßte Reform? Vom Zweiten Vatikanum bis zur Römischen Bischofssynode, hg. v. d. Solidaritätsgruppe katholischer Priester der Diözese Speyer, Frankfurt 1986.

Vester, F., *Neuland des Denkens*. Vom technokratischen zum kybernetischen Zeitalter, München 1984.

Von der Pastoraltheologie zur Praktischen Theologie 1774 – 1974, hg. v. E. Weinzierl u. a., Salzburg 1975.

W

Wach, J., *Religionssoziologie*, Tübingen 1951.

Walf, K., *Das neue Kirchenrecht* – das alte System. Vorkonziliarer Geist in nachkonziliaren Formulierungen, in: Katholische Kirche – wohin? Wider den Verrat am Konzil, hg. v. N. Greinacher u. a., München 1986, 78–93.

Wanke, J., „*Die Kirche* hat die Wirklichkeit Gottes zu bezeugen". Überlegungen eines Bischofs zur seelsorglichen Lage, in: Herder Korrespondenz 36(1982), 436–442.

Wanner, W., *Willst du gesund werden?* Hilfe und Heilung in der seelsorgerischen Therapie – Beispiele aus der Praxis Jesu, Wuppertal 1984.

Was ist die Theologie der Befreiung? Eine leicht verständliche Einführung in die lateinamerikanische Theologie der Befreiung, Freiburg 1986.

Was wird aus der Kirche? Ergebnisse der zweiten EKD-Umfrage über Kirchenmitgliedschaft, hg. v. J. Hanselmann u. a., Gütersloh 1984.

Watzlawick, P., Beavin, J. H., Jackson, D. D., *Menschliche Kommunikation*. Formen, Störungen, Paradoxien, Bern 1972.

Weber, M., *Gesammelte Aufsätze zur Religionssoziologie*, 3 Bde., Tübingen 1920.

Weber, M., *Soziologische Grundbegriffe*, Tübingen 1981.

Weber, M., *Wirtschaft und Gesellschaft*. Grundriß der verstehenden Soziologie, Tübingen [5]1972.

Wege der Pastoraltheologie – Texte einer Bewußtwerdung, hg. v. Zottl, A., Schneider, W., Eichstätt 1986/87: Bd. 1: Das 18. Jahrhundert: Grundlegung und Entfaltung. F. S. Rautenstrauch, Fr. C. Pittroff, J. M. Sailer; Bd. 2: Das 19. Jahrhundert: Praxis als Wissenschaft. A. Graf, J. Amberger; Bd. 3: Das 20. Jahrhundert: Die geschichtliche Gegenwart der Kirche. L. Bopp, F. X. Arnold, M. Pfliegler.

Weinzierl, E., *Meine Wünsche '61* und meine Erfahrung '82, in: Diakonia 13(1982), 429–431.

Weinzierl-Fischer, E., *Visitationsberichte* der österreichischen Bischöfe an Kaiser Franz I., in: Mitteilungen des Österreichischen Staatsarchivs, Bd. 6 , Wien 1953.

Weizsäcker v., C. F., *Die Zeit drängt*. Eine Weltversammlung der Christen für Gerechtigkeit, Frieden und die Bewahrung der Schöpfung, München 1986.

Welten, P., *Die Vernichtung des Todes* und die Königsherrschaft Gottes. Eine traditionsgeschichtliche Studie zu Jes 25,6–8; 24,21–23 und Ex 24,9–11, in: Theologische Zeitschrift 38(1982), 129–146.

Wenn wir hören: Ich bin dein Gott. Das Zehnwort vom Sinai, hg. v. J. Steiner, Freiburg 1983.

Wenn Lebenspläne zerbrechen. Alleinerziehende fragen die Kirche, hg. v. Frauenreferat der Hauptabteilung Seelsorge kfd-Diözesanverband, Osnabrück o. J.

Wer mitmacht, erlebt Gemeinde. Modell Dortmund-Scharnhorst. Eine Zwischenbilanz. Von P. Görges u. a., Limburg 1972.

Werbick, J., *System und Subjekt*, in: Christlicher Glaube in moderner Gesellschaft 24, Freiburg 1981, 101–139.

Westermann, C., „*qwh*", in: Theologisches Handwörterbuch zum AT (ThWAT), II, München [2]1979, 619–629.

Westermann, C., *Der Frieden* (Shalom) im Alten Testament, in: Studien zur Friedensforschung 1, hg. v. G. Picht u. H. E. Tödt, Stuttgart 1969, 144–177.

Westermann, K., *Der Segen* in der Bibel und im Handeln der Kirche, München 1968.

Wie stabil ist die Kirche? Bestand und Erneuerung. Ergebnisse einer Meinungsbefragung, hg. v. H. Hild, Gelnhausen 1974.

Wohlmuth, J., „*Kirche von unten*" als Anfrage an eine heutige Ekklesiologie, Trierer Theologische Zeitschrift 93(1984), 51–64.

Wolff, H., *Jesus als Psychotherapeut.* Jesu Menschenbehandlung als Modell moderner Psychotherapie, Stuttgart 1978.
Woschitz, K. M., *Elpis, Hoffnung.* Geschichte, Philosophie, Exegese, Theologie eines Schlüsselbegriffs, Wien 1979.
Wössner, J., *Soziologie.* Einführung und Grundlegung, Wien 1970.
Wulf, F., *Hat das Konzil seine Zielsetzung erreicht?* Bilanz nach 20 Jahren, in: Geist und Leben 57(1984), 278–293.

Z

Zadra, D., Schilson, A., *Symbol und Sakrament,* in: Christlicher Glaube in moderner Gesellschaft 28, Freiburg 1982, 85–150.
Zeeden, E. W., *Die Entstehung der Konfessionen.* Grundlagen und Formen der Konfessionsbildung im Zeitalter der Glaubenskämpfe, München 1965.
Zerfaß, R., *Menschliche Seelsorge.* Für eine Spiritualität von Priestern und Laien im Gemeindedienst, Freiburg 1985.
Zerfaß, R., *Praktische Theologie als Handlungswissenschaft,* in: Praktische Theologie heute, hg. v. F. Klostermann u. a., Mainz 1974, 166–169.
Zerfaß, R., *Predigt im Prozeß der Gemeinde,* in: Mit der Gemeinde predigen, hg. v. R. Zerfaß, o. O. 1982, 30–49.
Zerfaß, R., *Was sind letztlich unsere Ziele?* Pastoralpsychologische Thesen zur Motivationskrise in der Pastoral der Kirchenfremden, in: Erfahrungen mit Randchristen, hg. v. d. Katholischen Glaubens-Information, Freiburg 1985, 43–68.
Zimmerli, W., *Der Mensch und seine Hoffnung* im Alten Testament, Göttingen 1968.
Zimmermann, D., *Kirchliche Jugendarbeit als Evangelisierung*, in: Katechetische Blätter 111(1986), 12–20.
Zulehner, P. M., *Auferweckung schon jetzt.* Skizzen zu einer europäischen „Befreiungstheologie", Freising 1984.
Zulehner, P. M., *Auswahlchristen*, in: Volkskirche – Gemeindekirche – Parakirche (Theologische Berichte X), Zürich 1981, 109–131.
Zulehner, P. M., *Begegnung mit Infanta.* Aufforderung zu vergleichender Pastoraltheologie, in: Der Traum des Vaters. Basisgemeinschaften auf den Philippinen, Aachen 1985, 57–68.
Zulehner, P. M., *Das Gottesgerücht.* Bausteine für eine Kirche der Zukunft, Düsseldorf [4]1988.
Zulehner, P. M., *Denn Du kommst unserem Tun mit deiner Gnade zuvor...* Zur Theologie der Seelsorge heute. Paul M. Zulehner im Gespräch mit Karl Rahner, Düsseldorf 1984.
Zulehner, P. M., *Die katholische Kirche*, in: Deutschland. Porträt einer Nation, Gütersloh 1985, 114–125.
Zulehner, P. M., *Einführung in den pastoralen Beruf.* Ein Arbeitsbuch, München 1977.
Zulehner, P. M., *Gemeindepastoral.* Kirche ereignet sich in Gemeinden, erschöpft sich aber nicht in ihnen (in Vorbereitung).
Zulehner, P. M., *Glaube und Bekehrung als lebensgeschichtlicher Prozeß.* Eine Analyse der Biographien der Umfrage, in: Erfahrungen mit dem Bußsakrament, hg. v. K. Baumgartner, Bd. 2, München 1979, 463–474.
Zulehner, P. M., *Heirat, Geburt, Tod.* Eine Pastoral zu den Lebenswenden, Wien [4]1982.
Zulehner, P. M., *Helft den Menschen leben.* Für ein neues Klima in der Pastoral, Freiburg 1978.

Zulehner, P. M., *Im Haus der Kirche sind viele Wohnungen*. Analyse eines Konfliktes, in: actio catholica 2(1987), 8–22.

Zulehner, P. M., In den Staat integrierende *Rechtgläubigkeit*, in: Orientierung 50 (1986), 245–247.

Zulehner, P. M., *Inhaltliche und methodische Horizonte* für eine gegenwärtige Fundamentalpastoral, in: Theologie und Handeln, 14–37.

Zulehner, P. M., *Jugendreligionen* – eine Herausforderung an die Kirchen, in: Jugendreligionen, hg. v. B. Mensen, St. Augustin 1980, 79–100.

Zulehner, P. M., *Kirche – Anwalt des Menschen*. Wer keinen Mut zum Träumen hat, hat keine Kraft zum Kämpfen, Wien [2]1981.

Zulehner, P. M., *Kirche – Gottes Friedensbewegung* auf Erden, München 1984.

Zulehner, P. M., *Kirche und Austromarxismus*, Wien 1967.

Zulehner, P. M., *Kirchliche und außerkirchliche Religiosität*, in: Religiöse Bewußtseinsbildung. Leitfragen und Grundthemen, hg. v. W. Strolz, Freiburg 1980, 113–132.

Zulehner, P. M., *Kriterien der Zulassung* zu kirchlichen Berufen, in: Priester zwischen Anpassung und Unterscheidung, hg. v. K. Forster, Freiburg 1974, 221–235.

Zulehner, P. M., *Leibhaftig glauben*. Lebenswenden nach dem Evangelium, Freiburg 1983.

Zulehner, P. M., *„Leutereligion"*. Eine neue Gestalt des Christentums auf dem Weg durch die 80er Jahre?, Wien 1982.

Zulehner, P. M., *Leute-Religion, Kirche und Politik*, in: Österreichisches Jahrbuch '81 für Politik, hg. v. A. Khol u. A. Stirnemann, Wien 1982, 191–208.

Zulehner, P. M., *Pastorale Futurologie*. Kirche auf dem Weg ins gesellschaftliche Morgen (in Vorbereitung).

Zulehner, P. M., *Praktische Theologie*, in: Neues Handbuch theologischer Grundbegriffe, Bd. 3, München 1985, 400–410.

Zulehner, P. M., Heller, A., *Priestermangel und Pfarrerschwemme*, in: Theologia practica 20(1985), 350–363.

Zulehner, P. M., Stadler, R., Relia i ko'scio na wschodzie i na zachodzie, in: Znakiczasu 4 (1986), 615–625.

Zulehner, P. M., *Religion* im Leben der Österreicher. Dokumentation einer Umfrage, Wien 1981.

Zulehner, P. M., *Religion nach Wahl*. Grundlegung einer Auswahlchristenpastoral, Wien 1974.

Zulehner, P. M., *Religion ohne Kirche?* Das religiöse Verhalten von Industriearbeitern, Wien 1969.

Zulehner, P. M., Fischer, J., Huber, M., *„Sie werden mein Volk sein"*. Grundkurs gemeindlichen Glaubens, Düsseldorf 1985.

Zulehner, P. M., *Umkehr: Prinzip und Verwirklichung*. Am Beispiel Beichte, Frankfurt 1979.

Zulehner, P. M., *Übergänge*. Eine Pastoral zu den Lebenswenden (in Vorbereitung).

Zulehner, P. M., *Übergänge zum Leben*, Freising 1980.

Zulehner, P. M., Von der (Gott) fernstehenden Kirche: wider einen ekklesialen Atheismus; in: Erfahrungen mit Randchristen. Neue Horizonte für die Seelsorge, hg. v. d. Katholischen Glaubensinformation, Freiburg 1986, 164–175.

Zulehner, P. M., *Säkularisierung von Gesellschaft, Person und Religion*. Religion und Kirche in Österreich, Wien 1973.

Zulehner, P. M., *„Tendenzwende" im Nachwuchs* für den Priesterberuf?, in: Diakonia 6(1975), 325–335.

Zulehner, P. M., Graupe, S. R., *Wie Priester heute leben*... Ergebnisse der Wiener Priesterbefragung, Wien 1970.

Zulehner, P. M., *Wie kommen wir aus der Krise?* Kirchliche Statistik Österreichs 1945 – 1975 und ihre pastoralen Konsequenzen, Wien 1978.

Zulehner, P. M., *Zur Taufe schulpflichtiger Kinder*, in: Lebendige Seelsorge 29(1978), 154–164.

Zum Schutz des ungeborenen Lebens, Bonn 1973.

Zur Theologie der Befreiung. Themenheft Lebendiges Zeugnis 40(3/1985).